A

RECHERCHES

SUR LA CONSYITUTION

DE LA PROPRIÉTÉ TERRITORIALE

DANS LES PAYS MUSULMANS,

ET SUBSIDIAIREMENT EN ALGÉRIE.

Imprimerie de Cosson, rue du Four-Saint-Germain, 47.

RECHERCHES

SUR LA CONSTITUTION

DE LA PROPRIÉTÉ TERRITORIALE

DANS LES PAYS MUSULMANS,

ET SUBSIDIAIREMENT EN ALGÉRIE;

PAR M. WORMS.

PARIS,

A. FRANCK, LIBRAIRE-ÉDITEUR,

69, RUE RICHELIEU.

LEIPZIG, MÊME MAISON.

——

1846.

INTRODUCTION.

Tout le monde s'accorde à reconnaître que l'état bizarre, l'assiette incertaine et l'origine inconnue de la propriété territoriale (urbaine et rurale) en Algérie, constituent le plus grand des obstacles contre lesquels sont venues échouer toutes les tentatives de progrès et d'organisation durable qui ont été faites dans ce pays, et que le seul moyen de remédier à cet état de choses affligeant est de constituer définitivement et régulièrement la propriété. Mais pour atteindre ce but si désirable, en conciliant l'intérêt de la métropole avec le respect des droits acquis aux vaincus, il devient indispensable de savoir bien exactement quelle était la constitution de la propriété en Algérie, au moment où, des mains de la milice turque, elle a passé dans celles de la France. Ce travail inévitable, qui était déjà d'une exécution fort difficile au jour même de la conquête, l'est devenu bien davantage encore aujourd'hui ; car l'ignorance complète (dont il est toujours facile de sortir) où nous étions à cette époque a fait place à une multitude de notions inexactes et erronées, que le temps a sanctionnées, et qui, non-seulement ne peuvent fournir aucun élément à la solution nécessaire, mais sont encore un obstacle incessant à ce qu'on l'obtienne.

C'est ainsi qu'a pris naissance et s'est accréditée cette erreur qui consiste à considérer l'Afrique comme *une terre de*

dîme, et les indigènes comme propriétaires du sol qui les sup-
porte, erreur dont la première conséquence est d'ôter au
gouvernement son plus puissant moyen d'influence en le
dépouillant du droit de disposer de la terre. C'est ainsi que
la confusion la plus déplorable s'est introduite en tout ce
qui touche à l'autorité souveraine, aux devoirs des sujets et
à l'organisation judiciaire.

De ces graves difficultés et des embarras produits par cette
manière d'envisager les institutions les plus importantes,
je ne songe à accuser ni le zèle, ni l'intelligence des administrateurs auxquels la France a confié des études si importantes ; ils n'ont été trahis que par une trop confiante crédulité et par la méthode d'investigation à laquelle ils ont cru
convenable de recourir.

Quand, en 1830, Alger fut tombé au pouvoir de la France,
il ne pouvait entrer dans la pensée du vainqueur d'imposer
ses propres lois et ses usages à la population conquise, et,
obéissant aux inspirations d'une politique aussi sage qu'équitable, il laissa l'Afrique sous l'empire de son antique législation religieuse. Mais comme les dispositions de cette législation lui étaient inconnues, force lui fut bien d'en confier
'application, ainsi que l'administration de la justice, aux
Maures, qui seuls pouvaient s'en charger. Remettre des soins
aussi graves aux mains des vaincus était une nécessité fâcheuse, mais on ne pouvait s'y soustraire. On devait seulement et on pouvait restreindre la durée de cette semi-abdi-
cation. Les Français devaient n'avoir dès lors d'autre préoccupation que celle de se mettre, par l'étude de la langue,
des lois et des usages de la nation conquise, à même de retirer au plutôt des mains des indigènes ce dépôt d'autant
plus dangereux qu'ils ne pouvaient exercer aucune surveillance sur la gestion de ces mandataires suspects, quoiqu'en
même temps ils fussent obligés d'en accepter aveuglément
la responsabilité.

Les choses ne se passèrent pas ainsi. Dénuée de toute expérience, privée de conseils désintéressés, l'administration

française se détourna de cette voie si naturellement ouverte devant elle, et s'abandonna comme à des amis sûrs et des serviteurs fidèles, à ces Maures que l'histoire nous montre à toutes les époques pétris de ruse et de perfidie, sans crainte de Dieu ni respect des hommes. C'est dans cette confiance imprudente que les Africains, incapables de résister par la force, ont trouvé des armes pour harceler leurs vainqueurs, leur rendre la victoire onéreuse et paralyser entre leurs mains les résultats de la conquête.

A la faveur de ce funeste aveuglement ils ont eu le loisir de créer et d'augmenter le désordre, au point de rendre peut-être impossibles tout progrès et toute création durable. C'est ainsi qu'ils ont réussi à déplacer les bases de l'impôt, à altérer les rapports de sujets à gouvernement, à exagérer le chiffre de la population et l'apparente pauvreté du pays. Ils ont caché sous d'artificieux mensonges le principe fondamental de la propriété; et l'État n'a pu qu'à grand'peine soustraire à leur usurpation quelques domaines dont il ignore et l'étendue et l'origine. Le particulier possède, mais sa propriété et ses droits sont chaque jour mis en péril, parce qu'ils ne sont assis sur aucune base légale. La haute administration et les tribunaux sont encore à trouver des signes certains qui leur permettent de constater la validité des titres, et il est arrivé souvent que deux actes de propriété ont été apportés à l'appui de réclamations concernant le même immeuble, tous deux revêtus de caractères également authentiques.

Ce tableau n'exagère en rien les faits que pendant près de huit années j'ai pu étudier à loisir. En face d'un tel état de choses, qui compromet à la fois les intérêts et la dignité de la France, il n'est permis à personne de rester indifférent; moins encore à ceux qu'une longue habitude des usages et de la langue d'Afrique met en état de distinguer plus sûrement la vérité au milieu des erreurs qui la cachent et que le temps a presque toutes consacrées.

Peut-être en me voyant prétendre à un tel résultat, quand

tant d'autres ont échoué, que toutes sortes de supériorités, sans compter celle que leur donne la nature spéciale de leurs travaux, rendaient plus propres que moi à le poursuivre, on m'accusera de présomption ; à ce reproche, fondé en apparence, je ne répondrai qu'en montrant l'importance vitale du but à atteindre, et la voie que je prends pour y arriver, voie qui, différant entièrement de celle dans laquelle on a marché jusqu'ici, suffira seule pour me faire absoudre de cette accusation. Les notions à l'aide desquelles l'administration s'est formé une opinion, et sur lesquelles elle a basé toutes les mesures relativement à la propriété, lui viennent évidemment des indigènes ; et c'est à cette manière de s'enquérir de la vérité que j'attribue le mal et tous les embarras qui ont suivi.

Après avoir longtemps songé aux moyens les plus efficaces de résoudre le problème de la propriété algérienne, j'ai été amené à conclure que les enseignements sur cette matière devaient être puisés à des sources écrites, authentiques par leur antiquité ; à l'examen des actes civils et des codes législatifs musulmans. Que si, en dernière analyse, après avoir ainsi dégagé les bases de la constitution territoriale, on avait besoin de détails plus minutieux et d'un intérêt moins grave, on pourrait, pour cet objet, recourir aux Maures, mais avec cette pensée toujours présente, qu'ils sont puissamment intéressés dans de semblables questions, et que leurs assertions doivent toujours être soumises à un contrôle des plus sévères.

C'est sous l'influence et dans le sens de cette idée que j'ai entrepris le travail que je livre aujourd'hui à la publicité. Les traditions historiques et une longue expérience ne m'avaient pas permis de méconnaître le caractère perfide et profondément dissimulé des Algériens et m'avaient conséquemment mis en garde contre leur habileté ; je n'avais pu m'empêcher de suspecter l'empressement avec lequel je les voyais venir au-devant de nous pour nous fournir les renseignements désirés.

Quand le temps m'eut familiarisé davantage avec leur langue écrite et permis ainsi de consulter, sans leur intermédiaire, quelques-uns des rares manuscrits de législation que leur prévoyance n'a pu réussir à nous soustraire, je fus frappé des nombreuses contradictions qu'à chaque pas, dans cette nouvelle carrière, je trouvais entre les renseignements volontairement fournis par eux à l'administration et ceux que je puisais dans l'étude de leur loi.

Or ce qui se passait tous les jours sous mes yeux, ainsi que les récits de tous les voyageurs qui ont exploré l'Orient, ne pouvait me laisser aucun doute sur l'extrême et minutieuse fidélité que les musulmans de tout pays apportent à conformer aux prescriptions légales les actes même les plus insignifiants du culte et de la vie privée ; et le plus simple bon sens devait m'amener à conclure de là, qu'à plus forte raison encore cette rigoureuse observation de la loi devait se retrouver dans les graves détails de la vie publique.

C'est ainsi que je parvins à me convaincre que les notions fournies par les Maures étaient autant d'artificieux mensonges.

Mais ces assertions fallacieuses avaient été acceptées et consacrées ; il ne suffisait pas d'une négation pour les détruire ; il fallait pouvoir les réfuter en montrant ce qui existe réellement, et là commencèrent les véritables difficultés de la tâche que je me suis proposée ; je ne m'en laissai point effrayer. Une application incessante à l'étude de tous les manuscrits de législation musulmane que je pus recueillir me permit bientôt de m'assurer que le Koran étant la loi fondamentale dans tous les pays musulmans, et renfermant à la fois les bases des droits canonique, civil et politique, les institutions qui en découlent devaient partout offrir, au moins dans leur principe, une parfaite identité.

Dès lors, pour démêler ce que pouvaient avoir d'obscur et d'embarrassant les phénomènes de la propriété en Algérie, j'avais à ma disposition deux moyens également sûrs et efficaces.

L'un, qui nécessitait un travail fort long et fort aride, consistait à rechercher et a réunir, dans les sources de la législation musulmane, au moyen des manuscrits accessibles, toutes les dispositions relatives à la constitution territoriale dans toutes ses conditions.

L'autre, qui devait singulièrement abréger et faciliter ma tâche, ne m'imposait d'autre obligation que celle de lire avec soin les traités publiés *ex-professo*, et les livres où il est question accessoirement de la propriété foncière en Turquie ou en Égypte, que nous devons à la plume des orientalistes les plus renommés de l'Europe. Une fois cette lecture terminée, il ne s'agissait plus que d'en appliquer les données et les conclusions à l'objet de nos recherches.

On comprend sans peine qu'entre ces deux partis je n'hésitai pas à me décider pour le second. Je trouvai en première ligne et en possession de la plus haute autorité, les travaux de MM. Anquetil Duperron, de Sacy et de Hammer. Je les étudiai avec la plus grande attention; mais je dus bientôt reconnaître que je m'étais fait illusion, et qu'il me fallait renoncer à tirer de ces publications tout le secours et la lumière sur lesquels j'avais compté pour mener ma tâche à bonne fin.

M. Anquetil Duperron a intitulé *Législation orientale* un livre qui laisse à désirer une connaissance moins imparfaite des textes et de l'esprit de cette législation. Il a rassemblé dans ce mémoire toutes les allégations des publicistes qui avaient ou qui passaient pour avoir sur lui l'avantage de connaître les lois de l'Islam. Le plus souvent, ces assertions sont hasardées, quelquefois même elles vont directement à l'encontre de ce qui existe en réalité. En somme, cet ouvrage[1] est un plaidoyer, plus chaleureux que convaincant, en faveur de l'opinion qui place en Asie, aux mains du fellah ou paysan cultivateur, le droit de propriété sur le fonds

---

[1] *Législation orientale,* par M. Anquetil Duperron, de l'Académie royale des inscriptions et belles-lettres. Amsterdam, 1778.

du territoire. L'auteur en a fait une compilation des œuvres de tous les voyageurs et de tous les orientalistes connus, mais composée presque uniquement des passages favorables à la cause qu'il veut faire prévaloir. Il n'apporte lui-même aucune preuve décisive à l'appui de ce système, à moins qu'on ne veuille considérer comme telle la reproduction du contrat d'une vente de maison, rédigé par un cadi dans l'Inde ; mais une traduction peu satisfaisante ôte à cet acte une grande partie de sa valeur, et cette pièce n'a pas plus de poids que toute la partie annexée à sa dissertation sous le titre d'addition, et qui est traduite de l'anglais d'après le colonel Dow. Ce morceau, fort incorrectement rendu par Dow, est un fragment du recueil connu sous le nom d'*Ayeen Akbary* (Institutes d'Akber), qui a été publié en anglais par Gladwin.

Ce travail de M. Anquetil Duperron est digne d'éloges à raison de l'esprit dans lequel il a été conçu ; mais, au point de vue scientifique, il ne saurait être d'une grande importance.

Si les trois mémoires [1] publiés à de longs intervalles par M. de Sacy, et qui traitent de la propriété territoriale en Égypte, n'ont pas mieux rempli mon attente, ce n'est certainement pas par suite des mêmes motifs.

Ces mémoires portent partout l'empreinte de la science remarquable et de l'immense érudition de l'auteur ; mais M. de Sacy, en les entreprenant, quittait le domaine de la littérature orientale, où il régnait sans partage, pour aborder un sujet d'étude dont les éléments sont beaucoup plus rares et qui lui était moins familier : l'ordre et la clarté de ses recherches en ont souffert. Il y règne un embarras et un sentiment de gêne que l'auteur semble n'avoir pu se dissimuler à lui-même.

L'idée qui a servi de base à ces mémoires était que, lors

[1] *Recherches sur la nature et les révolutions du droit de propriété territoriale en Égypte, depuis la conquête de ce pays par les Musulmans, jusqu'à l'expédition des Français.*

de l'invasion musulmane, le vainqueur ne s'était réservé sur l'Égypte que les droits régaliens ; que ceux de la propriété avaient été respectés et laissés par lui aux habitants, et que si, plus tard, toute propriété a été trouvée livrée à la volonté du souverain, ce fait n'était point le résultat de l'exercice d'un droit légitime, mais bien la conséquence de révolutions successives et de la dépopulation du pays.

D'ailleurs la méthode peu naturelle adoptée par l'auteur, et qui consistait à remonter des temps modernes aux temps anciens, n'a pas peu contribué à compliquer son travail.

Je n'hésite pas à formuler ainsi l'impression que m'a laissée l'étude de ces mémoires, d'abord parce que la nature de mon sujet ne me permettait pas de les passer sous silence, et que, dès ce moment, je devais au lecteur la vérité, telle au moins qu'elle me semblait être ; et, en second lieu, parce que les mérites nombreux et remarquables de ces recherches sont tous propres à l'auteur, tandis que les défauts que j'ai signalés tiennent principalement à la nature extrêmement difficile et ingrate d'une étude pour laquelle l'expérience des lieux et des faits est un privilége bien plus efficace que l'érudition et la science de la langue arabe.

M. de Hammer n'a point fait de traité *ex professo* sur la propriété ; mais il s'est occupé longuement de cette question dans le premier volume d'un ouvrage qu'il a publié en 1815 [1], sur la constitution et l'administration de l'empire ottoman. Il y édifie tout le système de la propriété sur un précepte commun au Koran et à toutes les législations religieuses, et qui tend à faire envisager Dieu (et par conséquent le souverain qui est son représentant) comme l'unique propriétaire de la terre et de ce qu'elle porte. De ce premier principe, il tire la conséquence que le conquérant musulman est, par

---

[1] *Des Osmanischen Reich's Staats vervassung und Staats Verwaltung darge-stellt aus den Quellen seiner Grundsaetze*, von Jos. von Hammer. Wien 1815, 2 vol. in-8°.

le fait de la conquête, propriétaire du territoire soumis.
Mais, à partir de ce point, quelque attention que j'aie apporté à la lecture, il m'a été impossible de découvrir en faveur
de qui M. de Hammer croit que le souverain a usé de la
faculté qu'il lui suppose de déléguer son droit. Je penche-
rais à croire que c'est le timariote ou sipahi qui, à ses yeux,
passe pour être investi du droit de propriété ; mais, en admettant qu'il en soit positivement ainsi, il importe peu de
prendre acte d'une semblable proposition, vu que, dans un
mémoire plus récent de vingt années, et sous beaucoup de
rapports meilleur que son premier ouvrage[1], M. de Hammer
la réfute lui-même, et reconnaît que le souverain n'a de
droits que sur les terres vaines et vagues, et qu'encore ces
droits sont fort limités. Après avoir ainsi sapé par la base
tout le système qu'antérieurement il avait édifié, M. de
Hammer ne prend point la peine d'en rebâtir un autre avec
les débris du premier, et laisse le lecteur fort en peine
de ce qu'il en doit faire et de ce qu'il en doit définitivement
penser.

De plus, M. de Hammer n'apporte pas toujours à ses
traductions toute l'exactitude et le soin désirables. Il suffit, pour s'en convaincre, de lire la table des matières du
code législatif de la Turquie, qu'il fournit au commencement de son premier ouvrage, et où m'ont frappé quelques
contre-sens, dans lesquels on ne saurait assez s'étonner de
voir tomber un orientaliste aussi distingué que lui. Le moment n'est pas venu de discuter avec détail ce qui, dans les
travaux de M. de Hammer, a directement trait à la matière
qui fait l'objet de nos recherches ; provisoirement, nous nous
bornerons à constater avec lui que les nombreuses divergences des savants orientalistes qui se sont occupés de la
propriété résultent de ce qu'ils n'ont eu devant les yeux que
l'état actuel de la possession, ou les faits résultant de la
violence, et qu'ils ont négligé de remonter aux sources de

[1] *Ueber die Laender Verwaltung unter dem Chalifate,* von Joseph von
Hammer. Berlin, 1835.

la loi musulmane pour en déduire le véritable principe de la propriété. Pour assurer le succès de nos recherches relativement à l'Algérie, il nous faudra recourir précisément à cette méthode que M. de Hammer s'est tracée, mais qu'il n'a pas suivie. D'ailleurs, ces sources, bien loin de consister seulement en la vague prescription du Koran qu'il rapporte, sont multiples, comme on va le voir, et comme, vingt ans après avoir émis cette proposition, M. de Hammer a pu s'en convaincre lui-même.

Les détails qui précèdent rendent suffisamment compte des raisons pour lesquelles il m'a fallu renoncer à trouver dans les ouvrages que je viens de passer en revue les éléments de la solution que je cherche. Il ne me restait donc plus qu'à revenir au moyen que j'aurais voulu pouvoir m'épargner, c'est-à-dire à la poursuivre dans les textes mêmes de la législation musulmane. J'ai déjà signalé la difficulté de cette tâche : la rareté des sources auxquelles on peut puiser, l'impossibilité, malgré un long séjour parmi les mahométans et des relations familières de tous les jours avec eux, d'en obtenir les indications nécessaires pour un tel travail, ont été trop bien mises en lumière par Mouradgea d'Ohsson relativement à la Turquie, pour que j'aie besoin d'en parler après lui.

Quant aux musulmans de nos nouvelles possessions d'Afrique, fidèles aux préceptes du prophète qui prescrivent de fuir le contact et les discours de ceux qui ne partagent pas leur foi, ils se font, à notre égard, un devoir du silence le plus absolu sur tout ce qui a rapport aux institutions religieuses et politiques de l'Algérie avant la conquête; et quand le soin de leurs intérêts ou de leur situation, relativement à nous, les force à le rompre, ils se réfugient dans le mensonge.

A moins d'avoir longtemps vécu au milieu d'eux et d'avoir pu les observer sans relâche et à leur insu, il serait non-seulement difficile, mais je pense impossible de se faire même une faible idée de la haine profonde, de la méprisante aversion que cachent leurs formes et leurs paroles si pleines d'aménité, et de savoir ce que valent les continuelles protestations de dévouement et d'amitié au moyen desquelles ils réussissent à captiver la bienveillance de ceux dont ils ont intérêt à se ménager la faveur.

Aussi l'homme devenu, par une longue habitude, initié aux véritables sentiments que nourrissent les Africains à l'égard de leurs vainqueurs, ne peut-il réprimer un sourire à la vue de tous ces systèmes de gouvernement que bâtissent journellement sur un espoir irréalisable de fusion et de conciliation des esprits fort distingués et généreux d'ailleurs, mais qui se sont laissé cruellement abuser par l'apparence.

La haine pour les Turcs, qui pourtant étaient mahométans, n'a encore été remplacée, chez les Africains, par l'amour ni des Français ni du christianisme, dont les persécutions religieuses des Espagnols ont laissé en Afrique un si exécrable souvenir. Des nouveaux sujets de la France, il n'en est pas un sur le dévouement duquel elle puisse compter; beaucoup semblent la servir avec zèle, mais tous la haïssent à titre d'étrangère et d'infidèle. La religion de Mahomet est la seule qui n'exige pas de ses adeptes l'épreuve du martyre; elle leur permet de faire passer les besoins de la conservation du corps et de la fortune avant le devoir de proclamer hautement leur croyance et les sentiments qu'elle leur suggère. D'ailleurs, la foi, justement nommée punique, qui constitue le fond du caractère africain, fait pour eux de cette dissimulation une tâche des plus faciles.

Je ne pourrais indiquer un exemple plus frappant de cette perfidie effrontée et de cette redoutable habileté des Maures, que la publication de l'Algérien Hamdan, qui renferme, pour ainsi dire, le rudiment de toutes les insolentes mystifications dont l'administration a été plus tard la victime.

Pour éviter un si dangereux écueil, nous ne demanderons les notions qui nous sont nécessaires qu'aux textes mêmes de la législation écrite des musulmans; mais avant de les examiner isolément, jetons un coup d'œil rapide sur les bases principales de cette législation, le Koran et la Sunna [1].

[1] Quoiqu'on puisse considérer le Koran et la Sunna comme les sources fondamentales de la législation musulmane, il faut remarquer que, pour les jurisconsultes musulmans, les bases de la législation sont au nombre de quatre, dont la connaissance est exigée de la part de tous ceux qui se destinent à la magistrature judiciaire et religieuse. Ces bases sont : 1° le Koran ; 2° la Sunna ; 3° l'Idjmaa (الاجماع), c'est-à-dire la connaissance des points de dogme sur lesquels les premiers khalifes et les compagnons du prophète ont été unanimes, soit pour les approuver, soit pour les rejeter ; 4° le Kiaess (القياس), ou recueil des décisions rendues dans l'esprit des principes du Koran et de la Sunna, relativement à des points qui n'y ont pas été déterminés.

PREMIÈRE PARTIE

DE LA PROPRIÉTÉ

DES

TERRITOIRES DE GRANDE CULTURE.

RECHERCHES

SUR LA CONSTITUTION

DE LA PROPRIÉTÉ TERRITORIALE

DANS LES PAYS MUSULMANS,

ET SUBSIDIAIREMENT EN ALGÉRIE.

§ Ier.

DE LA NATURE ET DES SOURCES DE LA LÉGISLATION MUSULMANE.

Le Koran, tel que nous le possédons aujourd'hui, n'est pas exclusivement l'œuvre de Mahomet. Pendant sa vie de législateur, ce code n'existait ni complet, ni coordonné comme il l'a été après sa mort ; il consistait alors en morceaux détachés, mandements, ordres, admonitions conçus et publiés pour les besoins du moment, dont quelques-uns étaient écrits sur des feuilles éparses et d'autres conservés dans la mémoire des compagnons et des disciples. Après la mort du prophète, le khalife Aboubekre, redoutant la perte et l'altération de ces monuments, ordonna de les réunir, et en fit un volume, dont les parties constituantes furent rangées sans aucun ordre de dates ni de

matières, et dont, par conséquent, l'ensemble offre
parfois de singulières incohérences : c'est ce désordre qui a été surtout le prétexte des nombreuses et sévères critiques dont le code sacré
des musulmans a été l'objet. Au milieu des bizar-
reries inexplicables et des contradictions fréquentes
qui s'y font souvent remarquer, entre l'esprit d'impitoyable conquête qui respire dans les morceaux
conçus pendant les luttes armées du prophète, et
la pensée de tolérance qui a précédé les premières
excitations à la guerre, il est impossible de refuser
son admiration aux préceptes de sublime morale
dont le Koran est rempli, et à la forme saisissante
et poétique sous laquelle ils sont présentés. Partout, à côté du dogme de l'unité de Dieu et de
l'immortalité de l'âme, on y trouve des exhortations à la droiture, à l'équité et surtout à la charité, qui est en effet la vertu capitale des musulmans [1].

Outre ces prescriptions morales, on retrouve

---

[1] Voici quelques-unes de ces exhortations :

« Le peuple est la famille de Dieu sur la terre, et le fidèle le plus
« cher à ses yeux est celui qui est le plus utile à cette famille.

« Celui qui recherche légitimement les biens de la terre appro-
« chera de Dieu avec une face resplendissante, comme la lune au
« milieu de son cours.

« Celui qui accumule les biens de la terre dans un esprit de va-
« nité et de volupté trouvera Dieu, à son approche, plein d'ire et de
« vengeance.

« *Point de grâce pour celui qui meurt rassasié, laissant à côté de lui*
« *son prochain souffrir de la faim.*

« *Certes, la perte de l'indigent qui meurt de faim au milieu des hommes*

encore, dans le Koran, le germe de presque toutes
les institutions législatives; mais elles ne sont déve-
loppées, et on n'en peut bien apprécier l'esprit
que dans l'ensemble des traditions relatives aux paroles, faits et gestes mémorables du prophète, conservés et recueillis, soit par les premiers khalifes,
soit par ses compagnons, soit même par les contemporains de ces derniers [1], et connus sous le
nom de *sunna* (سُنَّة), et moins communément
sous celui de *ahadeth* (pluriel de *hadith*) حـديث.
Ces traditions comprennent les paroles de Mahomet (*kaoül*) قول, ses actes (*phyl*) فعل; et enfin
son silence considéré comme approbation tacite
(*takrir*) تقرير.

Ces traditions, qui traitent de points et de détails
de législation, de morale et de culte qui n'ont pas
été mentionnés ou suffisamment expliqués dans
le Koran, sont le développement et l'explication
du texte de ce livre, au moyen d'exemples et de
récits, et servirent, après la mort de Mahomet,
à trancher certaines discussions, ou à empêcher
certains actes en indiquant l'approbation ou l'im-

« opulents fait évanouir à leur égard la miséricorde de Dieu et celle de
« son prophète.

« Ceux qui supportent patiemment l'adversité, qui pratiquent la
« vertu, qui exercent la bienfaisance, et qui effacent leurs fautes par
« des actes de religion et d'humanité, seront les hôtes les plus pré-
« cieux du paradis. »

[1] Les compagnons du prophète sont connus sous le nom d'*Ashab*
(اصحاب); celui de *Tsebioune* (تابعون) a été donné aux contemporains des compagnons, qui cependant n'ont pu voir le prophète.

probation qu'il avait formulée dans des cas analogues.

La première rédaction en corps de livre, de ces
préceptes traditionnels ou Sunna, fut entreprise
sous le khalifat d'Ali, et cette collection fut bientôt
suivie de plusieurs autres qui furent indifféremment intitulées *Sunna*, *Ahadeth*, *Rewayat* (tradition); la plus fameuse et la plus authentique est
celle de Boukhari; elle marche en première ligne
après le Koran; c'est sur le livre de Boukhari
qu'en Afrique les juges musulmans font porter la
main aux personnes dont ils exigent le serment.

Mais, de même que dans le Koran les sentences,
dans la Sunna les récits étaient accumulés sans
méthode, et la recherche en était fort difficile. La
loi musulmane, basée sur ces deux sources inalté-
rables, ne prit forme de code complet et méthodique, sous le rapport au moins de l'ordre des matières, que par les soins de quatre docteurs cé-
lèbres, qui ont imposé et laissé leurs noms à
quatre sectes orthodoxes, dont ils ont été les fondateurs; mais pour arriver à parler utilement de
leurs travaux et de leurs divergences, il est indispensable, pour nous, de jeter un coup d'œil sur
un fait antérieur à leur époque, c'est-à-dire sur la
première et grave scission qui se manifesta en Islam, et qui menaça de mettre un terme immédiat
à son existence et à ses triomphes.

Mahomet, en mourant, n'avait point nommé
son successeur, et le gouvernement de son peuple

semblait devoir naturellement échoir à Ali ben-Abi-Thaleb, son cousin et son gendre; mais, soit qu'on hésitât à croire bien assurés entre ses mains les intérêts de la république naissante, soit peut-être à cause de la haine que lui portait Aïscha, veuve du prophète, qui avait conservé une puissante influence, l'élection populaire en décida autrement; Aboubekre, Omar et Osman lui furent successivement préférés, et ce ne fut qu'après leur mort qu'il parvint au khalifat.

Il n'entre pas dans les limites de cette courte analyse de faire l'histoire de ces khalifes, et je me bornerai à dire que, soupçonné d'avoir pris part au meurtre de son prédécesseur Osman, Ali eut à soutenir une lutte acharnée avec Moaouïa, gouverneur de Syrie, et parent d'Osman, qui s'était fait proclamer khalife à Damas, et qu'il fut à son tour assassiné, en 40 de l'hégyre, en se rendant à la mosquée.

Le fils aîné d'Ali, Hassan, élu khalife par les partisans de son père, mourut empoisonné, dit-on; peu de temps après avoir résigné le khalifat en faveur de l'heureux usurpateur Moaouïa. Hosséïn, le second fils d'Ali, n'ayant pas voulu imiter l'exemple de son aîné, et reconnaître pour souverain Yezid, le fils de Moaouïa, fut surpris et tué avec quatre de ses frères, sur la route qui conduit de la Mecque à Koufa, ville dont les habitants l'attendaient pour le proclamer khalife.

Tout ceux qui survécurent de la malheureuse

famille d'Ali tombèrent au pouvoir de Yezid, qui les
fit remettre en liberté. Ils se retirèrent à Koufa, et
de là leurs descendants se répandirent dans l'Inde,
la Perse, la Turquie et l'Afrique, où ils sont l'objet
de la vénération publique, sous les noms de *sché-*
riff, *seïd* ou *émir*. Les auteurs emploient aussi pour
les désigner le mot *el-akareb* (الاقارب) qui signifie
les proches, en sous-entendant *de Mahomet*. On
les distingue facilement du reste des musulmans à
la couleur verte du turban, que seuls ils ont le
droit de porter; partout, ils sont exclusivement
soumis à la juridiction d'un chef de leur race, qui
dans toutes ces contrées est nommé *Nakib el-*
Ashraff. Ce sont eux qui ont fondé la dynastie qui
gouverne de nos jours l'empire de Maroc.

A la guerre dont je viens d'esquisser sommai-
rement les principaux événements, remonte l'origine de la division qui, aujourd'hui encore, partage
'Islam en deux camps ennemis : celui des musulmans orthodoxes ou *Sunnis*, et celui des hérétiques
ou *Alides*.

Les *Alides* ou *Alaoui* sont ceux qui n'admettent
d'autre autorité sacrée que celle du Koran; ils
n'accordent à la Sunna aucune authenticité, et
considèrent Ali comme le seul légitime successeur
du prophète; ils ont voué à l'exécration les noms
des trois khalifes qui ont gouverné l'Islam avant
lui. Outre le nom d'Alides et celui de Fatimites
(de Fatima, fille de Mahomet et femme d'Ali), dont
ils se décorent plus communément, ils se donnent

eux-mêmes la qualification d'*adeli* ou justes par excellence, tandis qu'en Europe on les connaît généralement sous le nom de *schyïtes* et de *khouardj*, (خوارج) pluriel de *kharidjy*, que leur ont donné les musulmans orthodoxes. La plupart des orientalistes traduisent ce mot de schyïtes par celui de sectaires ou schismatiques ; ce n'est pas là, je pense, le véritable sens de ce terme, qui me semble dérivé de la racine شيع, dont la signification est associer ou association, et qui est employé, concuremment avec celui de *mouschriquoûne*, associateurs ou polythéistes, comme la plus grande injure de la part des musulmans orthodoxes, qui reconnaissent la légitimité des khalifes, l'authenticité de la Sunna, et qui, par allusion au dogme de l'unité de Dieu (التوحيد), qui est la base de la foi musulmane, se donnent le titre de *mouwahhiddine* (unitaires).

Les partisans d'Ali abondent en Perse ; il y en a dans l'Inde, on en retrouve aussi en Afrique ; ce sont eux qui ont peuplé dans cette contrée l'île de Jerby, qui dépend du royaume de Tunis, et le pays des Beni-Mezzab, qui faisait partie de la régence d'Alger.

Tout le reste du monde musulman est sunni ou orthodoxe, et la législation qui le régit, et qui est basée à la fois sur le Koran et la Sunna, ne devint, comme je l'ai dit, un code à peu près régulier que grâce aux travaux de quatre docteurs qui ont laissé leurs noms à autant de rites.

Unanimes sur le dogme, ils ne diffèrent entre
eux qu'en ce qui concerne l'interprétation de quelques points du droit civil et moral, et relativement
à quelques pratiques matérielles et peu importantes
du culte ; mais leurs ouvrages et les sectes qu'ils
ont fondées sont réputés également orthodoxes, et
leurs adhérents vivent en paix les uns à côté des
autres, sans que ces légères dissidences occasion-
nent entre eux des troubles ou des controverses
hostiles.

Dans les pays musulmans, les mosquées et les
tribunaux se dirigent selon les préceptes du rite
dominant ; mais, néanmoins, dans la vie privée et
pour les actes civils, les habitants sont libres d'o-
béir aux inspirations de leur prédilection pour tel
ou tel autre de ces rites.

Ces quatre sectes sont celles de *Abou Haneïfa* et
de *Malek*, qui prédominent presque seules aujour-
d'hui, et celles de *Scheffaeï* et de *Hann'bal*, dont le
domaine est fort restreint, et qu'il est, par conséquent, moins utile pour nous d'étudier.

Les trois dernières doctrines, c'est-à-dire celles
de *Malek*, *Scheffaeï* et *Hann'bal*, ont fait donner à
leurs auteurs le surnom d'*Ehel el-Sunna* (Hommes
de la Sunna), à raison de la servile et exacte défé-
rence qui leur fait adopter sans examen et dans
toute leur extension les préceptes de la Sunna.

Abou Haneïfa ainsi que ses commentateurs ont
été appelés *Ehel el-Kiaess* (Hommes de l'analogie),
darce qu'ils ont appliqué à l'étude des traditions sa-

crées le procédé de l'analyse, et qu'ils se fondent
plus sur les déductions du jugement humain, que
sur une rigide fidélité aux prescriptions de la Sunna.

Abou Haneïfa Naoman Ibn Thabith, né à Koufa,
en 80 de l'hégire, et surnommé le Grand Imam
(امام اعظم), est mort, à Bagdad, à l'âge de 70 ans;
il a laissé trois ouvrages qui ont pour titres : *El-
Mesnaed* (le Pilier), *Felk el-Elm* (la Sphère de
science) et *El-Moallem* (l'Enseignant).

Sa doctrine est dominante en Turquie, en Tar-
tarie et dans une grande partie de l'Inde. Elle
constitue de nos jours la loi de l'État en Turquie,
non dans son état d'intégrité primitive, mais modi-
fiée par les travaux des deux disciples les plus illustres du fondateur, les imams Abou Youssouf et
Mohammed, dont les décisions ont, en quelques
cas, prévalu sur celles du maître.

Le livre qui a été choisi par le gouvernement
turc, comme le résumé le plus lucide et le plus
complet de ces divers travaux, et qui n'a cessé d'être
considéré comme le manuel ou code reconnu de la
législation dans l'empire ottoman, est la *Moulteka el-
Ebhour* (ملتقى الابحر). Ce titre, qui équivaut à celui
de *Confluent des mers*, est une allusion à la multi-
plicité des sources auxquelles l'auteur a dû puiser
pour le composer. En effet, dans la courte préface ou *khothbe* qui l'ouvre (comme cela a lieu in-
variablement pour tout les écrits des musulmans)
par les louanges de Dieu, le rédacteur cite les noms
des ouvrages qu'il a résumés, et, parmi les princi-

paux, celui de Kodouri, le *Mokhtar*, le *Kenz*, la *Vekaya* et la *Hidaya* [1].

Ce code, dû à la plume du célèbre scheikh Ibrahim-Ben-Mohammed-Ben-Ibrahim et Halabi (d'Alep) a été traduit, en grande partie par d'Ohsson, et constitue le fond du magnifique ouvrage qu'il a intitulé : *Tableau de l'empire ottoman* [2]. Mais on ne saurait trop s'empêcher, à ce propos, de regretter que d'Ohsson n'ait pu mener lui-même à terme une entreprise si importante et impossible pour tout autre que lui, et surtout qu'il ait cru devoir, ainsi qu'il le dit lui-même (préface du t. Ier, p. 24), « présenter dans un autre « ordre les matières qui y sont confondues, pour les « rendre plus claires et plus intelligibles. » Ce soin était d'autant moins utile à prendre, que le manuscrit de la Moulteka est, parmi les œuvres législatives musulmanes, la plus remarquable peut-être par l'ordre méthodique et la lucidité des détails. En voulant encore renchérir à cet égard, d'Ohsson a été malheureusement amené à juxtaposer, dans son livre, des sujets tout à fait étrangers entre eux, leur donnant de cette manière un aspect d'analogie trompeur.

C'est ainsi que, sous le titre des Dîmes aumô-

كتابا يشتمل على مسايل القدورى والمختار والكنـــز ١ والوقاية

[2] *Tableau général de l'empire ottoman*, par de M. d'Ohsson, 4 vol. in-8°. Paris, 1788. Continuation de cet ouvrage par le fils de l'auteur, en 5 vol. in-8. Paris, 1824.

nières ou *Zekkaet*, il a traité des *wakfs* ou fondations pieuses, tandis que, dans le manuscrit arabe, un livre spécial est consacré à chacun de ces sujets, qui n'ont rien de commun.

Souvent aussi, déviant de la fidélité qu'il s'est imposée dans la traduction du texte de la Moulteka, il a cru devoir compléter les données du scheikh Ibrahim par des additions tirées de son propre fonds, mais basées malheureusement sur des erreurs très-graves.

C'est ainsi que, de son propre chef, il intitule, *Des pays conquis*, le chapitre *Du partage du butin*, et qu'il traduit par les mots suivants la première phrase (t. V, p. 94, éd. in-8°) : « Le souverain est « maître du sort des peuples vaincus, ainsi que des « places, des villes du pays conquis; il peut en dis- « tribuer les terres à ses soldats à titre de fiefs mili- « taires (*ziamet* et *timar*), etc. » tandis que le texte porte[1] : « Et ce que l'imam a conquis par les armes « est partagé aux musulmans, ou il y laisse les ha- « bitants, leur imposant la capitation à eux et le « kharadj sur leurs terres; il fait mettre à mort les « captifs, les peut faire esclaves, ou laisser libres « sous la clientelle musulmane; leur conversion à

ما فتح الامام عنوة قسمت بين المسلمين او اقرّ اهله عليه [1]
ووضع للجزية عليهم والخراج على اراضيهم وقتل الاسرى او
استرقهم او تركهم احرارًا ذمة للمسلمين واسلامهم لا يمنع
استرقاقهم ما لم يكن قبل الاخذ

(Bibl. roy. man. ar. 572, p. 100 et 101.)

« l'Islam ne les soustrait pas à l'esclavage, si elle n'a
« lieu qu'après la conquête. » Outre l'infidélité de la
traduction, il faut remarquer ici l'intercalation des
mots de *ziamet* et de *timars*, qui, n'étant que le
nom local d'une institution générale de l'islam (*les
Iktaa*) ne pouvaient se trouver dans le texte, et
qui ont l'inconvénient de conduire directement à
une idée tout à fait fausse de la constitution territoriale, en faisant supposer que le territoire de
l'empire ottoman, qui est divisé en ziamet et en
timars, a été partagé, à titre de propriété, entre
les membres de l'armée conquérante, ce qui n'est
point vrai. Peut-être aussi ne s'est-il pas mis assez
en garde contre le concours que lui ont prêté les
savants musulmans, concours dont ne saurait assez
se défier l'homme qui veut sérieusement pénétrer
le mystère des institutions mahométanes. Évidemment, dans plus d'un passage, et surtout dans ceux
qui sont un monument de la haine et du dédain
des croyants pour les infidèles, l'interprétation a
été adoucie et altérée, même aux dépens du sens.
A l'endroit, par exemple, où il est question du
payement de la capitation ou *djezia*, on lit, dans
d'Ohsson, t. V, p. 22 : « Mais dans l'ordre social,
« les sujets tributaires ne doivent, sous aucun rap-
« port, se confondre avec les musulmans, attendu
« la supériorité religieuse et politique du fidèle sur
« l'infidèle. » Cette phrase représente la traduction
du texte, et plus bas, sous forme de commentaire,
l'auteur continue ainsi : « ...... Le tributaire doit s'in-

« terdire le port des armes, l'usage des chevaux et de
« toute autre monture, à moins qu'il ne soit atteint
« d'une infirmité grave; alors même son équipage
« doit être des plus modestes : *au lieu de selle, il*
« *ferait mieux de se servir d'un bât ordinaire*..... enfin,
« en tout lieu, en tout temps, un sujet tributaire
« doit être respectueux envers un musulman; il doit
« même se tenir debout en payant la capitation au
« collecteur public, et *s'il n'est pas exact à l'acquit-*
« *ter* au temps fixé, l'officier peut le prendre au
« collet et lui dire : *ô tributaire*, paye ton tribut; au
« reste, *ce ne serait pas une injure*, s'il l'appelait :
« Ennemi de Dieu. »

Je laisse au lecteur à comparer cette traduction
avec celle qui va suivre, et qui est la traduction
littérale du texte de la Moulteka [1] : « ...et on leur fait
« le chemin étroit (on leur fait prendre le bas côté),
« et ils payent la capitation debout, celui qui la re-
« çoit étant assis ; et on la prélève en les humiliant,
« et on les secoue, et on dit à celui qui l'acquitte :
« *Demmy* ou Ennemi de Dieu! »

Dans tous les manuscrits se retrouve ce précepte
de lever la capitation avec dureté, et il est évident
que ce n'est point au manque d'exactitude du tributaire qu'est dû ce traitement, mais à la volonté
exprimée par le khalife Omar lui-même.

---

١ ويضيق عليه الطريق ويؤدّى الجزية قايمًا والاخن قاعدًا
ويوخن بتلبيس ويهزّ ويقال لراد الجزية يا ذمى او يا عدو اﷲ
(Man. 572, pag. 104 v.)

Une autre inexactitude, fort grave en ce qu'elle donne le change sur la nature même d'une institution à la fois religieuse et politique, et qu'elle lui enlève ce dernier caractère, est commise par d'Ohsson à l'article des zekkaet ou aumônes légales. Il expose les faits de manière à faire considérer ces prélèvements comme consistant en des dons pieux, et non en des impositions, et nulle part il ne fait mention des collecteurs officiels, qui sont indiqués et nommés dans le texte; par exemple, page 31 du manuscrit n° 572 de la Bibliothèque royale, il est dit [1] : « Et le collecteur pour les troupeaux devra « prendre les animaux de moyenne taille; il ne doit « ni exiger les plus beaux, ni recevoir les plus mé- « diocres. »

Enfin il est à regretter que l'auteur n'ait point accompli la promesse qu'il fait en commençant de signaler partout les différences d'opinions qui partagent les quatre sectes orthodoxes. Ce soin a été omis par lui, même pour les points capitaux de ces divergences. Pour tout le reste, d'ailleurs, je ne sache pas en Europe d'œuvre comparable à celle de d'Ohsson pour la valeur du fond et de la forme.

J'ai dû consulter aussi un autre livre du rite d'Abou-Haneïfa [2], et qui le cède à celui de d'Ohsson

---

[1] (M. 572, p. 31.) ·"ويوخذ الساعى الوسط لا الا على ولا الادنى

[2] Je crois devoir prévenir le lecteur que pour ce nom propre, ainsi que pour quelques-uns des noms communs les plus usités, j'ai suivi la prononciation qui est en usage en Barbarie.

pour la clarté et la précision ; c'est celui qu'on appelle communément la Hédaya, et qui a pour titre : *Hedaya fil forou* (le Guide dans les branches de la loi). La traduction anglaise de Hamilton [1] que possède la Bibliothèque royale comporte quatre volumes in-4°; c'est là le premier ouvrage au moyen duquel les Anglais ont cherché dans l'Inde à initier leurs administrateurs à la connaissance de la loi musulmane. Sans m'arrêter à signaler la prolixité de la rédaction et la confusion des matières, je dois dire que l'authenticité du texte est fort douteuse pour ceux-là même qui veulent la juger sur les détails que donne, à cet égard, le traducteur anglais.

Mais il est bon auparavant de noter que la Hédaya originale n'est qu'un commentaire d'un autre écrit du même auteur, Burhan eddîn Ali, intitulé *Bedayat el-mobtida*, Éléments pour le commencement des études. Les Anglais n'ont pu obtenir une copie de ce manuscrit, et se sont bornés à en faire traduire le commentaire, non directement en leur langue, parce que, ainsi que l'a dit naïvement le traducteur anglais, ce livre est écrit dans un arabe qui n'est accessible qu'aux savants, mais en persan, et c'est du persan qu'il a été rendu en anglais; du moins, c'est là ce qui résulte des paroles mêmes de Hamilton.

---

[1] *The HIDAYA, a Guide, or commentary on the musulman Laws, translated by order of the governor-general and Council of Bengal, by Charles Hamilton. London, 1791.*

Discours préliminaire, p. XLIII :

« Quand l'attention du gouvernement anglais
« dans le Bengale fut attirée sur la nécesité de four-
« nir un guide authentique à ceux qui seraient char-
« gés de la surintendance des tribunaux indigènes,
« il ne put mettre la main que sur un grand nom-
« bre de *fettaoui* (décisions), et on entreprit la
« traduction de ceux d'Alum Geer (Aureng Zeb),
« mais on trouva bientôt que cette collection, se
« bornant à un simple exposé de cas et de déci-
« sions, on ne pouvait, par ce moyen, se rendre
« bien compte des principes de la loi musulmane.
« Quelques savants mahométans, consultés à cette
« occasion, ne pensèrent pas qu'il convînt que leurs
« chefs anglais reçussent la première impression
« de la législation musulmane d'un simple exposé
« d'exemples comme ceux qui constituent les fet-
« taouis d'Aureng Zeb. Ils conseillèrent de traduire
« préalablement quelque ouvrage qui offrît à la fois
« les préceptes et les principes dont ils découlent,
« et recommandèrent à cet effet la Hédaya, dont
« l'autorité est regardée comme canonique. Mais,
« comme ce traité est écrit *dans un arabe connu*
« *seulement parmi les savants, et dont l'idiome est*
« *particulièrement serré et obscur*, ils proposèrent,
« en même temps, *qu'on en fît une traduction com-*
« *plète en persan*, sous l'inspection de leurs plus
« intelligents docteurs, traduction qui aurait le
« double avantage de dissiper les ambiguïtés du
« texte...... etc.

« La traduction en anglais de cette traduction
«persane fut d'abord confiée à M. Anderson, puis
«continuée et achevée par M. Hamilton. »

Je laisse à tous ceux qui ont quelque idée de l'esprit musulman et de la facilité avec laquelle l'o-
mission, faite à dessein ou même involontairement,
d'un mot change le sens d'un texte, à juger si
c'est à tort ou à raison que je mets en doute la parfaite exactitude de l'édition anglaise de la Hédaya.
Je dois ajouter que les matières y sont dans un
ordre bizarre; que, sous un seul titre, souvent il y
est traité des choses les plus hétérogènes, et que
le traducteur a supprimé tout ce qui concerne les
purifications, la prière, le jeûne et le pèlerinage
de la Mecque. Il en prévient au reste le lecteur
dans sa préface; mais il ne signale pas une omission plus grave, qui est celle du chapitre des successions. La loi qui concerne les héritages est, à
la vérité, ordinairement l'objet de traités à part,
où sont consignés les nombreux calculs auxquels
elle donne lieu pour la répartition à faire, par le
cadi, entre les héritiers ; mais il n'est pas un
seul livre de législation musulmane qui n'en indique les dispositions sommaires, et où ne soient
retracées les trois conditions qui rendent apte à
hériter, les trois autres qui peuvent être des
causes de déchéance, et, au moins, les parts
proportionnelles fixées par la troisième sourra du
Koran aux divers héritiers. Cette omission est
d'autant plus frappante, qu'un long chapitre de la

Hédaya est consacré aux testaments qui sont, en quelque sorte, une dépendance de la loi des successions.

Avant de passer de l'examen de la législation ottomane à celui de la législation barbaresque, c'est-à-dire de la doctrine de Malek, je ne crois pas inutile de donner un aperçu de la disposition primitive des matières qui composent la Moulteka, afin qu'on puisse se faire une idée de la manière dont, en général, les docteurs musulmans divisent leurs travaux; division, au reste, qui varie très-peu, et qu'on retrouve à peu près identique dans tous les traités où il est question de législation. Mais, préalablement, il nous faut dire quelques mots sur les classifications marquées par la loi relativement aux différences de religions, de nations et de conditions individuelles, parce que ce soin nous évitera, pour l'avenir, des explications qui, sans cela, nous deviendraient nécessaires pour l'intelligence de certaines dispositions légales.

La loi musulmane partage les nations qui peuplent le globe en deux grands corps politiques :

1° Celui des musulmans, appelés *mosselmoune* (مسلمون), *mohammedy* (محمدی), *moumenoune* ou croyants (مؤمنون). C'est de la corruption du mot *émir el-moumenîne* (commandeur des croyants) que presque tous les écrivains espagnols ont fait leur *miramolin*.

2° Celui des mécréants, *koffar* (كفّار), pluriel de *kaeffer*, que les Turcs prononcent *kiavour*; de là est venu le mot de *giaour*, consacré par lord Byron. On les nomme aussi *mouschrikoun* (مشريكون), polythéistes.

Sous l'empire de la même idée, la loi divise le monde en monde musulman, *dar el-islam* (دار الاسلام), et monde dévoué à la guerre, *dar el-harb* (دار الحرب) : elle distingue aussi les populations en Arabes, (عرب) et en *Adjems* (عجم), Persans, donnant à ce mot d'*adjem* à peu près le sens que les Romains donnaient à celui de barbares.

Au point de vue politique, la population des états musulmans se divise en trois classes :

1° Les citoyens musulmans, parmi lesquels les uns appartiennent à la caste gouvernante et les autres à la multitude gouvernée ou au troupeau, *rayet* (رعية);

2° Les clients ou *dimmis* (ذمى); ce sont les sujets non musulmans qui payent la capitation, *djezia* (جزية);

3° Les individus non musulmans qui sont censés ne résider que provisoirement et sous sauvegarde; l'étranger qui se trouve dans cette condition est appelé *mostaemen* (مستامن), du mot امان, sauvegarde, contrat de sécurité.

Sous le rapport religieux, les hommes sont partagés en plusieurs catégories.

La première comprend les musulmans qui peuvent être *sunnys*, c'est-à-dire sectateurs de la Sunna, et suivant l'un des rites orthodoxes; ou *schyïs*, c'est-à-dire partisans d'Ali et schismatiques.

La deuxième catégorie est celle des peuples *ki-taeby* (كتابى), c'est-à-dire ayant un livre saint et une religion révélée ; les musulmans reconnaissent comme livres saints le Pentateuque, *Thora* (تورأة), les Psaumes, *Zabour* (زبور) et l'Évangile, *Andjil* (انجيل).

Les kitaebys sont ou chrétiens ou juifs (يهودى) ; les chrétiens sont appelés indifféremment *nassarani* (نصرانى), *roumi* (رومى), grecs, ou *aïssaoui* (عسوى), sectateurs de Jésus.

La troisième catégorie est celle qui renferme les Guèbres ou adorateurs du feu, *medjoussy* (مجوسى) et les idolâtres (عبيد الاوثان), divisés en Arabes et Persans, ou étrangers.

Enfin il est une quatrième et dernière classe, formée par les renégats de la foi musulmane (مرتدّين). Pour ceux-là comme pour les idolâtres arabes, la loi musulmane est impitoyable ; elle ne leur laisse de choix qu'entre la conversion à l'islam ou la mort.

A l'égard de leur naissance et de leur situation naturelle, les hommes sont ou de condition libre, *horr* (حرّ) ou de condition serve, *rakîk* (رقيق).

Il nous reste maintenant à reproduire la table des matières traitées dans la Moulteka ; je n'ai pu dans ce but me servir ni de l'ouvrage de M. d'Ohsson, qui a adopté un ordre autre que celui du texte, ni de la table fournie par M. de Hammer dans son ouvrage sur la constitution politique et administrative de la Turquie (t. I, p. 17), à cause des erreurs manifestes que renferme sa traduction.

C'est sur le manuscrit 572 et sur l'édition imprimée à Constantinople en 1836, et dont j'ai dû la communication à l'inépuisable obligeance du savant M. Reinaud, que je me suis guidé pour faire ce travail.

TABLE DÉTAILLÉE

DES MATIÈRES CONTENUES DANS LA MOULTEKA EL-EBHOR.

(D'après l'édition imprimée à Constantinople, et comparée avec le manuscrit n° 572 de la Bibliothèque royale.)

كتاب الطهارة CHAPITRE DE LA PURIFICATION.

فصل و يجوز الطهارة بالماء Section des eaux propres à la purification.

باب التيمم Paragraphe de la purification avec le sable ou la poussière, faute d'eau.

باب المسح على الخفين Paragraphe de la lotion par-dessus la chaussure et les pièces des vêtements. (M. de Hammer a traduit par : « Du lavage de la plante des pieds », tandis qu'il s'agit des cas où il est permis à un voyageur de baigner sa chaussure sans l'ôter, et de ceux où, pour cause de blessure ou de maladie, certaines parties du corps ne peuvent être mises à découvert.)

باب الحيض Paragraphe des menstrues.

باب الانجاس Paragraphe des souillures.

كتاب الصلوة CHAPITRE DE LA PRIÈRE.

باب الاذان Paragraphe de l'appel à la prière.

باب شروط الصلاة Des conditions requises pour la prière.

باب صفة الصلاة Des formes de (manière dont doit être faite) la prière. (M. de Hammer a traduit ce titre par : « Les propriétés de la prière. »)

باب الحدث فى الصلاة De ce qui peut survenir pendant la prière et en exiger le renouvellement.

باب ما يفسد الصلوة وما يكره فيها De ce qui invalide la prière, et de ce qui y est sujet à blâme.

باب الوتر والنوافل De la prière *Witr*, et des prières surérogatoires.

باب ادراك الفريضة De l'obligation d'interrompre la prière particulière, ou de la commencer par un point qui permette de se mettre au courant de la prière faite en commun.

باب قضاء الفوائت De la prière supplémentaire.

باب سجود السهو Des prosternations satisfactoires.

باب صلاة المريض De la manière de prier des malades (c'est-à-dire de la dispense qui leur est accordée de tous mouvements ou prosternations nuisibles ou douloureux).

باب سجود التلاوة Des prosternations imposées lors de la lecture de certains chapitre du Koran (ils sont au nombre de 14). (M. de Hammer a traduit : « Des prosternations en « lisant le Koran. »

باب المسافر De la prière de celui qui est en voyage.

باب الجمعة De la prière du vendredi.

باب العيدين De la prière aux deux grandes fêtes.

باب صلاة الخوف De la prière en cas de crainte (de danger).

باب صلاة الجنائز De la prière lors des funérailles.

باب الشهيد Du martyr. (Les musulmans donnent ce titre généralement à tous ceux qui ne meurent pas de mort naturelle, et particulièrement à ceux qui succombent en combattant.)

باب الصلاة فى الكعبة De la prière dans la Kéabé (lors du pèlerinage à la Mecque).

كتاب الزكوة CHAPITRE DES PRÉLÈVEMENTS PURIFICATOIRES.

باب زكات السوايم Paragraphe des prélèvements sur les troupeaux.

باب زكوة الذهب والفضة والعروض Des prélèvements sur l'or, l'argent et les effets.

باب العاشر Du droit sur le commerce.

باب الركاز Des mines et des trésors enfouis.

باب زكاة الخارج Des prélèvements sur les produits de la terre.

باب المصرف De l'emploi des prélèvements.

باب صدقة الفطر De l'aumône pascale.

كتاب الصوم CHAPITRE DU JEÛNE.

باب موجب الافساد Des obligations imposées par les infractions au jeûne. (M. de Hammer a traduit par : « De « ce qui constitue une infraction au jeûne. »)

باب الاعتكاف De la retraite spirituelle.

كتاب الحج CHAPITRE DU PÈLERINAGE.

باب القران والتمتع Des pratiques nommées *kiran* et *temettu*.

باب الجنايات Des expiations.

باب مجاوزة الميقات بلا احرام Du passage des premières stations sans le manteau du pèlerin.

باب اضافة الاحرام De la prise du manteau de pèlerinage.

باب الاحصار والفوات Des obstacles et des pertes de temps qui s'opposent à l'entier accomplissement des pratiques du pèlerinage.

باب الحج عن الغير Du pèlerinage par la voie d'autrui, c'est-à-dire par un mandataire.

باب الهدى Du sacrifice du pèlerinage.

كتاب النكاح CHAPITRE DU MARIAGE.

باب المحرمات Des mariages interdits.

باب الاولياء والاكفاء Des tuteurs et des représentants pour les mariage.

باب المهر Du don nuptial.

باب نكاح الرقيق Du mariage de l'esclave.

باب نكاح الكافر Du mariage de l'infidèle.

باب القسم De l'égalité de traitement due par le mari à ses femmes.

كتاب الرضاع CHAPITRE DE LA PARENTÉ RÉSULTANT DE L'ALLAITEMENT.

كتاب الطلاق CHAPITRE DE LA RÉPUDIATION.

باب ايقاع الطلاق Des cas de répudiation.

باب التفويض De la répudiation à la volonté de la femme.

باب التعليق De la répudiation conditionnelle.

باب طلاق المريض De la répudiation par un homme en état de maladie, et non, comme l'a traduit M. de Hammer : « De la répudiation pour cause de maladie. »

باب الرجعة De la répudiation imparfaite, c'est-à dire avec faculté de reprendre la femme. (Ici M. de Hammer a traduit le *redj''y* par répudiation parfaite et imparfaite, tandis que la répudiation parfaite est exprimée par le mot *baïn*.)

باب الايلاء Du serment de ne pas cohabiter.

باب الخلع Du divorce par consentement mutuel, et moyennant renonciation de la femme à ses droits pécuniaires [1],

---

[1] La femme ne recevant au moment de son mariage qu'une

e que M. de Hammer traduit par : « De la séparation
« de biens sur la demande de la femme. » L'erreur de cette
interprétation est d'autant plus évidente que personne
n'ignore qu'en Islam le mariage n'entraîne, dans aucun
cas, la communauté des biens.

باب الظهر Des assimilations injurieuses.

باب اللعان De l'anathème ou de l'accusation d'adultère portée par le mari.

باب العنين De l'impuissance.

باب العدة De la retraite imposée à la femme entre le moment de la viduité ou du divorce et un nouveau mariage.

باب ثبوت النسب De la preuve de la légitimité des enfants.
La loi musulmane n'admet comme légitimes que les enfants nés après six mois ; elle admet deux ans comme le
terme le plus long de la gestation.

باب الحضانة Du droit de la mère et de la ligne maternelle
à l'éducation de l'enfant.

باب النفقة De la pension alimentaire.

كتاب الاعتناق CHAPITRE DE L'AFFRANCHISSEMENT
DES ESCLAVES.

باب عتق البعض De l'affranchissement partiel.

باب عتق المبهم De l'affranchissement vague.

باب الحلف بالعتق Du vœu d'affranchir, ou de l'affranchissement conditionnel.

باب العتق على جعل De l'affranchissement moyennant
pécune.

باب التدبير De la promesse d'affranchissement par le patron, ainsi formulée : « Quand je mourrai, tu seras rendu

partie du don nuptial, le mari est tenu à lui payer le reste quand
il se sépare d'elle.

« à la liberté. » Dès ce moment l'esclave, nommé *modebber*, ne peut plus être aliéné par le patron, et le jour où celui-ci meurt, il revient à la liberté. M. d'Ohsson et M. de Hammer ont rendu *tedbir* par « affranchissement testamentaire ; » mais cette interprétation donnerait une idée tout à fait fausse de la nature de cet acte.

باب الاستيلاد De l'affranchissement maternel. L'esclave rendue mère par son patron prend le nom d'*oum' woled*, et se trouve à peu près dans la même condition que le *modebber*, c'est-à-dire qu'elle ne peut être aliénée par le patron, et dès qu'il meurt elle est libre.

كتاب الايمان CHAPITRE DES SERMENTS.

(Ce chapitre est, pour la plus grande partie, omis dans M. d'Ohsson.)

باب اليمين فى الدخول والخروج Du serment relatif à l'entrée et à la sortie [1]. (M. de Hammer a pris, par erreur, les mots entrée et sortie au figuré, et il a traduit : « Du ser- « ment *relatif aux recettes et aux dépenses.* »)

باب اليمين فى الاكل والشرب Du serment relatif au boire et au manger.

باب اليمين فى الطلاق والعتق Du serment relatif à la répudiation et à l'affranchissement.

باب اليمين فى البيع والشراء Du serment relatif aux ventes et aux achats.

باب اليمين فى الضرب والقتل Du serment relatif aux coups et au meurtre.

[1] Ce chapitre est consacré à l'explication des cas où un homme, après avoir fait serment de s'interdire un certain acte ou une cer- taine démarche, a réellement violé son serment, ou ne l'a fait qu'en apparence. Ainsi, par exemple, s'il a juré de ne pas entrer dans une maison, et que cependant il ait mis le pied dans l'inté- rieur, mais de manière à être repoussé au dehors par la porte si elle vient à se fermer, il ne s'est pas parjuré, etc.

كتاب الحدود CHAPITRE DES PEINES AFFLICTIVES.

باب الوطى الذى يوجب الحد De la cohabitation qui entraîne l'application de ces peines.

باب الشهادة على الزنا Des déclarations testimoniales relatives à la cohabitation illicite.

باب حد الشرب Du châtiment pour avoir bu des liqueurs fermentées.

باب حد القذف Du châtiment de la calomnie et des injures.

باب التعزير Des peines correctionnelles.

كتاب السرقة CHAPITRE DU VOL.

فصل فى الحرز Section de l'effraction, ou plutôt du vol commis dans un lieu habité ou dans un coffre.

باب قطع الطريق Du vol de grand chemin.

كتاب السير CHAPITRE DE LA GUERRE.

باب الغنايم وقسمتها Du butin et de la manière de le partager.

باب استيلاء الكفار Du droit de conquête des infidèles.

باب المستامن De l'étranger résidant sous sauvegarde.

باب العشر والخراج De la dîme et du tribut ou kharadj.

باب المرتد De l'apostat.

باب البغاة Des rebelles.

كتاب اللقيط CHAPITRE DES ENFANTS TROUVÉS.

كتاب اللقطة CHAPITRE DES OBJETS TROUVÉS.

كتاب الابق CHAPITRE DES ESCLAVES FUGITIFS.

كتاب المفقود CHAPITRE DES PERSONNES QUI ONT DISPARU.

كتاب الشركة CHAPITRE DE L'ASSOCIATION COMMERCIALE.

كتاب الوقف CHAPITRE DU WAKF.

كتاب البيوع CHAPITRE DES VENTES.

باب الخيارات Des ventes à l'option. (Ce sont des ventes qui ne sont réellement consommées qu'après un délai fixé, avant l'expiration duquel l'un des deux contractants est libre de revenir sur son engagement; et ce ne sont point là, ainsi que l'écrit M. de Hammer, *des ventes de la seconde main*.)

باب البيع الفاسد Des ventes entachées de nullité.

باب الاقالة De la résiliation des ventes.

باب المرابحة والتولية Du lucre permis et de la rétrocession.

(باب الربا l'édition de Constantinople porte باب الربواء) De l'usure et du lucre illicite.

باب الحقوق والاستحقاق Des dépendances de l'objet vendu ou acheté et des revendications.

باب السلم Du marché à terme avec avance du prix de la chose par l'acheteur.

Cette espèce de vente est surtout pratiquée entre Européens et musulmans en Afrique et dans le Levant; à Alexandrie pour les cotons, et à Tunis pour les huiles. Le marchand chrétien avance une somme plus ou moins forte longtemps avant la récolte aux indigènes, qui, au moment où elle a lieu, lui livrent l'objet du marché au taux et en quantité convenus de prime abord.

M. de Hammer a mal compris le mot سلم, qu'il a traduit par *délivrance de l'objet vendu*.

مسايل شتى De quelques points relatifs aux ventes.

كتاب الصرف CHAPITRE DU TRAFIC DES ESPÈCES MONNAYÉES.

كتاب الكفالة CHAPITRE DE LA CAUTION.

باب كفالة الرجلين والعبدين Caution entre deux hommes libres et deux esclaves.

كتاب الحوالة CHAPITRE DU TRANSFERT (DES DETTES).

كتاب القضاء CHAPITRE DE LA JUSTICE DISTRIBUTIVE.

مسايل شتى De quelques questions relatives à ce sujet.

كتاب الشهادة CHAPITRE DE LA PREUVE TESTIMONIALE.

باب من تقبل شهادته ومن لا تقبل De ceux qui peuvent être admis à rendre témoignage, et de ceux qui ne le peuvent pas.

باب الاختلاف فى الشهادة Des contradictions en matière de témoignage.

باب الشهادة على الشهادة Des témoignages relatifs à une déclaration testimoniale.

باب الرجوع عن الشهادة De la rétractation du témoignage.

كتاب الوكالة CHAPITRE DE LA PROCURATION.

باب الوكالة بالبيع والشراء Du mandat pour vendre et pour acheter.

باب الوكالة بالخصومة De la procuration pour agir en justice.

باب عزل الوكيل De la révocation du mandat confié à un procureur.

كتاب الدعوى CHAPITRE DES ACTIONS JUDICIAIRES.

باب التحالف Du serment litis-décisif.

باب دعوى الرجلين Des actions judiciaires entre deux parties.

باب دعوى النسب Des procès en matière de généalogie.

كتاب الاقرار CHAPITRE DES AVEUX.

باب الاستثناء وما فى معناه Des exceptions et omissions dans l'aveu, et de ce que cela signifie. (M. de Hammer traduit par « des allocutions judiciaires ou légales. »)

باب اقرار المريض De l'aveu des malades.

كتاب الصلح CHAPITRE DE LA COMPOSITION À L'AMIABLE.

باب الصلح عن الديـن De la conciliation en matière de dettes.

كتاب المضاربة CHAPITRE DES COMMANDITES.

باب المضارب يضارب De la manière de commanditer.

كتاب الوديعة CHAPITRE DU DÉPÔT. (M. de Hammer a traduit *wodiia* par contrat de gage.)

كتاب العارية CHAPITRE DU PRET.

كتاب الهبة CHAPITRE DES DONATIONS.

باب الرجوع فيها Du retrait de la donation.

كتاب الاجارة CHAPITRE DES LOCATIONS ET DES BAUX À FERME.

باب ما يجوز فى الاجارة وما لا يجوز De ce qui est licite en matière de locations et de ce qui ne l'est pas.

باب الاجارة الفاسدة Des locations entachées de nullité.

باب فسخ الاجارة Des causes d'annulation des conventions de loyer.

مسايل شتى De diverses questions relatives à ce sujet.

كتاب المكاتب CHAPITRE DE L'AFFRANCHI CONTRACTUEL.

باب يصرف المكاتب Des facultés acquises à l'esclave par suite de l'affranchissement contractuel.

باب كتابة العبد المشترك De l'affranchissement contractuel accordé à l'esclave qui appartient en commun à plusieurs maîtres.

باب العجز والموت De l'insolvabilité et de la mort de l'affranchi contractuel.

كتاب الولاء CHAPITRE DES DROITS D'HÉRÉDITÉ DU PATRON
SUR SON AFFRANCHI, ET DES RAPPORTS QUI SUBSISTENT
ENTRE EUX.

كتاب الاكراه CHAPITRE DE LA COMPULSION PAR VIOLENCE.

كتاب الحجر CHAPITRE DE L'INTERDICTION LÉGALE.

كتاب المأذون CHAPITRE DE L'ÉMANCIPATION LÉGALE.

كتاب الغصب CHAPITRE DE L'USURPATION VIOLENTE
ET DU VIOL.

كتاب الشفعة CHAPITRE DU RETRAIT VICINAL.

باب ما يجب فيه الشفعة وما يبطلها Des circonstances qui
donnent le droit de retrait vicinal, et de celles qui l'an-
nulent.

كتاب القسمة CHAPITRE DU PARTAGE PAR AUTORITÉ
DE JUSTICE.

كتاب المزارعة CHAPITRE DES EXPLOITATIONS AGRICOLES
PAR ASSOCIATION.

كتاب المساقات CHAPITRE DE LA PETITE CULTURE
ET DES PLANTATIONS EN SOCIÉTÉ.

كتاب الذبائح CHAPITRE DE LA MANIÈRE DE TUER LES ANI-
MAUX, CONFORMÉMENT AUX PRESCRIPTIONS RELIGIEUSES.

كتاب الاضحية CHAPITRE DU SACRIFICE PASCAL.

كتاب الكراهة CHAPITRE DES ACTES RÉPRÉHENSIBLES
OU BLÂMABLES.

فصل في الاكل Section du manger.

فصل في الكسب Section des moyens d'existence.

فصل فى اللبس Section des vêtements.

فصل فى النظر ونحـوه Des regards et de la contemplation.

فصل فى الاستبراء De la continence à observer par le patron envers ses esclaves nouvellement acquises.

فصل فى البيع De la moralité dans les ventes.

فصل فى المتفرقات De divers points relatifs à la morale et aux convenances.

كتاب احياء الموات CHAPITRE DE LA RÉVIVIFICATION DES (TERRAINS) MORTS.

فصل فى الشرب Section des eaux.

كتاب الاشربة CHAPITRE DES BOISSONS DÉFENDUES.

كتاب الصيد CHAPITRE DE LA CHASSE.

كتاب الرهن CHAPITRE DES GAGES (HYPOTHÈQUES).

باب ما يجوز ارتهانه والرهن به وما لا يجوز De ce qu'il est permis d'engager. — De la nature du gage et de ce dont l'engagement est défendu.

باب الرهن يوضع على يد عدل De la déposition du gage entre les mains d'un tiers notable.

باب التصرف فى الرهن De la manière dont on dispose du gage.

كتاب الجنايات CHAPITRE DES LOIS CRIMINELLES.

باب ما يوجب القصاص وما لا يوجب Des cas qui exigent le talion et de ceux où il n'est pas obligatoire.

باب القصاص فيما دون النفس Du talion dans les cas de blessures qui n'ont pas entraîné la mort.

باب الشهادة فى القتل Du témoignage en matière de meurtre.

كتاب الديات CHAPITRE DU PRIX DU SANG.

باب ما يحدث فى الطريق Des constructions qui se font sur la voie publique.

باب جناية البهيمة Des dommages causés par les animaux.

باب جناية الرقيق Des accidents causés par les esclaves.

باب غصب العبد والصبى والمدبر والجناية فى ذلك Du détournement d'un esclave, d'un mineur, d'un modebber, et des réparations à cet égard.

باب القسامة Des serments (au nombre de cinquante) exigés des habitants d'un lieu où a été trouvé un homme assassiné, quand l'assassin est resté inconnu.

كتاب المعاقل De l'obligation où est la corporation ou la famille du meurtrier de payer le prix du sang dans le cas de meurtre involontaire.

كتاب الوصايا CHAPITRE DES DISPOSITIONS TESTAMENTAIRES.

باب الوصية فى ثلث المال Du legs fait par le testateur jusqu'à concurrence du tiers de sa fortune.

باب العتق فى المرض De l'affranchissement d'un esclave par son patron malade.

باب الوصية للاقارب وغيرهم Du legs fait à des proches et à d'autres.

باب الوصية بالخدمة والسكنى والثمرة Du legs fait à un tiers du travail d'un esclave, de l'habitation d'une maison, de l'usufruit d'une propriété.

(M. de Hammer a traduit le titre de ce paragraphe : « Du « legs fait en compensation de services rendus. » — Il suffit de lire la première ligne du paragraphe pour se convaincre que l'interprétation de M. de Hammer est erronée.)

باب وصية الذمى Des legs faits par le demmy (sujet non mahométan payant la capitation).

باب الوصى De l'exécuteur testamentaire.

كتاب الخنثى CHAPITRE DES HERMAPHRODITES.

مسايل سنثى Questions relatives à ce sujet.

كتاب الفرايض CHAPITRE DES SUCCESSIONS (omis par M. de Hammer).

فصل العصبة بنفسه Section des asseb, c'est-à-dire de tout mâle dans la parenté duquel avec le mort il n'entre pas de femmes.

فصل حجب الحرمان De l'exclusion des autres héritiers par ceux qui sont parents du mort au degré qui interdit les alliances.

فصل واذا زادت سهام الغريضة De l'augmentation des parts à la succession.

فصل ذو الرحم Des héritiers de la ligne féminine qui n'ont point de part fixée par le Koran (omis dans la table des matières de l'édition de Constantinople).

فصل الغرقين والهدمى De l'ordre de succession en cas de mort de plusieurs individus dans un naufrage ou un éboulement.

فصل المناسخة De la répartition de la part d'un héritier mort avant l'ouverture (le partage) de la succession à ceux qui doivent hériter de lui.

حساب الفرايض Calcul des parts.

فصل تداخل العددين De la division des deux nombres l'un par l'autre.

Toute cette partie de la table relative aux successions a été négligée par M. de Hammer, qui n'en a rapporté au hasard que quelques titres; par une

erreur inexplicable, il a traduit le dernier, c'est-à-
dire « De la division des *deux nombres l'un par*
« *l'autre,* » par la phrase suivante : « *Du partage entre*
« *deux ennemis.* »

Le fondateur de la secte dominante en Barbarie,
Malek (Abou Abdallah) ben An's, naquit à Médine
en 94 de l'hégire. Il puisa dans ses entretiens avec
Ibnou Saad, un des rares compagnons du prophète
qui fussent encore vivants à cette époque, un respect inaltérable pour le Sunna. Aussi, son autorité
est regardée comme décisive en tout ce qui touche
aux traditions; il mourut à Médine en 179 de l'hégire. On lui doit l'ouvrage intitulé *Mouatha,* où il a
coordonné par ordre de matières les récits traditionnels qui sont la base de son rite. Plus tard, le
scheikh Aboudaïa *Krelil* (خليل) Ebn Ishak ben Ya-
coub, composa, au moyen de ces décisions dé
Malek, un manuel complet de la législation musulmane : ce manuel qui a pour titre *Ketaeb Krelil*
fi el-Fetaoui bi Medheb Malek (livre de Krelil sur
les décisions du rite de Malek) est peu volumineux [1];
il est rédigé avec une concision qui laisse bien loin
en arrière celle de Tacite, et rien de ce qui concerne le droit et le culte n'y est omis.

Ce livre est l'autorité la plus révérée et le guide
unique que reconnaissent les tribunaux et les mosquées en Barbarie; les étudiants en droit et en théo-
logie l'apprennent de mémoire, et ce n'est que
quand ils le savent par cœur, qu'ils en étudient les

[1] Manuscrit n° 539 Bibl. royale.

nombreux commentaires, parmi lesquels celui qui
est à juste titre le plus renommé pour le mérite et
la clarté de la rédaction est celui de Mohammed el-
Kharschi, dont la bibliothèque royale possède un
volume dépareillé; ce manuscrit en quatre volumes,
qui est fort répandu en Afrique, et qui existe entre les
mains de tous les savants indigènes, nous est dérobé
avec le plus grand soin à raison de la grande simplicité du style et des lumineuses explications qu'il
renferme. Quant au manuscrit de Krelil qu'on appelle comme celui de Kodouri, *El-Mokhtasser* ou
l'abrégé, on ne craint pas de nous le laisser entre
les mains, certain qu'on est que celui qui n'est pas
initié aux secrets de la loi et de la société musulmane, ne pourra, tout seul, en déchiffrer une
phrase, quelque versé qu'il puisse être dans la connaissance de la langue arabe.

Après le traité de Kharschi viennent les commentaires d'Abd el-Baqui et les gloses de Fischi, qui
sont aussi fort estimés.

En général, au moyen de ces livres, on peut se
passer du manuscrit dont ils sont destinés à offrir
le commentaire, et dont le texte y est inséré par
fractions plus ou moins considérables; et c'est
après ces passages du livre original, ordinairement
écrits en encre de couleur et en caractères plus
forts, que viennent les explications des commentateurs.

C'est donc aux deux rites d'Abou Haneifa et de
Malek et aux manuscrits où ils sont le plus métho-

diquement et clairement exposés que nous allons avoir recours pour la recherche des préceptes relatifs à la propriété, ou, pour mieux dire, à la constitution territoriale.

Plusieurs écrivains ont fait, pour l'usage des tribunaux et des cadis, des traités spéciaux presque tous tirés de sidi Krelil, mais qui ne concernent que le droit civil, le droit pénal et le code judiciaire; les uns les ont écrits en vers, dans le but d'en faire un moyen mnémotechnique, et, parmi ceux-là, on remarque le manuscrit intitulé *Tahhfet el-Hakaem, fi dekaets el-akoud we el-Akhaem*, du scheikh Ebn-Assem, qui a donné lieu à un commentaire en quatre volumes du scheikh Meïara, sur lequel les Algériens possèdent une glose par Ibn Rehhal. Ce dernier manuscrit existe à la Bibliothèque royale.

Les autres se sont appliqués à indiquer, selon les prescriptions de la doctrine de Malek et en prenant pour guide le livre de sidi Krelil, toutes les formules des actes et des contrats, et les modes de procédure; et en première ligne je citerai *Etkeïd el-Woteïk*, le fascicule des contrats, en manière d'abrégé, par le *scheikh le cadi Aboubekra, fils du cadi Abi-el-Kassem ben-Selmoûn.*

Ce manuscrit est d'autant plus précieux que tous les actes formulés, soit à Alger, soit à Bone ou à Constantine, avant l'année 1830, et que j'ai eu l'occasion d'examiner, sont conçus identiquement dans les termes et selon les modèles fournis par Ebn Selmoûn; l'étude de ce livre que je possède, dont et j'ai préalablement fait la traduction, m'a puissamment aidé pour le succès de mes recherches ; comme les matières y sont rangées dans le même ordre que celui où on les trouve dans le livre de Sidi Krelil, en fournissant ici la table des matières d'Ebn Selmoûn, je pourrai donner une idée des sujets traités par Sidi Krelil. Dans le cours de mon travail, je serai souvent obligé de recourir à des citations puisées dans ces deux écrivains.

TABLE DÉTAILLÉE

DES MATIÈRES CONTENUES DANS LE MANUEL DES CADIS
DU SCHEIKH EBN SELMOÛN.

DU MARIAGE.

1° انكاح الاب ابنته البكر فى حجره Mariage par le père de la fille vierge qui est sous sa puissance.

2° المتعة La faveur accordée au mari d'habiter une maison appartenant à sa femme, ou d'en retirer l'usufruit.

3° تجديد عقد الصداق اذا ضاع Renouvellement de l'acte de dot en cas de perte.

4° تعقد فى نكاح العبد للحرّة Contrat de mariage d'un esclave avec une femme de condition libre.

5° تعقد فى نكاح الحرّ للامة Contrat de mariage de l'homme libre avec une esclave.

6° تعقد فى نكاح الكتابى Contrat de mariage de la femme chrétienne ou juive.

7° وضع المراة كاليها عن زوجها على شرط او غير شرط Remise faite par la femme à son mari, avec ou sans

condition, de ce qui lui reste dû sur le montant du présent nuptial stipulé.

8° وتنعقد فى قبض الوالد نقد بنته Acte constatant la remise au père de la partie de la dot de la fille qui doit lui
être payée au comptant.

9° الطلاق وما يتصل به La répudiation et ses circonstances.

10° L'auteur divise la répudiation en رجعيا, avec la faculté de reprendre : c'est cette espèce qu'on nomme aussi
سنّيا (prescrite par la sonna) ; en ملكا, possessoire,
où on ne peut reprendre la femme que moyennant un
nouveau contrat et une nouvelle dot ; et enfin en ثلاثا,
par trois actes successifs ou simultanés, après lesquels la
séparation est irrévocable, à moins que la femme ne soit
reprise après un mariage *contracté et consommé* avec un
tiers. Il y a encore la répudiation accordée à la femme
moyennant qu'elle renonce à quelque chose de ce qui lui
est dû : c'est celle qu'on nomme خلـع (elkhoul'y).

11° النفقات Les pensions alimentaires.

12° المفقود Celui qui a disparu.

13° الحكم بموتة ان ينقضى امد تعميـره L'acte juridique
de décès dans le cas où l'absence dépasse le terme probable de la vie.

13° الحضانة وما اتصل بها L'incubation ou tutelle maternelle, et ce qui en dépend.

13° الرضاع La parenté par allaitement.

14° الايلاء Du serment de ne pas cohabiter.

15° الظهار Des assimilations injurieuses.

16° اللعان L'anathème pour suspicion d'adultère.

17° المتعة Des dons que fait le mari à la femme dont il se
sépare.

البيوع DES VENTES.

1° عقد شراء دار Acte de vente de maison.

2° وان كان المبيع حظا من دار Si la chose à vendre est
une portion de maison.

3° وان كان المبيع هواء Et si la chose à vendre est l'air.

4° وان كان المبيع نقضا على شرط القلع والهدم Vente des débris d'un édifice à la charge de démolir et de déblayer.

5° بيع العقار من الارض البيضاء وغيرها Vente de biens de terre d'irrigation et autres.

6° المعاوضة Les échanges.

7° التولية La rétrocession.

8° التصيير Le transfert.

9° بيع الغائب على صفة Vente de la chose absente sur désignation ou description.

10° بيع الخيار Vente avec option.

11° الاقالة La résiliation des ventes.

12° بيع الاب على بنيه Vente par le père pour le compte de son fils.

13° بيع الوصى على محجره Par le tuteur pour son pupille ou un interdit.

14° بيع الوكيل Vente par procuration, ou par mandat.

15° بيع الحاضن والحاضنة Vente par l'homme ou la femme, tuteurs maternels pour les enfants en bas âge.

16° الغبن فى المبيع De la lésion en fait de ventes.

17° بيع صاحب المواريث وما يقطع الامام Vente par le préposé aux héritages (c'est l'agent du *Beit el mal* ou trésor public) et des concessions ou Iktaa que fait l'imam.

18° *Deuxième division des ventes.* الحيوان Les animaux vivants, tels qu'esclaves et autres.

19° العيوب فى الحيوان والرقيق Les vices relativement aux animaux et aux esclaves.

20° *Troisième division des ventes.* Elle est subdivisée elle-même en sections : 1° les céréales et les matières alimentaires, الطعام والماكولات ; 2° les bijoux et les métaux, الحلى والنقود ; 3° Les effets de vêtement et de harnachement, الثياب وساير العروض ; 4° les fruits et les végétaux, الثمار والغلات.

21° السلم والقرض وما يجوز من بيع الديون واقتضاىهما

والمقاصة والحوالة بها L'engagement de livrer à un terme
fixé des objets que l'acquéreur paye d'avance; du prêt à
titre gratuit; de la vente des créances, des décisions qui y
ont trait, de leurs compensations et assignations.

الاكرية فى الدور والارضين وغيرها وانواع الاجارات 22°
والجعل Des locations de maisons, terrains et autres biens;
variétés des baux à ferme et des pactes conditionnels.

ويجوز الكرا فى الثياب والسروج والجم وكل شى يعرن 23°
بعينه بعد الغيبة عليه Est licite le louage des effets
d'habillement, des selles, des brides, et enfin de tout ce
qu'il est possible de reconnaître après que cela a disparu.

والاستيجار على الاعمال جايز 24° Il est licite de faire exécuter
un travail par autrui moyennant salaire.

والكرا فى الرواحل والسفن 25° La location des moyens de
transport sur terre et sur eau.

والمزارعة وما يجوز فيها وما لا يجوز والمساقات والمغارسة 26°
والقراض La culture entreprise en société avec ses conditions, les irrigations (sous ce titre sont compris tous les
soins nécessaises à l'entretien des arbres et des végétaux,
et qui consistent à remuer la terre au pied des arbres, à les
émonder, etc.), les plantations, l'argent remis à un tiers
sous condition d'une certaine part dans les bénéfices.

الشركة وانواعها وما يجوز وما لا يجوز فيها والقسمة 27°
والشفعة Des associations et de leurs variétés; de ce qui y est
permis ou défendu. Du partage des biens possédés en commun; du droit de préemption sur les propriétés indivises.
Les sociétés sont ou على التفاوض, c'est-à-dire organisées
de telle sorte que chacun des associés réunisse en lui les
pouvoirs de l'association; ou على العنان, de manière à ce
qu'aucun d'eux ne puisse rien faire sans l'autre.

الاستحقاق والغصب والتعدى وما يجب فيه والضرر 28°
على اختلافها Des revendications de propriété, de l'usurpation et de la violence, avec les dispositions y relatives;
des dommages et des différentes nuisances.

29° الاحباس Les wakfs ou immobilisations pieuses.

30° الصدقة Les dons pieux et aumônes.

31° الهبة La donation entre vifs.

32° العمرا La donation pour un long terme, ou en viager, de l'usage ou des revenus d'un bien.

33° المنحة La donation du produit ou de l'usage des animaux et du travail des esclaves.

34° الارفاق La faveur qu'accorde un homme à son voisin de prendre de l'eau à son puits, de placer des poutres dans son mur, de se servir, à titre gratuit, d'un passage qui n'est pas banal, et cela en vue de la bienveillance de Dieu.

35° العارية Le prêt qu'on fait d'un animal ou d'un objet, pour que l'emprunteur s'en serve pendant un temps donné.

36° الوديعة Le dépôt ou fidéi-commis.

37° وأن التقط رجل شيئا Des effets trouvés.

38° وأن يوصى رجـل Des dispositions testamentaires.— الوصيه Le legs.

39° النوارث Des héritages.

40° العتـق Acte d'affranchissement des esclaves. — التـدبير Affranchissement promis par le maître pour l'époque de sa mort — الكتابة L'affranchissement contractuel.

41° مغادات اهل الكفر De la rançon des infidèles. — فكاك De la libération des esclaves, sous engagement de payer plus tard leur rançon.

42° اسلام اهـل الكفر De la conversion à l'islam des infidèles.

Je pense qu'on ne lira pas sans quelque intérêt ces formules de conversion à l'islamisme.

Si c'est un chrétien, l'acte est ainsi conçu : « Un tel déclare qu'il est chrétien, né à tel endroit, qu'il repousse la « religion du Christ et l'abandonne, et qu'il aspire à embrasser « la foi musulmane et à professer la croyance qu'il n'y a « qu'un Dieu sans égal, et comme quoi il accepte tous les « dogmes et préceptes de la religion, et rend témoignage

« qu'il n'y a point de Dieu si ce n'est Dieu qui est unique,
« qui n'a point de compagnon, et que Mohammed est son
« serviteur, son envoyé et le dernier venu de ses prophètes, et
« que le Messie Aïssa, fils de Meriem (Jésus, fils de Marie),
« est le serviteur de Dieu et son envoyé, et que sa parole et
« son esprit sont arrivés à Marie, et il s'est obligé aux pra-
« tiques de l'islam, telles que les purifications, les prières,
« les zekaets, etc. et il sait ce que défend la religion, et les
« peines dont sont punies les transgressions, et il s'y est
« soumis volontairement, avec ardeur, et en louant Dieu
« pour la faveur qu'il lui accorde, et tout cela de son propre
« arbitre et mouvement, sans y avoir été, ni forcé par la
« crainte, ni contraint (et cela ne doit point être), et connais-
« sant toute l'importance de cet acte »

Et si c'est un juif, tu écriras : « Il s'est converti à la
« croyance que le Messie Jésus, fils de Marie, est le servi-
« teur de Dieu, et que Moïse et Jésus, et toute la réunion des
« prophètes, sont les serviteurs de Dieu et ses envoyés, et que
« la religion choisie par Dieu est l'islam ; » et l'acte sera ter-
miné comme le précédent.

Et si c'est un adorateur du feu, on dit : « Il a rejeté le
« culte du feu, et a déclaré vaine toute adoration qui s'adresse
« à autre qu'à Dieu ; » et on termine comme ci-dessus.

Ce chapitre est tout à fait omis dans la Hédaya et dans
l'ouvrage de Mouradgea d'Ohsson.

43° المقـالات والاجـوبة De la demande et de la défense
(judiciaires).

44° الشهادة والتعديل والتـجـرح Du témoignage. —
De l'aptitude à tester. — De la récusation des témoins.

45° الايمان Des serments.

46° الضمان Le cautionnement ou la garantie. — ضمان
المـال Garantie pécuniaire. — ضمان احضار الوج ou
Garantie qu'un débiteur se représentera à une époque
fixée.

47° الرهن Le gage. — L'hypothèque.

48° المفلس او الغايب على البيع La vente des biens de l'absent ou du failli.

49° والضعف العدم Certificat d'indigence et de misère requis par un débiteur insolvable.

50° الوكلات La procuration; — تفويض générale et absolue; — مخصوصة spéciale.

51° وغيره بالمال الاقرار Les aveux relatifs à des dettes d'argent et autres.

52° الصلح La conciliation.

53° الدماء Le prix du sang.

54° السرقة Le vol.

55° القذف La calomnie et les injures.

Dans le recueil dont nous venons d'examiner la table, on voit qu'il n'est absolument question que de sujets qui donnent lieu à la rédaction des actes dont on y trouve le modèle. L'auteur a laissé en dehors tout ce qui concerne la pratique religieuse, le code politique et financier qui se retrouvent dans le manuscrit de Sidi Krelil. Il est impossible, même après cette étude que nous venons de faire, quelque superficielle qu'elle ait pu être, de ne pas reconnaître que dans les exposés méthodiques des dispositions du Koran et de celles de la Sunna qui y servent de complément, ne se trouvent toutes les ressources législatives désirables, et, par suite de ce motif, je ne saurais reconnaître comme tout à fait fondée l'opinion émise par Mouradgea d'Ohsson et M. de Hammer qu'on doit diviser la législation musulmane en religieuse (fondée sur le Koran et la Sunna) et en politique formée par les ordon-

nances successives des souverains (*kanoûn* قانون),
sous l'influence des coutumes reçues (*aadet* عادة)
et du bon plaisir (*eurf* عرف).

Les règlements des princes, on peut s'en assurer
en lisant attentivement l'histoire des dynasties, et
en scrutant avec quelque soin ces règlements eux-
mêmes, ne sont autre chose que des décisions
fondées sur l'analogie, émanées originairement des
consultations religieuses faites relativement à quelque point du Koran ou des traditions, qui semblait incomplet et avoir besoin d'explication.

Dans le cours de nos recherches, nous pourrons
facilement nous convaincre que, dans les contrées
les plus distantes entre elles, les règlements adoptés par les souverains musulmans, et qui semblent
au premier abord constituer un corps de législation
à part, ne sont tous que des applications des préceptes immuables du Koran et de la Sunna, qui,
par cela même qu'ils sont puisés à une même
source, sont identiques jusque dans leurs prévisions
les plus minutieuses.

Ce serait d'ailleurs à tort qu'on s'épuiserait à
chercher dans le Koran même les lumières indispensables à l'étude que nous nous proposons; les
manuels authèntiques des rites d'Abou Haneïfa et de
Malek, c'est-à-dire la Moulteka du Scheikh Ibrahim
et le livre de Sidi Krelil, étudiés à l'aide de leurs
principaux commentateurs, nous fourniront des notions beaucoup plus accessibles et plus amplement
détaillées.

Sans nous arrêter donc à cette vague sentence du Koran, qui représente Dieu comme le maître de la terre et de ce qu'elle supporte, c'est dans les divers chapitres de ces traités relatifs aux impositions religieuses (*zekkouet* زكوة), à la guerre (*djihaed, seïr* ou *seffer* جهاد سير دسفر), et enfin à la révivification des terres mortes (*eheïa el mouaet* احياء الموات) que nous irons chercher les véritables principes de la propriété territoriale. Quand, de ces recherches, nous aurons extrait les bases indispensables de notre travail, nous procéderons à un examen rapide des états mahométans les plus considérables, pour voir si et comment ces préceptes fondamentaux y ont été mis en application, et je ne doute pas que cette revue n'ait pour résultat la preuve que, comme toutes les autres institutions, la propriété territoriale y est partout organisée sur des bases identiques.

En ce qui concerne l'Hindoustan et la Perse, je me bornerai à extraire des écrits des voyageurs et des publicistes les plus accrédités, et surtout du voyage de Chardin, les notions les plus positives sur l'ensemble du gouvernement et sur la tenure des terres. L'Égypte et la Turquie seront pour moi l'objet d'un examen plus approfondi, parce qu'à propos du premier de ces deux pays je serai obligé de tenir compte des mémoires de M. de Sacy qui ont acquis une haute autorité et où tous les écrivains modernes ont puisé la plus grande partie de ce qu'ils ont publié sur la propriété en Orient; quant à la Turquie, elle se recommande à notre attention par deux motifs : d'une part, il faut que j'adopte comme vraies ou que je réfute comme fausses les vues exposées par M. de Hammer, au sujet de la propriété territoriale ottomane, et, d'autre part, comme mes recherches sur la nature de la constitution territoriale dans les empires musulmans ne sont que le moyen (fort long, à la vérité, mais indispensable) pour arriver à la découverte de celle de l'Algérie, je ne puis négliger de m'occuper sérieusement de l'organisation politique et administrative d'un pays dont l'Algérie a été une province, jusqu'au jour (commencement du xviiie siècle) où elle en est devenue la vassale.

Les conditions de ce programme une fois remplies, il me sera facile de démontrer que l'état de la propriété en Algérie est, en droit et en fait, exactement le même que celui dont nous aurons constaté l'existence dans les grands empires de l'Asie et de l'Afrique.

§ II.

EXAMEN DES DISPOSITIONS LÉGISLATIVES RELATIVES À L'IMPÔT, AU DROIT MILITAIRE, ET AU CODE DU DÉFRICHEMENT ET DE L'APPROPRIATION.

Nous avons dit que nous ne nous arrêterions pas à cette vague sentence du Koran qui attribue à Dieu toute propriété; nous ne donnerons même que plus tard les développements nécessaires au texte suivant du Hadith qui peut être, à bien plus juste titre, considéré comme la source de toute la

législation relative à la propriété, et qui est ainsi
conçu :

من احيى ارضا ميتة فهى له

Quiconque vivifie une terre morte, elle est à lui.

Un chapitre spécial, qui a pour titre احباء الموات
(de la révivification des terres mortes), est, dans
tous les traités législatifs, consacré à l'explication
de cette sentence. Cette étude ne viendra qu'après
celle des impositions religieuses connues sous le
nom de زكوة (*zekouet*), et celle des lois de la
guerre, جهاد (*djihaed*), qui nous initiera à la manière dont le vainqueur musulman procède au
partage du butin et dispose du territoire des pays
conquis.

DES ZEKKAET, زكوة ou زكاة.

La loi musulmane fait des zekkaet, avec la purification, la prière, le jeûne et le pèlerinage de la Mecque, les cinq obligations fondamentales de l'Islam.

Sous le nom de zekkaet elle consacre des prélèvements qui tiennent à la fois de l'aumône et de
l'impôt, en ce que, tandis qu'elle laisse à la discrétion et à la bonne foi du musulman l'emploi de ce
qui est prélevé sur la partie de ses biens connue de
lui seul (*bathena* باطن), elle prescrit la collection
officielle de ses biens apparents (*dahara* ظاهر) par
des agents spéciaux délégués à cet effet par le souverain, et qu'enfin elle fixe irrévocablement le
chiffre et la quotité de ces prélèvements.

Ces zekkaet, destinés, ainsi que l'indique le sens de ce mot, à purifier aux yeux de la divinité les biens sur lesquels ils sont pris, constituent le premier impôt connu dans l'Islam; Mahomet les institua pour l'entretien de ses premiers partisans, et il en fait mention à plusieurs reprises dans le Koran, ainsi que des collecteurs sous le nom d'*amila*. Pendant les premières années, ces zekkaet furent la base du trésor public des musulmans; mais quand, par l'agrandissement de leur domaine, d'autres sources de revenu se furent ouvertes, les zekkaet cessèrent d'être appliqués à l'entretien de l'armée pour devenir le véritable fonds de charité de l'Islam.

Destiné au soulagement des pauvres et des malheureux de toute sorte et à être dépensé dans ce que les musulmans appellent les voies de Dieu (*fi sebil Allah* في سبيل الله), cet impôt est en vigueur aujourd'hui encore dans tous les états musulmans, et il n'est pas un mahométan qui ne crût se rendre coupable du crime d'apostasie s'il se permettait de détourner, dans son propre intérêt, la part que Dieu lui a prescrit de séparer annuellement de ses biens, dans l'intérêt des pauvres.

Selon la Hédaya[1], « Zakkat est une ordonnance « de Dieu, obligatoire pour tout individu de condi- « tion libre, sain d'esprit et de corps, adulte et mu- « sulman, qui est pourvu en toute propriété de la « quantité de biens ou d'effets montant à la valeur « indiquée dans le langage de la loi, par le terme

---

[1] Tom. I, pag. 2.

« de *nissaeb* نصاب, pourvu qu'il en soit en posses-
« sion depuis l'espace complet d'une année, ce qui
« s'appelle *haoul* حول.

« En général, le nissaeb est fixé à la valeur de
« 200 dirhems, ce qui fait à peu près 120 ou 130
« francs de notre monnaie.

« Les zekkaet ne sont pas dus sur les maisons qui
« servent de demeure, les articles de vêtements et
« de ménage, sur les animaux domestiques, les armes
« ni les livres de science.

« Toute valeur incertaine en est dispensée, que
« ce soit une dette contestée, un esclave fugitif, ou
« un bien usurpé ou égaré.

« Une créance reconnue par le débiteur est pas-
« sible des zekkaet, de même que celle qui n'est pas
« reconnue, mais qui peut être prouvée.

ZEKKAET SAWAYIM, OU SUR LES TROUPEAUX, زكوة

السّـــوايـــــم

« Pour 5 chameaux, 1 chèvre (5 chameaux étant
« le nisaeb) ; de 5 à 9, pas davantage ; de 10 à 14,
« 2 chèvres ; de 14 à 19, 3 chèvres ; de 20 à 24, 4
« chèvres ; de 25 à 35, 1 chamelle d'un an (*bint mo-
« khad* بنت مخض) ; de 36 à 45, 1 chamelle de 2 ans
« (*bint leboûn* بنت لبون) ; de 46 à 60 (*hikka* حقة), 1
« chamelle de 4 ans ; de 61 à 75, 1 chamelle de 5
« ans (*jedaât* جذعة)[1] ; de 76 à 90, 2 chamelles
« de 2 ans ; de 91 à 121, 2 hikkas.

[1] Et non pas *djezyat*, comme le porte à tort la traduction anglaise.

« Ce sont là les proportions indiquées par le Pro-
« phète dans ses messages aux amils ou collecteurs
« publics. A partir de 1 2 1, on recommencera sur la
« même base.

البقر BÉTAIL À CORNES.

« Le nisaeb est de 30 bœufs. Sur cette quantité,
« on prélève 1 (tabbî تبيع) veau d'un an, et sur 40,
« 1 veau de 2 ans (misna مسنة). La méthode habi-
« tuelle de calculer les zekkaet sur des troupeaux
« considérables est de les diviser par masses de 30
« ou de 40 têtes, et de lever, sur chaque 30, 1 veau
« d'un an, et sur chaque 40, 1 veau de deux ans.
« Les buffles rentrent dans la même catégorie.

المعز DES CHÈVRES [1].

« Le nisaeb est de 40 sur lesquelles on en donne
« 1, et on ne donne plus rien jusqu'à 1 2 1; de 1 2 1
« à 200, 2 chèvres; de 200 à 399, 3 chèvres; à
« partir de 400, 4, et 1 par chaque 100 de plus.
« Il en est de même pour les moutons; on ne peut
« payer qu'en moutons qui entrent dans leur seconde
« année (sinny سني); ceux qui sont encore dans la
« première se nomment djezza جزع.

[1] Dans le livre de Sidi Krelil, cette section a pour titre : des
Moutons, vu que, en Afrique, ces animaux sont beaucoup plus
communs que les chèvres.

4.

خيـــل DES CHEVAUX.

« Sur un troupeau où les chevaux et les juments
« sont confondus, le propriétaire a le choix de don-
« ner un dinar par tête, ou de faire estimer le tout
« et de donner cinq dinars par cent (de dinars).

« Se fondant sur ce que le Prophète a dit : « que
« les musulmans ne devaient pas de zekkaet pour
« leurs chevaux et leurs esclaves, » les disciples d'A-
« bou Haneïfa ne veulent pas de zekkaet pour les
« chevaux.

« Mais Abou Haneïfa n'étend cette exception qu'aux
« chevaux de guerre d'un cavalier.

« En général, les zekkaet ne se prélèvent point
« sur les jeunes animaux qui n'ont point encore at-
« teint une année [1].

« A celui qui n'a pas précisément l'animal comme
« a droit de l'exiger le *collecteur* الساعي, il est permis,
« soit de payer en argent, soit de donner un ap-
« point en espèces.

« Le collecteur doit exiger un animal de moyenne
« qualité.

« Les bêtes de labour ne sont point soumises à
« l'impôt.

« Si des rebelles ou des schismatiques soumettent
« une tribu musulmane et prennent les zekkaet sur
« les troupeaux, après l'expulsion des ennemis, l'i-

---

[1] Mais au milieu d'un troupeau ainsi composé, une seule bête
qui a plus d'une année rend tout le troupeau passible de zekkaet.

« mam légitime ne doit point exiger d'elle de nou-
« veau les zekkaet, car il ne l'a pas protégée, et le
« droit de lever cet impôt ne lui appartient qu'à
« charge de protection.

« Les docteurs ont cependant statué que dans un
« pareil cas la tribu est tenue de payer une seconde
« fois les zekkaet; mais elle ne doit pas de nouveau
« le tribut, car le tribut est le salaire du combat-
« tant, tandis que les zekkaet ont pour objet le sou-
« lagement des pauvres.

« Un accident qui détruit les biens sujets aux
« zekkaet entraîne naturellement dispense de les
payer.

ZEKKAET SUR LES EFFETS PERSONNELS.

« Sur l'argent le nissaeb est de 200 dirhems; le
« prophète ayant dit qu'il n'y avait pas de zekkaet
« au-dessous de 5 oukias (onces), et l'oukia valant
« 40 dirhems.

« Sur l'or il est de 20 miscals; le miscal est une
« pièce d'or du poids d'un dirhem et demi.

« Les zekkaet sont dus sur les matières d'or et
« d'argent qu'on nomme *tebber*, ainsi que sur les or-
« nements et les ustensiles de mêmes métaux.

« Sur les marchandises, quand la valeur dépasse
« celle de 200 dirhems, à raison de 5 dirhems par
« 200.

« En supposant qu'un individu ne possède en es-
« pèces d'or, marchandises ou argent que de telles
« quantités de chaque espèce, que seules elles n'at-

« teignent point le taux fixé pour le nissaeb, on réu-
« nit ces biens, et c'est sur l'estimation du tout que
« l'on établit les zekkaet.

DES LOIS CONCERNANT CEUX QUI COMPARAISSENT DEVANT LE COLLECTEUR.

« Si un individu déclare devant le collecteur, qu'il
« ne possède point depuis une année révolue, et l'af-
« firme par serment, le collecteur doit accepter cette
« déclaration et ne rien exiger.

« Il en est de même si quelqu'un déclare avoir
« déjà payé à un autre collecteur, pour le montant
« de ce qu'il possède, s'il est prouvé que cette même
« année il y ait déjà eu un autre collecteur; dans ce
« cas seulement le serment est reçu et fait foi.

« Schaffeï prétend qu'en ce qui touche le zekkaet
« sur les troupeaux, le propriétaire a droit à être
« cru, s'il affirme avoir disposé en faveur des pauvres
« du montant de la contribution; mais Abou-Haneïfa
« et ses disciples constatent que les zekkaet sur les
« troupeaux appartenant de droit au sultan seul, le
« propriétaire ne peut empiéter sur cette prérogative,
« qui ne lui est réservée que sur la partie de ses biens
« nommée *bathena* باطن (interne, occulte), que lui
« seul peut apprécier et connaître.

« Dans tous les cas où la réclamation d'un musul-
« man peut être admise, la même faveur est acquise
« à celle du Demmy, parce qu'il n'y a de différence
« que dans la quotité, vu qu'il est sujet au double de
« l'impôt exigé du musulman.

DES MINES ET DES TRÉSORS CACHÉS.

« Il y a à cet égard trois termes distincts : on nomme
« *maaden* معدن, le sol où le minerai se trouve pro-
« duit naturellement; *kaenz* كنز, l'argent, ou tout
« autre bien enfoui. *Rikiaz* ركاز, est un terme géné-
« ral qui s'applique à tous deux : à maaden littéra-
« lement, et à kaenz dans un sens métaphorique.

« Si on découvre dans un terrain d'aschr ou de
« kharadj (de dîme ou de tribut) une mine d'or,
« d'argent, de plomb ou de cuivre, il est dû sur les
« produits un cinquième à titre de zekkaet. Un dé-
« pôt ou trésor enfoui est sujet au même prélève-
« ment. S'il consiste en espèces portant la légende
« musulmane, il est rangé dans la catégorie et sou-
« mis aux règles des *loukata* (objets trouvés). Il n'y a
« aucun impôt sur les pierreries, ni sur l'ambre; le
« mercure paye le cinquième.

ZEKKAET SUR LES FRUITS DE LA TERRE زكوة الخارج.

« Sur tout ce que produit la terre, il est dû le
« dixième ou dîme, qu'on nomme *aschr* العشر, que le
« sol soit arrosé par submersion ou au moyen de ri-
« vières, ou par des pluies périodiques (les taillis,
« bambous et l'herbe exceptés); telle est la décision
« d'Abou-Haneïfa. Ses disciples disent que la dîme
« n'est due que sur les récoltes constantes, et du mo-
« ment où elles montent à une quantité de 5 wask
« (أوسق), un peu plus de 15 quintaux.

« L'argument sur lequel s'appuie Abou-Haneïfa,
« pour ne point admettre le nissaeb (taux déterminé
« au-dessous duquel le collecteur ne doit rien pren-
« dre), est que l'aschr n'est relatif qu'à ce que la terre
« produit, et n'intéresse en rien la richesse réelle du
« propriétaire. (De là ressort la conséquence que la
« dîme est due aussi sur les biens *wakf*.)

« Il n'est dû que la moitié du dixième sur la terre
« arrosée par des moyens artificiels. Dans le cas où
« l'irrigation serait établie sur le même terrain, par
« des moyens naturels et par des machines, on pré-
« lèverait la dîme en raison du mode d'irrigation qui
« a prédominé. La dîme est due sur le miel recueilli
« en terre d'aschr, mais non sur la soie.

« La double dîme (ou le cinquième) est due sur
« *les terres de la tribu des Beni Taghleb et des Demmy.*

« Si un musulman convertit le sol de sa maison
« d'habitation en jardin (ce sol ayant été primitive-
« ment sa propriété, c'est-à-dire lui en ayant été le
« premier concessionnaire), il doit la dîme dans le
« cas où il arrose avec de l'eau de dîme, ou le tri-
« but si c'est avec de l'eau de tribut. — Le proprié-
« taire Demmy doit le tribut dans tous les cas. On
« appelle de dîme l'eau des fontaines, des sources et
« des lacs, et les eaux pluviales; l'eau des aqueducs
« et des canaux artificiels est eau de tribut.

« En terre d'aschr il n'est rien dû sur les sources
« de bitume et de soufre; mais en terre de kharadj
« elles sont sujettes au tribut. »

Ce chapitre de la Hédaya est, on le voit, fort

complet en ce qui concerne l'impôt des terres de dîme, et on le retrouve établi selon le même ordre dans tous les manuscrits de législation. Mouradgeah d'Ohsson en a agi autrement; pour recueillir dans son livre les préceptes que je viens de reproduire, il faut aller les chercher dans les volumes de son ouvrage, où il les a répartis en les confondant avec des sujets qui n'y ont aucun rapport.

Ainsi nous trouvons dans le second volume, page 403, livre III, sous le titre de *Dîmes aumônières* (*zekiath*), les zekkaet accolés à la dîme pascale, au sacrifice pascal, et enfin aux fondations pieuses qui concernent les temples et les mosquées.

Je n'y remarque que l'évaluation du dirhem à 14 karats, et du miscal à 20, ce qui, je crois, est une erreur; car le kalife Omar, auquel d'Ohsson attribue cette fixation, a établi le dirhem à 16, et le miscal ou dinar à 24 karats : l'auteur y fait observer que les Turcs dépassent ordinairement, dans leurs aumônes, les limites prescrites par la loi, et que ceux qui, même pendant leur vie, se seraient montrés parcimonieux manquent rarement, au moment de la mort, de disposer d'une grande partie de leur fortune en faveur des mosquées et des établissements de charité. Ce qu'il a observé en Turquie à cet égard est fort commun en Barbarie; mais nulle part on ne retrouve dans son livre une seule phrase qui indique que les zekkaet soient des contributions obligatoires.

Il manque aussi dans le livre consacré aux zek-

kaet de l'ouvrage de d'Ohsson le chapitre intitulé : *des Zekkaet sur les récoltes;* il l'a omis, et
son continuateur l'a peu exactement rétabli, à la
page 18 du cinquième volume, au titre des Finances publiques. D'ailleurs, il y fixe par erreur
les zekkaet au vingtième du produit des terres
cultivées et possédées par les musulmans, et au
dixième sur tout ce que ces terres produisent spontanément et sans culture.

Il n'en est point ainsi. Tous les légistes musulmans s'accordent à fixer au dixième l'impôt religieux sur les récoltes des terres dites de dîme
(عشرية), et ils ne le réduisent au vingtième que
pour les cas où, les moyens naturels manquant
pour l'irrigation, la nécessité de construire et d'entretenir des machines pour l'arrosage occasionne
au cultivateur un surcroît de dépense et, par conséquent, une diminution de revenu. Pour se convaincre de ce fait, il suffit de jeter un coup d'œil
sur le chapitre de la Moulteka intitulé : زكوة الخارج.
Màn. 572, p. 33, on lit :

فيما سقته السماء او سقى سيحًا او اخذ من ثمر

حيل العشر بلا شرط نصاب وبقا......... وفيما سقى بغرب

او دالية او سانية نصف العشر

Sur tout ce que produit la terre arrosée par l'eau du ciel
et l'inondation, le dixième entier, sans condition ni de
nissaeb, ni de la durée de la possession........... Sur
ce qui est arrosé au moyen d'un puits à roue, de machines

mues par des chameaux, ou de réservoirs, la moitié du dixième.

Il faut remarquer aussi, dans l'ouvrage de d'Ohsson, l'oubli d'un précepte fort important, mentionné dans le même chapitre de la Moulteka (page 34), et ainsi formulé :

ولا يجتمع عشر وخراج فى ارض واحدة

Et la même terre ne peut être sujette à la fois à la dîme (aschr) et au tribut (kharadj).

J'insiste sur ce point, parce qu'il constitue une des plus considérables divergences qui existent entre la loi turque et la loi barbaresque (rite d'Abou-Haneïfa et rite de Malek).

Le chapitre qui traite des zekkaet, dans le livre de Sidi Krelil, est conçu à peu près dans les mêmes termes, et consacre les mêmes principes que ceux que j'ai extrait de la Hédaya, sauf dans le passage que je crois utile de reproduire ici :

وفى خمسة اوسق فاكثر وان بارض خراجية الف وستمائة رطل والرطل مائة وثمانية وعشرون درهما مكيا كل خمسون وخمسا حبة من مطلق الشعير من حب او تمر فقط منقى مقدر للجفان وان لم يجف نصف عشرة كزيت ماله زيت وثمن غير ذي الزيت وما لا يجف وفول اخضر ان سقى بالة والا فالعشر

Et, à partir d'une quantité de cinq charges et plus, *même en terre de kharadj* (tributaire), c'est-à-dire sur 1,600 livres, chaque livre pesant 128 dragmes, des dragmes de la Mecque au poids de 50 et 2/5 de grain d'orge moyenne chacun, on prélève sur les grains et les fruits susceptibles de dessiccation et même employés frais, la moitié du dixième, comme sur les olives destinées à faire de l'huile ou à être vendues, ainsi que sur les récoltes susceptibles de dessiccation et sur les fèves vertes, quand elles ont été produites au moyen de l'irrigation artificielle; mais, pour tout autre cas, on prend le dixième.

La disposition législative contenue dans ce passage, relativement au prélèvement de la dîme, même sur le produit des terres déjà soumises au tribut, est d'autant plus importante à noter, qu'elle est en contradiction avec les prescriptions du rite d'Abou-Haneïfa, d'où il résulte que la dîme et le tribut ne peuvent exister simultanément sur la même terre. C'est là, comme je l'ai déjà dit, une des divergences les plus remarquables de la loi turque et de la loi barbaresque, et je la signale parce que nous aurons lieu d'en montrer l'application en Algérie, où, de tout temps, les récoltes ont été sujettes, en même temps, au prélèvement de la dîme et du tribut.

Je me bornerai à cette reproduction d'un passage du chapitre consacré par Sidi Krelil, à l'étude des zekkaet, pour ne pas accumuler inutilement les citations. D'ailleurs, j'ai cru qu'il convenait de ne pas négliger l'étude de ces impositions à la fois politiques et religieuses, parce qu'elles constituent, pour les populations musulmanes, une obligation qu'elles accomplissent aujourd'hui encore aussi rigoureusement que celle du jeûne du mois de ramadan [1]; seulement, comme elles ont une origine essentiellement religieuse, les mahométans n'en parlent à ceux qu'ils nomment infidèles qu'avec une extrême répugnance, et toujours comme d'un usage perdu.

Aussi cet élément fait-il constamment défaut dans toutes les statistiques publiées par des Européens; d'où il résulte que toutes ces statistiques des empires d'Orient sont toujours défectueuses, quel que soit d'ailleurs le soin qu'on ait apporté à les établir. Ainsi presque toutes les publications relatives à l'empire turc constatent que depuis longtemps l'équilibre a cessé entre les dépenses toujours croissantes, et ce que l'on considère comme les véritables sources du revenu, et cependant sans emprunt ni émission de papier, les finances turques se sont maintenues en dépit des sinistres prédictions dont elles n'ont cessé d'être l'objet. Je fais

---

[1] Ce jeûne dure trente jours, pendant lesquels tous les mahométans se privent de toute espèce d'aliments et de boissons depuis le lever du soleil jusqu'au moment où il est couché; à partir du jour où commence le jeûne, les musulmans, même ceux qui sont ordinairement les moins exacts dans la pratique des devoirs religieux, renoncent entièrement au café et au tabac, qu'ils affectionnent plus encore que le manger et le boire; ceux mêmes qui, en temps ordinaire, se permettent l'usage du vin (et ce sont principalement les militaires) se soumettent à une rigoureuse abstinence; j'ai vu souvent nos spahis aller en expédition, faire, par une chaleur étouffante, des voyages très-fatigants, sans avoir jamais pu observer de leur part la moindre infraction au jeûne du ramadan; mais aussi, à aucune époque de l'année, on ne trouve les musulmans plus irritables; il est imprudent alors de vouloir traiter avec eux aucune affaire de quelque importance.

cette observation en passant, seulement pour montrer avec quelle défiance il convient de traiter tout ce qui se rapporte au régime intérieur des empires musulmans.

Les documents officiels réunis et publiés par notre administration, en Algérie, ne font pas davantage mention des zekkaet; et je ne crois pas que beaucoup d'Européens en aient soupçonné l'existence en Afrique. Je l'aurais méconnue aussi jusqu'au moment où je suis entré plus avant dans l'étude de la législation de l'islam, si plusieurs fois je n'avais eu occasion d'en entendre parler entre eux à des Maures qui ne supposaient pas que leur entretien pût être l'objet de mon attention. Il en était presque toujours question à propos d'Abd-el-Kader, et de ses excursions dans la Medjana et dans les montagnes de Bougie, excursions dont le but était le prélèvement des zekkaet.

Ce sont, en effet, ces impositions religieuses qui lui ont fourni le moyen de constituer un trésor public (بيت المال *beït el-mal*), et d'entretenir une armée. Il était naturel que les indigènes allassent porter à celui qui leur apparaissait comme le défenseur de leur foi cette part de leurs biens que la loi leur prescrit impérieusement d'en séparer pour de bonnes œuvres, et qu'il leur défend d'appliquer à leurs propres besoins, sous peine d'apostasie.

Ces prélèvements portent, comme on a pu s'en convaincre, non-seulement sur les récoltes, les ressources pécuniaires et les effets mobiliers, mais encore sur les troupeaux et les bêtes de somme; et outre que la vente d'une grande partie de ces animaux rapporte beaucoup au trésor public dans les états mahométans, l'administration, à l'aide de ce qu'elle s'en réserve, y fonde des haras et des cheptels, dont l'emploi et les produits allégent considérablement les charges de l'État.

Abd-el-Kader a dû trouver dans le fonds des zekkaet dès ressources d'autant plus abondantes, que la richesse des tribus africaines a puissamment augmenté depuis 1830, tant à raison de la grande quantité d'argent que depuis ce moment la France jette en Algérie, et qui en dernier lieu arrive à ces tribus, que parce que depuis cette époque elles ont cessé de fournir les énormes tributs que levait la régence turque.

La plupart des publicistes ont considéré cette grande élévation du chiffre de l'impôt, recueilli en Algérie, comme une invention de l'avidité turque, et cependant rien n'est moins fondé que cette opinion. Ce chiffre est fixé par des lois religieuses, dont la première application remonte à la domination arabe, et que les Turcs ont respectées; d'ailleurs les conquérants musulmans qui se sont succédé en Afrique ont toujours eu pour maxime politique d'appesantir sur les populations africaines le glaive et le tribut, ainsi que le recommandait expressément au gouverneur qu'il laissait après lui El-Moazz le fondateur du Caire et de la dynastie fathimite, au moment de son départ pour l'Égypte.

Depuis la chute des Turcs, qui leur interdisaient le port des armes et l'usage militaire du cheval, la plupart des tribus ont employé le superflu de leurs richesses à acheter des chevaux et des armes.

Nous allons passer maintenant à l'étude du code de la guerre.

CODE MILITAIRE.

DE LA GUERRE, *SEIR DJIHAED SEFER* سير جهاد سفر [1].

« La guerre contre les ennemis de l'État ou de la « religion est un devoir sacré que la loi impose à la « nation tout entière, mais qui est censé rempli par « tout le corps politique, quand une partie du peuple « s'en acquitte.

« Tout musulman en état de porter les armes doit « y prendre part. De cette règle sont exceptés les « femmes, les enfants, les esclaves, ceux qui sont at- « teints de maladies et d'infirmités.

« Le musulman ne doit pas prétendre à une solde; « il est tenu de plus à faire, sur sa propre fortune, « les sacrifices nécessités par les besoins de ses « frères.

« On ne doit amener avec soi, dans les camps, « ni sa femme, ni le Koran, à moins d'être en nom- « bre considérable.

[1] Mouradgea d'Ohsson, vol. V, pag. 49.

« Avant de commencer les hostilités, l'imam doit
« faire à l'ennemi une sommation religieuse, et l'in-
« viter à embrasser l'islamisme.

« Si cette invitation est sans effet, elle doit être
« remplacée par une sommation politique à l'ennemi
« de reconnaître l'autorité musulmane, et de se sou-
« mettre à la capitation légale au profit du trésor
« public.

« Tous les infidèles, excepté les Arabes idolâtres
« et les apostats, peuvent être admis à payer la capi-
« tation; ceux-ci n'ont le choix qu'entre la conver-
« sion à la foi musulmane ou l'extermination; leurs
« femmes et leurs enfants sont réduits en esclavage.

« Ces formalités accomplies, si les sommations
« n'ont pas eu de succès, les musulmans doivent être
« les premiers à attaquer; personne ne doit être
« épargné dans l'armée ennemie, quand même pour
« se garantir elle aurait placé en avant d'elle des
« musulmans en guise de boucliers. Cependant le
« musulman qui se verrait ainsi en face de son père
« ne doit attenter à ses jours qu'à la dernière extré-
« mité, et à son corps défendant.

« On ne doit faire à l'ennemi aucun quartier tant
« qu'il a les armes à la main, on se servira contre lui
« du fer et du feu.

« Mais on épargnera les femmes, les enfants, les
« vieillards, les insensés et tous ceux qui ne peuvent
« porter les armes.

« Tout acte de cruauté, toute mutilation sont in-
« terdits.

« On respectera la foi jurée, les clauses de capitu-
« lation et la sauvegarde ﺍﻣﺎﻥ (*amane*), donnée par
« un musulman quel qu'il soit.

« En se retirant d'un pays ennemi, on n'y doit
« laisser ni vivres, ni bestiaux, et il faut détruire par
« le fer et le feu toutes les ressources qu'on aban-
« donne.

« En aucun temps, il n'est permis au musulman
« de vendre aux ennemis ni munitions, ni armes, ni
« chevaux.

« On ne doit conclure la paix que quand elle est
« avantageuse ; et le musulman ne doit se résoudre
« à la demander qu'en cas d'entière détresse.

« On peut faire acheter à l'ennemi la paix, à prix
« d'argent, ou par le sacrifice d'objets précieux.

« Le musulman ne doit acheter la paix que quand
« il ne voit aucun autre moyen d'éviter la destruc-
« tion.

DU BUTIN LÉGAL, *GHANIMET* ﻏﻨﻴﻤﺔ.

« Dans une expédition militaire, tout ce que les
« musulmans tirent de l'ennemi, soit de gré, soit de
« force, est considéré comme butin légal.

« Le droit de la guerre légitime la propriété de
« tout objet enlevé à l'ennemi, même du butin qu'il
« aurait fait sur des musulmans.

« Le butin cependant n'est susceptible d'être par-
« tagé entre les vainqueurs, et ne devient leur pro-
« priété réelle que quand il est transporté en pays
« musulman ; par conséquent, la mort d'un des com-

«battants avant le retour en terre musulmane an
«nule le droit de ses héritiers à la part qu'ils devaient
«en avoir.

«Avant que le partage soit effectué, tout musul-
«man qui retrouverait dans le butin un bien qui lui
«aurait été enlevé a droit de le recouvrer à titre
«gratuit. Mais s'il y a eu capitulation de la part du
«peuple vaincu, ou si le partage a déjà été fait, il ne
«peut rentrer dans sa propriété qu'en en payant la
«valeur.

«L'armée entière a part au butin, quand même il
«ne serait dû qu'au succès obtenu par une partie.

«Le droit du souverain sur le butin est du cin-
«quième, mais ce prélèvement est fait par lui, non
«dans son intérêt personnel, mais dans celui des
«pauvres.

«Le reste est réparti entre les combattants, à
«raison d'une part pour les fantassins, et de deux
«pour les cavaliers; et c'est en entrant en cam-
«pagne qu'on constate la nature du service de cha-
«cun, soit qu'il le fasse à pied, soit qu'il s'en acquitte
«à cheval.

«Sous le nom de *ten'fil* (تنفيل), l'imam peut dis-
«poser, en faveur d'un individu ou d'un corps, d'un
«quart du butin qu'il a fait, après prélèvement du
«cinquième; il peut même, dans un but analogue,
«disposer de ce cinquième, qui est le lot adjugé au
«trésor de l'État.

5.

DES CAPTIFS, *USSÈRA* اسرا.

« Les prisonniers de guerre sont esclaves, et leur
« sort est soumis à la volonté du vainqueur. Le sou-
« verain est maître de perpétuer leur captivité, ou
« de les rendre libres en les soumettant à la capita-
« tion. Il peut aussi les faire périr.

« Dans aucun cas, il n'est permis de relâcher les cap-
« tifs et de les laisser sortir des terres musulmanes,
« pas même pour une rançon, ou par échange.

« Cependant les disciples d'Abou-Haneïfa croient
« que la rançon et l'échange peuvent être permis en
« cas de détresse du trésor public, et en vue de la
« délivrance des musulmans prisonniers.

DES PAYS CONQUIS.

« Le souverain est maître du sort des peuples
« vaincus, ainsi que des places des villes des pays
« conquis; il peut en distribuer les terres à ses soldats
« à titre de fiefs militaires (*ziamet* et *timar*)[1], ou les
« donner à des musulmans, à condition qu'ils paye-
« ront à l'État la dîme de leurs productions an-
« nuelles; telles sont les *terres décimales* (*arz eus-*
« *chriyé* ارض عشرية).

« Il peut encore laisser à leurs anciens proprié-
« taires non musulmans les fonds ruraux situés dans
« des contrées qui se sont soumises volontairement,

---

[1] Nous avons déjà fait observer plus haut que cette traduction de
d'Ohsson est inexacte, et que les mots de ziamet et timar ne se
trouvent pas dans le texte de la Moulteka.

« ou rendues par capitulation, ou qui ont même été
« réduites par la force des armes, en imposant, sur
« ces biens, un tribut, soit fixe, soit proportionné à
« leurs productions annuelles : telles sont les *terres*
« *tributaires* (*arz kharadjiyé* خراجية أرض).

« La nature de chaque terre, soit décimale, soit
« tributaire, une fois fixée à l'époque de la conquête,
« suivant la religion du possesseur, ne peut plus varier.

« Il n'y a eu d'exception à cette règle qu'à l'égard
« des terres de la Mecque, de l'Arz-el-Aareb (qui
« s'étend d'un côté depuis Oeuzeïb jusqu'au Yemen-
« Mehhré, sur les frontières de Syrie, et de l'autre,
« depuis Aladj jusqu'à Beberin, Behhna et Rémel),
« et de Bassora qui, bien que possédées par des
« païens, furent constituées terres décimales par le
« prophète et les quatre khalifes [1].

« Dans tous les temps, le souverain est maître de
« disposer également à son gré des terres vagues et
« vaines de l'empire; *mais il doit*, dans l'intérêt de
« l'État, les constituer terres tributaires, sans avoir
« égard ni à la *religion*, ni à la *condition politique* de
« ceux à qui il les accorde.

« Le souverain est encore maître de céder à qui
« bon lui semble une partie de ces terres vaines et
« vagues, moyennant une *rétribution annuelle*.

« L'imam est le *seul maître* des chemins publics,
« places, fleuves, rivières, et généralement de tout
« ce qui est à l'usage du public.

---

[1] Je reproduis ici, sans correction, les noms des villes d'après
l'ouvrage de d'Ohsson.

DES REBELLES, *BOUGHAT* البغاة.

« Tout musulman rebelle à l'autorité légitime mé-
« rite la mort.

« Avant de combattre les rebelles, le souverain
« doit les sommer de se soumettre, et demander les
« motifs de leur révolte.

« Le souverain et son armée victorieuse doivent
« épargner les vaincus, et ne peuvent s'emparer de
« leurs biens ; ils ne peuvent que faire usage, au be-
« soin, de leurs chevaux et de leurs armes.

« On n'a le droit de traiter sévèrement les vain-
« cus, de faire main basse sur eux et sur leurs bles-
« sés et fuyards, que quand on a la certitude de l'exis-
« tence d'un foyer d'insurrection.

DES SUJETS TRIBUTAIRES, *ZIMMY* ذمّي.

« Les sujets tributaires sont les peuples soumis à
« la puissance mahométane volontairement, par ca-
« pitulation, ou par la force, et qui, refusant d'em-
« brasser l'islamisme, sont condamnés par le Koran
« même à un tribut individuel, qui leur est imposé
« comme rachat de l'esclavage ou de la mort qu'ils
« ont encourus par leur infidélité.

« Ils doivent cependant jouir, au même degré que
« les musulmans, du bénéfice des lois civiles qui
« garantissent la sûreté des personnes et des pro-
« priétés.

« Mais dans l'ordre social, les sujets tributaires

« ne doivent, sous aucun rapport, se confondre avec
« les musulmans, attendu la supériorité religeuse et
« politique du fidèle sur l'infidèle.

« Il n'est pas permis à ce dernier de revêtir le
« costume mahométan; de porter des armes, de se
« servir de chevaux ou autres montures, à moins
« qu'il ne soit atteint d'infirmité; alors même son
« équipage doit être des plus modestes. *Au lieu de*
« *selle, il ferait mieux de se servir d'un bât ordinaire* [1].
« Partout il doit céder le pas aux musulmans. Les
« femmes doivent être distinguées par la couleur de
« leurs tabliers, et ne porter des colliers que d'un
« métal commun.

« Le fidèle qui veut saluer un infidèle ne doit
« lui adresser que les seuls mots : *Ve-aleikoum* (et à
« vous aussi); ou bien ces paroles mystérieuses :
« *Salam ala men ittibâ el hida* (salut sur qui suit la
« bonne voie) [2].

« *Enfin en tout temps, en tout lieu,* un sujet tribu-
« taire doit être respectueux envers un musulman;
« *il doit même se tenir debout* en payant la capitation
« au collecteur, et, s'il n'est pas exact au terme fixé,
« celui-ci peut le prendre au collet, et lui dire :

[1] Nous ferons, relativement à ce passage, la même observation
que celle que contient la note précédente.

[2] Cette formule de *Selam ala men yetteba el-houda* était adoptée
en Afrique, et mise en tête de toutes les lettres que les pachas ou
les beys avaient à écrire aux consuls européens; aujourd'hui encore,
elle est en usage dans les rapports des musulmans avec les Français.
et signifie : « le salut sur celui qui suit la voie droite; » elle n'engage
pas beaucoup à ce qu'on voit celui qui s'en sert.

« O tributaire (*ya zimmy*), paye ton tribut ; *au reste, ce*
« *ne serait pas une injure* s'il l'appelait ennemi de Dieu
« (*ya adou Allah*).

« Les sujets non musulmans ne doivent pas être
« gênés dans l'exercice de leur culte ; il ne leur est
« pas cependant permis d'élever de nouveaux tem-
« ples mais bien de réparer les anciens.

« Un musulman pécherait contre la religion et les
« lois, s'il avait l'impiété de louer son immeuble,
« situé dans une ville, pour servir de temple aux
« zimmys.

« Enfin, il n'est permis à aucun sujet tributaire de
« quitter le pays musulman ; ce délit emporte la pros-
« cription et la mort civile [1]. »

Ici se termine, dans le livre de d'Ohsson, le code
militaire ; mais il n'est pas complet, et pour le
compléter, il nous faut, comme cela nous est arrivé au sujet des zekkaet, aller chercher dans une

---

[1] Aussi, tant que les Algériens purent penser que leurs vainqueurs
n'ignoraient aucun des droits de la victoire et voulaient les exercer,
ils se gardèrent de forfaire leurs têtes et leur fortune en émigrant ;
mais cette illusion ne tarda pas à tomber. Quand ils virent que les
Français ne savaient par quelles concessions leur faire agréer et
excuser la conquête, ils se répandirent dans les campagnes, se do-
micilièrent dans les royaumes de Tunis et de Maroc, ou rejoignirent
Abd-el-Kader, et devinrent de puissants auxiliaires de nos ennemis
par les relations qu'ils avaient conservées parmi nous et avec ceux
qui géraient ouvertement leurs biens.

Nous avons eu, notoirement à Tunis, les principaux habitants de
Bône qui ont pris part à l'assassinat des commandants Houder et
Bigot, qui ont envoyé à Achmet-bey de la poudre et des armes, et
qui avaient des procureurs fondés à Bône, sans qu'on inquiétât ni
les uns ni les autres.

autre partie de l'ouvrage, à l'article *finances pu-*
bliques, les dispositions légales relatives au tribut [1].

DE L'IMPÔT TERRITORIAL, *KHARADJ-ÈRAZY.*

« L'impôt territorial est assis sur les terres tribu-
« taires, possédées indistinctement par les sujets de
« l'empire, musulmans et non musulmans ; il est de
« deux espèces : l'une se lève sur les productions
« seules, et l'autre sur les terres, sans égard à leurs
« fruits. La première s'appelle impôt proportionnel
« (*kharadj-moukassemé* معقاسمه خراج), l'autre, impôt
« fixe (*kharadj-wazifé* وظيفه خراج).

« *L'impôt sur les productions* se règle sur la nature du
« sol de chaque contrée ; il s'élève au cinquième, au
« quart, au tiers ou à la moitié des productions.

« *L'impôt foncier* doit se régler aussi sur la fertilité
« du sol et l'étendue des terres.

« L'un et l'autre impôt, une fois déterminés et éta-
« blis sur une terre par le souverain qui a fait la
« conquête, restent invariables.

« Il est bien entendu que l'impôt sur les produc-
« tions doit subir les chances de ces productions,
« tandis que l'impôt fixe doit se percevoir chaque
« année, sans égard aux événements heureux ou
« malheureux qui peuvent survenir.

« *En tous cas, quand le possesseur d'une terre tribu-*
« *taire en néglige la culture, et se met ainsi, par sa*
« *propre faute, dans l'impuissance de payer l'impôt,* le
« souverain a *le droit d'affermer cette terre à un autre*

---

[1] Mouradgea d'Ohsson, tom. V, pag. 19.

« *individu*, pour ne pas laisser en souffrance les reve-
« nus du trésor public.

« Du reste, il est de principe que nul immeuble,
« nulle propriété consistant en bâtiments, que le
« propriétaire soit musulman ou non, ne doit jamais
« être soumis à une imposition quelconque.

DE LA CAPITATION (*DJIZYÉ* OU *KHARADJ-EL-ROUOUSS*) KHA-
RADJ DES TÊTES, جزية - خراج الرووس .

« C'est un tribut personnel imposé indistinctement
« sur tous les sujets non mahométans de l'empire ;
« ils doivent être partagés en trois classes, tenues en
« raison de la fortune de chaque individu de payer
« par mois, et d'avance au trésor public, quatre,
« deux, ou une dragme d'argent.

« Les femmes, les esclaves, les enfants, les infir-
« mes, les moines sont dispensés de la capitation.

« Au reste, le souverain peut imposer une capita-
« tion quelconque sur la masse des habitants d'une
« ville, d'un pays, d'une île, *et peut exempter de ce tri-*
« *but individuel les sujets employés au service de l'empire,*
« *voués à l'état militaire, préposés à la garde d'un poste*
« *quelconque.* »

J'aurais bien quelques observations à faire sur le
contenu du chapitre qui précède ; mais il n'y aura
aucun inconvénient à les présenter quand, après
avoir reproduit les préceptes relatifs à la guerre
sainte exposés dans la Hédaya et dans Sidi Krelil,
je comparerai les principes établis à cet égard par
les docteurs Hanafi et les Maleki.

HEDAYA, BOOK IX, *AL SEYIR*, OR THE INSTITUTES السّير [1].

Ce livre des règles de la guerre sainte, qui n'a pas moins de 118 pages in-4°, comprend dix chapitres et est beaucoup plus détaillé que celui de la Moulteka.

« L'injonction sacrée de la guerre sainte est suffi- « samment observée quand elle est faite par une « partie des fidèles; elle est établie sur les paroles du « Prophète : « Combattez les polythéistes, » et « La « guerre est établie, et doit durer jusqu'au jour du « jugement. »

« Mais quand il y a convocation générale par « l'imam, en cas de danger, personne n'en est dis- « pensé, ni hommes, ni femmes.

« Les infidèles peuvent être attaqués à raison du « seul fait de la différence de cultes.

« Le devoir de la guerre n'est imposé ni aux mi- « neurs, ni aux esclaves, ni aux femmes, ni aux in- « firmes de toutes sortes.

« On doit d'abord faire aux ennemis sommation « d'embrasser la foi musulmane, et, s'ils s'y refusent, « on doit les inviter à se soumettre au payement de « la capitation; quant aux apostats et aux Arabes ido- « lâtres, ils n'ont que la ressource de se convertir. « Ces invitations une fois faites, et sans résultat, on « procède aux hostilités par tous les moyens pos- « sibles.

« On ne doit point mutiler ni tuer les enfants,

[1] Tom. II, pag. 139 de la traduction anglaise.

« les insensés, les infirmes, ni les femmes, à moins
« que la femme ne soit une reine, ou qu'elle n'ait pris
« part au combat.

« La paix peut être accordée aux infidèles ; *mais
« ce n'est jamais qu'une tréve*, et si elle est désavanta-
« geuse, elle peut être rompue, après toutefois qu'on
« a donné avis de la rupture.

« Si les infidèles avec lesquels il est en paix agis-
« sent avec perfidie, l'imam a le droit de les attaquer
« à l'improviste ; ainsi une incursion faite par eux sur
« le territoire musulman, et autorisée par leur sou-
« verain, est une infraction au traité.

« On ne doit pas se hâter de faire la guerre aux
« apostats, afin qu'ils aient le temps de venir à ré-
« sipiscence.

« Les musulmans ne doivent acheter la paix qu'à
« la dernière extrémité.

« On ne peut vendre aux infidèles ni chevaux, ni
« munitions, soit pendant la guerre, soit pendant la
« paix (qui n'est qu'une trêve).

« La protection accordée à un ennemi, ou à une
« population ennemie, par un individu musulman de
« condition libre et adulte est valide, et engage toute
« la communauté musulmane.

DU BUTIN ET DU PARTAGE À EN FAIRE باب الغنايم وقسمتها.

« L'imam, après avoir conquis un pays par la force
« des armes, a le droit de le partager aux troupes
« (comme le Prophète fit pour celui de Khaïber à ses

« compagnons d'armes), ou il peut les laisser aux
« mains des propriétaires originaux, en leur impo-
« sant une taxe personnelle, et en grevant les terres
« d'un tribut, comme fit Omar pour l'Irak.

« Telle est la loi en ce qui concerne la propriété
« immobilière et le territoire ; quant à *la propriété*
« *mobilière, elle doit être partagée entre les soldats.*
« L'imam peut rendre à la liberté les habitants en
« leur imposant la capitation.

« En laissant le pays, de la manière susmention-
« née, entre les mains de ses habitants, il y a avan-
« tage pour la communauté des musulmans, puisque,
« *dans ce cas, les habitants ne sont véritablement que les*
« *cultivateurs du sol pour les musulmans,* pour le compte
« desquels ils font tout le travail et toute espèce de
« cultures, sans que ceux-ci prennent, à ce sujet, ni
« peine, ni dépense.

« Quand l'imam laisse aux habitants du pays leurs
« terres et leurs personnes, il doit aussi *leur laisser*
« *une partie de leurs valeurs mobilières,* suffisante pour
« les mettre en état d'entreprendre leurs travaux et
« la culture de ces terres.

« Les captifs faits pendant la guerre peuvent être
« immolés, faits esclaves, ou assujettis à la capita-
« tion.

« L'échange des prisonniers n'est pas licite ; ce-
« pendant il y a discussion à ce sujet. On ne doit,
« dans aucun cas, les remettre en liberté sans com-
« pensation.

« Tous les troupeaux et autres moyens de sub-

« sistance, ainsi que les bagages qu'on ne peut em-
« mener avec soi en se retirant, doivent être détruits
« et brûlés ; mais on ne doit point mutiler les ani-
« maux.

« Le butin ne peut être partagé que quand on est
« de retour en pays musulman. Les objets de pre-
« mière nécessité peuvent, avant cette époque, être
« employés à l'usage des combattants ; mais ceux-ci
« ne peuvent rien vendre de ce qui fait ainsi partie
« du butin.

« Tout homme qui meurt en pays ennemi n'a
« droit à aucune part du butin ; mais s'il ne succombe
« qu'après le retour en terre musulmane, il a droit à
« sa part, et ses héritiers la recueillent.

« Le cinquième de tout le butin est mis de côté
« par l'imam pour les pauvres, les orphelins et les
« voyageurs nécessiteux.

« Les quatre cinquièmes restants seront partagés
« entre tous ceux qui ont pris part à la guerre.
« La part du cavalier est double de celle du fan-
« tassin.

« Les esclaves, les femmes, les enfants, les sujets
« tributaires qui ont pris part à la guerre ne sont pas
« compris dans la répartition du butin ; mais on doit
« leur donner quelque chose à titre de paye.

« En pays ennemi, l'imam peut donner en grati-
« fication, à un individu ou à un corps, une partie ou
« la totalité du butin ; mais une fois qu'il est trans-
« porté en pays musulman, il est devenu la pro-
« priété des combattants, et l'imam ne peut plus

« donner de gratifications que sur le cinquième mis
« de côté par lui.

DES LOIS RELATIVES AUX MOSTÉMINE [1], باب المستأمن .

« Le musulman qui va pour trafiquer en pays
« ennemi ne doit faire aucun tort aux habitants, ni
« dans leurs personnes, ni dans leurs biens.

« La résidence au delà du terme d'une année en
« pays musulman rend l'étranger passible de la ca-
« pitation.

« L'étranger devient aussi *dimmy* (tributaire) par
« l'achat qu'il a fait d'un terrain sujet au tribut, et
« par le payement de l'impôt qui y est attaché [2], à
« moins que **cet** achat ne soit fait seulement en vue
« de trafic.

DE LA DÎME ET DU TRIBUT, *ASCHR* ET *KHARADJ*,

باب العشر والخراج

« *Aschr* signifie dix, *kharadj* signifie le produit de
« la terre et le loyer des esclaves; en langage de la
« loi, il veut dire tout impôt prélevé à titre de taxe
« sur le territoire ou sur la personne du demmy, et
« cette dernière imposition est nommée *djizyat* ou
« capitation, جزية .

---

[1] *Mostaémen* vient de *Amane* (امان), « sauvegarde ». Ce nom est
appliqué à tout individu qui réside passagèrement sous la sauvegarde
du souverain en pays ennemi.

[2] C'est probablement pour éviter ces conflits que l'achat de tout
immeuble en pays musulman est interdit aux sujets européens.

« L'étendue du territoire de l'Arabie proprement
« dite s'étend des bords de la rivière Uzeib jusqu'à l'ex-
« trémité du Yemen qu'on nomme Amhoura; en lar-
« geur, elle s'étend de Berîn, et Rihna-et-Rem lalledj
« aux confins de la Syrie, et le territoire de l'Irak
« arabique va en largeur de Uzeib à l'arrière de Hill-
« wân, tandis qu'en longueur il va de Loalba-et-
« Aloûs à l'extrémité où est le fort Koutschouk, du
« côté de la mer [1].

« De cette contrée, les terres qui constituent l'Ara-
« bie propre sont décimales ou *aschoury* عشرية, et
« celles de l'Irak arabique sont tributaires ou *khi-
« radjy* خراجية.

« Il est à observer néanmoins que les terres de
« l'Irak sont la propriété des habitants, qui peuvent
« légalement les vendre ou en disposer, parce que
« l'imam, toutes les fois qu'il soumet un pays par la
« force des armes, est libre de rétablir les habitants
« dans leurs possessions et d'imposer, sur leur terri-
« toire et sur eux, le tribut et la capitation; et, ceci
« ayant eu lieu, le pays continue à être la propriété
« des habitants, comme cela a été dit plus haut en
« traitant du butin.

« Les pays dont les propriétaires deviennent mu-
« sulmans ou que l'imam a partagés aux troupes, sont
« terres d'aschr (de dîme); les pays, au contraire,
« soumis par les armes, et que l'imam restitue aux

---

[1] Les noms ne sont pas, comme on le voit, rapportés ici plus
correctement par Hamilton que par d'Ohsson. Nous rectifierons ces
erreurs un peu plus loin, au moyen du texte de la Moulteka.

« anciens habitants, sont de kharadj (tribut), et le
« tribut est dû par le propriétaire, quand bien même
« il n'aurait pas cultivé.

« Les territoires arrosés par des rivières sont de
« tribut ; ceux qui sont arrosés au moyen des sources
« sont de dîme.

« Quand un individu défriche un terrain vague,
« c'est la nature des terres du voisinage ou de l'eau
« d'irrigation qui y fait établir ou la dîme ou le tribut.

« Le tribut a été imposé, par le khalife Omar, sur
« l'Irak, de la manière suivante : pour chaque *jorib*
« (on aurait dû mettre *djerib*) de terre arrosée, un
« saa et un dirhem ; pour chaque djerib de prairie,
« 5 dirms ; pour les jardins et les vergers, il ordonna
« de prélever 10 dirms par djerîb complanté de
« vignes et de palmiers. Un djerib de terre est une
« mesure de soixante drâas, des drâas de Perse qui
« sont longs de sept pans.

« Les docteurs posent en fait que le tribut ne doit
« pas excéder le montant de la moitié des produits,
« mais que prendre la moitié n'est que justice.

« Le tribut peut être diminué dans certains cas,
« tels que perte de la récolte, etc. mais jamais on
« ne doit prélever plus que ce qui a été établi.

« La conversion du propritétaire à l'islamisme
« n'annule pas le tribut qui est attaché à sa terre.

« Le terrain tributaire qui passe d'un dimmy à un
« musulman ne change pas pour cela de nature.

« Il n'est pas dû de dîme sur les produits des terres
« tributaires. »

Il ne sera pas sans quelque utité de confronter,
avec cette section du code de la guerre qui traite
de la dîme et du tribut, le texte de celle qui est
consacrée au même objet dans la Moulteka. (Manuscrit 572, pag 103 v.)

باب العشر والخراج

أرض العرب عشرية وهى ما بين العذيب الى اقصى حجر
باليمن بمهرة الى حد الشام وكذا البصرة وكل ما اسلم
اهله او فتح عنوة وقسم بين الغانمين وارض السواد
خراجية وهى ما بين العذيب الى عقبة حلوان ومن
الثعلبية او العلث الى عبادان وكذا كل ما فتح عنوة
واقر اهله عليه او صولحوا سوى مكة وارض السواد
مملوكة لاهلها يجوز بيعهم لها وتصرفهم فيها وان احيى
موات يعتبر قربه عند ابى يوسف وماوه عند محمد والخراج
نوعان خراج مقاسمة فيتعلق بالخارج كالعشر وخراج
وظيفة ولا يزاد على ما وضعه عمر رضى الله عنه على السواد
لكل جـــريـــب

SECTION DE LA DÎME ET DU KHARADJ.

La terre des Arabes est décimale. Elle comprend ce qui est
entre El-Odheïb et l'extrémité de Hadjer du Yemen à Mêhra
jusqu'aux confins de la Syrie. Il en est de même de Bassra (c'est-
à-dire que la terre y est de dîme) et de tout pays dont le
peuple s'est converti à l'islam, ou qui a été conquis par les
armes et partagé comme butin aux vainqueurs. Et la terre

du Souad est tributaire (*kharadji*) ; elle comprend ce qui est entre El-Odheïb jusqu'à la montée d'Hallouane et va de Tsaalabieth ou Alth jusqu'à Abbadann, et il en est ainsi de tout ce qui a été conquis de vive force, et dont les habitants ont été laissés en possession ou ont capitulé, excepté la Mecque. Et la terre du Souad est la propriété des habitants qui peuvent en disposer par vente on autrement. Quant aux terres vaines mises en culture, elles sont classées comme celles auxquelles elles sont contiguës selon Abou-Youssef, et en raison des eaux qui servent à les arroser, au dire de Mohammed. Et le kharadj est de deux espèces : *kharadj mokassimé*, qui est établi proportionnellement à l'abondance de la récolte, comme la dîme, et *kharadj wadhifé*, qui reste fixé à la quotité imposée sur le Souad par Omar, à raison de, etc. etc.... (C'est le tarif indiqué dans la Hédaya.)

JIZYAT جزية. — CAPITATION.

« La capitation est le résultat d'une convention « qui en fixe le produit, ou bien elle est imposée aux « infidèles par l'imam qui les a vaincus, à raison de « 48 dirhems par an sur les individus riches [1], de 24 « dirhems sur les gens d'aisance moyenne [2], et sur les « plus pauvres de 12 dirhems [3]. Comme cette taxe « est une espèce de rachat de la vie, elle ne doit pas « être prélevée sur les individus qu'en temps de

[1] Qui possèdent dix mille dragmes et plus.
[2] Qui sont riches de plus de deux cents dragmes et de moins de dix mille.
[3] Qui, sans avoir deux cents dragmes, ne sont pas tout à fait dépourvus.

J'ai trouvé cette fixation dans le manuscrit n° 263 de la Bibliothèque royale intitulé *Dourrer el-Ahkaem*. L'auteur est Khosrou el-Roumi.

6.

guerre il est défendu de tuer, comme les femmes,
« les enfants, les vieillards et les infirmes. Elle peut
« et doit être imposée aux Kitaeby et aux Medjeous-
« sy, mais jamais aux apostats ni aux idolâtres d'Ara-
« bie. On ne l'impose ni aux pauvres incapables de
« travail, ni aux moines, ni aux hermites, ni aux
« esclaves.

« La capitation étant une sorte de punition in-
« fligée à l'infidèle, à cause de son obstination à
« rester dans l'aveuglement, il suit de là qu'elle ne
« doit point être acceptée par envoi, mais *qu'elle doit*
« *être prélevée d'une manière humiliante et mortifiante*
« *par le collecteur qui reste assis pendant que le tribu-*
« *taire la paye debout.* Selon une autre tradition, le
« collecteur *doit prendre le dimmy au collet, et le se-*
« *couer,* en lui disant : « Paye ta dette, demmy. »

« On ne doit point permettre de construire des sy-
« nagogues ou des églises sur le territoire musulman ;
« mais on laisse réparer les lieux anciennement con-
« sacrés au culte, et ils peuvent même en construire
« de nouveaux dans les villages et les lieux écartés.

« L'imam doit empêcher les dimmys de porter les
« mêmes vêtements que les musulmans, de monter
« à cheval, de se servir d'armes ou de selles. Leurs
« femmes doivent être séparées des musulmanes
« dans les chemins publics, ainsi que dans les bains.
« Leurs maisons doivent être distinguées par certains
« signes, afin que les mendiants qui viennent aux
« portes ne soient pas exposés à prier pour eux. Les
« docteurs disent que toute espèce de monture doit

« être interdite aux dimmys, excepté dans certains
« cas d'urgence; mais, alors, le dimmy doit mettre
« pied à terre partout où il rencontre une réunion
« de musulmans; et *il ne doit se servir, en guise de*
« *selle, que de paniers ou bâts pour les ânes.* On doit dé-
« fendre aux dimmys des classes supérieures de
« porter de riches vêtements.

« Si un dimmy se refuse à payer la taxe, commet
« un meurtre ou un blasphème, ou un acte d'im-
« pureté avec une femme musulmane, son contrat
« de soumission n'est pas pour cela annulé; il ne
« l'est réellement que *quand il s'enfuit en terre d'infi-*
« *dèles*, ou quand il attaque des musulmans, et, dans
« ce cas, il tombe dans la condition d'apostat.

DES APOSTATS, باب المرتد.

« On leur explique la religion musulmane, afin
« de dissiper leurs erreurs. Si, au bout de trois
« jours, l'apostat n'est pas venu à résipiscence, il est
« mis à mort. Pendant l'apostasie, ses droits sur ce
« qui est sa propriété ne sont que suspendus et non
« détruits. Ils lui reviennent après sa conversion à
« l'islamisme.

« S'il meurt ou est tué pendant l'apostasie, les
« biens qu'il a acquis pendant qu'il était musulman
« vont à ses héritiers musulmans, mais ceux qu'il a
« acquis en état d'apostasie deviennent propriété com-
« mune des musulmans, et vont au trésor public.

« La femme musulmane de l'apostat qui meurt

« devient son héritière, s'il périt ou est tué pendant
« son *iddet*[1].

« Une femme qui apostasie est renfermée, mais
« on ne la met pas à mort, et ses biens vont à ses
« héritiers. »

Pour compléter notre étude sur le droit de la
guerre, il nous reste à emprunter, au chapitre intitulé Bab el-Djihaed du manuscrit de Sidi Krelil,
un ou deux passages, qui sont, pour nos recherches, du plus haut intérêt.

ووقفت الارض كمصر والشام والعراق[2]

Et la terre est faite wakf, comme l'Égypte, la Syrie et
l'Irak.

Dans un livre intitulé : تبصرة النحمى, *Éclaircissements ou commentaires de Nahmy*, par un sectateur
de Malek, j'ai recueilli le passage suivant (page 172,
manuscrit n° 2404) :

وان تركتها (الارض) لاهل العنوة الذين فتحت عليهم
على وجه العون ليس على وجه الملك لم يبيعوها وان مات لم
يورث عنه وان اسلم لم يكن له وما خلا اهله عنه
كالعنوة فان رأى الامام قسمتها قسمها وان رأى ان
يوقفها وقفها

---

[1] *Iddet* (عدّة) est la période pendant laquelle, après la séparation ou la mort de son mari, une femme doit se mettre en retraite,
et avant l'expiration de laquelle elle ne peut contracter un nouveau
mariage.

[2] Manuscr. n° 539 Bibl. royale, p. 36 r.

Et quand la terre est laissée à la population vaincue, sur laquelle elle a été conquise, c'est à titre de *moyen de subsistance* et non de *propriété*; ils ne peuvent la vendre; elle n'entre point dans la succession de ceux qui meurent, et ne reste point à ceux qui se convertissent à la foi musulmane, et tout ce qu'ils en laissent est considéré comme butin; et, si l'imam veut, il peut le partager (aux vainqueurs); et, s'il veut le faire wakf, il le peut aussi.

Et un peu plus loin, même page :

وقال ملك فى ارض مصر وديارها لا تباع يريد لانهـا وقفة على وجه للحبس فلا تباع رقابهم وقال ابن القاسم فى المنتخبت قال ملك اذا اسلم اهل العنوة اخذ منهم دنانيرهم ودرهمهم وعبيدهم وكل ما لهم

.......Et Malek a dit, à propos du territoire et des édifices de l'Égypte, qu'ils ne peuvent être l'objet de ventes; entendant, par ces mots, que l'Égypte a été immobilisée à titre de fondation pieuse, et que le fonds ne peut être vendu. Et Ibn el-Kassem a dit, dans les Motskhabat : Malek a prescrit, relativement à ceux des vaincus qui se font musulmans, de leur prendre leurs dinars, leurs dragmes, leurs objets de prix et tout ce qu'ils possèdent.

On trouve aussi, dans le commentaire d'Ab el-Baquï sur Sidi Krelil, à la page 59 du chapitre de la guerre, la proposition suivante :

والعنوى حرّ واذ مات او اسلم فالارض فقط للمسلمين

L'habitant du pays conquis est de condition libre (*ingenuus*), et quand il meurt ou se convertit à l'islam, la terre appartient seule aux musulmans.

Nous pouvons maintenant passer à l'étude du chapitre des défrichements par culture ou bâtisse, que la loi musulmane indique sous le titre de: احياء الموات, *Révivification des terres mortes*.

CHAPITRE V. — DES TERRES VAINES ET VAGUES. — *ADYET* عادية OU *IHHY EL-MÉVAT* [1] احياء الموات.

« Les terres vaines et vagues sont celles qui ne « produisent rien, et qui ne sont la propriété de per- « sonne.

« Tout individu, musulman ou non, qui défriche « une terre vacante en acquiert la propriété et peut « en disposer librement.

« Excepté celles qui sont contiguës aux terres « cultivées, et dont on se sert pour y déposer les « moissons et les fourrages.

« Mais celui qui se bornerait à clore de pierres ou « de broussailles une terre vacante, et la laisserait « *trois ans* inculte, n'en aurait pas acquis la pro- « priété [2]. (Un autre individu peut alors exploiter le « sol pour son propre compte.)

« Celui qui, dans un terrain vacant, fait creuser « un puits ou un bassin en devient le propriétaire, « ainsi que du sol d'alentour jusqu'à quarante pieds

---

[1] D'Ohsson, tom. VI, p. 122.

[2] Il y a dans le texte de la *Moulteka*: «On la lui prend pour la donner à un autre: ومن حجر ارضًا ثلث سنين ولم يعمرها اخذت منه ودفعت الى غيره

« de distance; mais, s'il y a découvert une source
« d'eau vive, le rayon pourra s'étendre jusqu'à cinq
« cents pieds. Enfin, quiconque plante un arbre
« dans un sol vacant devient propriétaire de cet
« arbre, ainsi que du terrain qui l'entoure à cinq
« pieds de distance.

« *Hédaya*, vol.... p. 128. — Of the cultivation of
« waste lands. (En note, en arabe : *Ahya el-mawat*,
« litterally, *the revival of the dead*.)

« *Mawat* (waste lands) signifie toute pièce de
« terre improductive, soit par défaut d'eau, soit par
« inondation ou toute autre cause qui en empêche la
« culture; elle est dénommée *mawat* ou morte parce
« que, comme ce qui est frappé de mort, elle n'est
« d'aucun usage.

« Toute pièce de terre qui depuis longtemps est
« restée inculte sans appartenir à personne, ou qui
« a été auparavant propriété d'un musulman qui
« actuellement est inconnu, et qui, en même temps,
« est assez éloignée d'un village pour que, de là, la
« voix humaine ne puisse s'y faire entendre, est
« nommée *mawat*.

« Quiconque cultive une terre vague avec la per-
« mission de l'imam, en obtient la propriété. Abou
« Haneïfa fait de la permission du souverain une
« condition *sine qua non*, tandis que ses disciples
« pensent que, même sans cette autorisation, la
« propriété est acquise de plein droit à celui qui
« cultive.

« Un terrain mort mis en culture ne doit que la

« dîme, à moins qu'il ne soit arrosé au moyen d'une
« eau tributaire [1].

« Quand, après avoir défriché un semblable ter-
« rain, le cultivateur le délaisse, et qu'un autre
« survient qui le cultive, selon l'opinion de quelques
« légistes, c'est le survenant qui a le plus de titres à
« la propriété. Mais il est reconnu généralement
« aussi qu'à son retour celui qui a abandonné le
« terrain a droit de le reprendre, puisque c'est lui
« qui l'a ramené à la vie.

« Si un individu cultive une terre vague, et que
« quatre autre personnes viennent à mettre en cul-
« ture le terrain adjacent, de manière à fermer toute
« issue au territoire du premier, c'est sur le sol du
« dernier venu qu'on pratique les issues.

« Si un dimmy met en culture une terre vague,
« il en devient le propriétaire, tout comme le mu-
« sulman.

« Si un homme délimite une pièce de terre, et y
« ayant fait des marques avec des pierres ou autre-
« ment, la laisse dans l'abandon en cet état pen-
« dant *trois ans*, sans la cultiver, *l'imam peut, dans ce*
« *cas, la lui reprendre et l'assigner à un autre*; car ce
« terrain avait été donné dans le but de le rendre
« productif, en sorte qu'il en résultât un bénéfice
« pour la *communauté musulmane*, par la collection
« des dîmes ou du tribut; et, comme le motif de la
« concession a été méconnu, il convient que l'imam

[1] Comme, par exemple, celle de canaux creusés par l'autorité
publique, ou de fleuves navigables.

« délivre le terrain à un autre, afin que les vues dans
«lesquelles se fait la concession soient réalisées.

« On ne doit pas permettre de cultiver une pièce
« de terre vague immédiatement contiguë à des ter-
«rains productifs, vu qu'il faut laisser un espace
«suffisant pour l'usage des troupeaux ou le dépôt
«des récoltes des autres propriétaires. De plus, les
« docteurs ont déclaré que l'*imam n'avait pas le droit*
« de laisser à un individu la disposition exclusive
« d'un objet nécessaire pour l'usage de la commu-
«nauté musulmane, tel qu'une saline, un puits
« banal, etc.

« Quiconque creuse un puits dans un terrain
« vague a droit à une certaine étendue du terrain
« environnant; si c'est un puits pour l'usage des
« chameaux, elle comporte un espace de quarante
« drâs [1]; si c'est un puits fait dans le but d'en em-
« porter l'eau au moyen d'une bête de somme, il
« donne droit à soixante drâs; si c'est une source,
« elle comporte un espace de cinq cents drâs. Il
« n'est permis à personne de venir creuser, pour son
« compte, dans ce rayon. L'espace alloué à celui qui
« plante un arbre à fruits est de cinq drâs. »

J'ai recueilli, pendant mon séjour en Afrique,
parmi mes notes, le chapitre suivant d'un manuscrit fort en usage à Alger, et qui résume, sur toutes
les matières, les décisions des quatre imams fondateurs des rites orthodoxes. Ce livre est intitulé :

---

[1] *Drâ* est l'aune encore en usage en Afrique, et répond au nom
de *guz*, qui, dans l'Inde, indique la même mesure de longueur.

Mizâen scharaniya el-Koubra (Balance de la haute législation); et le chapitre a pour titre : *Ketaeb ehya el-mouêt* (Livre de la révivification des terres mortes).

« Les imams s'accordent tous à cet égard, qu'il « est licite au musulman de ramener à la vie la terre « morte, et même la terre morte d'islam; mais, « quant aux autres questions sur lesquelles ils sont « en divergence, ce sont les suivantes.

« Les trois imams [1] prétendent que le dimmy n'a « pas le droit de révivifier la terre morte d'islam, « tandis que Abou Haneïfa soutient que cela lui est « permis. Le premier avis a prévalu; sur le second il « y a partage; c'est la doctrine adoptée qui fait loi.

« La première considération à ce sujet est que la « concession accordée au dimmy du droit de révivi-« fier la terre morte d'islam a, pour conséquence, « de le faire sortir de l'état d'abjection, et la seconde « se fonde sur ce qu'il n'y a pas de différence entre « le fait par suite duquel il serait autorisé à cet acte « et celui d'établir une maison au milieu des lieux « fréquentés à titre d'égalité.

« Abou Haneïfa ne reconnaît valide l'acte de révi-« vification qu'autant que l'imam l'a permise, tandis « que Malek prétend qu'il n'est pas besoin de cette « permission pour défricher dans un lieu éloigné et « inhabité et que personne ne revendique, et qu'elle « n'est rigoureusement nécessaire qu'au voisinage « des lieux cultivés et habités, et relativement aux

[1] Malek, Schefaeï, Hannbal. La plupart des écrivains musulmans n'indiquent ce dernier que par son prénom d'Achmed.

« endroits sujets à revendication. Scheffaeï et Ach-
« med (voir la note ci-dessus) jugent la permission
« du souverain inutile dans tous les cas.

« De ces trois opinions, la première a prévalu
« chez tous ceux qui professent le respect dû au
« souverain, la seconde a peu de poids, et la troi-
« sième a des partisans, parce qu'elle se fonde sur
« cette parole positive du Prophète (le salut et la
« prière sur lui!) : « Quiconque révivifie une terre
« morte, elle est à lui, » et sur ce que cette sentence
« s'applique au musulman et au dimmy, à celui qui
« est autorisé par l'imam, comme à celui qui n'a pas
« cette autorisation.

« Selon Malek, dans le cas où l'eau du ruisseau
« ou du puits appartenant à un individu y serait en
« quantité plus que suffisante pour ses besoins, et
« ceux de ses troupeaux et de ses semailles (le puits
« et le ruisseau étant situés en lieu ouvert); le posses-
« seur, après avoir usé du droit d'y puiser avant qui
« que ce soit, est tenu de céder ce qui lui est su-
« perflu; et si cette eau se trouve dans un lieu
« fermé, il faut encore qu'il permette au voisin d'en
« user jusqu'au moment où celui-ci aura pu établir
« un puits ou découvrir une source pour son usage ;
« mais, une fois ce moment arrivé, il n'est plus tenu
« à aucune obligation de ce genre, etc. etc. »

Dans le livre de sidi Krelil (man. 539, pag. 91 v.
au chapitre موات الارض), on lit :

موات الارض ما سلم عن الاختصاص بعمارة ولو

اندرست الا لاحياء و بحريمها كـحتنطب و مرعّى يلحق
غدوًّا و رواحا لبلد و ما لا يضيق على وارد ولا يضر بماء
لبير و ما فيه مصلحة كنخلة و مطرح تراب و مصب ميزاب
لدار ولا تختص محفوفةً باملاك ولكل الانتفاع ما لم يضر
و باقطاع ولا يقطع معمور العنوة ملكًا

Les terres mortes sont celles qui ont échappé à l'appropriation par culture ou bâtisse (et quand même la destruction aurait eu lieu elles appartiennent à celui qui en a opéré
la révivification); l'appropriation peut avoir lieu par mise en
enceinte réservée, comme cela a lieu pour les endroits destinés à faire du bois et à faire paître les troupeaux et qui
sont assez rapprochés de la ville pour que les bucherons et
les pasteurs puissent y aller et en revenir le même jour; (et
sont compris dans cette classe de terres mortes) ce qui ne
constitue pas les bords d'un conduit, ce qui ne sert pas de
réceptacle aux eaux d'un puits, enfin tout ce qui n'a pas par
soi-même d'utilité ou de rapport, comme par exemple un palmier, un relèvement de terre, ou le terrain qui recouvre le
trajet d'un conduit qui amène l'eau à une maison; et les
alentours ou dépendances d'une enceinte réservée ne sont
point susceptibles d'appropriation, et chacun des propriétaires
voisins en a la jouissance en tant qu'elle n'apporte point de
gêne à celle des autres.

Et l'appropriation a lieu par concession (iktaa) de l'imam,
et il ne peut concéder à titre de propriété le territoire cultivé ou celui sur lequel on a bâti, dans les pays qui ont été
conquis par la force des armes.

Je ne crois pas inutile de rapporter le passage
du commentaire de sidi Krelil par Abd el-Baqui,
destiné à l'explication de cette phrase si courte :

و باقطاع ولا يقطع معمور العنوة ملكًا.

بافطاع ¹ والاختصاص باقطاع الامام لارض موات وارض

تركها اهلها لكونها فضلت عن حاجتهم ولا بناء بها ولا

غرس وهذا لا يناقؤ وقف ارض العنوة بجرد الاستيلاء

عليها كما مر ويأتي ان المراد ارض الزرعة ودور اهـــل

العنوة .... ولا يقطع الامام لاحد معمور ارض العنوة

كمكة والشام والعراق ومصر كما مر فى الجهاد الصالحة لزراعة

حب ولا عقارها ملكًا اى لا يجوز له ذالك لانها وقف

بجرد الاستيلاء بل امتناعًا واما معمور غير العنوة

فيقطعه ملكًا وامتناعا كمكجون العنوة غير عقارهم وغير

الصالح لـــزراعـــة حـــــب

Par concession, c'est-à-dire : l'appropriation a lieu par concession de l'imam relativement aux terres mortes (vagues), et à celles que leurs maîtres ont abandonnées parce qu'elles leur étaient superflues, et sur lesquelles ne se trouvent ni bâtisses ni plantations; d'ailleurs, cette proposition n'emporte pas la négation du fait de la mise en wakf du territoire conquis comme conséquence naturelle de la conquête, ainsi que cela a été et sera dit, parce que le précepte (de la mise en wakf) s'applique (dans la pensée du législateur) à la terre de grande culture et aux maisons du peuple conquis.

Et il ne concède (sous-entendu les mots *imam* et *à personne*) la terre *chargée de cultures ou de bâtisses* du pays conquis, ainsi que cela a eu lieu pour la Mecque, la Syrie, l'Irak et l'Égypte, comme cela est indiqué au chapitre de la guerre ; il ne concède, disons-nous, ni la terre propre aux semailles, ni les immeubles *à titre de propriété,* c'est-à-dire qu'il n'a pas

¹ Les mots soulignés sont ceux du texte.

le droit de les concéder à titre de propriété, parce que ces deux choses sont *wakf* par le fait de la conquête, mais seulement *à titre de possession* (d'usufruit), tandis qu'il peut concéder les biens d'un pays non acquis par la force des armes, à titre de propriété comme à titre d'usufruit, ainsi que cela a lieu pour les terrains ruinés des pays obtenus par la conquête.

Dans le passage que nous avons emprunté au chapitre de la révivification des terres mortes de Sidi Krelil, on aura remarqué le mot *iktaa* qui est employé par lui dans le sens de concession; comme M. de Sacy a toujours traduit ce mot par apanage, et que d'ailleurs quelques détails sur les différents modes de la concession nous seront tôt ou tard indispensables, je vais reproduire immédiatement, des ouvrages d'Ibn Djemaat et de Mawerdi, auteurs plus modernes et fort révérés de la secte d'Abou Haneïfa, quelques extraits que j'ai tirés du dernier livre de M. de Hammer, qui y fait remarquer avec raison qu'*iktaa* signifie rescision, et que ce mot s'applique à toute distraction faite par le gouvernement sur ce qui lui appartient directement ou indirectement, en faveur d'un individu, soit moyennant une compensation pécuniaire, soit en reconnaissance d'un service.

Selon Mawerdi, *iktaa el-soultân*, les assignations ou rescisions royales peuvent se faire sur tout ce qui appartient à l'état et dont l'état peut disposer; ces concessions peuvent avoir pour objet la propriété possessoire (*temlik* كيلمّت), ou seulement l'usufruit (*istighlael* للاغتسا).

Suivant Ibn Djemaat, l'*iktaa* est ce que le sultan délègue du bien de l'état, et cette délégation est de propriété possessoire, d'usufruit et d'usage (*temlik, istighlael* et *istirfak* استرفاق).

L'*iktaa* de propriété possessoire est triple, il s'applique :

1° Aux terrains morts, c'est-à-dire à ceux que personne ne cultive et ne détient et que le sultan peut accorder à celui qui les ramène à la vie, se conformant à la parole du prophète : «La terre «appartient à qui la fait revivre. »

2° Aux terrains morts sur lesquels on retrouve des traces d'habitation et de culture antérieures à l'Islam et qui, après avoir été en bon état de rapport, se sont ruinés. Ils appartiennent aussi au trésor public et l'imam peut les concéder.

3° Aux terres en bon état d'entretien des pays ennemis que le sultan peut concéder à celui qui en est possesseur au moment de la conquête [1].

---

[1] J'avais déjà, en reproduisant cette interprétation de M. de Hammer, quelques doutes sur le sens de cette phrase; aujourd'hui que j'ai pu examiner le texte, je trouve qu'elle ne rend pas la pensée de l'auteur, et je crois que ce passage :

فاراد الامام ان يقطعها ليملكها المقطع عند الظفر بها جاز

doit être traduit ainsi :

Et si l'imam veut en faire d'avance un *iktaa* pour que celui à qui il l'accorde en prenne possession lorsque la conquête aura eu lieu, il le peut.

Le chapitre concernant les *iktaa*, de Mawerdi, dont cette phrase est tirée, est trop développé pour que je puisse l'intercaler ici; je le reproduirai tout entier dans la deuxième partie de mon travail quand je traiterai de l'Égypte.

« *Il n'est pas permis de concéder à titre de propriété*
« *possessoire* (temlik) *des terres qui payent le kharadj :*
« car elles sont *comme* une fondation perpétuelle
« (*wakf*) pour le bien des affaires musulmanes. Mais
« le sultan peut disposer de l'usufruit selon le mode
« le plus avantageux au trésor, et il impose le kha-
« radj à celui qui les cultive. »

La deuxième classe des *iktaa* est la concession à
titre d'usufruit (*istighlael*), comme cela existe actuellement *en Syrie et en Égypte.*

Elle est de deux sortes : ou le sultan abandonne
l'usufruit à qui il veut pour service, ou il assigne
une part du tribut foncier (*kharadj*) pour l'entretien des troupes, selon les besoins et le mérite
de ceux qui couvrent l'Islam de leur corps.

Quand le souverain n'accorde cette assignation
que pour un temps déterminé, la chose qui fait
l'objet de cette concession reste à celui qui l'a obtenue jusqu'à l'expiration du terme fixé ; mais s'il
meurt avant cette époque, la concession (*iktaa*) est
résolue par son décès et la chose concédée rentre au
trésor public ; les héritiers ne jouissent que de ce
qui est acquis au moment de la mort ; mais, s'il n'y
a aucun reliquat de cette espèce, on accorde néanmoins le nécessaire à la famille à titre de don, et
dans le but d'encourager l'armée. *Il n'est pas permis*
de concéder *une portion du territoire musulman à per-*
pétuité à un homme et à ses enfants ; la concession ne
peut être que viagère.

Il est défendu de concéder, ou de disposer par assignation, des dîmes légales (*zekouet*).

La troisième classe des *iktaa* est la concession à titre d'usage. Elle a pour objet : 1° les mines cachées (d'or ou d'argent) qu'on peut laisser exploiter par celui qui les découvre ; 2° les mines apparentes, dont on peut jouir sans travail, telles que, sources de bitume, salines, etc. 3° les chemins, moulins, places de marché. Le sultan peut mettre en réserve (*hima*) une certaine partie de terres incultes (mortes) pour qu'elles servent de paturages aux chevaux des guerriers de la foi, ou aux troupeaux provenant des *zekouet*.

Pendant que cette première partie de mes recherches était sous presse, j'ai été assez heureux pour obtenir de l'obligeance d'un savant orientaliste la communication d'un extrait des Commandements royaux de Mawerdi, ouvrage que j'avais en vain cherché à la Bibliothèque royale.

Je crois d'autant plus utile d'en reproduire ici les paragraphes relatifs à l'imposition du *kharadj* ou tribut, et aux dispositions légales que le vainqueur musulman prend à l'égard des pays qu'il a conquis, que, d'une part, les extraits fournis par M. de Hammer, dont je m'étais servi, sont incomplets et ne rendent pas toujours la pensée de l'auteur, et que, de l'autre, je ne puis résister au désir de mettre le lecteur à même d'apprécier la frappante conformité qui existe entre les principes établis par Mawerdi, et ceux que j'avais réussi à

extraire des textes législatifs, longtemps avant d'a-
voir pris connaissance de ce livre si précieux, que
Makrizi et Ibn-Khaldoun citent toutes les fois qu'il
s'agit de questions administratives et politiques.

من كتاب الاحكام السلطانية
للشيخ الامام العالم الفضل المحقق
ابي الحسان الماوردي

من الباب الثاني عشر في قسم الفئ والغنيمة

فصل ، واما الارضون اذا استولى عليها المسلمون
فتنقسم ثلاثة اقسام احدها ما ملكت عنوة وقهرًا
حتى فارقوها بقتل او اسر او جلاء فقد اختلف الفقهاء
في حكمها بعد استيلاء المسلمين عليها فذهب الشافعي
الى انها تكون غنيمة كالاموال. تنقسم بين الغانمين الا ان
يطيبوا نفسًا بتركها فتتوقف على مصالح المسلمين وقال
مالك تصير وقفا على المسلمين حين غنمت ولا يجوز
قسمتها بين الغانمين وقال ابو حنيفة الامام فيها بالخيار
ان شاء قسمها بين الغانمين وتكون ارضا عشرية او
يعيدها الى ايدى المشركين بخراج يضربه عليها فتكون

ارض خراج ويصير المشركون بها اهل ذمة او يقفها على
كافة المسلمين وتصير هـذه الارض دار اسلام سوى
سكنها المسلمون او اعيد اليها المشركون لملك المسلمين
لها ولا يجوز ان يستنزل عنها المشركون لئلا تصير دار
حرب الثانى منها ما ملك عنهم عفوا لانجلائهم عنها
خوفا فتصير بالاستيلاء عليها وقفا وقبل بل لا تصير وقفا
حتى يقفها الامام لفظا ويضرب عليها خراجا يكون
اجرة لرقابها يوخذ ممن عومل عليها من مسلم او
معاهد ويجمع فيها بين خراجها واعشار زروعها وثمارها
الا ان تكون ثمار نخل كانت فيها وقت الاستيلاء عليها
فتكون تلك النخل وقفا معها لا يجب من ثمرها عشر
ويكون الامام فيها مخيرا بين وضع الخراج عليها او
المساقاة على ثمرتها فيكون ما استتونف غرسه من النخل
معشورا وارضه خراجـا وقال ابو حنيفة لا يجتمع العشر
والخراج ويسقط العشر بالخراج وتصير هـذه الارض دار
اسلام ولا يجوز بيع هـذه الارض ولا رهنها ويجوز بـيـع
ما استحدث فيها من نخل او شجر والقسم الثالث ان
يستولى عليها صلحا على ان تتقرّ فى ايديهم بخراج يودونه
عنها وهـذا على ضربين احدهما ان يصالحهم على ان
ملك الارض لنا فتصير بهذا الصلح وقفا من دار الاسلام

ولا يجوز ببيعها ولا رهنها ويكون للخراج اجرة لا يسقط
عنهم بالاسلام ويوخذ خراجها اذا انتقلت الى غيرهم
من المسلمين وقد صاروا بهذا الصلح اهل عهد فان
بذلوا الجزية عن رقابهم جاز اقرارهم فيها على التابيد
وان منعوا الجزية لم يجبروا عليها ولا يقروا فيها الا
المدة لله يقرّ فيها اهل العهد وذلك اربعة اشهر ولا
يجاوزون السنة وفى اقرارهم فيها ما بين الاربعة اشهر والسنة
وجهان والضرب الثانى ان يصالحوا على ان ملك الارض
لهم ويضرب عليها خراجا يودونه عنها فهذا الخراج فى
حكم الجزية متى اسلموا سقط عنهم ولا تصير ارضهم
دار اسلام ويكون دار عهد ولهم ببيعها ورهنها واذا
انتقلت الى مسلم لم يود خراجها ويقرّون فيها ما اقاموا
على الصلح ولا توخذ جزية رقابهم لانهم فى غير دار
الاسلام وقال ابو حنيفة قد صارت دارهم بالصلح دار
الاسلام وصاروا بها اهل ذمة توخذ جزية رقابهم فان
نقضوا الصلح بعد استقراره معهم فقد اختلف فيهم
فذهب الشافعى ـ الى انه ان ملكت عليهم ارضهم فهى
على حكمها وان لم تملك صارت الدار حربا وقال ابو
حنيفة ان كان فى دارهم مسلم او كان بينهم وبين دار
الحرب بلد للمسلمين فهى دار اسلام يجرى على اهلها حكم

البغاة وان لم يكن فيها مسلم ولا بينهم وبين دار الحرب
بلد للمسلمين فهى دار حرب وقال ابو يوسف ومحمد قد
صارت دار حرب فى الاحوال كلها

LIVRE DES COMMANDEMENTS ROYAUX,

DU SCHEIKH EBOU'L-HASSAN EL-MAWERDI.

LIVRE XII.

DU PARTAGE DU FEÏ ET DU BUTIN.

SECTION. — En ce qui concerne les terres, celles qui tombent au pouvoir des musulmans se divisent en trois catégories. *La première* se compose des territoires conquis par la violence et la force des armes, et qui sont devenus vacants par la mort, la captivité ou la fuite des habitants. Les jurisconsultes ne sont pas d'accord sur le régime qui est imposé à ces territoires par suite de l'acquisition qu'en font les musulmans. Schaeffeï veut qu'on les considère comme faisant partie du butin au même titre que les biens mobiliers, dont on doit faire le partage aux conquérants, à moins qu'ils ne consentent à s'en priver volontairement, auquel cas cette terre est faite *wakf*, dans l'intérêt de la communauté musulmane. Malek dit que, du moment où cette terre est conquise, elle devient *wakf* en faveur des musulmans, et qu'il n'est pas permis de la partager entre les conquérants. Quant à Abou Haneïfa, il est d'avis que l'imam a le choix entre les trois partis suivants; ou il peut la partager entre les vainqueurs, et alors elle devient terre de dîme, ou il peut la remettre aux mains des infidèles, en la frappant de tribut (*kharadj*): elle devient alors terre de *kharadj*, et les infidèles qui s'y trouvent deviennent dimmys; ou il la fait *wakf*, au profit de la communauté des musulmans : elle fait alors partie intégrante du territoire musulman, soit qu'elle serve d'habitation aux musulmans, soit qu'on y ait replacé les infidèles, par le seul fait qu'elle est propriété musulmane; et il n'est pas permis aux musulmans [1] de l'évacuer entièrement, ce qui la ferait devenir pays ennemi.

La deuxième catégorie se compose des territoires acquis sans coup férir, vu que la crainte les a fait abandonner par leurs habitants; par le fait même de l'occupation ils deviennent *wakf.* D'autres disent qu'ils ne le deviennent qu'après que l'imam les a constitués *wakf* par une déclaration verbale, et les a frappés d'un *kharadj,* qui est le cens ou loyer du fonds, et que doivent payer ceux qui en disposent, qu'ils soient musulmans ou alliés. Cette terre supporte réunis le *kharadj* et les dîmes des semailles et des fruits, à moins qu'il ne s'y soit trouvé des arbres à fruits existants au moment de la prise de possession par les musulmans; ces arbres alors sont faits *wakf* avec la terre, les fruits n'en sont pas sujets à la dîme, et, à cet égard, l'imam a le choix de les grever de *kharadj,* ou d'imposer le *messâkat* sur les fruits [2]. Les palmiers qui seraient plantés ultérieurement sont de dîme, et la terre qui les porte est de *kharadj.* Abou Haneïfa est d'avis que la dîme et le *kharadj* ne peuvent exister ensemble; que le second de ces impôts entraîne la supression du premier, et que de tels territoires font partie du domaine d'Islam; qu'on ne peut ni les vendre ni les hypothéquer, tandis que les arbres et les palmiers qu'on y a nouvellement plantés peuvent être vendus.

La troisième catégorie est celle des terres soumises par une capitulation et où doivent être laissés les habitants, moyennant un *kharadj* qu'ils en payent. Cette capitulation

---

[1] Le sens semble exiger qu'on lise ici المسلمون, au lieu de المشركون.

[2] Le contrat de *messakât* (مساقات) est une convention par laquelle on abandonne à un individu le soin d'une culture ou d'une plantation, moyennant partage du produit.

est de deux espèces. Aux termes de la première, il est stipulé que la propriété de la terre est *nôtre* et, par le fait de cette convention, cette terre devient *wakf* et partie intégrante du domaine musulman. Elle n'est susceptible ni de vente ni d'hypothèque, et le *kharadj* est un loyer que ne fait pas cesser leur conversion (des habitants) à l'islamisme, et qui doit continuer à être prélevé, même quand elle passe à des musulmans. En vertu de cette capitulation, les habitants sont considérés comme alliés, et, s'ils payent la *djezia* de leur tête, on peut les y laisser en permanence à perpétuité ; si, au contraire, ils ne veulent pas payer la capitation, on ne les y force pas, mais on ne les laisse séjourner dans le pays que pendant le laps de temps fixé pour les individus de nations alliées, c'est-à-dire quatre mois, et, quant à les laisser plus de quatre mois et moins d'un an, il y a deux manières de voir.

La capitulation de la deuxième espèce a pour résultat de leur maintenir la propriété de leur terre, pour laquelle ils doivent alors le *kharadj ;* mais ce *kharadj* subit les règles et prend le caractère de la capitation ; ils cessent de le payer du moment où ils embrassent l'islamisme, *et leur terre ne fait pas partie du domaine musulman ;* elle est considérée comme pays d'alliance ; ils peuvent en disposer par vente ou hypothèque. Quand elle passe à un musulman, il n'est point tenu d'en acquitter le *kharadj.*

On les y laisse établis, tant qu'ils observent les conditions du traité, et on ne les astreint pas à la capitation, en raison de ce qu'ils ne font pas partie des états musulmans. Abou Haneïfa prétend que, en vertu de la capitulation, leur territoire est compris dans le domaine musulman, et qu'ils sont dimmys et doivent, en conséquence, payer la *djezia.* Pour le cas où ils enfreindraient le traité, après l'avoir conclu, les opinions diffèrent. Schaeffaeï conclut à ce que, si la propriété de ce territoire nous est réservée, il y a lieu d'appliquer les principes établis pour ce cas, tandis que, s'il n'en est pas ainsi, il y a lieu à faire la guerre. Abou Haneïfa dit que, s'il y a parmi eux un musulman, ou que si, entre eux et le théâtre de la guerre, il se trouve une ville appartenant aux musulmans, on doit considérer le pays comme faisant partie du domaine musulman, et appliquer aux habitants les lois concernant la rébellion. Dans le cas où, au milieu d'eux, il n'y aurait pas de musulman, ni, entre eux et le pays ennemi, de ville musulmane, il opine pour qu'on traite le territoire comme ennemi; mais Mohammed et Abou Yousouf prétendent que, en tous cas, il doit être considéré comme ennemi.

من كتاب الاحكام السلطانية

الباب الثالث عشر فى وضع الجزية والخراج

فصل الخراج

واما الخراج فهو ما وضع على رقاب الارض من حقوق تودى عنها وفيه من نص الكتاب تنبيه خالف نص الجزية فلذلك كان موقوفًا على اجتهاد الائمة قال الله تعالى امر تسالهم خراجا فخراج ربك خير وفى قوله تعالى تسالهم خراجا وجهان احدهما اجـرا والثانى نفعا وفى قوله تعالى فخراج ربك خير وجهان احدهما فرزق ربك فى الدنيا خير منه وهذا قول الكلبى والثانى فاجر ربك فى الاخرة خيرًا منه وهذا قول الحسن قال ابو عمرو بن العلاء الفرق بين الخراج والخرج ان الخرج من الرقاب والخراج من

الارضين والخراج فى لغة العرب اسم للكرا والغلة منه قول
النبى صلعم الخراج بالضمان وارض الخراج تتميز عن ارض
العشر فى الملك والحكم والارضون كلها تنقسم اربعة
اقسام احدها ما استانف المسلمون احياؤه فهو ارض
عشر لا يجوز ان يوضع عليها خراج والكلام فيها يذكر
فى احياء الموات من كـتـابـنـا والقسم الثانى ما اسلم
عليه اربابه فهم احق به فيكون على مذهب الشافعى
ارض عشر لا يجوز ان يوضع عليها خراج وقال ابو حنيفة
الامام مخير بين ان يجعلها خراجا او عشرًا فان جعلها
خراجا لم يجز ان تنقل لـلا العشر وان جعلها عشرا جاز
نقلها الى الخراج والقسم الثالث ما ملك عن المشركين
عنوة وقهرا يكون على مذهب الشافعى غنيمة تقسم بين
الغانمين وتكون ارض عشر ولا يجوز ان يضرب عليها خراج
وجعلها مالك وقفا على المسلمين بخراج يوضع عليها وقال
ابو حنيفة يكون الامام مخير بين الامرين والقسم الرابع
ما صولحوا عليه المشركون من ارضهم فهى الارض المختصة
بوضع الخراج عليها وهى على ضربين احدها ما انجلا عنه
اهله حتى خلصت للمسلمين بغير قتال فتنصير وقـفـا عـلى
مصالح المسلمين ويضرب عليها الخراج وتكون اجرة تقر
على الابد فان لم يقـدر بمـدة لمـا فيها من عـمـور

المصلحة ولا يتغير باسلام ولا ذمة ولا يجوز بيع رقابها
اعتبارا بحكم الوقوف والضرب الثاني ما اقام فيه اهله
وصولحوا على اقرارة فى ايديهم بخراج يضرب عليهم فهذا
على ضربين احدهما ان ينزلوا عن ملكها لنا عنن صلحنا
فتصير هذه الارض وقفا على المسلمين كالذى انجلا عنه
اهله ويكون للخراج المضروب عليها اجرة لا يسقط باسلامهم
ولا يجوز لهم بيع رقابها ويكونوا احق بها ما اقاموا على
صلحهم لا تنتزع من ايديهم سوى اقاموا على شركهم
او اسلموا كما لا تنتزع الارض المستاجرة من يد مستاجرها
ولا يسقط عنهم بهذا للخراج جزية رقابهم ان صاروا اهل
ذمة مستوطنين وان لم ينتقلوا الى الذمة واقاموا على
حكم العهد لم يجز ان يقروا فيها سنة بغير جزية وجاز
اقرارهم فيما دونها بغير جزية والضرب الثانى ان
يستبقوها على املاكهم ولا ينزلوا عن رقابها ويصالحوا
عنها بخراج يوضع عليها فهذا للخراج جزية يوخذ منهم
ما اقاموا على شركهم ويسقط عنهم باسلامهم ويجوز ان
لا توخذ منهم جزية رقابهم ويجوز لهم بيع هذه
الارض على من شاءوا منهم او من المسلمين او من اهل
الذمة فان تبيعوها بينهم كانت على حكمها فى للخراج فان
بيعت على مسلم سقط عنه خراجها وان بيعت على ذى

احتمل ان لا يسقط عنه خراجها لبقاء كفره واحتمل
ان يسقط عنه لخروجها بالذمة من عقد من صولح عليها

LIVRE DES COMMANDEMENTS ROYAUX,

DU SCHEIKH EBUO'L-HASSAN EL-MAWERDI.

SECTION DU *KHARADJ*.

Le *kharadj* est la redevance imposée sur le fonds de la terre; il n'en est pas clairement et positivement question dans le texte du Livre (le Koran), tandis que la *djezzia* y est textuellement mentionnée, et, pour ce motif, ce qui est relatif à l'institution du *kharadj* n'a pu être fixé qu'au moyen de l'interprétation des imams.

Dieu, le Très-Haut, a dit: « Leur demanderas-tu un *kharadj*, » et: « Le *kharadj* de ton maître vaut mieux. »

Cette parole divine, « leur demanderas-tu un *kharadj*, » a donné lieu à deux versions : selon l'une, le *kharadj* serait un loyer; selon l'autre, il serait un revenu. Et, relativement à cette phrase : « le *kharadj* de ton maître vaut mieux, » il y a aussi deux manières de voir. Selon la première, qui est celle de Kelby, cela signifierait : la subsistance que te donne ton maître dans ce monde est préférable; et, selon l'autre opinion, qui est celle de Hassan, le sens de ces mots serait : et la récompense que te donnera ton maître dans l'autre vie est préférable.

Abou Amer ben el-Eulla a dit : « Il y a cette différence, « entre les mots *kharadj* et *khardj*, que *khardj* se dit des têtes, et *kharadj* des terres; *kharadj*, en langue arabe, signifie cens et fruits ou revenus. Et c'est en ce sens que le prophète a dit : « Le kharadj est le résultat d'un bail à loyer. »

La terre *tributaire* (de *kharadj*) se distingue de la terre *décimale* (d'*aschr*), tant par le mode de possession que par les lois qui la régissent.

Toutes les terres possibles appartiennent à une des quatre classes suivantes.

La première comprend les terrains défrichés (révivifiés) par un musulman. Ils sont décimaux; on ne peut les grever de *kharadj*. Il en sera question au chapitre de la révivification des terres mortes de cet ouvrage.

La seconde est formée par les terres dont les habitants se sont convertis à la foi musulmane; ils ont exclusivement droit à les posséder. Schaeffaeï regarde ces terres comme décimales et non susceptibles de l'imposition du *kharadj*. Abou Haneïfa laisse à l'imam la faculté de les faire, à son choix, décimales ou tributaires (de *kharadj*), et il pose en principe que, si ces territoires sont faits tributaires, ils ne peuvent, en aucun cas, devenir décimaux; mais que, si le souverain les fait originairement décimaux, ils peuvent devenir plus tard tributaires [1].

La troisième classe se compose des terres que l'on a conquises sur les infidèles par la force de armes. Schaeffaeï est d'opinion que ces terres font partie du butin à partager entre les vainqueurs; qu'à ce titre elles sont décimales, et ne peuvent être grevées de *kharadj*. « Selon Malek, ces terres « constituent un wakf *en faveur de* la communauté musulmane, « par le fait du kharadj qui est imposé. » Abou Haneïfa est d'avis que l'imam est maître, à son gré, ou de les partager aux vainqueurs, ou d'en faire un *wakf*.

La quatrième classe renferme les terres des infidèles à l'égard desquelles il y a eu une capitulation; c'est cette classe de terre qui est *spécialement passible* de l'imposition du *kharadj*.

Les terres de cette quatrième classe sont de deux espèces. De la première espèce sont celles qui ont été désertées par leurs habitants, et qui sont, par suite, tombées au pouvoir des musulmans; elles deviennent *wakf* dans l'intérêt de la com-

[1] C'est-à-dire dans le cas où des mains d'un musulman ils passeraient à celles d'un non mahométan.

munauté musulmane, et sont grevées du *kharadj*, qui est un cens ou loyer perpétuel. Si cela n'est pas possible, il peut n'être fixé que pour un temps, selon les exigences de l'intérêt général. Ce *kharadj* n'est désormais susceptible de changement, ni par la conversion à l'islamisme, ni par l'entrée en clientelle du tenancier; le fonds de la terre ne peut non plus être vendu, en conséquence des principes qui régissent les *wakouf*. De la deuxième espèce sont les terres où les anciens habitants sont restés, en vertu d'une capitulation qui leur en conserve la possession, moyennant soumission au payement du *kharadj*. Il y a ici deux cas distincts. Le premier est celui où, par la capitulation, ils se démettent de leur droit de propriété en notre faveur. Dans ce cas, la terre devient un *wakf*, dans l'intérêt de la communauté musulmane, ainsi que cela a lieu pour les territoires abandonnés. Le *kharadj* auquel elle est soumise est un cens ou loyer qui ne tombe plus, même quand les tenanciers se font musulmans. « Ils n'ont pas le droit de disposer du sol par vente; « seulement, ils en restent exclusivement possesseurs tant « qu'ils respectent les clauses de la capitulation. On ne peut « les troubler dans cette possession, soit qu'ils persistent « dans leur infidélité, soit qu'ils deviennent musulmans, pas « plus qu'on ne peut retirer à un fermier la terre qui lui a « été donnée à ferme. » Ce *kharadj* ne les dispense pas du payement de la capitation, s'ils sont domiciliés et dimmys. Si, au contraire, ils ne sont pas dimmys, et qu'ils n'aient avec nous que des rapports par traités, on ne doit point souffrir qu'ils résident une année sans se soumettre à la capitation; mais pour une résidence moins longue, on peut les dispenser de cette prestation.

Le second des cas susmentionnés est celui où ils ont stipulé le maintien de leurs possessions, et la réserve de leur droit de propriété sur le fonds, moyennant un *kharadj* qui y est attaché. Ce *kharadj*, alors, n'est autre chose qu'une *djezia* (capitation). Ils doivent continuer à le payer tant qu'ils restent dans l'infidélité; mais la conversion à l'islamisme les en affranchit. Aussi ne doit-on pas leur demander l'acquittement de la capitation proprement dite, et ils ont le droit de disposer de leur terre par vente, soit entre eux, soit aux musulmans, soit aux dimmys.

S'ils la vendent à un d'entre eux, elle reste, comme auparavant, sous le poids du *kharadj*. Si elle est transportée à un musulman, le *kharadj* cesse. Si c'est à un dimmy, les uns veulent qu'elle reste grevée de *kharadj*, à raison de l'infidélité du nouveau possesseur ; les autres veulent que le *kharadj* cesse, vu que, en raison de sa qualité de dimmy, les conditions de la capitulation ne peuvent plus lui être applicables.

Ici se terminent les emprunts que nous avons dû faire aux différents livres qui traitent de la législation musulmane, et vient le moment d'extraire, de ces divers morceaux, les données qui peuvent nous mettre à même d'apprécier la constitution territoriale qui en découle.

§ III.

PRINCIPE FONDAMENTAL DE LA CONSTITUTION TERRITORIALE. DÉDUCTION DES TEXTES.

De l'examen detaillé des dispositions législatives qui précèdent, il ressort que la loi musulmane divise toutes les terres connues, d'abord en terres productives ou en état de rapport, qu'elle nomme *aamer* عامر, et en terres vagues ou vaines, c'est-à-dire en friche ou ruinées, qu'elle nomme موات *mouaet* ou mortes. Elle comprend dans la première classe les territoires destinés aux semailles, et qui doivent être déchirés par la charrue, c'est-à-dire ceux de grande culture, et dans la deuxième elle place les terrains des villes et de leur banlieue, susceptibles de supporter des édifices, بناء *bena'*, ou des plantations, غروس *gharous*.

Je ne m'occuperai pas provisoirement des terres mortes, c'est-à-dire des territoires de petite culture, qui deviendront l'objet plus spécial de notre étude quand arrivera le moment de l'examen de la propriété en Algérie ; je me bornerai à examiner ce que prescrit la loi musulmane relativement à la grande propriété territoriale, qu'elle indique le plus souvent par les mots أرض صالحة لزراعة حب, terre propre à la culture des grains.

Toute terre (de grande culture) est nécessairement de dîme (عشرية *aschryet*) ou de tribut (خراجية *kharadjyet*).

La terre de dîme est celle qui est considérée comme originairement musulmane, c'est-à-dire celle dont les habitants ont spontanément et avant l'ouverture de la guerre, embrassé la religion musulmane, et où le seul impôt connu est le prélèvement indiqué dans le Koran sous le nom de *zekkaet;* impôt qui n'atteint que le revenu de la terre et de l'homme, et qui en réalité ne porte directement, ni sur le sol ni sur l'individu.

Les légistes musulmans mettent au nombre des terres de dîme celles qui ont été, après la conquête, enlevées à leurs anciens possesseurs pour devenir la propriété des soldats conquérants, ainsi que les contrées qui, par décision spéciale du prophète,

ont été classées comme terres de dîme, comme, par
exemple, cela est arrivé pour la Mecque. L'Arabie
est, à ces divers titres, terre de dîme.

Quant à tous les autres pays qui aujourd'hui
sont régis par la loi mahométane, comme ils ont
été soumis par la force des armes (عنوة) ou par
capitulation (صلحا), et que le vainqueur n'a point
expulsé les anciens habitants pour partager le sol à
ses soldats, ils constituent la classe des terres tributaires, terres dont le sol est grevé d'un impôt
nommé *kharadj*.

Ce impôt ou *kharadj* se subdivise en taxe foncière, خراج اراضى, et en taxe individuelle ou par
tête, خراج روس.

La taxe foncière, qui peut s'élever jusqu'à la moitié des produits de la récolte, sans jamais dépasser cette fixation, reste éternellement et invaria-
blement attachée au territoire conquis, et ne cesse
pas de grever la terre, même le jour où elle est
possédée par des musulmans.

La taxe individuelle, plus connue sous le nom
de *djézia* (جزية), mais indiquée quelquefois (ainsi
que cela a lieu habituellement en Turquie) sous
celui de *kharadj* (en sous-entendant le mot de روس
des têtes), et qui est la compensation de la vie et de la
liberté de culte laissées au vaincu, finit nécessairement avec la vie du tributaire, ou, quand il se convertit à la foi musulmane.

Ainsi, toutes les fois que l'examen des contributions recueillies dans un pays musulman indiquera

l'existence d'un impôt autre que le dixième du produit éventuel de la terre et que le vingtième de la
valeur estimative des troupeaux et des effets mobiliers, on pourra être assuré que le territoire de ce
pays est tributaire, c'est-à-dire qu'il a été agrégé au
domaine musulman par les armes, avec ou sans capitulation, et que les habitants n'ont été ni détruits,
ni faits esclaves, ni expulsés.

Mais aussi, de ce qu'on aura constaté dans une
contrée l'existence de la dîme et des autres *zekkaet*,
il ne faudra pas conclure qu'elle est nécessairement
terre de dîme parce que, des quatre docteurs fondateurs des rites orthodoxes, trois ont décidé que
les produits de la terre tributaire sont sujets aussi
aux prélèvements des *zekkaet*, et, par conséquent,
de la dîme.

Abou Haneïfa seul a déclaré que la dîme et le
tribut ne pouvaient exister simultanément sur la
même terre.

Tous les pays musulmans, à l'exception de l'A-
rabie, étant territoires tributaires ou de *kharadj*, ce
qu'il nous importe particulièrement de connaître
maintenant, ce sont les modifications apportées à la
constitution de la propriété par l'existence du *kharadj*.

Dans la Hédaya, au chapitre du butin, nous trouvons que, « quand l'imam ne partage pas le pays
« conquis à ses soldats, il peut le laisser aux mains
« des habitants en imposant aux individus la *djezia*
« ou capitation, et aux terres le tribut ou *kharadj*;

« mais que la propriété mobilière doit, dans tous
« les cas, être abandonnée aux vainqueurs. »

Devant cette décision tombe déjà une des assertions qui font la base des mémoires de M. de Sacy
sur la propriété en Égypte; il y définit le tribut une
prestation qui a pour but et pour résultat de garantir, à celui qui la fournit, l'inviolabilité de sa personne et de ses biens.

Malek, ainsi que Abou Haneïfa, dit positivement
le contraire et, pour le prouver, je n'ai qu'à rapporter ici un passage des commentaires d'Abd-el-
Baqui, explicatif de la proposition suivante, qui se
trouve reproduite dans les traités de législature des
deux rites.

والعنوى حر وان مات او اسلم فالارض فقط للمسلمين

Et le vaincu (devenu dimmy) est de condition libre; et
s'il meurt ou se fait musulman, la terre seule appartient de
droit à la communauté musulmane.

A cet égard, Abd el-Baqui s'exprime ainsi (pag.
59 v.):

ومفهوم قوله فقط ان ماله ليس للمسلمين لاكن ان
اكتسبه بعد الفتح واما ان اكتسب قبله فللمسلمين

Par le mot فقط (seulement), il donne à entendre que ce
qui lui appartient ne devient pas propriété de la communauté musulmane, s'il l'a acquis après la conquête; mais que
ce qui appartient aux musulmans, c'est ce qu'il (le vaincu)
possédait avant le moment de la conquête.

Mais continuons, par la confrontation des textes
empruntés aux différents traités que nous avons

consultés, à nous éclairer sur la nature de la possession territoriale laissée aux vaincus devenus tributaires.

« Dans ce cas, dit la Hédaya, les habitants ne
« sont réellement que les cultivateurs ou fermiers
« du sol pour le compte de la communauté victo-
« rieuse. »

Et en confirmation de cette proposition, vient
le passage suivant : « Mais quand l'imam laisse ainsi
« aux habitants la disposition de leurs personnes et
« de leur territoire, il doit leur abandonner aussi
« une partie de leurs valeurs mobilières, suffisante
« pour les mettre à même d'entreprendre les tra-
« vaux nécessaires à la culture du sol. »

Ces décisions nous font voir, dans les vaincus
laissés en possession, beaucoup moins des propriétaires du sol que des fermiers et des corvéables de
la société musulmane; d'ailleurs, la sentence citée
d'après Kodouri, par M. de Sacy, et qui se retrouve
aussi dans le code de Malek, et aux termes de laquelle tout sujet tributaire est dépossédé de sa terre
le jour où il se convertit à l'Islam, est exclusive de
toute idée de droit de propriété qu'on pourrait attacher à cette possession.

Je n'ai pas trouvé, dans la secte Hanefie, de
proposition qui définisse bien nettement la nature
de la possession des terres tributaires laissées aux
vaincus [1]; mais, néanmoins, on peut entrevoir la

_____

[1] On voit, par ce passage, que quand je l'écrivais je n'avais point

nature de cette possession en scrutant, avec quelque soin, la rédaction fort ambiguë d'un passage de la Hédaya; elle ressort, en outre, assez claire-ment des textes d'Ibn Djemaat et de Mawerdi cités par M. de Hammer.

Voyons d'abord la Hédaya : « Les contrées de l'*Irak* « *arabique*, » y est-il dit, « sont *kharadjy*, c'est-à-dire « tributaires. Amrou ben el-As, quand il conquit « l'*Égypte*, imposa le kharadj aux habitants, et les « compagnons du prophète y assujettirent aussi les « naturels de la *Syrie*. »

Il est fait mention ici, comme on voit, de trois contrées soumises par les armes et réduites à la condition tributaire par suite de la conquête, *néanmoins*, y est-il dit, les habitants de l'Irak ara-bique ont conservé le droit de disposer de la terre comme de leur bien propre.

De cette construction de phrase, il faut conclure que les pays grevés de *kharadj* cessent d'être la propriété des anciens habitants, et que c'est d'une exception qu'il s'agit, relativement à *l'Irak arabi-que,* c'est-à-dire à une partie de l'Irak proprement dit.

De plus, le silence gardé sur ce point, au sujet de l'Égypte et de la Syrie, donne raison de penser que, dans ces deux contrées, les habitants n'ont point conservé la propriété du territoire, conclusion qui arriverait, si elle se confirme, à renverser par la

encore en communication du manuscrit de Mawerdi, où la nature de cette possession est très-exactement définie.

base tous les travaux de M. de Sacy relativement
à la propriété territoriale en Égypte.

Cherchons donc dans les autres textes si nous
y trouverons la preuve ou l'infirmation de cette
donnée.

Dans la Moulteka, nous remarquerons la phrase
suivante (vol. V, p. 21) :

« Quand le possesseur d'une terre tributaire en
« néglige la culture et se met ainsi dans l'impossi-
« bilité de payer l'impôt, le souverain a le droit d'af-
« fermer cette terre à un autre individu pour ne pas
« laisser en souffrance les revenus du trésor. »

Or, il est impossible, en partant de la supposition que cette terre soit la propriété de celui qui
la tient, de comprendre l'existence du droit en
vertu duquel il serait loisible au souverain d'ôter
cette terre au propriétaire pour la donner à bail à
un tiers; tout au plus pourrait-on admettre qu'il fît
mettre en vente la récolte, ou saisir et vendre le
terrain pour rentrer dans ce qui est dû à l'état.

Si nous consultons le chapitre des *iktaa* ou concessions des deux légistes modernes de la Turquie,
cités par M. de Hammer, nous y lisons ce qui suit :

« Il n'est permis de concéder à qui que ce soit, à
« titre de propriété, des terres payant le *kharadj* :
« ces territoires sont comme une fondation pieuse
« (*wakf*) pour le bien des affaires musulmanes [1]. »

---

[1] Par la lecture attentive des deux paragraphes de l'ouvrage de
Mawerdi qui précèdent, on pourra se convaincre que la pensée de
l'auteur n'est pas, ainsi que la rend M. de Hammer, que les terri-

Les conclusions que nous avions tirées de la rédaction fort équivoque du passage de la Hédaya susmentionné sont, comme on le voit, justifiées par la citation précédente ; mais un renseignement plus clair et plus positif que tout ce que nous venons de voir nous est fourni par la lecture du chapitre de la guerre, dans le livre de Sidi Krelil.

Il y est écrit (p. 46, man. 539 de la Bibliothèque royale) : « Et la terre (du pays conquis) est faite *wakf* « comme l'*Égypte*, la *Syrie* et l'*Irak* : » ووقفـت الارض كمصر الشام والعراق

Ici nous avons non-seulement une prescription législative, nette et précise transmise par Malek, c'est-à-dire par le législateur dont la doctrine régit toute l'Afrique, mais encore un document historique irréfragable, eu égard au caractère d'authenticité dont sont investis les travaux de Malek en matière de tradition.

Ainsi, tandis que la faculté de disposer de leur territoire a été laissée aux habitants de la petite partie de l'Irak nommée *Souad el-Irak*, ou Irak arabique, par une exception de la nature de celle qui a fait classer parmi les terres de dîme les parties de l'Arabie conquises par la force des armes, Malek nous apprend que la *Syrie*, l'*Égypte*, et l'*Irak* proprement dit ou *Irak Ajemi* (persan), ont été faits *wakfs*.

toires de kharadj sont *comme* un wakf, mais bien que les terres de kharadj *constituent, qu'elles sont réellement* un wakf dans l'intérêt de la communauté musulmane.

Les commentaires de ce même texte, naturellement plus explicites, nous apprennent que, quand le vainqueur laisse entre les mains du peuple vaincu et tributaire le territoire de son pays, ce n'est point à titre de propriété, mais de secours [1], et que celui-ci n'a sur le sol ni droit de vente, ni droit d'héritage; et que, de plus, la conversion à l'islamisme ne lui fait pas acquérir ces droits.

Nous y voyons encore que le territoire de l'Égypte ne peut être vendu, parce qu'il a été fait *wakf*.

A l'aide de ces notions, recueillies par la confrontation des différents textes, nous pouvons maintenant poser en fait :

1° Que la législation musulmane prescrit de grever du *kharadj* ou tribut foncier le territoire de tout pays soumis par les armes ou par capitulation, quand on le laisse aux mains des anciens habitants ;

2° Que, par le fait même de son passage sous la condition tributaire, c'est-à-dire par cela même qu'il est fait de *kharadj*, ce territoire devient l'objet d'un *wakf* ou fondation pieuse.

Ainsi, le pays conquis et non partagé entre les vainqueurs est nécessairement tributaire, et l'imposition du *kharadj* en implique la mise en *wakf*.

Il reste donc à connaître la nature et l'étendue des modifications que comporte le *wakf*.

[1] على وجه العون ليس على وجه الملك

Il y a, dans tous les codes législatifs, un chapitre intitulé indifféremment *Wakf* ou *Habess* وقف
حبس ; car ces deux mots sont synonymes, avec
cette différence, cependant, que le dernier a toujours un sens religieux; mais je ne reproduirai pas
ce chapitre, me réservant, quand je m'occuperai
spécialement de l'Algérie, de traiter à fond la question du *wakf*, et de réfuter alors la grave erreur qui
a fait traduire ce mot par celui de substitution. Je
me contenterai d'emprunter à la Moulteka la définition du terme de *wakf*. Elle la donne ainsi (p. 111,
man. 572) :

الوقف هو حبس العين على ملك الله تعالى على وجه يعود

نفعه الى العبــــاد

Wakf est la chose dont la propriété est exclusivement
réservée à Dieu, avec l'intention que la jouissance en profite
à ses créatures.

Le sens propre du mot *wakf*, qui vient du verbe
wakafa, est celui d'une immobilisation; le plus souvent l'objet immobilisé est appelé *moukouf*. J'insiste sur ce dernier terme, car nous le retrouverons
bientôt.

Wakf et *habess*, appliqués à la propriété, expri-
ment une modification de cette propriété telle, que
le droit du propriétaire sur le fonds de la chose
est annulé, ou comme le disent les musulmans renvoyé à Dieu, et que l'usufruit seul en reste disponible pour les hommes. Devenue *wakf* ou *habess*,

la chose, jusque-là tenue en propriété, n'est plus susceptible d'être ni vendue, ni donnée, ni transmise en héritage.

Si nous appliquons maintenant cette définition au territoire tributaire, nous comprendrons que la mise en *wakf*, résultant de l'existence du *kharadj*, le soustrait à l'exercice de tous les actes par lesquels se révèle le droit de propriété, c'est-à-dire qu'il ne peut être l'objet d'aucune mutation, et que l'immobilisation qu'il a subie n'en laisse disponible que l'usufruit : et, par conséquent, comme les savants musulmans ne rangent dans la classe des terres de dîme que la péninsule arabique ; que tous les autres états musulmans ont été agrégés au domaine de l'Islam par la victoire ou par capitulation, et sont de nature tributaire, c'est-à-dire de kharadj, il résulte des conclusions qui viennent d'être déduites, que le sol de tous ces pays est *moukouf*, c'est-à-dire devenu l'objet d'un *wakf ;* que le privilége du droit de propriété sur le fonds est neutralisé par le fait de la fondation pieuse ; qu'il n'y reste disponible que l'usufruit, dont la direction et l'emploi sont dévolus au souverain, en sa qualité de tuteur de la communauté ; mais que lui-même, pas plus que le paysan cultivateur, ni le seigneur placé entre eux, n'a le droit de disposer du fonds de la terre.

« En un mot, dans les états musulmans actuels « (l'Arabie et l'Irak arabique exceptés), il n'y a

« point de propriétaires de la terre, mais seulement
« des possesseurs à titre viager. »

Pour constater ce fait, il nous suffira de passer
en revue les différents empires musulmans; dans
la constitution territoriale des uns, nous trouverons
le *wakf* écrit en toutes lettres; dans les autres, l'existence nous en sera virtuellement prouvée du moment où la constatation d'un impôt autre que le
dixième du produit de la terre nous en révélera la
condition tributaire ou de *kharadj*.

PERSE ET INDE.

A en croire les savants voyageurs qui ont parcouru et habité l'Inde et la Perse, le souverain serait, dans ces pays, seul propriétaire de terres de
l'empire; néanmoins, on ne saurait admettre sans
examen ces allégations. La plupart des écrivains
qui ont rendu compte de l'état de ces contrées,
après y avoir passé plus ou moins de temps, ont
conçu et formulé leurs jugements sous l'impression
des souvenirs de la constitution politique et administrative de leur patrie; fort peu d'entre eux étaient
initiés à la connaissance de la langue écrite ou par-
lée des localités qu'ils ont décrites, et il est plus douteux encore qu'ils le fussent à celle de la législation

dominante ; il n'est donc pas étonnant qu'ils n'aient atteint et ne se soient approprié que la superficie des faits. Mais ces observations n'en sont pas moins précieuses, en ce qu'elles se basent sur les formes les plus saillantes de la constitution locale, et qu'elles ne sont point le fruit de systèmes préconçus. Parmi ces travaux, nous analyserons les plus complets, et nous pourrons voir les auteurs, tout en différant relativement à quelques détails peu importants, se rencontrer tous dans la même conclusion. Nous citerons d'abord Chardin, qui a publié sur la Perse un ouvrage volumineux qui est, sans contredit, le meilleur de ceux que nous possédons relativement à cet empire [1].

« Le pays de Perse se divise en pays d'état et « pays de domaine, ce qui s'appelle, sur les lieux, « *mokoufat* et *kasseh*, c'est-à-dire général et parti- « culier. Le terme de mokoufat veut dire serré, « mis à part, et celui de kasseh veut dire pro- « priété [2]. »

---

[1] Vol. V, pag. 251.

[2] M. Langlès, dans une note, prétend que le mot *mokoufat* signifie « les legs pieux, » les objets dévolus, appartenant au corps ecclésiastique ; il dit, d'après Kaempfer, que Soleiman châh imagina, en 1670, de partager entre deux personnes la charge de *veziri mokoufat;* que l'un de ces administrateurs fut appelé *ssédri mémalik,* ou intendant des legs pieux faits par les particuliers dans tout le royaume ; et que l'autre, sous le nom de *ssédri khasseh,* fut chargé de l'intendance des legs pieux faits par les rois.

Cette correction est malheureuse ; *ssédri mémalik* veut dire tout simplement intendant du royaume, de même qu'en Turquie on

«On appelle aussi le pays d'état *mémalec*, c'est-
«à-dire les royaumes; la différence consiste en ce
«que le pays d'état est sous l'administration du gou-
«verneur, qui est comme un petit roi dans sa
«province, et qui en consume le principal revenu;
«lui, ses officiers, et principalement les troupes
«qu'il entretient, n'en donnant au roi qu'une pe-
«tite partie en présents et pour le payement de quel-
«ques droits; au lieu que le pays de domaine est
«sous l'administration du vizir ou intendant, qui
«en reçoit les revenus pour le roi. (P. 255.)

«Le khan ou gouverneur s'occupe particulière-
«ment à bien entretenir les troupes de sa province,
«qui sont des milices *dont la paye est assignée sur des*
«*terres de la province et qui vivent chacun chez soi.*

«Des fonds de terre et des rentes. (P. 380.) Les
«terres se divisent, en Perse, en *terres en usage* et en
«*terres hors d'usage*[1]; par où l'on entend les terres
«que l'on cultive et celles qui ne sont ni cultivées
«ni habitées.

appelle *ardh mémalik*, le territoire domanial de l'état, et que là
aussi *kasseh* signifie l'apanage impérial.

Mokoufat est le participe de *wakafa* وقف et signifie, comme je
l'ai dit ailleurs, «immobilisé.» Nous voici donc déjà à même de
constater en Perse l'identité de l'institution, dont la connaissance
nous a été transmise par Malek, et qui consiste à faire *wakf* les
terres de l'état conquis. Tout ce que dit Chardin sur la constitution
de la propriété semble véritablement comme une déduction tirée
à dessein des principes que nous avons établis d'après la citation de
Krelil, principes que nous prions le lecteur de ne pas perdre de vue
par la suite.

[1] Cette classification répond à celle des livres de la loi musulmane

« Les terres en usage sont de quatre sortes : les
« terres d'état, les terres du domaine, les biens d'é-
« glise et les fonds des particuliers.

« *Les terres de l'état* (ce sont les mokoufat) qui
« contiennent *la plus grande partie du royaume*, sont
« en la possession des gouverneurs, qui en retien-
« nent une partie pour en *avoir le revenu*, et laissent
« l'autre pour les gages de leurs officiers et domes-
« tiques, et des troupes ; car, même jusqu'à un sim-
« ple soldat, chacun *a sa paye assignée* sur un village
« ou sur quelque autre fonds de terre.

« Les terres du domaine (kasseh) sont le bien
« propre et particulier du roi ; une partie sert d'apa-
« nage à des charges ; sur une autre sont assignés
« les gages des gens et officiers de sa maison et les
« payes des troupes qu'il entretient ; une autre
« partie est aliénée par des *donations à temps ou à vie*
« qui continuent quelquefois de père en fils à plu-
« sieurs générations ; le surplus est en économie ou
« en régie dans les mains des vizirs ou intendants,
« qui font valoir le bien du roi, chacun dans sa
« province.

« Les terres d'églises sont des donations du roi
« ou des particuliers ; le bien d'église est sacré, en
« Perse ; le roi ni les donateurs n'ont aucun droit
« réservé dessus ; il n'est point sujet, non plus, à être

qui divise les terres en productives (عمير ou معمور) et en improductives ou mortes (موات), ainsi que nous avons pu le voir au chapitre de la révivification des terres mortes.

« confisqué, même pour un crime commis avant la
« donation....

« *Les terres des particuliers* sont à eux pour *quatre-*
« *vingt-dix-neuf ans et jamais plus*, durant lequel
« temps ils les vendent et en disposent, comme il
« leur plaît, sans qu'on puisse leur en rien ôter; à
« moins qu'ils ne tombent dans quelque crime qui
« emporte la privation de leurs biens; quand les
« quatre-vingt-dix-neuf ans sont échus, on prend un
« nouveau bail pour le même terme et en payant le
« *revenu d'un an.* Les fonds de terre des particuliers
« s'appellent *tessarouf* [1], c'est-à-dire propriété permanente; la plus part sont *chargés d'un petit tribut annuel*
« *envers le roi*, qui ne va pas à quarante-six ou cin-
« quante sous par *gyrib* ou arpent; les autres ne
« payent rien du tout.

« *Pour les terres hors d'usage*, elles appartiennent
« à l'état ou au roi, selon le pays dans lequel elles
« sont renfermées; mais, parce que le roi est maître
« du bien de l'état, et qu'il le peut rendre bien du
« domaine quand il lui plaît; au lieu que les gou-

---

[1] M. Langlès fait remarquer avec raison, dans une note, que le
mot *tessarouf* ne veut point dire « propriété », mais « possession,
usufruit ». Ce n'est pas tout à fait cependant là l'idée qu'exprime
le mot en question; j'y attacherais plutôt celle de faculté de disposer
d'une chose, comme de son bien. A propos de l'Égypte, de la
Turquie et d'*Alger*, nous reviendrons sur ce mot qui vient de صرف
et dont dérivent les mots de تصارف *tessarif* et de منتصرف *mou-*
tessarif. Je dois faire remarquer que les baux de quatre-vingt-dix-
neuf ans ne sont nulle part connus chez les musulmans, et qu'ils
ne sont admis par aucun rite.

«verneurs des provinces n'en sauraient disposer
«qu'avec les intendants, qui sont les receveurs du
«roi : on peut dire que toutes les terres qui ne sont
«pas tenues et occupées actuellement, ou qui ne
«sont pas en état de l'être, appartiennent au roi,
«en quelque endroit de l'empire que ce soit.

«On dispose des terres hors d'usage de la manière
«suivante : si quelqu'un veut du terrain pour bâtir
«une maison dans un lieu qui ne soit actuellement
«possédé de personne, ou dont personne ne puisse
«montrer *l'acte de possession*, on demande le terrain
«au gouverneur et à l'intendant, s'il est situé en
«pays d'état; mais, si c'est en pays de domaine, au
«roi directement, ou aux vizirs, ou aux intendants
«de provinces. La donation, laquelle s'obtient sans
«peine, se fait ou simplement et sans condition, ou
«*avec condition de payer tant par an*, ou de faire un
«usage de ce terrain qui rendra du bénéfice au roi.
«*La donation se fait pour cent moins un an*, selon les
«termes exprès de leur code civil [1], au bout du-
«quel temps il faut payer un droit, qui est une manière
«de renouvellement de bail pour un pareil terme;
«et s'il arrive, durant ce temps-là, qu'on vende la
«terre, il faut en faire passer le contrat devant l'in-
«tendant des lieux et payer un petit droit, comme
«on dirait, en France, les lods et ventes, et alors

---

[1] La lecture de l'ouvrage de Chardin fournit à chaque instant la preuve que ce texte lui était tout à fait inconnu; dans le droit civil musulman il n'est pas question de baux de plus de dix ans.

9

« le terme de quatre-vingt-dix-neuf ans recommence
« à courir du jour de la date du contrat.

« Voilà quel est le droit de propriété des terres ;
« je viens à l'usage qu'on en fait, qui est la manière
« d'en tirer un revenu.

« Il n'y a rien de plus juste et de plus humain
« que la police de la Perse touchant les terres ; on
« en afferme fort peu, et seulement ce qui est aux
« environs des grandes villes et qui porte des légu-
« mes.......... Celles qui sont autour d'Ispahan
« rendent jusqu'à trente écus et plus par djiryb, qui
« est moins d'un arpent; mais, pour toutes les autres,
« on en fait une manière de société avec le paysan;
« le seigneur donne la terre et quelques fois aussi
« il fournit le fumier et l'eau....; d'ordinaire, *il a le*
« *tiers* de la récolte pour sa part........; il faut obser-
« ver qu'il y *a une ancienne estimation faite* de ce que
« les terres rapportent, c'est-à-dire que tant d'ar-
« pents, en tels lieux, semés de tel grain, doivent
« rendre au seigneur tant pour sa part [1].

« .... Mais, pour les terres du roi, les paysans
« qui les tiennent étant sujets à beaucoup de vexa-
« tions et à des charges extraordinaires, tâchent de
« s'en dédommager par la soustraction des fruits et
« en fraudant le seigneur le plus qu'il est possible.

---

[1] C'est bien là, il me semble, le *kharadj*, quoique Chardin ait cru
que le tiers prélévé par le seigneur est le résultat d'un accord en
société; cela est si vrai que, plus haut, il dit que les laboureurs
sèment, labourent, récoltent à leurs frais.

«Si les paysans trompent leur seigneur de·cette
«manière, il s'en venge bien par *les corvées* dont
«il les accable; il les emploie à des ouvrages qu'il
«fait faire sur les lieux, édifices, jardins et autres,
«ou bien il faut que le village lui donne, par jour,
«tant de gens sans aucun salaire; il se fait donner
«des voitures pour rien par les paysans; il se fait
«nourrir par eux tant de jours, quand il est sur les
«lieux, et quelquefois il convertit la nourriture en
«argent.

«C'est presque la même chose pour le revenu
«du bétail que pour les terres labourées; le sei-
«gneur a le tiers de la toison et de la portée; quant
«au bois, il en a les deux tiers, et le paysan fait la
«coupe et la vente.

«Les revenus du pays d'état sont ce qu'on ap-
«pelle *russom* [1] (*reçoum*), contributions, vu qu'il
«n'y a pas de fonds en propre. Ils sont divisés en
«ordinaires et en extraordinaires; les ordinaires
«consistent en une taxe en quantité réglée des meil-
«leurs fruits et en sommes d'argent, selon le pou-
«voir de la province; les extraordinaires consistent
«en présents de ces mêmes denrées et de choses
«les plus rares du pays. Quant au pays du domaine,
«c'est le fonds propre du roi, il en est le seigneur,
«*tout le revenu lui appartient*, c'est-à-dire le *tiers* des
«fruits de la terre, quels qu'ils soient.

«Les autres revenus du roi viennent de ses droits

---

[1] Le terme de رسوم *ressoum*, pluriel de رسم *ressm* est aussi
employé en Turquie dans le sens d'impôt.

« seigneuriaux , entre lesquels il faut mettre pre-
« mièrement le droit du bétail [1] ; il n'est que d'un
« sur sept , tant pour la toison que pour la portée.
« Ce droit est levé par un itchouban baschi.

« En outre , il y a le tribut que payent les habi-
« tants , tant natifs qu'étrangers , qui ne sont pas de
« la religion du pays; il est d'un ducat par tête [2].

« Il y a , de plus , la taxe des boutiques, qui est
« de dix sols par chaque boutique d'artisan , et vingt
« sols par boutique de revendeur ; on l'appelle
« bonitché.

« Il n'y a de métiers taxés que ceux qui ne sont
« pas sujets aux corvées , c'est-à-dire à fournir des
« ouvriers, en toute rencontre, pour le service
« du roi, sans en recevoir de paye , comme les ma-
« çons, les charpentiers et tels autres, qui se trou-
« vent bien plus chargés que ceux qui payent leurs
« droits en argent. En bâtiments en réparations , il
« n'en coûte au roi que les matériaux ; il y a aussi
« les taxes nommées hawarez divan [3], impôts du con-
« seil, comme, par exemple, le défrais d'un ambas-

[1] Le droit du bétail est le même que le *ressm aghanem* des
Turcs, et le *guerâmat eldjelleb* en Afrique. Le collecteur nommé
ici *itchouban-bachi* a, dans ces deux derniers pays, le nom de *tschin-
cheri*.

[2] Dans cette taxe il est impossible de méconnaître la capitation
dite *djezia*.

[3] C'est à tort que M. Langlès dit, dans une note, qu'il faut lire
khouradj diwan, qui n'a pas de sens; c'est bien *awariz diwani* qu'il
faut lire : c'est ainsi qu'on appelle en Turquie les impôts extraordinaires fixés par le conseil de l'état ou diwan.

«sadeur, sa nourriture, son transport, qui sont aux
«dépens des lieux qui sont sur son passage.

«J'ai tâché bien souvent, durant le long séjour
«que j'ai fait à la cour de Perse, d'apprendre à quoi
«se montait, au juste, le revenu du roi, et quelles
«étaient les forces de l'état; je n'ai pas épargné les
«présents pour le découvrir, et j'ai mis souvent,
«sur cette matière, des intendants de provinces
«et des ministres d'état avec lesquels j'avais assez
«d'habitude et qui me traitaient avec quelque con-
«fiance; mais j'ai toujours eu lieu de croire qu'ils
«ne le savaient pas eux-mêmes; ils répondaient *naï-*
«*vement* à mes demandes : Dieu le sait, il y en a
«beaucoup; cela est sans compte; mais ils ne di-
«saient jamais rien de plus positif.

(P. 416.) «Les payements du département des
«finances se font en assignations sur les provinces.
«Ces assignations sont de deux sortes : les unes en
«terres, les autres en des comptes; c'est-à-dire qu'on
«assigne des terres aux officiers pour la valeur de
«leurs gages, ou qu'on leur donne à la place des
«comptes de ce que doivent les villages ou can-
«tons, lesquels ils envoient recevoir par qui il leur
«plaît.

«Les assignations en terre s'appellent *tyoul*, mot
«qui signifie perpétuel; d'autres disent qu'il signifie
«éloigné, parce que ces assignations se donnent sur
«des lieux éloignés; il y en a deux sortes; ces terres
«sont ou l'apanage de la charge; les grandes char-
«ges ayant toutes des terres qui y sont annexées et

« attachées à perpétuité [1]; ou elles sont·assignées au
« gré de la chambre des comptes, pour y recevoir
« les gages et salaires tous les ans.

« L'estimation du revenu de ces lieux, ainsi assi-
« gnée, est établie de temps immémorial; et comme
« il arrive souvent que, par l'augmentation de la po-
« pulation, la découverte de sources, etc. ce revenu
« est augmenté, il y a de ces assignations qui ren-
« dent trois ou quatre fois la valeur pour laquelle on
« les donne ; ce qui est un grand avantage pour le
« bénéficiaire, au détriment du trésor du roi. Lors-
« que quelque canton est ainsi amélioré, celui qui
« le tient ne va pas dire qu'il en tire plus que ses ga-
« ges ; mais, au contraire, si ces lieux dépérissent,
« on présente aussitôt requête au roi pour avoir un
« autre fonds, ou faire réduire l'estimation de celui-
« la à ce qu'il rapporte précisément.

« Il faut observer que les terres ainsi assignées
« pour payement de gages ne sont pas sous l'inspec-
« tion des gens du roi ; elles sont comme propres à
« celui à qui elles sont données ; il traite comme il
« veut des revenus avec les habitants du lieu, et
« c'est de même que *nos bénéfices en Europe.*

Les *maîtres* ou, pour mieux dire, ceux qui ont
« la jouissance de ces terres d'assignation, si je puis
« les appeler ainsi, y ont deux droits considérables:
« le premier est d'y être nourris quand ils veulent y
« aller passer quelque temps ; le second est leur

---

[1] Ces apanages en Turquie sont connus sous le nom de خص
khass.

« droit seigneurial, qui s'appelle, en persan, *pursi*
« *el-nezah*[1], c'est-à-dire taxation des querelles, qui
« est d'un très-grand rapport ; parce qu'en Orient
« presque toutes les peines qu'on inflige sont des
« amendes.

« L'assignation en comptes s'appelle *baraat*[2],
« c'est-à-dire billet de change ou de permutation,
« et elle est aussi de deux sortes, l'une incertaine et
« non réglée, qui se fait tantôt sur un lieu, tantôt
« sur un autre ; la seconde, qui est fixe.

« Les intendants de province envoient, tous les
« ans, à la chambre des comptes, l'état du revenu
« de la province, avec les rôles ou comptes à part
« de chaque village, et de chaque sorte de revenu,
« réglés et arrêtés par le reys ou prévôt du lieu.
« Ces comptes, ainsi scellés et arrêtés, sont des obli-
« gations ou comme des billets au porteur, que la
« chambre donne en payement, à chacun, autant
« qu'il lui en faut pour ses gages.

(P. 254.) « Les gouverneurs de province s'appellent
« *khans* ; ils y ont toute autorité ; ils y sont comme
« de petits rois ; car leurs provinces sont gouvernées
« de la même manière que l'est le royaume entier,
« ayant jusqu'à des chambres des comptes, et ayant

---

[1] Ce ne doit point être *pursi*, mais bien فرض النزاع *furdy el-nezaa*, les amendes prescrites par la loi religieuse dans tous les cas de collision ou d'injures.

[2] *Baraat* ne veut point dire « billets d'échange », mais simplement « bulletin » ; c'est le mot usuel d'ailleurs en Turquie, qui correspond à celui qu'on entend si souvent en Afrique, à *tiskré*. Les bulletins des fiefs en Turquie s'appellent aussi *baraat*.

« tous les mêmes officiers que dans la cour du roi,
« et sous les mêmes noms, sans autre différence que
« dans le nombre et dans les appointements.

« Ces khans sont distingués en grands et en pe-
« tits ; les grands portent le titre de *beglerbegs*, c'est-
« dire seigneur des seigneurs. Celui de Siston a un
« titre plus grand encore, qui est celui de *valy*[1], qui
« signifie un lieutenant absolu et plénipotentiaire.

« Il y a en chaque province, avec le gouverneur,
« trois officiers mis de la main du roi, un lieutenant
« du khan, qui a le titre de yanitchin[2], c'est-à-dire
« vice-gérant, lequel est toujours dans la capitale de
« la province et proche de la personne du gouver-
« neur ; un vizir ou intendant du roi et un waka-
« néviz ou secrétaire, qui rend compte à la cour de
« tout ce qui se passe.

« Outre ces grands officiers, les forteresses et les
« villes ont leur gouverneur particulier...... C'est
« la même politique que le royaume gardait au-
« trefois, de ne jamais donner à un même sujet le
« gouvernement d'une ville et celui de la forte-
« resse qui y était bâtie[3]. Les gouverneurs des villes
« font aussi la charge de lieutenants civils et crimi-

---

[1] Il veut dire ولى *oualy*.

[2] Ce *yanitchin* n'est autre que le lieutenant du gouverneur appelé
en Turquie *kiahia*, et en Afrique *khalifa*.

[3] La même politique prévaut aujourdhui encore en Turquie ;
c'était d'ailleurs une règle dont la régence algérienne ne se départait
jamais ; outre les surveillants qu'elle donnait aux beys des provinces
dans la personne du khalifa et du premier secrétaire d'état, *bach-
keteb*, qui étaient nommés d'*Alger*, la citadelle dans chaque ville

«nels, et leur tribunal est la première justice de la
«ville.»

«J'observerai, sur le nom d'esclaves (*koul-ar*)[1],
«que c'est un nom dont on se fait honneur, en Perse,
«et que c'est proprement un titre; *rayet*, qui est le
«terme qui signifie sujet, est, au contraire, un terme
«bas, qu'on ne dit que des paysans et des gens qui
«sont encore moins qu'eux.»

Tous ces détails, empruntés à Chardin, sont autant de preuves à l'appui des règles que j'ai puisées
dans Sidi Krelil. Il est impossible de méconnaître,
dans l'appellation de *mokoufat*, la modification subie par le droit de propriété territoriale en conséquence des prescriptions légales; nous retrouvons
ici encore, comme seule transaction relative aux
terres, la concession à bail; quant à la durée allé-
guée par Chardin, nous aurons lieu d'y revenir. Ce
tiers du produit des terres, qui est le revenu du
roi et des seigneurs, n'est autre chose que le *kharadj*;
et la taxe d'un ducat par tête, n'est autre que la
djezia. En nous livrant à l'examen du mode de
gouvernement de la Turquie et de l'Égypte, nous
serons amenés à reconnaître les mêmes divisions et
hiérarchies administratives, désignées par les mêmes
noms; et les droits ainsi que les prérogatives, soit
financières, soit d'autorité, des possesseurs de *tyouls*

était gardée par une garnison turque, indépendante du bey et ne
reconnaissant que l'autorité de son aga.

[1] Les membres de l'aristocratie militaire turque sont décorés
aussi du nom de *koular*; de ce mot vient le nom de *koul-ougli* (plur.
koul-oughlar) donné aux fils de Turcs à Alger.

ou fiefs par assignation de revenus, nous offriront une parfaite identité avec ceux qui sont réservés, en Turquie aux timariotes, dans l'Inde aux jaghirdars, et en Égypte aux multézims. L'aspect de ces analogies si frappantes viendra naturellement confirmer la proposition que nous avons émise, que tous les empires musulmans ne sont que des fractions d'une même société soumises à la même loi, au même code administratif et politique, et où tout est identique et commun, jusqu'aux coutumes les moins importantes.

Parmi les nombreux écrits que nous possédons sur l'Inde, il est important de distinguer ceux que nous devons aux voyageurs et aux historiens, dont les relations se rapportent à l'époque où l'Inde était sous la domination musulmane [1], et ceux des publicistes qui, plus ou moins longtemps après l'acquisition territoriale faite dans ce pays par une compagnie de marchands anglais devenus plus tard souverains de l'Inde, se sont proposé d'examiner la nature du droit de propriété territoriale qu'ils y ont trouvé établi ; une source précieuse encore nous est ouverte pour l'étude de cette question, dans les règlements et les codes publiés par Timurleng (Tamerlan) Schah-Akber, et Alum-djîr (Aureng-Zebe).

Dans la préface de son ouvrage, le colonel Dow affirme que le souverain est, dans l'Inde, le seul propriétaire des terres, à l'exception de quelques districts héréditaires possédés par des princes hin-

---

[1]. Tels que Bernier et Dow.

dous, sous la condition de payement par eux d'un tribut annuel. Il considère aussi le roi comme l'héritier universel de ses sujets; mais, quand il existe des enfants, dit-il, il les prive rarement de leur patrimoine, à moins que la fortune laissée ne soit énorme et n'ait été acquise par l'oppression dans le gouvernement d'une province, et, dans ce cas même, une portion de ces biens est laissée aux enfants et aux plus proches parents, pour subvenir à leurs besoins, et sous l'indication du juge.

Il est difficile de faire concorder la qualification d'héritier universel de ses sujets donnée au souverain par Dow, avec cette proposition qu'il énonce quelques lignes au-dessous : «Les biens des mar-«chands, des industriels et des ouvriers ne sont ja-«mais confisqués par la couronne, quand ils laissent «des enfants ou des parents.»

Bernier est à peu près du même avis que Dow (*Voyages*, vol. I, p. 94.):.... «Car il n'en est pas des «Indes comme en France et dans les autres états de «la chrétienté, où les seigneurs ont de grandes terres «en propre et de grand revenu, dont ils puissent sub-«sister quelque temps d'eux-mêmes; *ils n'ont là que* «*des pensions* que le roi peut leur ôter à toute heure.

«Enfin, vous pourrez considérer que le grand «Mogol se porte héritier des omerah[1] et mansebdars «ou petits omerahs, qui sont à sa solde; et, ce «qui est de la dernière conséquence, *que toutes les*

---

[1] امرا *omera* est ici le pluriel امير d'*émir*, qui signifie «commandant».

« *terres du royaume sont à lui en propre*, si ce n'est
« quelques maisons et jardins qu'il permet à ses su-
« jets de vendre, acheter ou partager entre eux
« comme bon leur semble. »

Selon Verelst, qui a été chargé du maniement
des affaires dans les possessions anglaises de l'Inde,
et dont l'ouvrage est un de ceux qui méritent le
plus de confiance; tous les revenus de l'Indoustan
étaient directement fournis par le territoire, tenu
et possédé sous les différentes formes suivantes :

Les terres qu'il appelle *riotty*[1] étaient possédées
par des tenanciers résidant sur les lieux qui, au titre de leur concession, avaient le droit de les conserver aussi longtemps qu'ils continuaient à acquitter les rentes imposées; mais comme souvent des
rentes extraordinaires leur étaient extorquées, que
les exactions des seigneurs de leur territoire et des
autres officiers du gouvernement s'élevaient de manière à ce que la fortune du cultivateur ne pût
plus y satisfaire, ils en étaient réduits souvent à dé-
serter les terres sur lesquelles ils étaient établis
depuis longtemps, quelquefois de père en fils.

Les territoires, ainsi abandonnés par le *fellah* ou
raya[2] quand il avait réussi à échapper à la puissance
et à la surveillance de son seigneur, prenaient le
nom de *comar*.

---

[1] Dans ce mot de *riotty*, le lecteur n'aura pas manqué de reconnaître celui de رعيه *rayet* ou رعايا *raya*; il signifie donc « terre
« de raya ». Le nom de *rayet*, dont le sens litteral, est « troupeau »,
indique chez les musulmans la population conquise.

[2] Je me sers ici des expressions même de Verelst.

Ces terres de *comar* retombaient entre les mains
du chef du district, qui était chargé de les faire cultiver, soit précisément selon les dispositions régle-
mentaires applicables à tous les sujets, dans le cas
où il pouvait remplacer le sujet déserteur par un
fellah nouveau; soit, et c'était le cas le plus fréquent, par contrat débattu, et en faisant, au
paysan, des avances en nature et en argent.

Du reste, cette classe de terres ne doit point être
confondue avec celles qui sont connues sous les
noms de *coss* et de *jungleboury* [1]; les coss sont des
terrains abandonnés déjà depuis quelque temps, et
les jungleboury sont des pièces de terre consistant
en taillis ou en landes.

Il y avait ensuite, de même qu'en Perse, des assignations en terre et en argent sur le revenu de
ces terres; les assignations en terres étaient nommées *zemindaries;* le terme de *jaghir* répond assez bien à celui de fief [2], et s'appliquait à toute espèce d'assignation en général, comprenant celles
qui sont fixes et durables, comme celles qui sont
annuelles et variables.

Les grands districts des *zemindars* étaient connus
sous le nom de *pergunnah*, les moins considérables
sous celui de *talouk*. Sous le nom de *naunkar*, les

---

[1] Ces deux mots répondent à ceux de *mouuet* et de *moattela*, par
lesquels, dans les livres de législation musulmane, on désigne les
terres improductives et abandonnées.

[2] C'est d'après un passage des *Ayin Akbery* ou « Institutes d'Akber »
que je suis fondé à avancer que *jaghirdar* est synonyme de *sipahi*, et
signifie seulement « cavalier feudataire. »

fendataires avaient quelques terrains destinés à fournir à leur propre subsistance (comme cela avait
lieu pour les multézims de l'Égypte, par le moyen
des terres dites d'*oussya*).

Les provinces (*Subah*) étaient confiées au commandement de fonctionnaires désignés indifféremment sous les noms de *Sepahsillar* (général des
spahis), *subahdar* et *naouâb* [1].

Sous les noms d'*enaum* et d'*aima*, on distinguait
les fondations pieuses.

Quand les Anglais devinrent les maîtres de l'Inde,
convaincus de la nécessité de ne rien changer aux
lois et aux usages du pays, mais, en même temps,
possédés du désir de tirer de l'état de choses qu'ils
laissaient subsister les plus grands avantages possibles pour leurs finances, ils examinèrent la situation
sous toutes ses faces, et de vives discussions s'éle-
vèrent bientôt au sujet de l'assiette de la propriété
territoriale. Il était démontré à tous les yeux que
les droits du souverain consistaient en une partie
considérable des revenus, mais qu'il ne disposait jamais *par* et *pour lui-même* du fonds du sol. Ne supposant pas qu'il pût ne pas exister, les publicistes ne
se divisèrent donc que sur la question de savoir si le
droit à la propriété du fonds résidait chez les seigneurs ou *zemindars* ou chez les *rayas* ou *fellah* (pay-

---

[1] *Naouâb* est le pluriel de نايب *naïb*, lieutenant, substitut; du
pluriel نوانب *naouâb* on a formé le mot *nabab*, qui, appliqué aux
gouverneurs des provinces, a été plus tard, par un usage populaire,
donné aux Anglais revenant des Indes avec une puissante fortune.

sans cultivateurs); on fit des enquêtes; on publia, de part et d'autre, des dissertations, parmi lesquelles nous avons surtout remarqué celle de Boughton Rouse et celle de J. Grant.

B. Rouse est le principal champion de l'opinion sur laquelle l'administration anglaise a basé ses ré-solutions, et qui consiste à considérer les *zemindars* comme les véritables propriétaires du territoire, réduisant ainsi les *fellahs* ou *rayas* au rôle de fer-miers à titre précaire; son antagoniste, J. Grant, ne considérant les *zemindars* que comme des collec-teurs revêtus d'une grande autorité, trouve dans les *rayas* les véritables propriétaires du sol.

Des questions, à cet égard, furent posées aux docteurs musulmans et nous en enregistrons ici quelques-unes avec les réponses qui y ont été faites.

« *Question.* — Combien y a-t-il d'espèces de *zemin-* « *daries?* »

Réponse. — « Les zemindaries *actuelles* sont de trois « sortes : 1° les *jungleboury*, ce sont des terrains qui, « ayant été ruinés et étant devenus impropres à four-« nir les revenus royaux (*jumma padischahy*), ont été « ramenés à la fertilité par les soins et l'industrie « d'un individu, qui par là a rétabli le revenu de la « couronne (*kheradj* est ici le terme employé par le « mollah); telle est la *zemindarie* de Serayel; 2° les « *intekaly*[1] (par transfert), ce sont des terres en bon « état de culture et assez productives pour fournir « l'impôt; néanmoins, à raison de la négligence de

[1] De نَقَل *nakal*, « transporter, déplacer. »

« celui qui les tient, ou, à défaut d'héritiers, l'em-
« pereur ou le gouverneur de province en a délivré
« le *sunnud*[1] à un autre ; 3° les *ahkaemy*[2] (par dé-
« cision), ce sont celles qui, nonobstant le zèle du
« zemindar titulaire dans l'accomplissement *de ses*
« *fonctions*, lui sont enlevées et sont transférées au
« nom d'officiers approchant du souverain et em-
« ployés aux affaires des zemindars. *C'est cette disposi-*
« *tion qui a été la plus fréquente dans les derniers temps.* »

Question. — « Dans les *sunnuds diwany* (patentes
« émanées du diwan), les *zemindaries* sont quali-
« fiées d'office ou emploi (*khidmet*)[3] ; un office dé-
« pend nécessairement de celui qui l'accorde, et
« cependant, maintenant, les enfants des zemindars
« prennent possession des districts qui étaient entre
« les mains de leurs pères et grands-pères comme
« d'un héritage ? Depuis quand cette règle de suc-
« cession a-t-elle prévalu ? Et comment s'est-elle
« établie ? »

Réponse. — « Le motif pour lequel la zemindarie
« est qualifiée d'emploi se trouve dans les trois obli-
« gations imposées au zemindar de la part du sou-
« verain ; à savoir : 1° de ne point accueillir dans les
« limites de leur juridiction de traîtres ou de re-
« belles ;

---

[1] Le *sunnud* est le titre par lequel se donne l'investiture de la zemindarie ; c'est le *baraat* des fiefs turcs.

[2] حَكَم, plur. أحْكَام « sentence, jugement ».

[3] *Khidmet* est le terme général employé en Turquie, en Égypte et
en Afrique, pour désigner le service et surtout le service militaire ; le
mot خِدْمَة vient de خَدَم, « travailler, servir. »

« 2° De garantir la sécurité au cultivateur, de con-
« tribuer à accroître le bien-être du sujet et les re-
« venus de la couronne;

« 3° De punir les vols et les brigandages et de
« poursuivre les crimes.

« Il était de règle, sous les anciens empereurs,
« qu'à la mort des zemindars leurs effets et tous leurs
« biens fussent séquestrés par le gouvernement,
« après quoi, en considérations de leurs longs ser-
« vices, des sunnuds pour *l'emploi de zemindars étaient*
« *accordés à leurs enfants.*

« Maintenant, le droit que s'arrogent les enfants
« des zemindars, de prendre possession des terres
« tenues par leur père comme d'un héritage, est
« dû à la force de l'ancien usage de transférer au
« fils, par sunnud, la zemindarie de son père.

« C'est là le procédé suivant lequel s'est établie
« la règle d'hérédité pour les zemindaries.

« Eu égard à l'espèce *jungleboury*, il est en effet
« conforme à notre sainte loi et au commun usage,
« que celui-là acquière le droit héréditaire de zemin-
« dar sur la terre qu'il a défrichée avec autorisation
« du prince, et amenée à un état de prospérité tel
« qu'elle puisse fournir le revenu du trône; et les
« enfants de ces personnes ont décidément le droit
« de *possession* héréditaire.

« Mais, quant aux autres zemindaries, que leurs
« possesseurs ont prises en bon état d'entretien, fruit
« de l'industrie d'autrui, quoique leurs enfants aient
« aussi revendiqué le droit d'hérédité et s'en soient

« mis en possession de la même manière, on doit
« dire que la loi sainte ne leur reconnaît pas ce droit;
« et cela dépend entièrement du prince et du gou-
« vernement du pays. »

Ces questions et ces réponses sont rapportées
dans l'ouvrage de B. Rouse, qui cherche, par les arguments suivants, à prouver que la propriété est
l'apanage des zemindars.

« Quant au mode, aux priviléges et aux condi-
« tions des véritables tenanciers (sans donner à ce
« terme l'acception qu'on lui prête habituellement
« en Angleterre, et qui supposerait un droit réel de
« propriété concédé par autorité supérieure), mes
« recherches m'ont conduit à penser que ces condi-
« tions varient beaucoup, suivant l'usage établi dans
« chaque district, ou suivant les conventions faites,
« soit pour un terme de tant d'années, soit pour un
« bail courant d'année en année, moyennant le paye-
« ment d'une rente annuelle, ou d'une partie du
« produit de la récolte ; mais *sans que le raya ait, à*
« *ma connaissance, aucun droit de rester maître de la*
« *terre contre la volonté et l'assentiment de son supérieur*
« *immédiat, qui* est *investi de la possession permanente*
« de la propriété territoriale. Le seul article dans le
« sunnud des zemindars, qui semble affaiblir l'idée
« de leur droit de propriété, *consiste dans l'obligation*
« *qui leur est imposée de délivrer tous les ans le compte*
« *de leurs collections, revêtu de leur signature et légalisé*
« *par celle des* canon-goes. »

Après avoir cherché à prouver que les musul-

mans, en s'emparant du gouvernement, n'ont pu
avoir l'intention de dépouiller les anciens propriétaires, il continue ainsi :

« Les puissantes nations elles-mêmes, qui d'au
« delà du Danube et du Rhin ont inondé les contrées
« méridionales de l'Europe dans le premier âge du
« christianisme, ne se sont point emparées de tout
« le territoire conquis par elles ; elles le divisaient
« en trois parties, dont une pour le souverain, la
« seconde pour l'armée, et la troisième restait la
« propriété des indigènes ; cette répartition de la
« terre était tellement érigée en système, qu'elle a
« conservé le nom de *sortes vandalicæ.* »

Pour prouver qu'en raisonnant ainsi M. B. Rouse
est tombé dans l'erreur, il suffira de démontrer la
fausseté des faits sur lesquels il a basé son argumen-
tation. En effet, il est parti de l'idée que *la situation
et le droit de possession du tenancier cultivateur* étaient
réglés par *des conventions spéciales et dépendaient surtout de la volonté du zemindar.* Le contraire va précisément ressortir de l'examen des codes administratifs des différents monarques de l'Inde ; outre que
les passages qui vont en être reproduits nous ap-
porteront la preuve que les rapports du cultivateur
au seigneur étaient soumis à une règle générale et
invariable émanée du souverain, et qui n'est que
l'expression de la législation religieuse, et non à des
conventions entre les parties intéressées ; les termes
mêmes dont se servent les souverains, et la teneur
de leurs prescriptions, ne permettent pas de douter,

qu'attachés à la glèbe les fellahs, non-seulement ne pouvaient se soustraire au devoir de cultiver la terre, mais encore qu'il ne dépendait ni d'eux, ni de leurs zemindars *de fixer la durée du temps, le mode, et les conditions de la culture.*

Quoique j'eusse désiré n'entreprendre qu'après la démonstration de ces faits celle par laquelle je compte établir que l'office de zemindar ou plutôt de jaghirdar ne conférait aucun droit de propriété sur le fonds, mais seulement une autorité précaire avec assignation sur les revenus du trésor, je suis obligé, pour consulter les sources législatives par ordre de date, de commencer par le Code de Tamerlán, où cette dernière question se trouve posée et résolue, et, en conséquence, je dois attirer l'attention des lecteurs sur les premières prescriptions de ce code.

« J'ordonnai [1] que les revenus et les taxes fussent « recueillis de telle manière qu'il ne s'en suivît ni « ruine pour les rayas, ni dépopulation pour le « pays; parce que la ruine des sujets entraîne la « diminution des revenus.

« J'ordonnai que *le montant des revenus* des diffé- « rentes provinces et des royaumes fût partagé en « lots plus ou moins considérables, et qu'on établît « des assignations royales pour la collection de cha- « cun de ces lots; assignations qui seraient remises « *aux émirs* et aux ming-baschi; et j'ordonnai qu'il « fût recommandé à ceux-ci, quand ils lèveraient les

[1] Institutes de Timurleng.

«impôts sur les rayas, de ne demander, sous aucun
«prétexte, plus que les droits et les taxes fixés.

«Et pour toutes les provinces sur lesquelles
«étaient établies de semblables assignations, j'insti-
«tuai deux inspecteurs (*canon-goes*), dont l'un devait
«surveiller la collection, veiller sur les besoins des
«habitants, prendre note des sommes recueillies et
«mettre obstacle à ce que le jaghirdar les opprimât;
«l'autre devait tenir le registre des dépenses pu-
«bliques et se charger de la distribution des revenus
«entre les soldats. »

Il est impossible de ne pas reconnaître, dans ces
institutions, l'établissement de fiefs dont l'objet se
bornait à la collection des revenus appliqués par
fractions aux feudataires et à leurs soldats. *La suite
va nous démontrer que ces offices n'étaient point héréditaires et n'impliquaient aucun droit de propriété.*

«Après quoi l'état des provinces devait être
«l'objet d'une enquête. Si l'on trouvait les habitants
«satisfaits et la contrée florissante, j'ordonnai qu'ils
«fussent maintenus (*les jaghirdars*); mais que, s'il
«n'en était pas ainsi, *le jaghir* retournât à la cou-
«ronne, et que les titulaires de cet office fussent
«laissés trois ans sans entretien [1].

«Et j'ordonnai que, pour presser la collection des
«impôts, on usât des menaces; mais j'interdis les
«coups et les sévices.

«Et j'ordonnai, au sujet des terres conquises,

_____
[1] On retrouvera exactement la même disposition dans les règlements de Soliman relatifs aux *ziamets* et aux *timars* de la Turquie.

« que les impôts y fussent établis *proportionnellement*
« *au produit des terres cultivées*, et que *les taxes sur les*
« *productions fussent définitivement fixées;* et d'abord
« que les terres cultivées par les rayas, et fertilisées
« par l'eau des canaux ou des sources et des ruis-
« seaux (c'est-à-dire jouissant d'une irrigation conti-
« nue) seraient sous la haute direction des officiers
« de la couronne, et que, sur le montant des ré-
« coltes, *deux tiers fussent laissés* au cultivateur, et
« l'autre tiers versé dans le trésor royal[1].

« Et je prescrivis que, quiconque entreprendrait
« de défricher une terre inculte, ouvrirait un aque-
« duc, creuserait un canal, planterait des arbres ou
« remettrait en culture un terrain abandonné, ne
« serait tenu à aucune redevance pour la première
« année, ne donnerait à la seconde que ce qu'il
« voudrait, et ne deviendrait sujet au *kharadj fixe* que
« la troisième année (خراج وظيفة). »

Je n'ai pas besoin de faire remarquer la coïncidence des ordonnances de Timour avec celles de la
législation musulmane générale que nous avons
étudiées, en commençant ce travail; ni de signaler
le nom du kharadj qui s'y trouve écrit en toutes
lettres; nous allons en trouver un exemple encore
plus frappant dans les *Ayîn-akbery*, ou instituts *d'Ak-
ber-schah*, sixième descendant de Timour-leng, traduits en anglais par Gladwin.

« Anciennement les monarques de l'Indoustan
« prélevaient le sixième du produit des terres; dans

---

[1] C'est bien là le خراج وظيفة *kharadj fixe.*

«l'empire turc, le cultivateur payait le cinquième;
«mais, en même temps, on levait une capitation
«générale nommée *kheradj*.

«Kobad (roi de Perse) n'approuvait pas ce mode
«arbitraire et voulait qu'on fît un mesurage de toute
«la terre cultivable de son empire, afin d'établir
«équitablement les revenus. Il mourut sans accom-
«plir son projet; mais Nourschirwan, son fils, le
«mit à exécution, et institua une mesure pour la
«terre qui avait 60 *kissery guz* carrés, et; ayant
«calculé qu'une telle étendue de terrain-pouvait
«donner *un kefiz*, évalué à 3 dirhems, il fixa au tiers
«de cette somme le montant de l'impôt.....: le
«kefiz est une mesure qu'on nomme aussi *saa*.

«En Égypte le revenu est ainsi fixé : 3 ibrahîmis
«par feddan de la meilleure terre, 2 pour la terre
«de moyenne qualité, et 1 pour celle qui est mau-
«vaise. L'ibrahîmi a cours pour 40 kebirs, dont
«14 valent 1 roupie du schah Akber[1]. Le feddan
«contient 100 verges carrées, chacune égale à un bâ.

«En beaucoup d'endroits de l'empire turc, ils
«imposent au fellah 30 oktchés (aspres) par paire
«de bœufs; de plus 42 pour le fisc, et, en outre,
«21 pour le subahdar ou vice-roi (c'est *le pacha*);
«l'oktcheh est une petite pièce d'argent dont 80 font
«un ibrahîmi. En d'autres endroits de cet empire
«on prend 27 oktchés par charrue pour le soldat
«(*il y a dans le texte* sipahi), et 6 pour le vice-roi;

---

[1] L'*ibrahîmi* n'est autre chose que le *dinar*, et le *kebir* est le *para*
ou *médine*.

« ailleurs encore 27 pour le sandjak bégui, et *12 pour*
« *le soubachi ou cotouel* [2].

   « Dans la meilleure loi on compte trois manières
« de tenir les terres : et on les nomme *ascheri, khe-*
« *radji et ssolhi.*

   « Il y a cinq espèces de terres ascheri : 1° celles de
« tsehama, comprenant la Mecque, Taüs, le Yémen,
« l'Oman, Bahreïn et Réyeth.

   « 2° Celles dont les naturels ont spontanément
« embrassé l'islanisme ;

   « 3° Celles d'un pays conquis qui ont été immé-
« diatement partagées entres les vainqueurs ;

   « 4° Celles sur lesquelles un musulman bâtit une
« maison ou plante un jardin ;

   « 5° La terre inculte mise en rapport par ordre
« du souverain.

   « Les terres de kharadj sont : 1° la Perse propre-
« ment dite et le Kerman ; 2° celles sur lesquelles
« un demmy a bâti une maison ou planté un jardin ;
« 3° les terrains en friche, rendus productifs par
« un musulman, au moyen d'eau amenée à frais
« publics ; 4° *Un pays qui a capitulé* ; 5° la terre cul-
« tivée, arrosée par de l'eau tributaire.

   « Les terres ssolhi sont : 1° celles de Béni-Saleb ;
« 2° celles de Béni-Behran.

   « *Le kharadj* est divisé en *mokassime* et en *wezife.*

---

   [1] J'ai surtout rapporté ce passage à cause des indications qu'il
fournit sur les fonctions qui, différant pour le nom, se corres-
pondent et sont identiques par le fait dans deux empires musulmans éloignés.

« *La bigah* ou *djerib* est une mesure de terre
« de 3,600 guz carrés ; le guz ilahi fixé par le sul-
« tan Akber était de 41 doigts.

« Après avoir établi ces mesures, sa majesté par-
« tagea les terrains en différentes classes selon les-
« quelles il fit varier l'impôt. Il fit additionner le
« produit d'une bigah de terre de bonne, de moyenne
« et de mauvaise qualité ; et, après avoir établi la
« moyenne du produit, il ordonna que *le tiers* de
« cette moyenne fût la base de l'impôt. »

Ceci est évidemment le kharadj fixe.

« Nous avons, par cet édit[1], ordonné de faire con-
« naître aux *mutsuddies* et *aamils* actuellement en
« office, ainsi qu'à ceux qui, dans l'avenir, pourraient
« vaquer aux mêmes emplois dans l'empire (bien
« protégé) de l'Indoustan, ce qu'il faut qu'ils sachent
« relativement au mode et à la quotité du tribut fixé
« par la loi de notre sainte et illustre religion......
« D'abord ils doivent témoigner aux rayas faveur
« et indulgence, et les engager, par de salutaires
« mesures et une sage administration, à se livrer de
« cœur à l'agriculture, afin qu'aucun terrain ne soit
« négligé par ceux qui sont susceptibles de le culti-
« ver. Puis, à partir du commencement de l'année,
« ils chercheront à s'instruire, autant que possible,
« de la situation des cultivateurs ; ils sauront s'ils se-
« sont occupés de leurs travaux ou s'ils les ont né-
« gligés ; ils stimuleront ceux qui sont aptes aux
« travaux de la terre, et leur accorderont les encou-

[1] Firman de l'empereur Aureng-Zebe.

« ragements nécessaires; mais, si après examen il
« apparaît que tels qui ont les moyens et qui sont
« pourvus des moyens d'irrigation aient omis la
« culture de leur terrain, ils devront les avertir, les
« menacer, et *mettront en usage à leur égard la con-*
« *trainte et les coups* [1].

« Là où le kheradj est *mowezzeff* (fixé), ils s'in-
« formeront de la conduite du possesseur du terrain
« tributaire, et, s'ils apprennent qu'il est dépourvu
« des instruments et des moyens de culture, ils lui
« avanceront de l'argent, pour le compte du gouver-
« nement, à titre de *tekaoui* [2], et prendront à cet
« égard des sûretés.

« En cas de kheradj mowezzeff, si le tenancier
« d'une terre n'a pu la cultiver faute de moyens et
« *s'est enfui*, ils donneront cette terre à ferme, ou
« *permettront* à un autre sujet de la cultiver; ou bien
« ils établiront un individu en place du premier pos-
« sesseur, *et il lui sera permis d'appliquer à ses propres*
« *besoins tout ce qui restera du revenu après payement*
« *du tribut.*

« Ce n'est que quand une année se sera écoulée
« depuis la fuite d'un raya, que son terrain pourra
« être donné à ferme.

« Si le terrain est susceptible de fournir une espèce

---

[1] On conviendra qu'on ne peut guère admettre le droit de propriété chez des cultivateurs qu'on stimule ainsi au travail.

[2] تقوى *tekaoui* est aussi le mot reproduit dans les firmans des
souverains turcs, cités par M. de Hammer, pour exprimer les avances
de semailles faites aux cultivateurs et tirées des magasins du gouvernement en Égypte et en Turquie.

«particulière de produit, et que le cultivateur ne
«se livre pas à cette culture spéciale, ils devront
«s'opposer à cette manière de faire; il est de leur
«devoir de ne pas le laisser recueillir les bénéfices
«de sa mauvaise gestion, et ils devront cesser de
«le considérer comme propriétaire[1].

«Si une pièce de terre a changé de propriétaire
«et que, par la faute du nouvel occupant, elle dé-
«périsse, ils devront la considérer comme appar-
«tenant au premier maître, et *ne pas permettre au*
«*nouveau propriétaire de rester en possession*[2].

«Si un infidèle vend la terre à un musulman,
«l'acheteur devra payer le kheradj, nonobstant sa
«qualité de musulman.

«Dans le cas de kheradj mowezzeff, quiconque
«n'a pas la qualité de possesseur par hérédité, qu'il
«soit infidèle ou musulman, pourra, s'il a acheté
«ou pris en gage un terrain tributaire, en perce-
«voir les bénéfices avec la permission du gouver-
«nement.»

En récapitulant le sens des articles de ces divers
extraits, on acquiert la conviction que la culture des
terres n'est point l'usage par le fellah ou raya d'un
droit concédé moyennant bail et prix faits par le

---

[1] L'obligation imposée par Mehemet-Ali à ses rayas, de consacrer
une partie de leur terrain à certaines exploitations, telles que le coton, etc. a passé pour une innovation despotique de sa part; j'ai
pensé, à cet égard, qu'il ne serait pas inutile de reproduire cette
disposition analogue des ordonnances d'Aureng-Zebe.

[2] Par les mots *achat* et *vente*, on voit bien qu'il n'est question ici
que de la cession ou de l'engagement de l'usufruit.

seigneur, mais bien l'accomplissement de la volonté
souveraine qui se manifeste par une surveillance
continuelle et au besoin par l'emploi de la menace
et de la violence.

On voit aussi que le fellah n'est point propriétaire
du fonds, mais qu'il y est attaché souvent malgré lui,
au point que c'est à la désertion qu'il a recours pour
se dérober à la jouissance de ses prétendus droits;
et, pour les cessions dont la terre peut devenir l'objet, elles sont toutes évidemment précaires.

Quant aux zemindars, on ne peut guère conserver de doute sur leur position en réfléchissant à la
nécessité qui leur est imposée de se pourvoir d'un
sunnud, ou charte impériale, préalablement à leur
entrée en possession de leur fief, et en se rappelant
les termes dans lesquels ce sunnud est formulé et
la nature des fonctions dont ils sont investis, et que
personne ne croira pouvoir considérer comme com-
patibles avec le droit de propriété sur le fonds.

Le sunnud est ainsi conçu :

« Et il est exigé de lui (le jaghir ou zemindar,
« qu'après s'être acquitté convenablement des de-
« voirs de son *office* (khidmet), il s'efforce d'être con-
« ciliant envers tous les habitants ; qu'il ne cesse de
« s'occuper de la punition et de l'expulsion des re-
« belles ; qu'il paye les revenus fixés au trésor de
« l'état aux époques voulues ; qu'il excite les rayas
« à redoubler de zèle et à augmenter l'étendue de
« leurs cultures. Qu'il fasse entretenir les routes ;
« qu'il préserve son territoire des vols et des dépré-

«dations. Dans le cas où (ce que Dieu empêche)
«quelqu'un aurait été volé ou dépouillé, il faut
«qu'il représente le voleur et les objets enlevés, et
«qu'après les avoir restitués, il fasse punir le cri-
«minel; s'il ne peut trouver le coupable, c'est lui
«qui sera responsable des valeurs volées; qu'il sur-
«veille la conduite de chacun et qu'il remette ses
«comptes à la cour souveraine, revêtus de sa signa-
«ture et de celle du kanon-goe.»

A cette espèce de patente est jointe une obligation conçue exactement dans les mêmes termes et
signée par le candidat; et enfin le kanon-goe du district s'engage, par un acte qui est annexé aux deux
précédents, à répondre du zemindar sur sa personne
et ses biens.

Quelques renseignements nous sont encore fournis sur les droits des zemindars et leur autorité par
les instructions données, sous la présidence de
M. Verelst, aux commissaires anglais envoyés dans
les provinces :

«Il est important de savoir au juste le montant
«de ce que les zemindars ont à recevoir des rayas, à
«titre de revenus ou d'émoluments, chapitre sur
«lequel généralement ils portent fort loin l'abus,
«prenant avantage pour cela de l'attachement qu'ont
«pour eux les rayas, et de l'inefficacité de notre sur-
«veillance [1].»

[1] Il peut paraître étrange de voir M. Verelst affirmer que l'attachement des rayas, pour les collecteurs qui les dépouillent, est une
des causes qui concourent à dérober les spoliations à la connaissance de

« Outre l'avantage qu'ils s'assurent en s'emparant
« des territoires et en *faussant* l'état des revenus[1],
« ils ont, sous le nom de *nejaut* et de *naunkars*,
« des lots de terre libre destinés à pourvoir aux
« besoins de leurs familles ; il est probable, qu'à cet
« égard aussi, ils ont commis des usurpations ; il en
« est de même pour le droit appelé *nuzcranna*, qui
« consiste à se faire donner des vivres et de l'argent
« toutes les fois qu'eux ou leur suite se mettent en
« voyage. Une source de bénéfices leur est ouverte
« ultérieurement par les amendes qu'ils frappent à
« volonté et à leur profit ; ils lèvent aussi des droits
« sur les marchés et exigent des rayas de nombreuses
« corvées, au détriment de leurs propres travaux. »

Quoique, non sans de longues hésitations, le
gouvernement anglais ait fini par se ranger du parti
de B. Rouse, et par accorder aux zemindars la possession héréditaire et perpétuelle de leurs districts,
il est à remarquer que ceux-là mêmes qui ont con-

l'autorité anglaise ; et cependant le fait est probable ; car, pour mon
compte, je l'ai observé en Afrique ; mais le motif de cette étrange
conduite ne réside pas précisément dans l'attachement du raya pour
la personne du zemindar ; il faut le chercher dans le sentiment
qui ligue tous les musulmans entre eux contre l'étranger qui gouverne et qui fait que, dans la crainte de se rendre coupable d'une
double impiété, le sujet musulman se laisse opprimer et dépouiller,
plutôt que d'en appeler à un gouvernement qui, par ces plaintes
mêmes, pourrait obtenir quelques éclaircissements sur les matières
politiques et financières qu'il y aurait crime et apostasie à lui faire
connaître.

[1] C'est un art qui n'est pas étranger aux Africains, ainsi que plus
loin j'en fournirai la preuve.

seillé et fait adopter cette mesure, n'ont pu jusqu'au
dernier moment abjurer toute incertitude ; on ne
peut mieux faire apprécier cette situation d'esprit,
et rien ne peut donner une idée plus heureusement
vraie de l'aspect sous lequel s'est présentée à eux la
nature de la propriété territoriale dans l'Inde, que
le passage suivant emprunté à un discours de lord
Teignemouth, et rapporté dans le livre de Patton,
sur la propriété dans l'Inde.

« Les rapports du zemindar au gouvernement et
« du raya au zemindar ne sont ceux ni d'un pro-
« priétaire, ni d'un vassal, mais un composé des
« deux. Le premier accomplit des actes d'autorité
« qui n'ont aucune connexité avec les droits de
« propriété ; le dernier a des droits sans avoir néan-
« moins de propriété réelle ; et la propriété de l'un,
« ainsi que les droits de l'autre, sont en grande par-
« tie tenus à discrétion. Tel est le système que nous
« avons trouvé établi et que nous avons été obligés
« d'adopter. »

En effet, il eût fallu être frappé d'aveuglement
pour ne point reconnaître que la zemindarie ne
confère point au titulaire de droit à la propriété d'un
territoire, dont la culture est soumise à des conditions et à des hommes sur lesquels il n'a qu'une
puissance de police ; d'ailleurs, l'histoire, de son
côté, contribue à lever toutes les doutes :

Dans l'histoire de Ferischta, traduite par le
C. Dow, le fait suivant est rapporté : Férid, le fils
d'un jaghirdar, après avoir vainement tenté d'ob-

tenir le fief paternel du vivant de son père, en est investi lors de sa mort; et, sur la réclamation de son frère Soliman, qui demande à le partager avec lui, il offre de lui donner sa part des effets mobiliers et des valeurs pécuniaires, lui refusant toute participation à la zemindarie; et à ce récit Ferischta ajoute les réflexions suivantes :

« Ce n'est pas la coutume du pays, *que des fonds* « *de terre soient la propriété de qui que ce soit;* c'est ici « l'empire d'Indoustan; celui à qui le roi confère un « jaghîr, il lui reste; la pratique des sultans a tou- « jours été de faire partager entre les enfants les « biens du père décédé; mais un territoire ne peut « se transmettre héréditairement; il s'acquiert à la « pointe du glaive[1]. »

M. Rouse lui-même cite un événement arrivé sous le règne d'Aureng-Zebe, l'empereur le plus puissant et le plus juste de l'Inde. Il rapporte que Jaffer-kahn, subahdar du Bengale, renvoya une fois, avec autorisation souveraine, tous les zemindars de cette province, et les remplaça par des officiers de son choix.

Il est probable même que l'hérédité, défendue par la loi, ne s'était pas établie par l'abus; car s'il en eût été ainsi pour les jaghirs au moment où les Anglais se sont emparés du gouvernement, on n'eût pas trouvé ces districts immenses qui contenaient jusqu'à trois ou quatre mille hameaux et villages. Soumis

---

[1] En Turquie on appelle les fiefs *mael moukattelé* (biens de guerre), et l'apanage s'appelle *kilidj* (sabre).

à la loi de succession musulmane, ils eussent été indéfiniment morcelés.

La loi musulmane ne confère pas de privilége à l'aîné des fils ; et, pas plus que le Koran, la loi hindoue n'offre de dispositions semblables. Mais alors les Anglais n'avaient pas encore assez approfondi l'étude de ces législations pour y trouver un guide et un appui; et, par le fait même de cette ignorance, ils devaient être portés à juger la constitution de ce pays dont les mœurs et les coutumes étaient pour eux une énigme, sous l'influence de l'impression que leur laissaient les souvenirs des institutions de leur patrie. Or, en Angleterre, le fait dominant est la grande propriété territoriale, conservée intacte par suite des priviléges réservés à la primo-géniture; l'apparence d'un système de féodalité, d'une coutume d'hérédité dut contribuer à les égarer; et chez eux les fiefs étant de véritables propriétés, ils durent pencher à considérer les zemindars comme propriétaires du fonds. C'est ainsi qu'ils furent amenés à commettre une faute grave, dont ils n'ont pas tardé à se repentir, et des conséquences de laquelle ils se ressentent encore aujourd'hui.

Ainsi, quoique le mot de *wakf* ne soit pas écrit en toutes lettres dans les sources auxquelles j'ai pu puiser pour m'éclairer sur la nature de la propriété des terres dans l'Inde, l'existence de cette modification est suffisamment révélée dans tous les textes que j'ai cités, et découle nécessairement du fait de l'existence du kharadj, qui est parfaitement mis en lumière et je ne doute pas que le lecteur ne pense à cet égard, sauf quant à ce qui regarde le roi, comme Bernier, qui dit, tom. I, pag. 312 :

« C'est que, toutes les terres du royaume étant en « propre au roi, elles se donnent, comme bénéfices « qui s'appellent *jaghirs*, ou, comme en Turquie, « *tîmars*, à des gens de la milice pour leur paye ou « pension ; ou bien elles se donnent de même aux « gouverneurs pour leurs pensions et l'entretien de « leurs troupes ; à la charge que, *du surplus du re-* « *venu des terres*, ils en donneront tous les ans cer- « taines sommes au roi, comme fermiers....... « moyennant quoi les gens à *timar*, gouverneurs et « fermiers, ont une autorité, comme absolue, sur les « paysans, et même encore fort grande sur les arti- « sans et marchands des villes, bourgades et villages « de leur dépendance. »

D'ailleurs l'examen des règlements de Tamerlan, d'Akber et d'Aureng-Zebe prouve irréfragablement que le gouvernement seul avait dans l'Inde la dis- position du sol, et que ni le zemindar, ni le raya, n'y avaient aucun droit de propriété.

ÉGYPTE.

Nous ne possédons guère, relativement à la cons- titution de la propriété territoriale en Égypte, que les trois mémoires de l'illustre orientaliste M. de Sacy ; de nombreux travaux ont sans doute paru de- puis celui-là, dans lesquels cette importante question

a dû être l'objet d'une attention plus ou moins sérieuse; mais les auteurs ont puisé dans les mémoires
de M. de Sacy tout ce qu'ils ont cru devoir dire de
la propriété, et quelques-uns, non contents d'en extraire l'esprit, en ont copié presque textuellement
le fond; les opinions de M. de Sacy ayant eu jusqu'à
ce jour pleine et entière autorité, il est impossible de
traiter la question de la propriété en Égypte sans
s'y arrêter et en aborder l'examen. Mais, avant de le
faire et d'analyser cette triple publication, nous com-
mencerons, comme M. de Sacy, et par les mêmes
moyens, à réunir quelques documents propres à
nous faire connaître l'état de choses qui a été observé et reconnu par nos savants, quand l'armée
française est entrée en Égypte.

Le premier nous est fourni par un mémoire de
M. Reynier :

«Tous les villages de l'Égypte appartiennent à
«des seigneurs ou *moultézims;* ces *moultézims* possè-
«dent sous le même rapport que les seigneurs des
«temps féodaux en Europe; ils ont la propriété im-
«médiate d'une portion des terres analogue à ce
«que jadis, en France, on nommait la terre de ré-
«serve, et qui porte le nom d'*oussyeh, et la propriété*
«*médiate* des terres que les *fellahs* cultivent, et même
«celle de leurs personnes ou plutôt de leurs la-
«beurs. Ces derniers, attachés à la glèbe, ne diffè-
«rent des serfs de Russie et de Pologne, que par le
«droit qu'ils ont de transmettre à leurs héritiers,
«et même dans quelques circonstances, d'aliéner la

« portion de terre qui leur est dévolue; mais, comme
« eux, ils sont attachés au sol et ne peuvent le quit-
« ter; peut-être serait-il encore plus exact de dire
« que leur travail est la propriété de leur maître,
« plutôt que leur personne, puisqu'il ne peut les sé-
« parer du sol qu'ils cultivent, et qu'ils en suivent le
« sort, tandis qu'un Russe peut aliéner les paysans
« indépendamment de sa terre. »

« Ces moultézims étaient anciennement *les descen-*
« *dants des officiers de l'armée turque* à qui, dans les
« premiers temps après la conquête, des villages
« avaient été concédés. Les mamelouks les ont suc-
« cessivement presque tous dépossédés. »

« Le mode de propriété des fellahs varie d'une
« partie de l'Égypte à l'autre; dans certains cantons
« elle est constatée seulement par un livre déposé
« entre les mains des notables du village, et non par
« des démarcations territoriales; dans d'autres lieux
« ces démarcations existent. Le premier mode est en
« vigueur là où l'étendue des terres cultivables varie
« suivant la plus ou moins grande extension de l'inon-
« dation du Nil, et alors le partage se fait chaque an-
« née en proportion des droits de chacun de ceux qui
« se trouvent inscrits; c'est dans la Haute-Égypte sur-
« tout que cet usage est établi, tandis que dans la
« Basse-Égypte, l'inondation étant maîtrisée par des
« digues de retenue, les démarcations subsistent. »

« Après la conquête de l'Égypte par Sélim, les
« impositions furent fixées ainsi que les redevances
« féodales; les premières, sous le nom de *miri,* étaient

« destinées au gouvernement; les secondes, sous
« celui de فايض *faïz* étaient le revenu légal du moul-
« tézim. Le faïz et le miri réunis étaient appelés *mal-*
« *el-horr.* Plus tard, à ces droits devenus insuffi-
« sants, on en ajouta d'autres auxquels fut donné le
« nom de *barrani* [1]. »

« Quant aux terres d'oussyeh, elles sont mises en
« valeur de trois manières : ou affermées à prix d'ar-
« gent aux fellahs, auxquels le scheik du village im-
« pose l'obligation de les cultiver pour un prix qu'il
« fixe, ou cultivées par le fellah, le moultézim four-
« nissant la semence; et alors il leur abandonne le
« tiers, quelquefois le quart seulement de la récolte,
« sur laquelle on a préalablement prélevé les avances;
« ou enfin le moultézim fait cultiver par des charrues
« à lui, et les fellahs sont obligés à des corvées gra-
« tuites. »

Suivant l'ouvrage du général Reynier, intitulé :
De l'Égypte après la bataille d'Héliopolis, il semblerait que « les fellahs sont attachés par familles aux
« terres qu'ils doivent cultiver; que leur travail est
« la propriété des moultézims ou seigneurs de leurs
« villages; que leur sort est aussi affreux que l'escla-

[1] M. de Sacy traduit, dans une note, par « droit addititionnel », les mots *mal el horr,* et il ajoute qu'il trouve à cette imposition beaucoup d'analogie avec la taxe connue sous le nom *rafa-el-mezalim.* Je crois qu'il s'est trompé dans cette interprétation. *Mal el horr* veut dire « revenu légitime, franc », et précisément tout l'opposé de *rafa-el-mezalim,* qui signifie « droit substitué aux extorsions ou oppressions. » C'est le droit appelé *barrani,* qui eût pu, avec exactitude, être rendu par « droit additionnel ».

« vage, quoiqu'ils ne puissent être vendus ; ils possè-
« dent et transmettent à leurs enfants la propriété
« des terres allouées à leur famille, mais ils ne peu-
« vent *les aliéner*, et c'est à peine s'ils peuvent en
« disposer par location sans permission de leurs
« seigneurs ; si, excédés de misère, ils quittent le
« village, le moultézim a le droit de les faire arrêter :
« l'hospitalité des fellahs leurs semblables, et des
« Arabes, offre quelquefois un asile à leur fuite ; mais
« les fellahs qui restent dans le village qu'ils ont
« quitté, sont obligés de payer pour eux.

« La classe des propriétaires vivant dans les villes
« du produit de *leurs villages est composée particuliè-*
« *rement des descendants des officiers turcs qui conqui-*
« *rent l'Égypte sous Sélim I*er, et des *mamelouks* qui
« partagèrent avec eux le gouvernement ; ces officiers
« avaient obtenu la concession d'une grande partie
« des villages ; ils recevaient *la plus forte partie de*
« *leurs revenus comme appointements, et pour l'entretien*
« *des soldats qu'ils* devaient toujours être prêts à con-
« duire à la défense de l'État ; ils tenaient ces vil-
« lages sous des conditions analogues *aux timariots* du
« reste de la Turquie, et à la suzeraineté des temps
« féodaux ; *ils étaient chargés aussi de la perception des*
« *droits réservés au souverain, qu'on regardait comme le*
« *seul propriétaire des terres, et qui en pouvait disposer*
« *après la mort de celui qui en avait la jouissance.* »

Suivant des notes communiquées à M. de Sacy
par M. Raige, un de ses anciens auditeurs, « les
« fellahs acquièrent certains droits sur la portion de

« terre qu'ils cultivent ; ils peuvent la mettre en gage
« et en laissent l'usufruit à leurs enfants ; *le moulté-*
« *zim ne peut leur enlever le terrain dont ils continuent*
« *la culture ; il le reprend à leur mort, s'ils n'ont pas*
« *d'héritiers, et même pendant leur vie, s'ils en négligent*
« *la culture.* »

Il serait difficile, cependant, de concilier l'allé-
gation de M. Raige, touchant le droit de propriété
des multézims, avec ce qu'il expose des droits des
fellahs.

A ce tableau de la répartition des droits des tenanciers de toute espèce sur les terres d'Égypte, il
nous faut ajouter que le gouvernement des provinces formées par les villages des multézims, était
entre les mains des *beys, sandjak-beys* ou *kaschefs,*
qui eux-mêmes avaient à rendre compte de leur gestion au divan du Caire, présidé par un pacha qu'y
envoyait la Porte.

Dans chaque village résidaient un Copte pour la
tenue des comptes, un kadi ou schahed (notaire public) et un arpenteur ; la police était l'apanage du
scheick. Deux hauts fonctionnaires, ordinairement
beys, étaient chargés, sous le nom de *kaschef eltrab*
(inspecteurs du sol), de fonctions tout à fait analogues à celles des *kanon-goes* de l'Inde ; suivis chacun d'une escorte de mille cavaliers, ils parcouraient l'Égypte et surveillaient tous deux la mise
en valeur des terres, l'entretien des digues et des
canaux, et l'établissement des comptes de revenus
pour toutes les localités.

C'est ainsi qu'était organisée l'Égypte vers l'époque où elle tomba au pouvoir de la France, et c'est l'aspect de ces faits qui inspire à M. de Sacy les considérations suivantes :

« Il me paraît qu'on peut considérer la propriété « de chaque portion du territoire (j'en excepte pro- « visoirement les fondations pieuses et les terres « d'oussyeh), comme *partagée* entre le *souverain* (le « Grand-Seigneur), les *moultézims* et les *fellahs*, ou « cultivateurs.

« *Le souverain est considéré comme le propriétaire* « *primitif;* mais *son droit de propriété sur le fonds ne* « *se trouve jamais joint avec l'usufruit;* il faut toujours « qu'il y ait un intermédiaire entre lui et le fellah. « Le *miri* est moins, si je ne me trompe, une imposi- « tion foncière, que le revenu que le souverain s'est « *réservé sur ses propriétés,* par une *sorte de bail* ou *de* « *transaction* faite originairement avec les moulté- « zims.

« Le *moultézim, bey, mamelouk,* ou *simple particu-* « *lier* possède par concession du souverain, et sous « la responsabilité de l'acquit des droits du gouver- « nement, le territoire d'un ou de plusieurs villages; « il en perçoit les fermages, c'est-à-dire, la portion « du produit, soit en argent, soit en nature, que la « loi ou l'usage lui accorde, et sur laquelle il doit « prélever le *miri. Sa propriété n'est pas pleine,* car il ne « peut pas dépouiller les fellahs domiciliés sur ses « terres du droit de les cultiver, afin de les faire « valoir par lui-même, ou par d'autres à son choix,

« ni fixer à volonté le prix du fermage, ce qui com
« promettrait les droits du fellah; il peut néanmoins,
« sous certaines réserves, aliéner et transmettre à ses
« héritiers; sa propriété s'étend jusqu'à un certain
« point sur les fellahs de son village, qui lui doivent,
« aux conditions déterminées par la loi et l'usage,
« la résidence sur sa terre, et la mise en valeur de
« son bien.

« Enfin, les fellahs *sont propriétaires*, chacun pour
« la portion du terrain qui lui est allouée, non *du*
« *fonds de terre*, ni même *d'un usufruit absolu*, mais
« du droit de le faire valoir exclusivement à tout
« autre, et de cette partie des fruits que la loi ou
« l'usage leur accorde; ces droits sont en même
« temps pour eux un devoir qu'on peut les contrain-
« dre à remplir par la force. »

Si, évitant de faire allusion à *de prétendues conven-*
tions entre le souverain et le multézim [1], dont il n'a pu
trouver nulle part de traces, parce qu'elles n'ont jamais existé, M. de Sacy se fût borné à nous représenter le *souverain* disposant des revenus du territoire, mais n'exerçant jamais d'action directe sur
le fonds; le *multézim*, chargé de la collection des

[1] Du nom de *multézim*, littéralem. « fermier responsable, » et de
celui de *faïz*, « lucre, bénéfice », M. de Sacy a conclu avec justesse que
le multézim n'a dû être qu'un fermier, d'autant mieux qu'il a vu,
dans le faïz, les bénéfices ou la partie du revenu qui excède la somme
exigée par l'état. Il fait remarquer aussi que Mohammed Aboul-
sourour appelle ces fermes des multézims (*khidmet*) « office ou emploi », et qu'il désigne également par ce terme les *timars* de la
Turquie.

impôts et de la police des contribuables, et préle-
vant sur les revenus le salaire de son office (khidmet); enfin le fellah, raya ou cultivateur, à la fois
en possession du droit et soumis à l'obligation de
cultiver la terre qui lui est allouée, et du produit de
laquelle il lui reste une portion : il eût eu le mérite
de résumer en quelques mots, et fort clairement,
l'étrange condition d'organisation du territoire qui
existait en Égypte; car dans les pays musulmans, il
est évident que, dans aucune des catégories sociales,
ne réside le véritable droit de propriété. Mais, aveu-
glé par les idées naturelles à ceux qui ne sont familiers qu'avec les lois de l'Occident, au lieu de considérer cet état de choses comme le résultat d'une
disposition normale et législative, il l'a envisagé
comme un résultat de l'usurpation et de la dépopulation de l'Égypte, et c'est à étudier ces faits imaginaires (au moins relativement au système qu'ils
servent à fonder), qu'il a consacré toutes ses recherches ultérieures.

On peut être convaincu d'avance de l'inutilité de
ces recherches, si on veut bien se rappeler que, lors
de la conquête de l'Égypte, le territoire fut fait
wakf, circonstance qui neutralise tout droit de propriété sur le sol, et qui explique parfaitement cette
singulière situation si nettement caractérisée pour
l'Égypte, par M. de Sacy, et pour l'Inde, par lord
Teignemouth.

Aussi, j'aurais peut-être pu terminer ici l'analyse
que j'ai entreprise des travaux de M. de Sacy, si

parmi les matériaux qu'il a employés, je ne devais en trouver quelques-uns qui me seront utiles, et si la puissante autorité acquise à tout ce qu'a écrit cet illustre orientaliste ne me faisait un devoir de rectifier quelques erreurs qu'il a accréditées et qui pourraient nuire à l'intelligence du sujet.

Dans la deuxième partie du premier mémoire, M. de Sacy, fidèle à sa préoccupation, cherche à établir l'état de la propriété en Égypte au moment où elle tomba au pouvoir des Turcs; il constate que Sélim ne dépouilla pas les mamelouks circassiens des territoires qu'ils possédaient, mais en même temps il rapporte des décisions qui suspendirent à leur égard tout droit de transmission héréditaire.

Néanmoins, il énonce la supposition (car il n'apporte à l'appui de cette proposition ni faits, ni preuves) que le corps des mamelouks étant parvenu à conserver une grande influence dans le gouvernement, et à réduire à rien l'autorité du Grand-Seigneur, *il se pourrait* que le système d'administration et les concessions dérivant des sultans circassiens se fussent conservés malgré la volonté de Soliman, et que ces concessions fussent l'origine des multézims. A l'appui de cette conjecture, il cite le passage suivant extrait du manuscrit de Mohammed-Aboul-Sourour :

« Le vendredi 22 de ramadan 1054, les sand-
« jaks se soulevèrent contre le pacha Maksoud ; le
« motif de leur mécontentement était que le pacha
« leur avait demandé le premier tiers (du revenu de

« leurs fermes), pour fournir à la paye du mois de ra-
« madan; ils lui objectèrent que le Nil était resté sur
« la terre cette année quarante jours plus tard que
« de coutume, et que les terres n'étaient pas même
« encore ensemencées ; que d'ailleurs l'échéance
« n'était pas encore arrivée. Puis les sandjaks se
« réunirent et adressèrent au sultan une lettre ainsi
« conçue : « Le vizir Maksoud-pacha a établi un mé-
« moire où il expose que les terres ont été scha-
« raki[1], et qu'il a payé de sa poche, pour le tribut
« (khazna) envoyé en l'année 1052, cinq cents bour-
« ses; il nous a envoyé ce mémoire pour le signer,
« mais nous nous y sommes refusés parce qu'il lui
« est resté de bénéfice, après l'envoi du tribut, sept
« cents bourses. Toutes les terres ont été inondées,
« aucune n'a été scharaki, et nous avons complète-
« ment payé les redevances. Nous lui avons dit que
« nous étions chargés d'un devoir de surveillance, et
« que nous nous garderions bien de le tromper. » Puis,
« exposant que le prix des fermes avait augmenté du
« tiers depuis dix ans, ils ajoutaient : « Nous deman-
« dons que cette augmentation soit supprimée, que
« quand quelqu'un de nous mourra, *une partie de sa*
« *paye* passe à ses enfants, suivant l'ancien règlement,
« et que quand un multézim détenteur d'un village
« viendra à mourir, s'il a des enfants, son village
« leur soit donné. »

« Je ne sais, dit après cette citation M. de Sacy,

---

[1] شراقى *scharaki* se dit des terres qui, n'ayant pas été atteintes
et fécondées par le Nil, ne peuvent être mises en rapport.

« si l'hérédité des fermes fut établie à cette occasion. »
Il me semble que M. de Sacy eût dû naturellement
supposer le contraire, car Aboul Sourour ayant fait
connaître, un peu plus loin, que le sultan déposa le
pacha ainsi accusé, il n'aurait pas manqué de faire
mention d'un changement aussi important que l'établissement de l'hérédité en matière d'apanages.

Si, dans l'examen de ce premier mémoire spécialement destiné à rendre compte de l'état de l'Égypte
depuis la conquête par les Turcs, jusqu'à l'arrivée
des Français, j'ai négligé de m'arrêter aux explications que l'auteur a essayé de donner des mots وقف
wakf, رزق rizk et ملك mulk, c'est que ces explications ne sont pas indispensables en ce moment, et
auraient jeté sur notre analyse autant de confusion
qu'elles en ont occasionné dans les mémoires qui
font l'objet de cette analyse.

Le second mémoire de M. de Sacy est destiné
à remonter « à l'origine et à la naissance des droits
« des sultans à la propriété de la terre, et à faire
« voir que ces droits ne sont nullement le résultat de la
« conquête primitive de l'Égypte par les musulmans, ni
« l'exécution d'un système développé peu à peu,
« mais bien l'effet d'une multitude de révolutions succes-
« sives, de la dépopulation de l'Égypte et de l'éta-
« blissement de diverses colonies arabes, appelées,
« à différentes époques, pour remplacer les habitants
« exterminés ou dispersés par l'action ou la réaction
« des causes politiques. »

Pour prouver cette dernière proposition, l'auteur

recourt à l'étude des circonstances qui ont marqué la conquête de l'Égypte par Amrou Ben el Aas, sous le khalifat d'Omar.

Cette excursion est précédée d'une exposition incomplète du code de la guerre, باب السير, puisée dans les ouvrages de H. Reland et dans le traité de Kodouri, et à l'occasion de laquelle l'auteur débute par une double erreur dont l'influence se fait ressentir sur tout le reste de son travail.

Se basant sur quelques passages du livre de Kodouri, qu'il a traduits avec son exactitude habituelle, mais cependant sans en pénétrer parfaitement le sens, il prétend démontrer, d'une manière incontestable, que « toute nation, hormis les Arabes « idolâtres, qui, refusant d'embrasser l'islamisme, « se soumet à payer l'imposition appelée *kharadj*, « ou la capitation nommée *djezieh*, conserve tous « ses droits et la jouissance pleine et entière de ses « propriétés, avec la faculté de les vendre et d'en « disposer à son gré; que, dans le cas même où un « pays a été conquis de vive force, l'imam, au lieu « d'user de toute la rigueur du droit de conquête et « de partager les propriétés foncières du peuple « conquis entre les musulmans, peut en confirmer « la possession aux vaincus, en leur imposant un « tribut ou contribution annuelle; enfin que cette « contribution peut être le kharadj *ou* le djezieh. »

Or, si nous jetons les yeux sur les extraits de la Hedaya, de la Moulteka et de Sidi Krelil, relatifs au code de la guerre, reproduits dans la première partie de cette étude, nous nous convaincrons facilement que cette double assertion de M. de Sacy n'est rien moins que fondée. Nous y verrons d'une part que la population juive, chrétienne ou ignicole qui persiste dans sa religion, n'est admise à la *clientèle musulmane*, ذمة, qu'en payant la capitation (جزية *djezieh*) et le (خراج) *kharadj*, et non pas, ainsi que le prétend M. de Sacy, en acquittant *l'un ou l'autre* de ces impôts ; d'autre part, nous acquerrons la conviction que l'entrée en clientèle après la conquête à main armée, moyennant payement de ces deux contributions, l'une sur les individus, l'autre sur le sol, n'a pour résultat ni de garantir à la population conquise ses propriétés mobilières, ni de lui conserver son droit de *pleine et entière propriété* sur le territoire, avec faculté de le vendre et d'en disposer à son gré.

Il me suffira, pour prouver ce que j'avance, de remettre sous les yeux du lecteur deux très-courtes citations empruntées à la Multeka et au livre de Sidi Krelil.

ما فتح الامام عنوة قسمه بين المسلمين او اقر اهله عليه ووضع الجزية عليهم والخراج على ارضيهم

Le pays que l'iman a conquis de vive force, il le partage entre les musulmans ou il y laisse les anciens habitants, imposant *sur eux* la djezieh, et *sur leurs terres* le kheradj.

Il est clair qu'ici il s'agit, non *de l'un ou de l'autre* de ces impôts, mais *de tous les deux simultanément*.

والعنوى حر وان مات او اسلم فالارض فقد للمسلمين

Et l'individu vaincu (et payant le djezieh) est de condition libre; s'il meurt ou s'il devient musulman, sa terre seule revient de droit aux musulmans.

Ce précepte, qui appartient également à tous les rites, nous prouve irréfragablement que l'acquittement du djezieh ne garantit pas à la nation conquise l'intégrité de son droit de propriété sur le sol, puisqu'après la mort ou par le fait de la conversion des individus à l'islam, leur terre rentre au domaine de l'état musulman.

Comme j'ai donné ailleurs le commentaire d'Abdelbaqui sur le texte de Sidi Krelil, je ne crois pas nécessaire de le reproduire ici; je me bornerai à rappeler que tout ce commentaire roule sur la distinction à faire entre la propriété que possédait le vaincu au moment de la conquête, et celle qu'il acquiert légalement après son entrée en clientèle musulmane : la première fait partie du butin du vainqueur, qui, s'il la lui laisse entre les mains, la laisse à titre de secours, على وجه العون, et non à titre de possession héréditaire, ليس على وجه الملك, tandis que sa nouvelle condition de ذى demmy lui assure l'inviolabilité de tout ce qu'il a pu acquérir postérieurement à sa soumission.

Ainsi les immeubles, les terres destinées à des plantations ou à des bâtisses qu'achète le demmy après qu'il est entré sous la domination musulmane, sont respectés par les musulmans : seulement, si ces derniers succèdent à un demmy dans la possession d'un de ces terrains grevés de kharadj, l'acquéreur, nonobstant sa religion, est tenu de continuer à acquitter le kheradj sur la nouvelle propriété.

A ce propos, je ne puis me dispenser de consigner ici une remarque très-importante, afin d'éviter l'apparence d'une contradiction qui ne manquerait pas de survenir si on perdait de vue le but de mon travail et l'objet spécial de cette première partie, qui est l'étude du territoire de grande culture.

La contradiction consisterait en ce que, après avoir posé en principe que, par le fait même de la conquête (فتح) et de l'occupation par les musulmans vainqueurs استيلاء المسلمين, le territoire conquis est grevé de kharadj, *et par suite fait wakf*, c'est-à-dire soustrait à toute transaction, j'admets, ainsi que je viens de le faire, la possibilité d'une cession de terrain de la part d'un demmy à un musulman.

Mais on verra bientôt que cette contradiction n'existe pas, si on veut bien se rappeler, d'une part, que je ne traite de la propriété *que dans les états musulmans*, et, de l'autre, que le wakf territorial résultant de la conquête d'un pays n'est établi, par suite de ce fait, que sur le territoire de grande culture (le seul dont je m'occupe en ce moment) et sur les immeubles en bon état, ainsi que cela est textuellement établi dans les commentaires d'Abdelbaqui, et non sur les terrains vagues propres aux plantations et aux bâtisses.

Je rapporte ici le passage du commentaire d'Abdelbaqui sur le chapitre des terres mortes (vaines et vagues) de Sidi Krelil :

ولا يقطع الامام لاحد معمور ارض العنوة كمكة والشام ومصر والعراق كما مر فى الجهاد الصلحة لزراعة حب ولا عقارها ملكًا اى لا يجوز له ذلك لانها وقف بمجرد الاستيلا بل امتناعًا واما معمور غير العنوة فيقطعه ملكًا وامتناعًا كمجون العنوة غير عقارهم وغير الصالح لزراعة حــــــــب

Et l'imam ne concède à personne la terre vivante des pays conquis (tels que la Mecque, la Syrie, l'Égypte et l'Irak, ainsi que cela a été dit au chapitre de la guerre), c'est-à-dire ni la terre propre à la culture des céréales, ni les immeubles, *à titre de propriété* : cela ne lui est pas permis, parce que ces objets sont wakfs par le fait même de la prise de possession des musulmans; il ne peut les concéder qu'à titre d'usufruit. Quant à ces mêmes objets, c'est-à-dire la terre vivante dans des pays autres que ceux qui ont été subjugués par les armes, il les peut concéder, soit à titre de propriété, soit à titre d'usufruit, *comme cela a lieu dans les pays conquis de vive force,* pour les terrains vagues et résultant de démolitions, hormis les immeubles et les terres propres à la culture des céréales.

Or, il est deux espèces de terrains soumis au kharadj, qui cependant ne sont pas wakf, et qui, par conséquent, peuvent être l'objet de l'exercice du droit de propriété, et donner ouverture à des actes de cession par vente, donation ou hérédité.

Ce sont d'abord les terrains de petite culture, qui

rentrent dans la classe des *terres mortes*, et ensuite *ceux d'un pays dont les habitants consentent à acheter la paix moyennant un tribut, et dans l'administration intérieure duquel les musulmans n'interviennent en rien;* mais alors le tribut qu'on nomme kharadj dans l'acception la plus large du mot, n'est point, à proprement parler, un tribut foncier; les légistes musulmans le considèrent comme une *djezia,* et *ce pays ne fait point partie du domaine musulman;* il ne rentre pas dans la classe de ceux qui en font partie et qui sont compris sous le nom de دار اسلام *dar îslam* [1].

La digression à laquelle je viens de me livrer pour éviter l'apparence d'une contradiction dans mes recherches m'a été inspirée par le désir de prévenir d'avance toutes les objections qui auraient pu être faites à ma manière d'envisager le système de la constitution territoriale musulmane. Du reste, elle n'est que le développement du chapitre de Mawerdi inséré dans la première partie de mes Recherches, et intitulé : *Du partage du butin et du Feï* [2]. Cette lecture pourra d'ailleurs mieux convaincre le lecteur que je ne saurais le faire, de l'inexactitude des deux propositions de M. de Sacy

[1] Il convient, à cet égard, de se rappeler qu'avant toute guerre, la loi ordonne aux musulmans d'inviter d'abord les ennemis à se soumettre à l'*islam*; et, si cette invitation échoue, à payer la *djezia*; si cette seconde invitation est accueillie, il n'y a pas lieu à la guerre : et le tribut payé pour obtenir la paix s'appelle خراج *kharadj.*

[2] Pag. 100-103.

que je viens de combattre, et dont la réfutation
était d'autant plus nécessaire, que c'est sous l'impression de ces idées qu'en s'efforçant un peu plus
loin (second mémoire, page 21.) de retrouver les
traces d'une capitulation accordée à l'Égypte par le
khalife Omar, M. de Sacy est amené à traduire de
la manière suivante un passage de l'Histoire de
l'Égypte par Makrizi :

Ainsi toute l'Égypte fut soumise par capitulation, moyennant une contribution de deux dînars *par tête*, contribution
qui devait être réglée en proportion des terres susceptibles
d'être cultivées et ensemencées.

Le texte porte :

فكانت مصر كلها صلحًا بفريضة دينارين دينارين على
كل رجل لا يزاد على احد منهم في جزية راسه اكثر
من دينارين الا انه يلزم بقدر ما يتوسع فيه من الارض
والـــــزرع

Il est inutile que je m'arrête sur la contradiction
évidente qui entache cette traduction. Une contribution ne peut pas simultanément être levée par
tête et réglée en raison des terres. Si la pensée que
la nation soumise par la victoire ou par une capitulation est tenue seulement à l'acquittement d'*un des
deux* impôts appelés djezieh et kharadj n'avait constamment préoccupé et trompé M. de Sacy, il eût
nécessairement traduit de la manière suivante :

Et toute l'Égypte capitula à raison de deux dînars par
tête, et il fut établi qu'on ne prendrait de personne plus

que ce taux pour le rachat de sa tête, si ce n'est que chacun devait en outre être imposé en proportion de la quantité de semences et de terre qu'il emploierait.

Cette préoccupation, qui a, ainsi que je l'ai dit, étendu son influence sur tout le reste du second mémoire de M. de Sacy, est tellement persistante, qu'il méconnaît l'existence du kharadj en Égypte, ou plutôt qu'il le confond avec le djezieh, qui en est cependant bien distinct. C'est ainsi que, p. 46, il avance que « le djezieh était de sa nature une « imposition personnelle en argent, mais que, le « plus souvent, il se convertissait en contribution « foncière, et que c'est là sans doute la raison pour « laquelle cette imposition est le plus souvent dé- « signée sous le nom de kharadj. »

Rien n'est moins fondé que cette assertion, ainsi que le fait judicieusement remarquer M. de Hammer dans son mémoire sur le gouvernement des khalifes. Il n'est pas un pays mahométan où, encore aujourd'hui, le djezieh ou capitation ne se paye en argent : cette imposition, qui est la seule que fixe nettement le Coran, n'a jamais changé, et il n'est pas un sujet juif ou chrétien qui, dans aucun pays mahométan, puisse s'y soustraire ou en faire changer la nature.

Le mot de kharadj, employé pour désigner le djezieh ou la djezia, est propre à la Turquie, et encore ne s'en sert-on qu'en sous-entendant le mot رؤس *têtes;* car la djezieh n'est autre chose que l'impôt ou kharadj sur les têtes.

Pour constater l'existence simultanée du kharadj avec le djezieh, il suffit de se rappeler l'imposition qui fut faite d'un demi-ardeb de froment et de deux ouibas d'orge par feddan de terre, ainsi que le rapporte lui-même M. de Sacy à la page 49 du deuxième mémoire. Or, on ne connaît en Islam que la dîme et le kharadj ; et toute imposition qui est autre que le dixième ou le vingtième de la récolte est nécessairement le kharadj.

Le troisième mémoire de M. de Sacy s'ouvre par une réfutation de la doctrine émise par M. de Hammer dans son livre sur la constitution et l'administration de l'Empire ottoman ; doctrine établie sur cette sentence du Coran, que la terre et tout ce qu'elle porte est à Dieu, et par conséquent au khalife, qui est la représentation de Dieu sur la terre, et d'où il résulte que le titre primitif et légal de *toute propriété foncière* dans les états musulmans, doit être nécessairement une concession du prince, qui est le seul propriétaire.

M. de Sacy s'élève avec raison contre ce principe, qui perd toute sa portée par l'extrême généralité qui le caractérise. En suivant rigoureusement les développements de cette donnée, on arriverait à l'erreur si souvent reprochée à Montesquieu qui, envisageant de cette manière les gouvernements despotiques, a été amené à y nier non-seulement l'existence de toute propriété, mais même de toute législation.

J'insisterai d'autant moins sur ce point, que je

crois avoir déjà dit ailleurs que, vingt-cinq ans
après avoir avancé cette proposition, M. de Hammer l'a désavouée, et a cru reconnaître qu'en Islam,
le souverain ne disposait que comme chef et dans
l'intérêt de la communauté *seulement*, des terres qui
n'étaient pas occupées.

Après cette digression, M. de Sacy s'occupe des
iktaas, qu'il envisage comme des *apanages* consistant
en concessions de fonds de terre faites, selon lui,
d'abord à titre gratuit par les khalifes, et, plus tard,
à titre de services militaires par la dynastie des
Seljoukides.

Cette définition et cette traduction du mot iktaa
ne sont pas tout à fait justes, et je crois qu'on ne
pourra mieux se rendre compte de ce que la législa-
lation musulmane entend par iktaa, qu'en lisant le
chapitre consacré à ce sujet dans le livre des Commandements royaux de Mawerdi, auquel Makrizi a
emprunté presque tout ce qu'il dit à ce sujet.

من كتاب الاحكام السلطانية للشيخ الامام العالم الفضل المحقق ابى الحسان الماوردى

الباب السابع عشر فى احكام الاقطاع

واقطاع السلطان مختص بما جاز فيه تصرفه ونفذه فيه اوامره ولا يصح بما تعيين مالكه وتميز مستحقه وهو ضربان اقطاع تمليك واقطاع استغلال فاما اقطاع تمليك فتنقسم فيه الارض المقطعة ثلاثة اقسام موات وعامر ومعادن فاما الموات فعلى ضربين احدهما ما لم يزل مواتا على قديم الزمان لم تجر عليه عمـــارة ولا تثبت عليه ملك فهذا الذى يجوز للسلطان ان يقطعه من يحببه ومن يعمره ويكون الاقطاع على مذهب ابى حنيفة شرطا فى جواز الاحباء لانه يمنع من احياء الموات الا باذن الامام وعلى مذهب الشافعى ان الاقطاع يجعله احق باحيائه من غيره وان لم يكن شرطا فى جوازه لانه يجوز احياء الموات بغير اذن الامام وعلى كلا المذهبين يكون المقطع احق باحيائه من غيره قد اقطع رسول الله لزبير بن العوام ركض فرسه من موات البقيع فاجراه ثم رى بسوطه

رغبة فى الزيادة فقال رسول الله اعطوه منتهى سوطه
والضرب الثانى من الموات ما كان عامرا نخرب فصار مواتا
عاطلا وذلك ضربان احدهما ما كان جاهليا كارض عاد
وثمود فهو كالموات الذى لم يثبت فيه عمارة ويجوز اقطاعه
قال رسول الله عادية الارض لله ولرسوله ثم هو لكم منى
يعنى ارض عاد والضرب الثانى ما كان اسلاميا جرى عليه
حكم المسلمين ثم خرب حتى صار مواتا عاطلا فقد
اختلف الفقهاء فى حكم احيائه على ثلاثة اقوال فمذهب
الشافعى فيه انه لا يملك بالاحياء سواء عرف اربابه او لم
يعرفوا وقال ابو حنيفة ان عرف اربابه لم يملك بالاحياء
واذا لم يعرفوا ملك بالاحياء وان لم يجز على مذهب
الشافعى ان يملك بالاحياء لم يجز احياؤه من غير اقطاع
فان عرف اربابه لم يجز اقطاعه وكانوا احق ببيعه
واحيائه وان لم يعرفوا جاز اقطاعه وكان الاقطاع شرطا
فى جواز احيائه فاذا صار الموات على ما شرحناه اقطاعا
لمن خصه الامام به وصار بالاقطاع احق الناس به لم
يستقر ملكه عليه قبل الاحياء فان شرع فى احيائه صار
بكمال الاحياء مالكا له وان امسك عن احيائه كان احق
به يدا وان لم يبصر له ملكا روعى امساكه ان احيائه
فان كان لعذر ظاهر لم يتعرض عليه فيه واقر فى يده لا

زوال عذره وان كان غير معذور فقد قال ابو حنيفة لا
يعرض فيه قبل مضى ثلاث سنين فان احياه فيها والا
بطال حكم اقطاعه بعدها احتجاجا بان عمر جعل اجل
الاقطاع ثلاث سنين وعلى مذهب الشافعى ان تاجيله لا
يلزم وانما المعتبر فيه القدرة على احيائه فاذا مضى عليه
زمان يقدر على احيائه فيه قيل له اما ان تحييه يبقّ في
يدك واما ان ترفع يدك عنه ليعود الى حاله قبل اقطاعه
فاما تاجيل عمر فهو قضية في عين يجوز ان يكون لسبب
اقتضاه او لاستحسار راه فلو تغلب على هذا الموات
المستقطع متغلبا فاحياه فقد اختلف الفقهاء في حكمه
على ثلاثة مذاهب فيذهب الشافعى الى ان محييه احق به
من مستقطعه وقال ابو حنيفة ان احياه قبل مضى ثلاث
سنين كان ملكا للمقطع وان احياه بعدها كان ملكا للمحيى
وقال مالك ان احياه وهو عالم بالاقطاع كان ملكا
للمقطع وان احياه غير عالم بالاقطاع خير المقطع بين
اخذه واعطاء المحيى نفقة عمارته وبين تركه للمحيى
والرجوع عليه بقيمة الموات قبل عمارته . . . .
فاما العامر فضربان احدهما ما تعيين مالكه فلا نظر
للسلطان فيه الا بما يتعلق بتلك الارض من حقوق بيت
المال اذا كانت فى دار الاسلام سواء كانت لمسلم او ذمى

فان كانت فى دار حرب لله لم تثبت للمسلمين عليه يد
فاراد الامام ان يقطعها ليملكها المقطع عند الظفر بها
جاز قد سال تميم الدارى لرسول الله ان يقطعه عيون
البلد الذى كان منه بالشام فغعل وساله ابو ثعلبة
الجُشمى ان يقطعه ارضا كانت بيد الروم فاعجب ذلك وقال
الا تسمعون ما يقول فقال والذى بعثك بالحق ليفتحن
عليك وكتب بذلك كتابا. وهكذا لو كان استوهب مالا
من الامام فى دار الحرب وهو على ملك اهله او استوهب
احدا من سبيها او ذراريها ليكون احق به اذا فتحها
جاز وصحت العطية منه مع للجهالة فيها لتعلقها بالامور
العامة روى الشعبى ان حريم بن اوس بن حارثه الطائى
قال للنبى صلى الله عليه وسلم اذا فتح الله عليك الحيرة
فاعطنى بنت بقيلة فلما اراد خالد صلح اهل الحيرة قال
له حريم ان رسول الله صلى الله عليه وسلم جعل لى
بنت بقيلة فلا تدخلها فى صلحك وشهد له بشر بن سعد
ومحمد بن مسلمة فاستثناها من الصلح فدفعها الى حريم
فاشتريت منه بالف درهم وكانت عجوزا قد حالت عن
عهده فقيل ويحك قد ارخصتها ان اهلها كــانوا
يدفعون اليك ضعف ما سالت فيها فقال ما كنت اظن
ان عددا يكون اكثر من الف واذا مع الاقطاع والتمليك

على هذا الوجه نظر حال الفتح فان كان صلحًا حصلت
الارض لمقطعها وكانت خارجة عن حكم الصلح بالاقطاع
السابق وان كان الفتح عنوة كان المقطع والمستوهب احق
بما استوهبه واستقطعه من الغانمين ونظر فى الغانمين فان
كانوا علموا بالاقطاع والهبة قبل الفتح فليس لهم المطالبة
بعوض ما استقطع ووهب وان لم يعلموا حتى فتحوا عاوضهم
الامام منه بما تستنطيب به نفوسهم كما تستطيب نفوسهم
من غير ذلك من الغنائم قال ابو حنيفة لا يلزمه استطابة
نفوسهم عنه ولا عن غير ذلك من الغنائم اذا رأى
المصلحة فى واحد منهم والضرب الثانى من العامر ما لم
تعين مالكه ولم يتميز مستحقه وهو على ثلاثة اقسام
احدها ما اصطفاه لبيت المال من فتوح البلاد اما بحق
الخمس فياخذوه باستحقاق اهله واما ان يصطفيه
باستطابة نفوس الغانمين فقد اصطفى عمر من ارض السواد
اموال كسرى واهل بيته وما هرب عنه اربابه او هلكوا
فكان مبلغ قيمته تسعة الف الف درهم كان يصرفها فى
مصالح المسلمين ولم يقطع شيئًا منها ثم ان عثمان
اقطعها لانه رأى ان اقطاعها اوفر لغلتها من تعطيلها
وشرط على من اقطعها ان ياخذ منها حق الفىء فكان
ذلك منه اقطاع اجارة لا اقطاع تمليك فتوفرت غلتها

حتى بلغت على ما قيل خمسين الف الف درهم فكان منها صلاته وعطاياه ثم تناقلتها الخلفاء بعده فلما كان عامر الحجاج اثنين وثمانين فى فتنة ابن الاشعث احرق الديوان فاخذ كل قوم ما يليه فهذا النوع من العامر لا يجوز اقطاع رقبته لانه قد صار باصطفائه لبيت المال ملكا لكافة المسلمين يجرى على رقبته حكم الوقوف الموبدة وصار استغلاله هو المال الموضوع فى حقوقه والسلطان فيه بالخيار على وجه النظر فى الاصلح بين ان يستغله لبيت المال كما فعل عمر ويبين ان يتخيره له من ذوى الملكة والعمل من يقوم بعمارة رقبته بخراج يوضع عليه مقدار وفور الاستغلال او نقصه كما فعل عثمان ويكون للخراج اجرة تصرف فى وجوه المصالح الا ان يكون ماخوذا بالخمس فيصرف فى اهل الخمس فان كان ما وضعه من الخراج مقاسمة على الشطر من الثمار والزرع جاز فى النخل كما ساقا رسول الله اهل خيبر على النصف من ثمــــــار النخل وجوازه فى الزرع معتبر باختلاف الفقهاء فى جواز المخابرة فمن اجازها اجاز للخراج بها ومن منعها منع من الخراج بها وقيل بل يجوز للخراج بها وان منع من جواز المخابرة عليها لما يتعلق بها من عموم المصالح التى تتسع احكامها عن احكام العقود الخاصة ويكون العشر واجبا فى الزرع دون الثمر لان

الزرع ملك لزراعه والثمرة لكافة المسلمين مصروفة فى مصالحهم والقسم الثانى من العامر ارض الخراج فلا يجوز اقطاع رقابها تمليكا لانها تنقسم على ضربين ضرب يكون رقابها وقفا وخراجها اجرة فتمليك الوقف لا يصح باقطاع ولا ببيع ولا هبة وضرب يكون رقابها ملكا وخراجها جزية ولا يصح اقطاع مملوك لغير مالكه فاما اقطاع خراجها فنذكره من بعد فى اقطاع الاستغلال والقسم الثالث ما مات عنه اربابه ولم يستحقه وارث بفرض ولا تعصيب فينتقل الا بيت المال ميراثا لكافة المسلمين مصروفا فى مصالحهم وقال ابو حنيفة ميراث من لا وارث له مصروف فى الفقراء خاصة صدقة عن الميت ومصرفه عند الشافعى فى وجوه المصالح اعم لانه قد كان من الاملاك الخاصة فقد صار من الانتقال الى بيت المال من الاملاك العامة وقد اختلف اصحاب الشافعى بعد فيما انتقل الى بيت المال من رقاب الاملاك هل يصير وقفا على وجهين احدها انه يصير وقفا لعموم مصرفها الذى لا يختص بجهة فعلى هذا لا يجوز بيعها ولا اقطاعها والوجه الثانى لا تصير وقفا حتى يوقفها الامام فهذا يجوز له بيعها اذا رأى بيعها اصلح لبيت المال ويكون ثمانها مصروفا فى عموم المصالح وفى ذوى الحاجة من اهل الفىء واهل الصدقة واما

اقطاعها على هذا الوجه قد قيل بجوازه لانه لما جاز
بيعها وصرف ثمنها الى من يراه من ذوى الحاجات وارباب
المصالح جاز اقطاعها له ويكون تمليك رقبتها كتمليك
ثمنها وقيل ان اقطاعها لا يجوز وان جاز بيعها لان البيع
معاوضة والاقطاع صلة والاثمان اذا صارت ناضة حكم
يخلف فيه العطايا حكم الاصول الثابتة فافترقا وان كان
الفرق ما بينهما ضعيفا فهذا الكلام فى اقطاع التمليك

فصل ،   واما اقطاع الاستغلال فعلى ضربين عشر
وخراج فاما العشر فاقطاعه لا يجوز لانه زكاة لاصناف
يعتبر وصف استحقاقهم عند دفعها اليهم وقد
يجوز ان لا يكونوا من اهلها وقت استحقاقها ولانها تجب
بشروط قد يجوز ان لا توجد فلا تجب فان وجبت وكان
مقطعها وقت الدفع مستحقا كان حوالة بعشر قد وجب
على ربه لمن هو من اهله فبح وجاز دفعه اليه ولا يصير
دينا له مستحقا حتى يقبضه لان الزكوات لا تملك الا
بالقبض فان منع من العشر لم يكن له خصما فيه وكان
عامل العشر احق بالمطالبة واما الخراج فيختلف حكم
اقطاعها باختلاف حال مقطعها وله ثلاثة احوال احدها
ان يكون من اهل الصدقات ولا يجوز ان يقطع مال الخراج
لان الخراج فىء لا يستحقه اهل الصدقات كما لا يستحق

الصدقات اهل الفيء وجوز ابو حنيفة ذلك لانه يجوز صرف الفيء فى اهل الصدقة وللحال الثانية ان يكون من اهل المصالح ممن ليس له رزق مفروض فلا يصح ان يقطعوه على الاطلاق فان جاز ان يعطوه من مال الخراج لانهم من نفل اهل الفيء لا من فرضه وما يعطونه انما هو من صلات المصالح فان جعل لهم من مال الخراج شيء اجرى عليهم حكم الحوالة والتسبب (والتسبيب) لا حكم الاقطاع فيعتبر فى جوازه شرطان احدها ان يكون بمال مقدر قد وجه سبب استباحتها والثانى ان يكون مال الخراج قد حل ووجب ليصح السبب عليه وللحوالة به فخرج بهذين الشرطين عن حكم الاقطاع وللحالة الثالثة ان يكون مرتزقة من اهل الفيء وفرضية الديوان وهم للجيش وهم اخص الناس بجواز الاقطاع لان لهم ارزاقا مقدرة تصرف اليهم مصرف الاستحقاق لانها اعواض عما ارصدوا نفوسهم له من حماية البيضة والذب عن الحريم فاذا صح ان يكونوا من اهل الاقطاع روعى حينئذ حال الخراج فان له حالين حال يكون جزية وحال يكون اجرة فاما ما كان منه جزية فهو غير مستقر على التابيد لانه ماخوذ مع بقاء الكفر وزائل مع حدوث الاسلام فلا يجوز اقطاعه اكثر من سنة لانه غير موثوق باستحقاقه بعدها فان اقطعه

سنة بعد حلوله واستحقاقه صح وان اقطعه في السنة قبل

(بعد) حلوله واستحقاقه صح وان اقطعه في السنة قبل

استحقاقه في جوازه وجهان احدها يجوز اذا قيل ان

حوال الجزية مصروف للاداء والثاني لا يجوز اذا قيل ان

حول الجزية مصروف للموجود واما ما كان من الخراج اجرة

فهو مستقر الوجوب على التابيد فيصح اقطاعه سنتين ولا

يلزم الاقتصار فيه على سنة واحدة بخلاف الجزية لله لا

تستقر واذا كان كذلك فلا يختلفوا حال اقطاعه من

ثلاثة اقسام احدها ان يقدر بسنين معلومة كاقطاعه

عشر سنين فيصح اذا روعي فيه شرطان احدها ان يكون

رزق المقطع معلوم القدر عند بادل الاقطاع فان كان

مجهولا عنده لم يصح والثاني ان يكون قدر الخراج معلوما

عند المقطع وعند بادل الاقطاع فان كان مجهولا عندها

او عند احدها لم يصح وان كان كذلك لم يخل حال

الخراج من احد امرين اما ان يكون مقاسمة او مساحة

فان كان مقاسمة فمن جوز من الفقهاء وضع الخراج على

المقاسمة جعله من المعلوم الذى يجوز اقطاعه ومن منع

من وضع الخراج على المقاسمة جعله من المجهول الذى لا

يجوز اقطاعه وان كان الخراج مساحة فهو على ضربين

احدها ان لا يختلف باختلاف الزروع فهذا معلوم

يبح اقطاعه والثانى (ان) يختلف باختلاف الزروع فينظر رزق مقطعه فان كان فيه مقابلة اعز للخراجين صح اقطاعه لانه راض بنقص ان دخل عليه وان كان فيه مقابلة اقل للخراجين لم يبح اقطاعه لانه قد يوجب فيه زيادة لا يستحقها ثم يراعى بعد صحة الاقطاع فى هذا القسم حال المقطع فى مدة الاقطاع فانها لا تخلو من ثلاثة احوال احدها ان يبقى لا انقضائها عل حال السلامة وهو على استحقاق الاقطاع لا اخر المدة وللحال الثانى ان يموت قبل انقضاء المدة فيبطل فى المدة الباقية بعد موته ويعود لا بيت المال فان كانت له ذرية دخلوا و اعطاء الذرارى لا فى ارزاق للجند فكان ما يقطعونه تسبيبا لا اقطاعا وللحال الثالث ان يحدث به زمانة فيكون باق للحياة مفقود العمة فى ابقاء اقطاعه بعد زمانته قولان احدهما انه باق عليه الى انقضاء مدته اذا قيل ان رزقه بالزمانة لا يسقط والثانى يرتجع منه اذا قيل ان رزقه بالزمانة يسقط فهو حكم القسم الاول اذا قدر الاقطاع فيه بمدة معلومة والقسم الثانى من اقسامه ان يستقطعه مدة حياته ثم لعقبه وورثته بعد موته فهذا باطل لانه قد خرج بهذا الاقطاع عن حقوق بيت المال عل الاملاك الموروثة واذا بطل كان ما اجتباه منه ماذونا فيه عن عقد فاسد

فيبرا اهل الخراج بقبضه وحوسب به من جملة رزقه فان
كان اكثر رد الزيادة وان كان اقل رجع بالباقى واظهر
السلطان فساد الاقطاع حتى يمنع من القبض ويمنع اهل
الخراج من الدفع فان دفعوه بعد اظهار ذلك لهم لم
يبروا منه والقاسم الثالث ان يستقطعه مدة حياته فى
صحة اقطاعه قولان احدها صحيح اذا قيل ان حدوث
زمانته لا تقتضى سقوط رزقة والقول الثانى انه باطل اذا
قيل ان حدوث زمانته توجب لسقوط رزقه واذا صح
الاقطاع فاراد السلطان استرجاعه من مقطعه جاز ذلك
فيما بعد السنة الا هو فيها فينظر فان حل رزقه فيها
قبل حلول خراجها لم يسترجع منه و سنته لاستحقاق
خراجها فى رزقه وان حل خراجها قبل حلول رزقه جاز
استرجاعه لانه تعجيل المؤجّل وان كان جائزا فليس
بلازم واما ارزاق من عدا الجيش اذا قطع بها مال الخراج
فينقسمون ثلاثة اقسام احدها من يترزق على عمل غير
مستديم كعمال المصالح وجباة الخراج فالاقطاع بارزاقهم
لا يصح ويكون ما جعل لهم بها من مال الخراج تسبيبا
وحوالة بعد استحقاق الرزق وحلول الخراج والقسم الثانى
من يترزق على عمل مستديم ثم يجرى رزقه مجرى الجعالة
وهم الناظرون فى اعمال البر التى يصح التطوع بها اذا

ارتزقوا عليها كَالمودنين والاَئمَة فيكون جعل الخراج لهم
فى ارزاقهم تسبيبا لهم وحوالة عليه فلا يكون اقطاعاً
والقسم الثالث من يرتزق على عمل مستديم ويجرى رزقه
بجرى الاجارة وهو من لا يصح نظره الا بـولاية وتقليـد
مثل القضاة والحكَّام وكتَّاب الدواوين فيجوز ان يقطعوا
بارزاقهم خراج سنة واحدة ويحتمل بجـواز اقطاعهـم
اكثر من سنة وجهـين احدهـا يجوز كالجيش والثانى
لا يجوز لمـا ينوجـه اليهـم من العزل والاستبدال

LIVRE DES PRÉCEPTES DE GOUVERNEMENT[1]

DU SCHEIKH EBOU'L-HASSAN EL-MAWERDI.

CHAPITRE XVII. — DES RÈGLES CONCERNANT LES IKTAA[2].

Les iktaa du sultan, ou concessions royales, ont pour
objet spécial les choses dont il a la libre disposition et l'administration. Ces iktaa ne peuvent s'appliquer à ce qui est
tenu en propriété ou revendiqué par quelqu'un.

---

[1] Cette traduction me semble rendre mieux que celle dont je me
suis servi antérieurement, le sens des mots احكــام ahkam et
سلطانية soulthaniyé.

[2] اقطاع iktaa vient du verbe قطع qui signifie « couper », et le
sens littéral de ce mot est rescision. Il exprime l'acte de détacher, de
séparer une partie d'un tout en faveur de quelqu'un. Dans le cours
de ce chapitre je me servirai indifféremment des mots iktaa, assignation, concession.

L'iktaa est de deux sortes : il est fait à titre de *propriété*, ou à titre d'*usufruit*.

En ce qui touche l'iktaa à titre de propriété, les terres qui pourraient être concédées de cette manière se divisent en trois catégories : 1° les terres mortes (ou vaines et vagues), 2° les terres en état de rapport, 3° les mines.

1° Quant aux terres mortes, on en reconnaît deux espèces : les unes, qui ont été toujours improductives, et qui, de temps immémorial, n'ont été ni cultivées ni possédées par personne. Le sultan a le droit de les concéder à quiconque les ramène à la vie et les met en rapport par son travail.

D'après Abou Hanîfa, le droit de revivifier (mettre en culture ou en rapport par bâtisse) n'existe que pour celui auquel le sultan a fait un iktaa, vu que le rite de ce docteur ne permet à personne la révivification des terres mortes, sans autorisation préalable du souverain.

Schafeï, qui, de son côté, ne considère pas l'autorisation du sultan comme indispensable à celui qui veut procéder à un défrichement, regarde cependant la concession royale comme constituant un privilége à cet égard; et d'ailleurs, les quatre imams sont unaniment d'opinion que le concessionnaire a, de préférence à qui que ce soit, le droit de révivifier.

C'est ainsi que le prophète de Dieu concéda à Zoubeïr ben el Aouwam des terres mortes du Baquîa tout ce qu'il en pourrait parcourir au galop de son cheval. Celui-ci, après avoir couru, jeta au loin son fouet, dans le désir d'obtenir une plus grande étendue encore ; et le prophète ordonna qu'on lui accordât jusqu'au point qu'il avait atteint avec son fouet.

Les terres mortes de la seconde espèce sont celles qui, après avoir été productives, se sont détériorées et sont devenues vaines et vagues.

Cette espèce se subdivise en deux autres, dont l'une comprend les terrains qui étaient déjà vains et vagues avant l'ère musulmane, comme les territoires d'Aad et de Tsemoud, et qui subissent la même règle que ceux qui n'ont jamais été défrichés : le sultan peut de même les donner en iktaa. Le prophète a dit : « Les terres âdy sont à Dieu et à son prophète, « et, par mon intermédiaire, elles sont vôtres. » Âdy signifie ici les terres d'Aad.

L'autre espèce comprend ce qui est devenu vain et vague depuis l'ère musulmane, c'est-à-dire ce qui a été soumis à l'administration d'Islam, et qui, après avoir été en rapport, s'est ruiné[1]. Relativement à la revivification de cette espèce de terres et aux règles qui la régissent, les imams ne sont pas d'accord, et il s'est formé, à cet égard, trois opinions.

Aux termes du rite de Schaffeï, celui qui revivifie une semblable terre n'en devient point le propriétaire, soit qu'il en connaisse les anciens possesseurs, soit qu'ils lui soient inconnus.

Selon Abou Hanîfa, la revivification entreprise par un homme qui connaît les anciens propriétaires du sol ne lui en confère pas la propriété, tandis qu'elle lui est acquise dans le cas où il ne les connaît pas.

Quoique, de l'avis de Schaffeï, la revivification en pareil cas ne donne pas le droit de propriété à celui qui défriche, cet imam ne permet néanmoins de procéder au défrichement que moyennant un iktaa du sulthan ; et il pose en fait que cet iktaa ne peut être accordé que quand les anciens propriétaires sont inconnus, vu que ceux-ci ont à ses yeux privilége pour vendre ou mettre cette terre en rapport.

---

[1] C'est cette espèce de terre morte qu'il est fort important d'étudier ; car les règles qui en régissent la mise en rapport sont celles qui ont prévalu dans tous les empires musulmans, et qui sont la base de l'organisation de la propriété dans les villes et dans les territoires défrichés à la main. On y voit que la condition indispensable du maintien de la propriété est le travail, et que la possession de tout terrain se perd pour celui qui n'en tire pas parti, soit de suite, soit au bout de trois années dans les états régis par le rite d'Abou Hanîfa.

Ceci posé, et la terre morte de cette dernière espèce ayant
été concédée (donnée en iktaa) à celui que l'imam a spécialement désigné, et qui par ce fait a seul le droit de la mettre
en rapport, celui-ci cependant n'en est pas propriétaire avant
de l'avoir rendue productive, et il ne le devient qu'après en
avoir complété la mise en rapport; mais s'il néglige les travaux nécessaires pour arriver à ce but, quoiqu'il ait encore
un droit de fait, il n'a pas celui de la propriété, à raison de
sa négligence.

Quand cette omission des travaux de revivification tient à
un empêchement manifeste, on ne doit pas troubler le
concessionnaire, et on laisse la terre entre ses mains jusqu'à
ce que l'obstacle ait disparu; mais, dans le cas où le retard
des travaux n'est causé par aucun empêchement notoire,
Abou Haneïfa est d'avis qu'on ne doit le troubler qu'après
l'expiration d'un délai de trois années, et qu'alors, s'il ne procède pas aux travaux de défrichement, l'iktaa est annulé,
se fondant, pour établir cette règle, sur ce que le khalife
Omar a fixé pour l'iktaa le terme de trois années [1].

---

[1] Makrizi, pag. 466, man. 669 de la Bibl. royale, rapporte ainsi
le fait auquel Mawerdi fait allusion dans ce passage :

وروى عن عمرو بن شعيب عن ابيه ان رسول الله اقطع ناسا
من مزينة او جهينة ارضا فلم يعمروها فجا قوم فعمروها فخاصمهم
الجهينيون او المزنيون الى عمر بن الخطاب فقال عمر لو كانت
منى او من ابى بكر لرددتها ولكنها قطيعة من رسول الله قال
من كانت له ارض ثم تركها ثلاث سنين لا يعمرها فعمرها قوم
اخرون فهم احق بها

D'après une tradition rapportée par Amrou ben Schaeïb, et que lui-
même tenait de son père, le prophète de Dieu avait concédé à des gens de
Mozeineh ou de Djoheineh un terrain; mais ceux-ci ne le cultivèrent pas; il
survint d'autres individus qui le mirent en culture; les gens de Mozeineh ou
de Djoheineh leur intentèrent un procès devant Omar ben el Khattab, qui

Schaffeï ne considère pas ce terme de trois années comme
obligatoire, et pense qu'on ne doit avoir égard qu'à la possibilité où est le concessionnaire de se livrer à ses travaux.
Si donc il a laissé expirer le temps matériellement nécessaire pour la révivification, on doit lui dire : Tu vas travailler
et mettre en rapport, et la terre te restera ; sinon elle te sera
retirée et rentrera dans les conditions où elle était avant
l'iktaa. Quant au délai fixé par Omar, il le regarde comme
ayant été déterminé en raison d'un fait spécial et pour la
convenance d'un cas particulier.

Mais si quelqu'un, au mépris des droits du concessionnaire, s'empare de la terre et la met en culture ou en rapport, les imams diffèrent d'opinion sur la règle à appliquer.
Dans ce cas, Schaffeï est d'avis que le revivificateur a plus
de droit à la terre que le concessionnaire par iktaa. Abou
Hanîfa dit que la culture opérée par l'usurpateur pendant
les trois premières années ne porte point préjudice au droit de
propriété du concessionnaire, mais que tous les travaux pos-
térieurs à ce laps de temps assurent la propriété au revivificateur.

Quant à Malek, il est d'opinion que toute culture faite
par un individu qui a connaissance de l'iktaa concédé à un
tiers n'infirme pas le droit du concessionnaire ; mais que,
s'il a cultivé sans savoir que la terre était l'iktaa d'un autre,
le concessionnaire peut à son gré s'emparer de la terre, en
tenant compte au cultivateur de la main-d'œuvre, ou la lui
laisser en se faisant rembourser par lui la valeur qu'avait le
terrain vague avant la mise en culture [1].

leur dit : «Si la concession venait de moi ou d'Abou Bekr, je vous la ferais
«rendre. Mais cette concession vient du prophète de Dieu qui dit : «Qui-
«conque ayant une terre, s'il la laisse trois ans sans culture, et que d'autres
«surviennent qui la mettent en culture, perd tous ses droits en faveur des
«derniers venus qui ont cultivé. »

[1] Cette circonstance indique que les *iktaa* ou concessions de
terrains vagues se font en Islam moyennant le payement d'une
somme d'argent au trésor public.

2° Les terres en rapport (par opposition aux terres mortes) sont de deux espèces : l'une qui comprend celles qui sont en puissance d'un propriétaire, et l'autre celles dont la propriété n'appartient à personne et n'est revendiquée par personne.

A celle qui est en puissance de propriétaire, le sultan n'a rien à voir, sinon en ce qui concerne les redevances auxquelles elle est sujette envers le trésor public, quand elle est située en pays musulman, qu'elle soit entre les mains d'un musulman ou d'un dimmy.

Si une telle terre est située en pays ennemi, c'est-à-dire hors de la puissance musulmane, et que le sultan veuille en faire un iktaa, pour que le concessionnaire en prenne possession à l'époque où aura lieu la conquête, il le peut : c'est ainsi que Temim el Dâri demanda au prophète la concession des sources dépendantes d'un bien qu'il avait en Syrie, ce qui lui fut accordé; et que Abou Tsaaleba el Djoschémi sollicita de lui l'iktaa d'une terre qui était en la puissance des Grecs ; sur quoi le prophète se récria et dit : « Mais entendez-« vous ce qu'il dit ? » Abou Tsaaleba répliqua : « Par celui qui « t'a envoyé pour faire régner la justice, tu les vaincras. » Et il lui fut fait un écrit à ce sujet.

Ainsi, toutes les fois que, de cette manière, l'imam fait don à quelqu'un de biens qui se trouvent en pays ennemi et en possession de leurs propriétaires, ou qu'il fait donation à quelqu'un d'enfants ou de captifs du peuple ennemi, pour qu'il s'en empare exclusivement à tout autre au moment de la conquête, cet acte est licite et valide, nonobstant le vague des circonstances concommittantes, et cela par la raison d'état.

El Schaabi rapporte que Harim ben Aouas ben Haritheh el Tayî dit au prophète : « Si Dieu t'accorde la conquête de « Hîret, donne-moi la fille de Bakeïla. » Quand plus tard Khalid voulut accorder une capitulation aux gens de Hîret, Harim lui dit : « Le prophète m'a accordé la fille de Bakeïla, ainsi « ne la comprends pas dans ta capitulation. » Bescher ben Saab et Mohammed ben Moslemet prêtèrent témoignage à cet égard. Cette femme fut exceptée de la capitulation et remise à Harim.

Elle lui fut rachetée moyennant mille drachmes; elle était vieillie et fort changée. On dit à Harim : « Malheureureux! tu « l'as laissée à bien bon marché; sa famille t'aurait donné « pour sa rançon le double de ce que tu as demandé. » A quoi Harim répondit : « Je ne pensais pas qu'on pût compter au « delà de mille. »

L'iktaa et le droit de propriété étant ainsi constants, il reste à examiner comment a eu lieu la conquête. Si c'est par suite d'une capitulation, la terre va au concessionnaire, et l'iktaa dont elle a été l'objet la fait excepter de la capitulation; si, au contraire, le pays est soumis par la force des armes, le concessionnaire prend possession de ce qui fait l'objet de son iktaa, à l'exclusion des conquérants. Quant à ces derniers, si, avant la victoire, ils ont eu connaissance de l'iktaa, ils n'ont point droit à demander et à obtenir une compensation pour ce qui est ainsi enlevé à la masse commune du butin; si, au contraire, ils n'apprennent que postérieurement à la conquête l'existence de cet iktaa, il convient de leur donner quelque chose en échange de ce dont ils sont privés par l'iktaa. Abou Hanîfa est d'avis que l'imam n'est, dans aucun de ces cas, tenu à leur donner compensation ou satisfaction pour ce qu'il a jugé à propos de donner ou de concéder, puisqu'il l'a fait dans l'intérêt public.

La seconde espèce, celles des terres en état de rapport auxquelles on ne connaît pas de propriétaires et qui ne sont revendiquées par personne, se subdivise en trois sections.

La 1re section comprend les biens qui ont été réservés pour le trésor public, lors de la conquête des divers pays, soit à titre de quint [1], auquel cas ils sont pris pour les besoins de

---

[1] On appelle quint le cinquième que prélève l'imam sur le butin en faveur du trésor public; c'est sur ce fonds que Mohammed avait assigné l'entretien des Beni Haschem, qui sont considérés comme trop nobles pour prendre part aux aumônes résultant du zekkael.

qui de droit; soit par suite de ce que les conquérants ayant droit au partage du butin ont résigné volontairement leur droit sur le partage de ces biens. C'est ainsi qu'Omar mit à part, sur les terres du Souad, les biens de Khosroès et de sa famille, ainsi que ceux qui avaient été délaissés par suite de la fuite ou de la mort de leurs propriétaires. Il administra, dans l'intérêt de la communauté musulmane, ces biens dont le revenu, dit-on, s'élevait à neuf millions de drachmes; mais il n'en concéda rien à personne. Plus tard, Othman les donna en iktaa, dans la pensée que ce mode de gestion les ferait fructifier et en empêcherait la détérioration; et il imposa pour condition, à tous ceux qui obtinrent ces iktaa, le droit de *feï*[1]. Ces concessions ne furent point à titre de possession héréditaire, mais bien à titre de location.

Le produit de ces biens s'éleva, dit-on, jusqu'à la somme annuelle de cinquante millions, sur laquelle il fut pourvu aux rémunérations et à la paye de l'armée. Les khalifes qui vinrent après Othman suivirent son exemple; mais en l'an de djemadjim, c'est-à-dire 82 de l'hégire, lors de la guerre civile d'Ebn Eleschaats, les registres furent détruits, et chacun prit ce qui lui convint.

Quant à cette espèce de terre en état de rapport dont il vient d'être question, on ne peut donner en iktaa le fonds, parce que la collocation qui en a été faite au trésor public l'a

---

[1] Je prends, dans Mawerdi même, la définition du mot *feï* :

مال الفيئ ماخوذا عفوا من غير قتال كمال الهدنة والخراج
والجزية واعشار مناجرهم

Le fonds du feï est prélevé pacifiquement et sans combat, comme cela arrive pour le produit du kharadj, de la djezia et des dîmes (droits d'entrée) de leurs marchands.

Par opposition on appelle غنائم *butin* tout ce qui tombe au pouvoir de l'armée victorieuse pendant la guerre, et qui doit être partagé entre les vainqueurs après prélèvement du خمس *quint* par l'imam.

rendu la propriété commune des musulmans, et le soumet, en raison de ce fait même, à la règle des *wakoufs perpétuels*. Le droit de revendication sur le revenu est le seul qui puisse être exercé; et, sous ce rapport, le sultan est libre, selon que la chose lui paraît convenable, d'administrer ces biens lui-même dans l'intérêt du trésor, comme fit le khalife Omar, ou d'en confier l'exploitation à qui il lui plaît, en fait d'entrepreneurs et de propriétaires, moyennant payement d'un kharadj, réglé en raison de la quotité du revenu, ainsi que le fit Othman. Ce kharadj est un loyer dont le montant est employé à pourvoir aux dépenses publiques, à moins qu'il ne provienne de biens du *quint*, cas auquel cet argent n'est dépensé qu'en faveur de ceux qui ont droit à être entretenus sur ce fonds spécial.

L'imposition, dans ces cas, d'un kharadj proportionnel, c'est-à-dire consistant en une portion déterminée des fruits et de la récolte, est valide en ce qui concerne les arbres [1] (palmiers). C'est ainsi que le prophète s'arrangea avec les gens de Khaïbar pour la moitié des fruits de leurs palmiers. En ce qui touche la validité de l'imposition d'un kharadj proportionnel sur les récoltes en céréales de ces biens appartenant au trésor public, les imams diffèrent d'opinion. Pour ceux qui admettent la faculté chez l'imam d'imposer celui des impôts qu'il lui plaît (c'est-à-dire foncier ou proportionnel), cette imposition n'a rien d'illicite; mais, pour ceux des imams qui ne reconnaissent pas au souverain ce pouvoir, l'imposition du kharadj proportionnel sur les céréales n'est pas valide. Cependant, d'après d'autres jurisconsultes, cette imposition a un caractère de validité, même aux yeux de ceux qui n'admettent pas l'alternative entre les deux impôts, parce qu'en cette circonstance la chose se rattache aux intérêts généraux, pour lesquels la règle est

---

[1] Le mot est نخل, qui littéralement signifie «palmier», mais qui, dans les traités de législation, a ordinairement la signification générique d'arbres.

moins stricte que pour ce qui se rattache aux actes particuliers. La dîme est exigible sur les céréales, à l'exclusion des arbres, parce que les récoltes de céréales sont la propriété de celui qui a semé, tandis que les arbres sont celle de la communauté musulmane, et qu'elle doit en tirer parti dans son intérêt.

La 2ᵉ section de la deuxième espèce des terres en état de rapport est formée par les terres de *kharadj*, et l'iktaa du fond (c'est-à-dire de la possession héréditaire de ces terres) n'est pas possible. En effet, ces terres de kharadj ne peuvent rentrer que sous une des deux catégories suivantes : ou bien le fonds de la terre est *wakf*, et le kharadj qu'elle paye est un loyer, et la chose instituée *wakf* ne peut devenir la possession héréditaire de personne, ni par iktaa, ni par vente, ni par donation; ou bien le fonds de la terre est tenu en propriété : par conséquent le kharadj qui y est attaché n'est qu'une capitation (djezia), et on sait que la chose en puissance de propriétaire ne peut faire l'objet d'un iktaa. Quant à ce qui regarde l'iktaa qui peut être fait du kharadj indépendamment de la terre qui le paye, nous allons en parler incessamment, au chapitre de l'iktaa à titre d'usufruit.

La 3ᵉ section se compose des biens dont les propriétaires sont morts, et qui ne sont revendiqués par aucun héritier, soit à titre de *fordh*, soit à titre de *teassib* [1], et qui vont par

---

[1] Le mot فرض *fordh*, employé en matière d'héritage, sert à désigner les parts assignées par le Coran à divers héritiers. — Le mot تعصيب *teassib* exprime le droit réservé à l'héritier, dans la ligne de parenté duquel avec la mort il n'intervient pas de femme, de recueillir tout l'héritage après le prélèvement des parts assignées par le Coran. C'est ainsi que la Multeka définit le mot *asbet*. Manuscr. Bibl. royale 572, p. 228 :

والعصبة بنفس كل ذكر ليس فى نسبته الى الميت ابنة وهو
ياخذ ما ابقته الفرايض وعند الانفراد يجوز جميع المال

suite au trésor. public, la communauté musulmane devenant par ce fait héritière de ces biens, qui devront être employés dans son intérêt. Abou Hanîfa s'exprime ainsi : « Tout héri-
« tage vacant doit être versé aux pauvres spécialement, comme
« une aumône de la part du défunt. » Schaffeï prétend, au contraire, que cet héritage doit être destiné à toutes les dépenses possibles d'intérêt public, vu qu'à son avis, ces biens, après avoir constitué une propriété privée, deviennent, par suite de leur retour au trésor public, une propriété de la communauté.

Quant à la question de savoir si ces biens, ainsi revenus au trésor public, sont wakfs ou ne le sont pas, il y a, parmi les sectateurs de Schaffei, deux opinions.

Selon la première, ces biens sont naturellement wakfs, et constituent une fondation pieuse dans l'intérêt général, sans désignation spéciale d'emploi; et, en conséquence, ils ne peuvent faire l'objet ni d'une vente, ni d'un iktaa:

Les partisans de l'autre opinion prétendent que ces biens ne sont pas naturellement wakfs, et qu'ils ne le deviennent que par la volonté de l'imam; que, par ce motif, celui-ci peut les vendre s'il y voit un avantage pour la communauté. L'argent qui provient de cette vente est dépensé pour tout objet d'intérêt public, et en faveur des individus à l'entretien desquels sont assignés les fonds du feï et des aumônes.

Quant à la validité de l'iktaa qui pourrait être fait de ces mêmes biens, les uns l'admettent, se fondant sur ce que, du moment où il est légal de les vendre et d'en appliquer le prix à ceux qui y ont droit par leur situation et leurs services, il doit être légal aussi de leur en faire directement la concession, et qu'il n'y a pas plus d'inconvénients à ce que ceux-là deviennent propriétaires du fonds de la chose, qu'il n'y en a à ce qu'ils en obtiennent la valeur en argent.

Les autres soutiennent qu'il serait illégal de faire un iktaa de ces biens, encore qu'il soit légal d'en disposer par vente, alléguant que la vente est un échange et l'iktaa un don.

Paragraphe. — L'iktaa de revenu ou d'usufruit s'applique soit à la dîme (*aschr*), soit au kharadj.

L'aschr ne peut devenir l'objet d'un iktaa, parce qu'il fait partie des zekkaet destinés à certaines catégories d'individus, dont les droits sur la masse de ces prélèvements ne peuvent être constatés qu'au moment même où on doit leur en faire part. Il se pourrait donc qu'au moment où ils viendraient pour faire valoir leur droit à cet égard, ils ne fussent pas aptes. D'ailleurs, la distribution des zekkaet est soumise à des conditions dont l'absence pourrait faire évanouir leur droit; et même, en supposant ces conditions bien établies, le droit du demandeur étant constant, et le concessionnaire apte à revendiquer ces zekkaet au moment de leur échéance, on ne pourrait considérer ce qu'il en obtient que comme un transfert de l'aschr à son profit, par le propriétaire de la récolte sur laquelle il est exigible; ce transfert serait licite, mais il ne constituerait pas en faveur du concessionnaire une créance certaine, parce que le produit des zekkaet ne devient point la propriété d'un individu par anticipation, mais seulement du moment où il est versé entre ses mains; et si d'ailleurs le contribuable se refusait à opérer ce versement, le concessionnaire n'aurait pas titre pour intenter une action judiciaire à cet égard, le percepteur officiel ayant seul ce droit.

Quant au kharadj, les règles de concession qui le concernent diffèrent suivant les conditions où se trouve le concessionnaire; elles varient de trois manières :

1° S'il fait partie de la classe d'individus entretenus sur le fonds des aumônes, il n'est pas licite de lui faire une concession sur le revenu du kharadj, vu que le kharadj fait partie du feï; et il n'est pas plus légal aux gens qui vivent des zekkaet de revendiquer l'argent provenant du feï, qu'à ceux qui sont entretenus sur le feï de réclamer des secours sur les zekkaet.

Abou Hanîfa ne partage pas cette manière de voir, et ne pense pas qu'il y ait inconvénient à ce qu'il soit disposé des fonds du feï en faveur des individus qui ont spécialement droit aux aumônes.

2° S'il fait partie des serviteurs de l'état qui n'ont point de traitement fixé ; quoiqu'on puisse prendre pour son salaire sur l'argent du kharadj, néanmoins il ne serait pas légal de lui octroyer sur ce fonds un iktaa absolu, parce que de tels serviteurs ne font pas partie intégrante de la classe à laquelle est dévolu le revenu du feï, mais seulement des dépendances de, cette classe. Quand on leur attribue quelque part du kharadj, c'est comme par transfert et à titre fortuit, et non comme iktaa ; et encore y a-t-il, pour cette assignation, deux conditions : l'une, qu'elle ait pour objet une somme exactement proportionnée au service pour lequel elle est faite, et l'autre, que ce soit à l'époque où le kharadj est échu et exigible, sans quoi cette donation et ce transfert ne seraient pas valides : ces deux conditions excluent toute idée d'iktaa.

3° S'il a une solde à prendre sur le fonds du feï, et si cette paye est fixée par les registres, c'est-à-dire s'il fait partie de l'armée, dont les membres ont, plus que qui que ce soit, droit à obtenir des iktaa ; ces iktaa constituent pour eux une pension proportionnée à leur droit, et sont une compensation pour la vie, qu'ils consacrent à veiller à la défense de l'empire et à l'intégrité du foyer.

Après avoir ainsi indiqué les conditions d'aptitude requises de la part du concessionnaire, il convient d'examiner la nature du kharadj à concéder.

Il est de sa nature nécessairement une *djezia* (capitation) ou un loyer (*edjret*).

Le kharadj qui tient de la nature de la capitation n'a point une durée perpétuelle ; celui qui le paye n'y est tenu qu'autant qu'il reste dans l'infidélité (religieuse) : la conversion à l'islam fait cesser cet impôt ; on n'en peut donc faire un iktaa pour plus d'une année, car le droit de prélèvement n'en est pas assuré pour l'année suivante ; mais il est licite d'octroyer un semblable iktaa pour l'année qui est écoulée et le terme déjà échu. Quant à la validité d'un iktaa fait avant le terme de l'année courante et celui de l'échéance de ce kharadj, il y a deux manières de voir.

Quant au kharadj, qui, par essence, est un loyer ou cens, il est perpétuellement dû ; on peut le concéder pour plusieurs années, et il n'est pas nécessaire de restreindre cet iktaa à une seule année, comme pour celui qui est de la nature de la djezia, et qui n'est pas durable. La chose étant ainsi, l'iktaa de ce kharadj peut se faire selon *trois modes différents.*

Premier mode. — Il est octroyé pour un nombre d'années déterminé, comme dix ans, par exemple ; et cet iktaa est licite à deux conditions : d'abord, que le chiffre de la solde du concessionnaire soit connu de celui qui accorde l'iktaa ; ensuite, que la valeur du kharadj assigné soit bien connue et de celui qui donne l'iktaa et de celui qui le reçoit : l'ignorance à cet égard de l'un ou de tous les deux annulerait l'iktaa.

A ce sujet, nous devons dire que le kharadj est ou proportionnel, ou fixe [1]. Le kharadj fixe est de deux espèces : celui de la première ne varie pas selon les différences de culture ; le revenu qu'il fournit est donc bien déterminé, et l'iktaa en est possible. Celui de la seconde espèce varie selon les différences de culture ; dans ce cas, on a égard au chiffre de la pension qui revient au concessionnaire, et si ce chiffre est équivalent à celui du plus haut des deux kharadj, l'iktaa est valide, parce qu'il consent à encourir le risque de la diminution du produit ; si, au contraire, sa pension égale en valeur le moins considérable des deux kharadj, l'iktaa n'est pas valide, parce qu'il pourrait, de cette manière, jouir d'une augmentation à laquelle il n'aurait pas droit.

Il reste, après avoir passé en revue les conditions de

---

[1] Le mot ici employé est مساحة, qui est équivalent à celui de وظيفة, de la Multeka ; le mot مساحة *messahat* veut dire « fixé par l'arpentage. »

validité de l'iktaa pour un terme de plusieurs années, à prendre en considération l'état du concessionnaire pendant la durée de son iktaa.

1° Il peut rester en bonne santé pendant tout ce temps, et alors il a droit de conserver son iktaa jusqu'à l'expiration du terme fixé.

2° Il peut mourir avant l'arrivée de cette époque ; alors son iktaa est annulé à partir du moment où il est mort, et rentre au trésor public. Si le concessionnaire laisse des enfants, on les admet aux subventions destinées à l'enfance, mais non au bénéfice des pensions militaires ; et ce qu'on leur donne est à titre de gratification, et non d'iktaa.

3° Il peut tomber malade et rester ensuite privé de santé pour toute la vie. Quant au sort de l'iktaa dans ce cas, il y a deux opinions : les partisans de l'une sont d'avis que son état d'infirmité n'entraîne pas la résolution de l'iktaa, et qu'il doit lui être laissé jusqu'à l'expiration du terme fixé ; les partisans de l'autre pensent tout le contraire : ceci rentre sous la règle du premier mode des iktaa.

Le second mode de l'iktaa est la concession viagère à un homme, puis après lui à ses descendants et à ses héritiers. Ce mode d'iktaa n'est pas valide, parce que, de cette manière, le kharadj cesse d'être une appartenance du trésor public pour devenir une possession héréditaire. Cette concession étant nulle de sa nature, le bénéfice qu'en retirerait le concessionnaire serait illégitime, à raison du vice de l'acte. Cependant les contribuables qui lui auraient livré le kharadj sont tenus pour quittes du moment où il l'a reçu ; mais le concessionnaire en sera comptable sur son traitement, et il devra rendre ce qu'il aurait reçu en sus, ou obtenir ce qu'il aurait reçu en moins ; et le sultan doit alors faire connaître l'annulation de l'iktaa, et défendre aux contribuables de payer entre les mains du concessionnaire. Alors si, après cette notification, ils persistent à payer entre ses mains, ils sont considérés comme n'ayant pas payé.

Le troisième mode de l'iktaa est la concession à titre viager.

Il y a deux opinions relativement à la validité d'un semblable iktaa : les uns le trouvent licite, partant de ce principe qu'en cas même d'infirmité, l'iktaa ne doit pas être retiré; il est illicite, au contraire, aux yeux dé ceux qui considèrent l'infirmité du concessionnaire comme devant autoriser le retrait de l'iktaa.

Mais, dans le cas même où ce mode d'iktaa est considéré comme valide, si le souverain veut retirer au concessionnaire son iktaa, il le peut après expiration de l'année. A cet égard il y a une considération importante : si sa solde est échue avant que soit arrivée l'époque du kharadj, on ne peut retirer l'iktaa pendant le cours de l'année, vu que, pour l'acquit de ce qui lui est dû, il est indispensable d'attendre l'échéance du kharadj; mais si, au contraire, le moment de la livraison du kharadj devance le terme auquel il doit toucher la paye, on peut lui retirer l'iktaa ; car il a touché d'avance ; ce qui est permis, quoiqu'il ne puisse l'exiger.

Mais les pensions des gens qui n'appartiennent pas à l'armée, mais dont le payement s'effectue par des assignations sur le fonds du kharadj, sont de trois classes.

La première comprend les individus rétribués pour un service non permanent, comme les emplois publics et les perceptions du kharadj ; ils n'ont par droit à des iktaa pour la valeur de leur solde, et ce qu'on leur attribue du revenu du kharadj est à titre occasionnel et par transfert, et après échéance de leur solde et rentrée du kharadj.

La deuxième classe se compose de celle des gens soldés pour services permanents; leur pension est un salaire : tels sont les préposés aux choses pieuses, comme les moueddines et les imams des mosquées ; et ce qu'on leur délègue du kharadj pour leur entretien l'est à titre occasionnel, par transfert, et non comme iktaa.

La troisième comprend les pensions de ceux qui sont payés pour un service permanent, ces pensions étant une sorte de salaire annuel : ce sont ceux qui ne peuvent être préposés à rien qu'en vertu d'une investiture et d'un mandat spécial, comme les cadis, les magistrats civils et les écrivains des diwans, et on peut leur donner en iktaa, pour leur solde, le kharadj d'une année. Quant à la possibilité de leur faire des iktaa de plus d'une année, il y a deux opinions : selon l'une, cela est possible, parce qu'ils sont assimilés aux gens de l'armée ; mais les partisans de l'autre opinion prétendent que cela ne se peut, parce que ces fonctionnaires sont sujets à des destitutions et à des mutations.

L'exposition qu'on vient de lire du système des iktaa par Mawerdi, les décisions d'Ibn-Djemaat déjà rapportées, ainsi que tous les faits dont la connaissance nous est fournie par Makrizi, sont une preuve suffisante qu'il ne pouvait y avoir et qu'il n'y avait pas en Égypte de concessions de propriétés territoriales, et que les premières concessions faites par le troisième khalife Othman n'étaient elles-mêmes que des concessions précaires à titre d'usufruit et à charge de payement du kharadj, et non des concessions à titre gratuit, ainsi que l'a cru et affirmé M. de Sacy. Le sens même des passages de Makrizi reproduits dans ses mémoires prouve qu'en Égypte, de même que nous avons pu le voir, pour la Perse et pour l'Inde, au sujet des jaghirs et des tyouls, les fiefs ou apanages des seigneurs n'ont pour objet que des délégations plus ou moins con-sidérables sur le montant du tribut ou kharadj dû par les différents districts. Cette preuve semble res-sortir clairement, entre autres, d'un passage extrait de Makrizi par M. de Sacy, qui a rapport aux divers cadastres entrepris par les princes égyptiens. (Troisième mémoire, page 153.)

« Dix-huit ans après le cadastre de Ladjin, le «sultan El Nasser, fils de Kelaoûn, renouvela cette «opération ; à cet effet, il envoya, dans chaque pro- «vince, un émir suivi de commis, d'arpenteurs et «de percepteurs, pour prendre, de concert avec «les principaux fonctionnaires et habitants des vil- «lages, des notions exactes et précises *sur le revenu dû* «*par le territoire*, la nature et la qualité des terres, «leur étendue, les titres des apanagistes [1] et de ce «qu'ils retiraient en redevances de toute espèce, «telles qu'agneaux, volailles, et faisances connues «sous le nom de droits d'étape [2], etc.

« Quand les commissaires revinrent, ils rap- «portèrent des états qui contenaient la situation «actuelle de tous les territoires de l'Égypte, leur «mesure et le montant de ce que chaque village «rendait en espèces et en nature. Après avoir fait «dresser des états ou feuilles contenant les terri- «toires assignés au domaine du sultan et ceux qui de- «vaient former les apanages des émirs, il fit ajouter «à *l'estimation* de chaque district le montant des «droits d'étape et de capitation, et fit dresser, pour

---

[1] الجلالت ne veut pas dire titres, mais registres.

[2] ضيافة est le droit désigné par M. Verelst, dans l'Inde, sous le nom de *nuzeranna*.

Le nom de *diefal* est usité aujourd'hui encore partout en Afrique.

« les gens de guerre, des mandats, conformément
« à ce qui vient d'être dit....... Enfin, il assigna le
« produit de certaines taxes pour ceux qui avaient
« des rations en nature.

« Toutes ces dispositions achevées, le sultan com-
« mença à distribuer, au mois de moharrem 716,
« les mandats qu'il avait fait dresser ; cette distribu-
« tion faite, *il assigna le revenu des douanes* de Kattia
« aux hommes de guerre infirmes auxquels il avait
« retranché leurs apanages en terre.[1] »

Tous les détails de cette opération indiquent bien
qu'il s'agit ici de faire un état exact des redevances
du territoire, et que c'est sur le montant de ces
redevances que les assignations ont été faites ; néanmoins, M. de Sacy y voit des concessions de propriété territoriale, oubliant que plus haut il nous a
montré les fellahs possesseurs forcés et cultivateurs
constants du territoire : et tous ses efforts ultérieurs
tendent à faire considérer comme probable la conversion en propriétés héréditaires de ce qu'il suppose
être des propriétés viagères, et le remplacement
des aamel (collecteurs) par les multezims.

Ce troisième et dernier mémoire se termine par
des conclusions qui prouvent que le but de M. de
Sacy était beaucoup moins de s'éclairer sur la nature
du droit primitif de propriété en Égypte, droit que
dès le commencement de son travail il attribue de
sa propre autorité aux anciens habitants de ce pays,
que de prouver que les apanages concédés par l'é-

[1] Troisième mémoire, pag. 153 et suiv.

tat aux multezims se sont convertis successivement
en propriétés particulières.

Selon son opinion, un des moyens les plus efficaces qui furent employés par les apanagistes pour
rendre héréditaires des concessions qui de leur nature *ne devaient être que viagères et pouvaient même
être révoquées*, ce fut de les convertir en wakf ou
fondations pieuses, et de les hypothéquer à des pensions ou rizka en faveur des ecclésiastiques.

Je ferai remarquer, à ce propos, que M. de Sacy
n'allègue aucune preuve en faveur de cette opinion, qui, d'ailleurs, n'est nullement admissible
pour quiconque voudra prendre la peine de s'enquérir des conditions indispensablement exigées
pour la constitution d'un wakf. Or, la première
condition requise pour la fondation d'un wakf,
c'est le droit réel de propriété sur l'objet qui doit
être fait wakf. Ainsi tombe, par cette seule objection, toute la théorie exposée, à cet égard, par
M. de Sacy.

Cependant, au milieu des ingénieuses supposi-
tions où il se perd, et malgré les erreurs qui enta-
chent son travail, on ne saurait refuser à M. de
Sacy le mérite d'avoir su dégager de tous les documents historiques et statistiques qu'il a consultés,
une image fort nette et un tableau frappant de vérité de cette étrange constitution territoriale, commune à l'Égypte et aux autres états musulmans,
en vertu de laquelle on est amené à reconnaître,
chez le souverain comme chez les feudataires (mul-

tezims) et les fellahs, des droits plus ou moins
étendus, mais sans pouvoir supposer, chez aucun
d'entre eux, un droit de pleine et entière propriété
sur le sol.

Si, favorisé, comme je l'ai été, par un heureux
hasard, M. de Sacy fût tombé sur ces passages des
traités de législation musulmane, desquels il résulte que la loi ordonne de faire wakf (immobiliser)
dans l'intérêt de la communauté victorieuse, quand
on ne le partage pas à titre de butin entre les
vainqueurs, le territoire de tout pays conquis et,
par conséquent, devenu tributaire (grevé du *kharadj*); s'il eût, étudiant les règles du wakf avec sa
sagacité habituelle, découvert que l'effet de la mise
en wakf est de neutraliser immédiatement, d'annuler l'exercice du droit de propriété, de telle sorte
que le propriétaire de la chose faite wakf y perd
ses droits sans qu'ils passent en la puissance de personne autre, et que cette chose ne peut plus être
ni vendue, ni donnée, ni transmise en héritage,
et n'est plus suceptible que d'usufruit et de location, il se fût expliqué, sans recourir à de pénibles
et inutiles recherches, comment il se fait qu'en
Égypte le droit de propriété sur le fonds du territoire n'appartient à personne; il ne fût pas tombé
dans l'erreur commune qui attribue ce droit au
souverain, et au lieu de chercher à découvrir l'origine et les vicissitudes de ce fait imaginaire, il se
fût convaincu que l'état de choses qu'il avait sous
les yeux n'était le résultat ni de l'usurpation, ni de

la dépopulation du pays[1], mais une conséquence naturelle des prescriptions légales établies dès la douzième année de l'hégire, précisément par Omar, ce khalife qu'il croyait n'avoir exigé, de l'Égypte, que l'acquittement des droits régaliens.

Il eût infailliblement découvert que l'institution du wakf, neutralisant tout droit de propriété sur le fonds, c'était dans l'intérêt de la communauté en faveur de laquelle le wakf est fondé, et non dans le sien propre, que le souverain dirigeait l'emploi et l'assignation de l'usufruit, seul droit resté disponible; que le multezim, appelé à prélever, sur les revenus dont la collection lui était confiée, le salaire de son office, devait être revêtu de l'autorité nécessaire pour stimuler à la culture le laboureur près duquel il représentait le souverain; tandis que

---

[1] Permier mémoire, pag. 3. «Nous voulons..... découvrir par «quel enchaînement de circonstances une contrée sur laquelle le «vainqueur ne se réserva d'abord que les droits régaliens, se trouve «aujourd'hui, ou plutôt se trouvait à l'époque où elle passa sous «la domination ottomane, *appartenir en propriété à ses souverains.* La «conquête de l'Égypte par les Turcs semblait devoir fixer irrévoca-«blement l'administration territoriale de cette contrée, exposée pré-«cédemment, sous les deux dynasties des mameluks à une succession «non interrompue de révolutions politiques.» Mais si la domination ottomane riva les fers des malheureux habitants de l'Égypte, elle ne put assurer *le domaine utile des terres* à un souverain qui ne con-serva bientôt plus qu'une autorité précaire; *de nouvelles propriétés particulières* se formèrent insensiblement *aux dépens du souverain;* une multitude de petits tyrans de divers ordres se créèrent des dé-bris de la propriété publique, des apanages dont souvent la violence les dépouilla, comme la violence les en avait mis en possession. *Ces diverses révolutions seront l'objet de mon travail.*

le laboureur ou *fellah* est le seul ayant droit de possession sur la terre, puisque ce droit est respecté en lui par le souverain et le seigneur, tant que, par sa négligence, il ne compromet pas l'avenir du revenu ou de l'impôt, qui est le grand but du wakf ou fondation pieuse. C'est cette dernière considération qui fait que dans les lieux où la population est nombreuse et recherche les terres, le cultivateur paresseux est dépossédé, tandis que, dans ceux où les habitants manquent à la terre, le fellah, qui ne saurait être remplacé, est contraint au travail par la menace, et ramené de vive force au champ qu'il a déserté.

Car tout ce que je viens de dire est implicitement compris dans cette phrase si courte du Code de la guerre de Sidi Krelil : « Et la terre doit être « faite wakf, comme (cela a eu lieu pour) l'Égypte, « la Syrie et l'Irak. »

Néanmoins, il ne faudrait pas oublier l'extrême précision avec laquelle, sans en soupçonner la cause, M. de Sacy a signalé les phénomènes résultant de ce fait ; je m'estime heureux de pouvoir rendre cet hommage à la mémoire d'un savant qui a laissé de son caractère personnel et de sa vaste érudition un souvenir si généralement respecté ; et l'importance que j'attache à combattre quelques-unes des propositions qu'il a émises est un témoignage de plus de la puissance et de l'autorité de sa parole, qui, aveuglément prise pour guide par les écrivains modernes, n'a pas peu contribué à retarder la solution du problème de la propriété territoriale en Orient.

On sait combien, dans ces derniers temps, les voyageurs et les écrivains politiques se sont préoccupés de l'Égypte et de la constitution de la propriété dans cette contrée; tous ont pris les mémoires de M. de Sacy pour base de leurs travaux sur ce sujet, et, outrant ses conclusions, ont été unanimes pour accuser d'usurpation le gouvernement du vice-roi Méhémet-Ali.

Les faits que le séjour sur les lieux a permis à quelques-uns d'entre eux d'observer, et dont une partie contraste singulièrement avec le résultat général de leurs aperçus, n'ont point été assez puissants pour les mettre en garde contre l'influence de ces mémoires et leur en faire découvrir les erreurs.

Ce n'est point ici le lieu, et je n'ai nullement le désir de faire la part des sentiments que peuvent inspirer la vie et le règne du pacha d'Égypte; mais il ne sera pas inutile, je pense (et mon sujet m'y oblige), de discuter brièvement les accusations formulées par les voyageurs et les historiens modernes contre Méhémet-Ali, à raison des révolutions récentes qu'il passe pour avoir fait subir à la propriété territoriale.

On lui reproche :

1° De s'être violemment emparé de toutes les propriétés des multezims ;

2° D'avoir porté une main sacrilége sur les wakoufs ou fondations pieuses ;

3° Enfin, d'avoir imposé aux fellahs l'obligation de consacrer la plus grande partie de leurs terrains à la culture de produits spéciaux susceptibles d'augmenter les revenus de son trésor.

Le premier de ces griefs est, sans contredit, le plus grave ; et j'avoue que je suis encore à comprendre comment, même dans la plus parfaite ignorance des véritables bases de la constitution territoriale, on a pu si légèrement en admettre la réalité : que dans un de ces états despotiques, tels que les déductions rigoureuses et trop absolues de certaines théories en ont fait rêver à notre illustre Montesquieu, le souverain puisse, de temps à autre et impunément, attenter à la propriété privée, la chose pourrait se concevoir ; mais comment a-t-il été possible de supposer que, dans un pays quelconque, il soit donné à un monarque, quelque grande que soit sa puissance, de porter une main violente sur toutes les propriétés particulières *à la fois*, sans tomber fatalement et immédiatement victime de la révolte que devrait nécessairement provoquer une semblable tentative chez le peuple même le plus durement asservi ?

La dépossession *simultanée* de tous les moultezims s'est opérée, en Égypte, sans bruit ni résistance, dit un de ces écrivains ; mais cette circonstance seule devait éveiller le doute sur la véritable nature de leurs droits, chez les publicistes qui n'y ont vu qu'une preuve de l'impuissance et du discrédit des multezims.

N'est-il pas étrange, d'ailleurs, de voir le tyran qui vient de fouler aux pieds les droits les plus sacrés de l'humanité, offrir une indemnité à ceux qu'il dépouille violemment de ce qui leur appartient, et ceux-ci, qui forment une caste importante dans l'état, sanctionner, en acceptant cette indemnité, la violence dont on les suppose victimes[1]!

Mais allons plus loin, et admettons provisoirement, comme réelle, une chose rationnellement impossible: supposons que, lorsque cette violence a été commise par Méhémet, sa puissance était si solidement établie et son indépendance du suzerain si parfaite, que les multezims n'ont osé ni résister, ni porter leurs doléances aux pieds du grand seigneur, leur souverain légitime. Mais alors, du moment où la lutte entre le pacha d'Égypte et le sultan a été terminée par le concours d'une partie de l'Europe, et Méhémet réduit à s'humilier devant Abdul-Medjid et à lui demander, comme une grâce, le gouvernement de l'Égypte, comment se fait-il que ces intérêts violés et comprimés jusqu'alors, non-seulement n'aient pas fait explosion pendant la lutte, mais ne se soient même pas fait entendre après la défaite du vice-roi? comment est-il possible de con-

---

[1] Michaud, *Corresp. d'Orient:* «Revenons à l'Égypte : Méhémet-«Ali, en s'emparant de tous les pouvoirs, s'est mis à la place de tous «ceux qui, avant lui, s'étaient rendus maîtres de la propriété fon-«cière; il s'est d'abord emparé de toutes les terres possédées par les «moultezims, et il s'est contenté de leur faire une pension viagère; et «cette révolution s'est faite sans beaucoup de résistance, parce que «les possesseurs avaient peu d'influence et de crédit dans le pays.»

cevoir que le cabinet turc et la diplomatie européenne, qui le dirigeait, aient négligé la restau-
ration des multezims, mesure qui, au point de
vue des publicistes, eût été un acte de justice, et
qui leur offrait, en même temps, au point de vue
politique, le moyen de soustraire un élément de
force à Méhémet et de susciter un obstacle permanent à l'extension de sa puissance?

Je pense que ce sont là les réflexions qui eussent
dû sortir de l'examen attentif des faits, et qu'elles
auraient eu pour résultat de faire naître la pensée
que les multezims ne pouvaient être réellement
propriétaires.

Ce que le raisonnement fait supposer, nous allons
le prouver, et nous verrons qu'en dépossédant les
moultezims, le pacha n'est pas sorti de la légalité.

D'abord, un point nous est acquis : le territoire
de l'Égypte est *wakf*. Cette modification exclut
l'idée de l'existence du droit de propriété sur le
sol; le fonds territorial n'est donc la propriété de
personne, en Égypte. Or, un droit qui n'existe point
ne saurait être violé.

Il reste, à la vérité, un droit de possession; mais
il est aux mains du fellah ou laboureur, qui ne
peut en être privé que quand il néglige la culture,
et qui le transmet à ses fils. Je ne sache pas que le
pacha ait jamais voulu le lui ôter; le fellah cultive
et détient exclusivement la terre aujourd'hui comme
autrefois.

Le multezim n'était donc ni propriétaire ni pos-

sesseur; il n'était, entre le souverain et le fellah,
qu'un intermédiaire chargé de la collection de l'impôt, revêtu de l'autorité indispensable pour le prélever et faire travailler le cultivateur. Cet office, à
la vérité, constituait, pour les multezims, la seule
voie de fortune qui leur fût ouverte, et ils jouissaient de redevances importantes en vivres, présents et corvées de toute nature : mais là précisément était le mal; tous étaient experts dans l'art
d'extraire de leurs districts des revenus beaucoup
plus considérables que ceux que l'institution leur assignait; et au moment où il avait besoin de toutes
les ressources que pouvait fournir le revenu du territoire, Méhémet ne pouvait consentir à en laisser
absorber la meilleure partie par les collecteurs
seigneuriaux.

Mais, comme le produit du kharadj est destiné
dans tous les états musulmans à subvenir à l'entretien de la classe supérieure, en destituant les moultezims, Méhémet ne put se dispenser de leur assigner des pensions équivalentes au *revenu légal* des
emplois qu'il leur ôtait. Cet acte de haute autorité
a eu pour résultat de faire rentrer plus exactement
et plus complétement l'impôt, et, comme le disent
eux-mêmes les accusateurs du pacha, de soustraire
le fellah à l'oppression et à l'avidité des hommes
puissants[1]; témoin d'ailleurs des nombreuses exac-

---

[1] Michaud, *Lettre sur l'Orient* : «Méhémet-Ali a laissé les fellahs
«à peu près comme il les a trouvés : au lieu de cultiver la terre
«pour le compte des moultezims et des mosquées, ils la cultivent

tions auxquelles donnait lieu cette manière de prélever le tribut, il crut devoir supprimer les multezims, et faire rentrer les districts sous l'administration des kaschefs ou gouverneurs de province.

Voilà donc réduite à sa juste valeur la dépossession des multezims tant reprochée à Méhémet-Ali;
on comprendra à présent qu'en y procédant il n'est
pas sorti de la légalité; nous avons d'ailleurs rapporté un précédent, fort remarquable à cet égard,
en nous occupant de l'Inde [1].

Le second reproche fait au pacha relativement à
l'usurpation des *wakoufs* est le résultat d'un mal-
entendu; d'après ce que je lis dans un ouvrage
descriptif de l'Égypte et de la Turquie, ce blâme
s'applique à l'ordre que reçurent les kaschefs des
provinces, de faire rentrer sous leur administration
tous les terrains wakoufs. L'auteur a vu dans ce fait
une violation des fondations pieuses, et, en effet,
il ne pouvait guère se douter que, toute la terre d'É-
gypte étant instituée wakf, il tombait, en faisant
cette remarque, dans une répétition relativement
à la mesure par suite de laquelle les chefs des provinces étaient appelés à prendre l'administration

« seulement pour le compte du pacha...... Si les impôts n'avaient
« pas augmenté, la génération actuelle serait peut-être moins mal-
« heureuse que celles qui l'ont précédée.... car le fellah n'est plus
« tenu de payer aucune redevance à aucun homme puissant. »

[1] Sous le gouvernement d'Aurengzebe, Jafferkhan, subahdar du
Bengale, destitua, avec le consentement de l'empereur, tous les
zemindars de cette province, et les remplaça par des officiers de son
choix.

des districts des moultezims, qui sont ces wakoufs mêmes.

Quant aux wakoufs d'immeubles consistant en maisons, jardins, etc. et qui sont institués par les habitants du pays, soit qu'ils aient, dans leur charte de fondation, disposé de la régie future de ces wakoufs en faveur d'eux-mêmes ou d'autrui, la loi musulmane met la direction de ces établissements sous la surveillance du souverain et lui donne le pouvoir de nommer un administrateur de son choix, si le titulaire ne lui semble pas remplir avec fidélité les devoirs de sa charge ; néanmoins, je n'hésite pas à affirmer que, malgré le droit que lui en accorde la loi, Méhémet-Ali n'a pas touché à ces fondations, qui consistent en maisons et en plantations, quoique je n'aie d'autres motifs, pour me prononcer aussi positivement, que l'analogie qui existe entre ces wakoufs et les immeubles que possèdent les indigènes dans les villes et les banlieues, et qui partout sont restés intacts entre les mains des propriétaires. Et il est assez curieux de lire, à ce sujet, les *errata* qui sont apposés en notes ou dans le texte de ces livres où l'usurpation du pacha (relativement aux moultezims) est si sévèrement flétrie. «Cette spoliation, disent les auteurs, n'a atteint que «les *propriétés territoriales; par une exception assez* «*singulière,* eu égard à notre organisation sociale, «la propriété mobilière et industrielle offre en Égypte «à la fortune des particuliers *la base la plus solide.* «*Les maisons, les okels, les boutiques ont été respectés*

« *par le pacha*, qui se contente de les grever de temps
« en temps d'impôts considérables. »

Certes, cette exception remarquable, signalée
par ceux-là même qui accusent le plus hautement
Méhémet-Ali, eût dû devenir pour eux l'objet et
l'occasion de réflexions sérieuses ; sans en deviner la
cause, ils auraient dû penser qu'il fallait que les
grandes propriétés territoriales appartinssent à une
catégorie particulière ou fussent soumises à des
usages extraordinaires ; sans quoi il devenait impossible de comprendre comment, dans un pays
où la propriété est au pillage, il se trouve une classe
de biens qui a toujours été respectée et qui offre
la base la plus solide à la fortune privée.

Maintenant que le lecteur, initié au secret de la
constitution territoriale, a saisi la cause de ces
frappantes différences, je vais lui mettre sous les
yeux un chapitre fort spirituel de la Correspondance
d'Orient (de M. Michaud), consacré à l'examen de
la question de la propriété en Turquie et en Égypte,
et où l'aspect général qu'elle présente est tracé
d'une manière qui, pour être empreinte de légèreté
et de prévention, ne pêche pas trop cependant du
côté de la fidélité ; dans les traits fugitivement accu-
sés de ce tableau, on n'aura pas de peine à reconnaître les conséquences des principes généraux que
j'ai fait connaître par un travail plus sérieux.

« Je me rappelle avoir lu, sur la propriété fon-
« cière en Orient, de très-savantes dissertations que
« je me garderai bien de prendre pour la mesure

«de ce qui existe, ou de ce qui a existé. Une pa-
«reille érudition ne manquerait pas de dérider le
«front d'un cadi ou d'un mollah, si on la débitait
«devant eux dans un procès; qu'est-ce, en effet,
«que la propriété foncière, sous des gouvernements
«despotiques, qui sont toujours maîtres d'imposer
«les terres quand ils veulent et comme ils veulent?
«La terre n'appartient-elle pas à celui qui peut lui
«demander ce qu'elle produit et plus qu'elle ne
«produit?

«Dans toute la Turquie, *on ne sait pas ce que c'est*
«*que la possession des terres;* je n'ai pas rencontré,
«ni à Smyrne, ni à Constantinople, un pacha, un
«grand seigneur, qui *comptât ses terres cultivées au*
«*nombre de ses richesses;* à l'exception de quelques
«tschiftliks ou timars, auxquels le gouvernement ac-
«corde une protection particulière, on ne connaît
«point ce que nous appelons des domaines fonciers,
«des terres qu'on puisse *affermer* ou faire valoir avec
«quelque avantage.

«La population villageoise vit, dans les campa-
«gnes qu'elle cultive, sans trop savoir *à qui appar-*
«*tient le sol* qui la fait vivre; les terres qui annon-
«cent le plus de fécondité *ne se vendent pas* et ne
«sont jamais évaluées qu'à un prix fort médiocre.

«Dans toutes les provinces ottomanes, lorsqu'on
«veut jouir avec quelque sécurité d'une propriété
«foncière, et qu'on veut la transmettre à ses en-
«fants, on l'engage, presque toujours, à une mos-
«quée; les mosquées sont devenues comme une

« compagnie d'assurances pour toutes les propriétés
« que le soleil éclaire et que le possesseur ne peut
« cacher. Je ne veux pas dire, par là, que la pro-
« priété territoriale soit tout à fait inconnue ; mais,
« les précautions qu'on prend ainsi pour s'en assu-
« rer la jouissance, prouvent au moins qu'elle est
« peu respectée et qu'on la regarde comme une de
« ces choses qui se conservent comme elles peuvent
« et qu'on laisse à la garde de Dieu.

« Au reste, la propriété foncière n'est pas plus
« respectée par le peuple que par le gouvernement :
« j'ai remarqué, dans tous mes voyages, que nulle
« part on ne se faisait scrupule de s'approprier ce
« que la terre produit.......; dans nos promenades
« autour du Caire, j'ai vu souvent nos âniers se jeter
« dans des champs d'oignons et de concombres, en-
« lever tout ce qu'ils trouvaient, et revenir paisible-
« ment à la ville, chargés de leur butin[1].

« Revenons à l'Égypte. Méhémet-Ali, en s'em-
« parant de tous les pouvoirs, s'est mis à la place
« de tous ceux qui, avant lui, s'étaient rendus maî-
« tres de la propriété foncière ; il s'est, d'abord,
« emparé de toutes les terres *possédées* par les moul-

---

[1] Ce que l'auteur signale ici est l'abus et non l'usage d'une disposition de la loi musulmane qui permet à tout mahométan de prendre
dans les champs et les jardins ouverts ce qui est nécessaire pour
apaiser sa faim, mais qui considère et poursuit, comme vol, le fait
d'emporter quoi que ce soit. Aujourd'hui, en Afrique, dans les jours
d'été, on peut voir dans les environs de Constantine des bandes
joyeuses qui vont avec de la musique s'établir à l'ombre des arbres
et manger quelques fruits, sans que jamais le maître de la campagne croie devoir s'en plaindre.

« tezims, et il s'est contenté de leur faire une pen-
« sion viagère; et cette révolution s'est faite sans
« beaucoup de résistance, parce que les possesseurs
« avaient peu d'influence et de crédit dans le pays.

« Le pacha s'est emparé aussi de toutes les terres
« qui appartiennent aux villes saintes (Mecque et
« Médine), de toutes les terres dont le revenu avait
« une destination pieuse, et servait à l'entretien du
« culte et des établissements de charité; il s'est
« chargé, il est vrai, d'entretenir les mosquées et les
« écoles..... Personne n'a fait entendre de réclama-
« tions sérieuses, ce qui prouve que la religion et
« l'humanité n'ont guère plus de crédit en Égypte
« que les moultezims.

« Au milieu de toutes ces mutations de la pro-
« priété, quel a été le sort des fellahs? Au temps des
« Mamelouks, les fellahs avaient des terres qu'ils
« possédaient moyennant certaines redevances; mais
« ils ne *pouvaient ni les transmettre à leurs enfants*, ni
« en disposer d'aucune manière; à le bien prendre,
« les paysans d'Égypte n'ont jamais eu *d'autres pro-*
« *priétés* que *leurs chaumières, leurs colombiers,* leurs
« bœufs, leurs charrues et quelques terrains situés
« autour des villages; on a dû toujours les considé-
« rer comme des manouvriers employés aux travaux
« champêtres, ou comme des espèces de métayers
« qui cultivent le bien d'autrui[1].

---

[1] Il était impossible de se rencontrer plus juste avec la disposition
suivante, énoncée dans le code de la guerre (*Hedaya*, chapitre du
butin) : « En laissant les terres du pays conquis entre les mains des

« Méhémet-Ali a laissé les fellahs à peu près
« comme il les a trouvés ; au lieu de cultiver la terre
« pour le compte des moultezims et des mosquées,
« ils la cultivent seulement pour le compte du pacha.
« Si les impôts n'avaient pas augmenté, la généra-
« tion actuelle serait peut-être moins malheureuse
« que celles qui l'ont précédée...., car le fellah n'est
« plus tenu de payer aucune redevance à aucun
« homme puissant. »

Quelques lignes plus bas, M. Michaud stigmatise
les impôts qu'il croit illégaux, et qui tous cependant
sont fixés et prescrits par la loi, tels que les droits
sur les palmiers, les troupeaux, les métiers et les
industries ; puis il continue ainsi :

« Au milieu d'un tel état de choses, ne serait-ce
« pas perdre son temps que de pousser plus loin nos
« recherches sur la propriété foncière en Égypte ?
« toutefois il arrive dans CETTE VIOLATION DE TOUS
« LES DROITS, dans cet oubli général de tous les droits
« les plus sacrés, qu'on retrouve de temps à autre
« une faible image de la justice. Je me rappelle que
« quand j'allai visiter le palais et le jardin d'Ibrahim-
« pacha dans le voisinage du Caire, M. de Beaufort,
« l'intendant du prince, me montra un terrain adja-
« cent qu'Ibrahim avait voulu acheter, et qu'on avait
« refusé obstinément de lui vendre. *Ce fait m'a paru*

« habitants, il y a avantage réel pour les musulmans ; car, de cette
« manière, les habitants ne font simplement que cultiver le sol au
« bénéfice des vainqueurs, pour le compte desquels ils travaillent,
« cultivent et labourent, sans que ceux-ci en prennent ni souci, ni
« dépense. »

« *singulier : il prouve du moins qu'il y a dans ce pays*
« *des propriétés respectées par le despotisme.* Il y a
« de même, autour du Caire et des autres villes de
« l'Égypte, beaucoup de terrains, *des jardins, des*
« *enclos* dont Méhémet-Ali n'a jamais songé à dé-
« pouiller les possesseurs; il n'a véritablement mis
« la main que sur les terres des moultezims, il ne
« s'est véritablement emparé que des terres situées
« dans les *pays* de *grande culture* [1]. »

Reste maintenant le troisième chef d'accusation.
Méhémet-Ali a prescrit aux fellahs de réserver la
plus grande partie de leurs feddans à un genre spécial de culture fixé par le gouvernement; cette injonction était une mesure indiquée par l'esprit de la
fondation religieuse, dont le but est l'augmentation
du trésor public. De même qu'il entre dans les devoirs du souverain de veiller à ce que les fellahs ne
laissent en friche aucun des champs qui leur sont assignés, il lui faut aussi veiller à ce qu'ils fassent un
bon choix des produits à cultiver, afin que les revenus n'éprouvent aucune diminution; d'ailleurs, en
agissant ainsi, le pacha n'a point innové, il a suivi
l'exemple des autres souverains musulmans, et,
entre autres, du sultan Aureng-Zeb, qui, en 1688,
s'exprimait ainsi dans un de ses édits :

« Si le terrain est susceptible de fournir une es-
« pèce particulière et avantageuse de produits, et

---

[1] On reconnaît là parfaitement la distinction que j'ai établie plus
haut entre le territoire propre à la culture en grand des céréales,
et les terrains des villes, des vergers et des enclos.

« que la raya ne se livre pas à cette culture spéciale,
« ils devront (les collecteurs) s'opposer à cette ma-
« nière de faire; ils devront s'opposer à ce que le
« cultivateur recueille le bénéfice de cette mauvaise
« gestion, et devront cesser de le considérer comme
« maître du terrain. »

On voit par ce qui précède que toutes ces accusations portées contre le pacha d'Égypte ne sont
nullement fondées, quoiqu'elles l'aient exposé à une
réprobation générale. Il lui eût été facile, sans doute,
de les réfuter, mais son silence en cette occasion
nous apporte une preuve de plus de l'extrême répugnance qu'éprouvent tous les musulmans à donner
à ceux qu'ils qualifient d'infidèles, des explications
sur ce qui tient à la législation et par conséquent à la
religion d'Islam; quelque utiles d'ailleurs qu'eussent
été ces explications, il a laissé son apologiste officiel,
le docteur Clot-bey, s'épuiser en arguments propres
à le recommander aux sympathies, si importantes
pour lui, de la presse politique; et quand il aurait
suffi de quelques mots pour obtenir ce résultat et
se justifier complétement, il ne les a pas dits, parce
que, avant tout, il est musulman, et que la foi le
lui défendait. Aussi, aujourd'hui, Méhémet-Ali est-il,
pour le plus grand nombre des Osmanlis, le véritable
représentant de l'islamisme en Turquie.

TURQUIE.

Le passage que nous avons extrait du livre de Sidi Krelil, et qui, le premier, nous ayant révélé la constitution en *wakf* (l'immobilisation) du sol de l'Égypte, nous a aussi appris à connaître, je ne dirai plus la nature du droit de propriété, mais du droit de possession en Égypte, s'applique textuellement à la plus grande partie de l'empire ottoman. Si de cette manière déjà nous n'avions acquis la preuve que la constitution territoriale est exactement la même en Turquie qu'on vient de la voir dans l'Inde et en Perse, la lecture des ouvrages de MM. de Hammer et d'Ohsson lèverait nos derniers doutes à cet égard. Il nous sera facile de le prouver par des citations et des détails empruntés à ces deux écrivains ; mais nous serons obligés de les analyser sous le point de vue d'une pensée autre que celle qui les a dictés. La nature de la constitution territoriale, quoiqu'elle ressorte clairement du livre de M. de Hammer, lui est restée inaperçue ; il s'est borné à faire de son travail un recueil d'ordonnances relatives à toutes les parties de l'administration et du gouvernement de l'empire ottoman, mais en les entassant sans ordre et sans en tirer aucune déduction qui puisse éclairer et satisfaire l'esprit du lecteur ; et quoiqu'on doive reconnaître dans cette compilation les traces d'une érudition infatigable et féconde, la lecture en

est pénible, et surtout assez peu fructueuse pour que,
après avoir touché du doigt, pour ainsi dire, successivement tous les rouages du mécanisme administratif et gouvernemental, le lecteur sente qu'il lui
serait difficile de se faire une idée de ce que doit
être l'ensemble de la machine quand elle est en
mouvement.

Quant à ce qui regarde la question de la propriété, M. de Hammer ne hasarde nulle part une
opinion ou un jugement; il les laisse à deviner.
Après avoir fait observer que l'étude de cette matière est de la plus haute importance, et que l'examen de la législation musulmane peut seul en fournir
les matériaux, il se borne à réunir un assez grand
nombre de fetwas (décisions des muphtis) et de
règlements qui traitent des devoirs des différents
membres de la société turque, sans indiquer quelles
sont les conclusions qui en découlent. J'ai vainement cherché à connaître définitivement à quelle
opinion s'arrête l'auteur, et, en désespoir de cause,
je reproduis ici textuellement le passage dans lequel
il traite de la propriété, afin de mettre le lecteur à
même de juger de la portée de ce travail.

« [1] .... Le système féodal, né d'abord dans l'an-
« cien empire persan, se continua pendant le kha-
« lifat, sous les dynasties turque et persane, qui s'en
« partagèrent les débris, et passa, de la dynastie des

---

[1] Voyez l'ouvrage intitulé : *Des Osmanischen Reichs 'Staats-Ver-
fassung und Staats-Verwaltung, das Lehenrecht, Kanuni Timar*, tom.
Ier, chap. VI, p. 337.

«Seljoucides, aux Ottomans, leurs successeurs. Le
«fondateur, Osman, fut investi de la souveraineté,
«à titre de fief, par le dernier des Seljoucides; et
«son fils Orkhan distribua les fruits de ses vic-
«toires entre ses compagnons d'armes, à titre de
«*ziamet* et de *timars* (grands et petits fiefs). Le feu-
«dataire, *saïm* ou *timarli*, jouissait, *sa vie durant*,
«et *à titre héréditaire* (dans la ligne mâle), des reve-
«nus du territoire concédé, contre l'obligation non-
«seulement de marcher lui-même en cas de guerre,
«mais encore de fournir un certain nombre de sol-
«dats proportionné à la valeur des revenus du fief.
«Les dénominations de ces fiefs sont tout à fait
«militaires, et indiquent par elles-mêmes la nature
«du service qui y est attaché.

«Tout fief, soit ziamet, soit timar, s'appelle *kilidj*
«(sabre), c'est-à-dire bien du sabre. Le feudataire est
«nommé *sipahi* ou cavalier, parce que, d'abord, il
«n'y eut d'investiture que pour les cavaliers. Plus
«tard, des fantassins jouirent de ces bénéfices sous
«le titre de *mossellem* (affranchis). Les hommes que
«devait fournir le feudataire s'appelaient *djebeli*
«(cuirassiers).

«Un district comprenant plusieurs fiefs prit le
«nom de *sandjak* (bannière), et le commandement
«en était remis à un beg, qui avait pour signe de
«sa dignité une queue de cheval. La réunion de
«plusieurs sandjaks constituait un gouvernement,
«*eyalet*, et les chefs de ces sandjaks ou begs recon-
«naissaient l'autorité du beglerbeg (beg des begs),

« décoré de deux ou trois queues de cheval. Cette
« division militaire du territoire de l'empire ottoman
« s'est maintenue et existe encore de nos jours.

« Comme *les biens féodaux* constituent *la plus*
« *grande partie de l'empire ottoman*, et forment *la*
« *base de la constitution territoriale*, il est essentiel de
« faire connaître et d'exposer clairement, d'après les
« prescriptions de la législation générale musulmane
« et du droit politique spécial à la Turquie, la na-
« ture de la possession du sol et de la suzeraineté
« territoriale, dont il n'a été traité d'une manière
« satisfaisante dans aucun des ouvrages relatifs à
« l'empire turc.

« Avant tout, il faut trancher avec certitude la
« question sur laquelle sont partagés d'opinion les
« plus grands publicistes et les plus savants orienta-
« listes en Europe, à savoir : *qui, selon la loi musul-*
« *mane, dans les états soumis à cette loi, est le proprié-*
« *taire réel du fonds et du sol?*

« Comme les écrivains qui se sont occupés de
« cette recherche, ou *ex professo*, ou accessoirement,
« n'ont eu en vue que l'état actuel de la propriété,
« ou l'abus de la violence, dans l'Inde, en Perse et
« en Turquie, sans remonter aux sources de la loi
« musulmane, d'où il faut déduire le droit de pro-
« priété foncière, il en est résulté de nombreuses
« contradictions, du labyrinthe desquelles nous ne
« sortirons qu'au moyen du fil de la législation mu-
« sulmane.

« *Il est hors de doute qu'en Turquie, comme dans les*

«autres empires d'Asie, il existe (et qu'on y respecte)
«une propriété réelle et héréditaire de biens meubles et
«immeubles ; mais ce droit de propriété sur les fonds
«de terre ne se fonde que sur le véritable droit de
«possession, confirmé ou par les premiers conqué-
«rants, ou par leurs successeurs, et nullement sur
«un droit primitif et valide de possession héréditaire
«ou de propriété qui remonte au delà de la conquête.

«Selon le Koran, le texte sacré de l'Islam et la base
«de sa législation, la terre appartient à Dieu, et con-
«séquemment tout le territoire au khalife, qui est
«l'ombre de Dieu et son lieutenant dans ce monde.
«La terre est à Dieu; il la donne en héritage à qui
«il veut. Sur ces textes se fondent les décisions des
«premiers docteurs de l'Islam, qui ne reconnaissent
«d'autre titre valide de possession dans les états mu-
«sulmans, que le droit de propriété ou de possession
«héréditaire, confirmé ou accordé par le conquérant
«aux possesseurs non mahométans contre payement
«du tribut, ou aux musulmans, moyennant l'acquit-
«tement de la dîme.

«Par suite de la conquête, le vainqueur musulman
«acquiert la propriété unique, pleine et illimitée du pays
«conquis, dont il confirme la possession réelle et hérédi-
«taire (mulk) aux anciens possesseurs qui se refusent à
«embrasser l'Islam, sous l'obligation de payer une
«taxe individuelle, foncière et proportionnelle sur
«les produits (kharadj), ou qu'il partage aux mu-
«sulmans, en leur imposant la dîme (ascher).

«Comme les premiers khalifes, avant la conquête

« de la Perse, n'avaient aucune idée du système féo-
« dal, et que ce système ne commença à se déve-
« lopper que dans les états persans et turcs qui se
« sont élevés à l'abri du khalifat, nous nous expli-
« quons clairement, *par ce fait, la raison pour laquelle,*
« *dans les premières sources de la législation musulmane,*
« *il n'est question que de territoires, soit de dîme, soit*
« *de kharadj (tous deux véritable propriété ou possession*
« *héréditaire), mais nullement de biens féodaux,* dont
« la possession n'est point fondée sur un droit de
« propriété réel, illimité et perpétuellement hérédi-
« taire, mais bien sur *un droit de propriété* concédé
« par les princes, conditionnellement et à raison de
« services militaires.

« Mais quand, dans l'empire ottoman, presque
« tous les pays nouvellement conquis, et particu-
« lièrement ceux d'Europe, *eurent été partagés comme*
« *fiefs militaires* entre les spahis, *en vertu du droit*
« *primitif de propriété inhérent aux princes musulmans;*
« quand des lois spéciales eurent fixé les rapports du
« suzerain au feudataire (*sipahi*), et de celui-ci au
« sujet (paysan ou fermier du fond, *raya*); quand
« les difficultés agraires et les procès de propriétés
« se furent accumulés, et qu'on eut réuni à ce sujet
« les fetwa ou décisions des muphtis, il surgit un droit
« féodal positif (*canouni timar*), qui, ainsi que les
« autres parties de la législation politique, mis en
« ordre sous Soliman le Législateur, constitue au-
« jourd'hui encore le code des droits territoriaux de
« l'empire ottoman.

« La question touchant la nature réelle des droits
« de propriété et de possession sur les différents
« fonds et territoires et sur leur division, fut sou-
« mise à plus d'un muphti ; et quoique Ebu Suud,
« le grand muphti, le collecteur des kanouns du sul-
« tan Soliman, y ait répondu d'une manière suffi-
« samment décisive, elle fut cependant de nouveau,
« sous le règne de Sélim III, successeur de Soliman,
« traitée plus explicitement et plus clairement en-
« core par Mohammed-tscheleby-effendi, en l'an-
« née 974 (1566 de Jésus-Christ).

« La communication de ces pièces législatives,
« sur lesquelles se fonde l'édifice de la constitu-
« tion territoriale ottomane fournit, de manière à
« l'épuiser, la solution de la question relative au
« droit de propriété et de possession ; et ainsi le juge-
« ment du lecteur sera amené à la confirmation de
« l'opinion émise plus haut sur le droit primitif de
« possession et la véritable propriété dans les états
« musulmans en général, non par une exposition ar-
« tificielle mais par la simple reproduction des lois
« fondamentales. »

OPINION DU DEFTERDAR MOHAMMED-TSCHELEBI-EFFENDI.

« Comme, dans les anciens registres, on n'a pas
« suffisamment expliqué quels territoires sont de
« dîme et quels sont ceux de kharadj, ni dit s'ils sont
« véritablement propriété (*mulk*) du possesseur, il
« est advenu que beaucoup de sujets ont considéré

« leurs terres comme terres de dîme, se sont refusés
« à payer le tribut du huitième, du septième ou du
« cinquième des produits, et que, se supposant pro-
« priétaires de ces territoires, ils se sont crus fondés
« à en disposer comme des leurs propres, à les vendre
« ou à les faire wakf (fondation pieuse); comme les
« administrateurs, par ignorance de la nature réelle
« des choses, ont permis, contre le vœu de la loi,
« l'établissement d'actes de vente et de constitution
« de wakf y relatifs, et causé ainsi un grand désordre
« dans les affaires du pays, l'autorité suprème a
« ordonné qu'on recherchât, dans les plus anciens
« registres impériaux, quelles sont la véritable cons-
« titution territoriale et la nature des droits des
« tenanciers.

« L'humble rédacteur de ces lignes, qui fut chargé
« alors de la description des territoires du paschalik
« de Roumélie[1], a établi, à cette occasion, de la ma-
« nière suivante, la condition territoriale des con-
« trées qui ont fait l'objet de son travail.

« Dans les états musulmans, les territoires se di-
« visent, dans l'acception légale, en trois parties.

« La première se compose des *territoires de dîme*
« (*arsi aschriie*), qui, lors de la conquête, sont tom-
« bés en possession des musulmans, et sont leur
« propriété réelle (*mulk*); ils en peuvent disposer
« par vente, donation ou fondation pieuse, à vo-
« lonté. Ces fonds de terre ne sont soumis qu'à la

---

[1] On appelle *Roumélie* l'ensemble des possessions ottomanes en
Europe, et *Anatolie* celui de ces possessions en Asie.

« dîme, parce·que, légalement, un musulman ne
« paye point de tribut (*kharadj*). On n'en prend
« rien de plus que la dixième partie du produit. Ces
« terres sont celles de l'*Hedjaz* et de *Bassra*.

« La deuxième classe se compose des *terres tribu-*
« *taires* (*arsi kharajüe*), dont, à l'époque de la con-
« quête, la possession a été confirmée aux posses-
« seurs non mahométans, sous la condition qu'outre
« la capitation ou taxe individuelle, ils acquitte-
« raient encore une taxe foncière (*kharadj*), qui est
« établie ou sur le fonds (*kharadji muwasef*) ou sur
« les produits (*kharadji makassemé*). Cette dernière
« espèce de kharadj diffère de la dîme, en ce qu'elle
« comporte plus que le dixième, qu'elle peut s'élever
« depuis le huitième jusqu'à la moitié de la récolte,
« tandis que le kharadj du fonds consiste en une taxe
« annuelle inhérente au sol, et fixée d'après ses di-
« mensions. Ces terres de la deuxième classe ne sont
« pas moins la véritable propriété de leurs possesseurs
« que celles de la première. Ils peuvent en disposer
« par vente, donation ou wakf. Quand des musul-
« mans s'en rendent acquéreurs, ils sont astreints,
« comme l'étaient les premiers propriétaires non
« musulmans, au payement du tribut imposé lors
« de la conquête, et qui n'a cessé, à partir de ce
« moment, de grever ces terres. L'objection qui se
« fonderait sur ce qu'un musulman ne doit point
« être soumis au tribut n'est point admissible dans
« ce cas, parce que la taxe est censée peser seule-
« ment sur le fonds.

« Les possesseurs ne peuvent être troublés dans
« la possession de ces terres, et, à leur mort, elles
« font partie de leur succession comme leurs autres
« biens. Ces territoires sont ceux du pays de *Souad*
« *el-Irak* [1].

« Dans les livres de la législation, il n'est fait
« mention que de ces deux classes de territoires;
« mais il en est une troisième qui ne se compose ni
« de terres de dîme, ni de terres de tribut, mais qui
« consiste en terres féodales [2], et qu'on nomme (*ersi*
« *memleket*) terres domaniales ou du royaume. On
« avait observé, en effet, que la division de ces terres
« entre plusieurs héritiers rendait *extrêmement difficile*
« *la collection du tribut des terres tributaires*, et on ré-
« solut *de réserver la propriété du fonds du sol à l'état,*
« *et de ne laisser aux sujets que la possession provisoire et*
« *viagère, contre l'acquittement des tributs, sur le fonds*
« *et sur les produits, que la loi prescrit.* Cette classe
« *de terres, qui s'appellent* (ersi memleket) *terres du*
« *pays,* ou (ersi miri) *terres du fisc, est constituée*
« *par les territoires de l'empire ottoman;* elles sont
« la propriété viagère des cultivateurs qui acquit-
« tent le kharadj; et, tant qu'ils n'en négligent pas
« la culture, on ne peut leur en enlever la posses-
« sion. Elles sont héréditaires dans la ligne mâle;

---

[1] J'ai signalé dans l'examen du code de la guerre l'exception
faite en faveur du Souad el-Irack par suite de laquelle le sol y est
resté la propriété des habitants.

[2] Je ferai remarquer que ce terme de *féodales* est de la création
de M. de Hammer, et qu'il n'a d'équivalent ni en arabe, ni en turc.

« mais; si celle-ci s'éteint, on en fait une nouvelle
« concession. *Ces biens ne peuvent, en aucune manière,*
« *être ni vendus, ni donnés, ni faits wakf,* et aucun
« acte de cette nature n'est valable[1]. Les cessions de
« ces biens ne sont permises, et seulement avec le
« consentement et la connaissance du feudataire,
« qu'entre les sujets auxquels celui-ci les a affermés
« moyennant un cens (*tapou*). Ce cens n'est exigé
« que quand la possession change de mains. Le tri-
« but du fonds est prélevé sous le nom de *resmi*
« *tschift,* ou *donüm;* et le tribut sur les produits,
« sous celui de *dîme* (quoiqu'il comporte plus que
« le dixième).

FETWA D'EBOU SOUOUD EFFENDI.

Question. — « Que sont, dans le sens de la loi,
« les terres de dîme et les terres de kharadj?

Réponse. — « Quand l'imam (le prince) fait la con-
« quête d'un pays, et qu'il en partage le territoire
« entre les vainqueurs, ou qu'il en laisse la possession
« aux habitants devenus musulmans, il ne leur im-
« pose d'autre prestation que celle de la dîme (*aschr*),
« c'est-à-dire le dixième du produit annuel. Mais
« quand les anciens possesseurs, nonobstant leur per-
« sistance dans l'infidélité, sont laissés par lui en
« possession, il leur impose le tribut (*kharadj*). Dans

[1] D'où il résulte nettement que, le territoire de la Turquie ren-
trant dans cette catégorie, il n'est la propriété d'aucun des habitants.

« le mot *aschr* (dîme), il y a un sens religieux qui fait
« qu'il ne peut être appliqué en ce qui concerne les
« infidèles. Le tribut grève ou le fonds (*muwasef*) ou
« les produits (*mukassemé*) : la première espèce est
« fixée d'après l'étendue de la terre ; la seconde, en
« raison de sa fertilité, et peut aller depuis le hui-
« tième jusqu'à la moitié du produit : c'est là la divi-
« sion des terres rapportée dans les livres de la loi.
« *Mais les terres de l'empire ottoman ne sont pas terres*
« *de dîme ou de tribut, mais terres de l'état ou fief, qui*
« *ne sont point la propriété réelle, mais bien seulement*
« *la possession à titre d'usufruit des occupants.* Le sipahi
« ou feudataire prélève, à la vérité, le tribut de ces
« terres, mais ne peut ni les vendre, ni les transmettre
« héréditairement à la ligne féminine, comme peu-
« vent le faire les possesseurs de terres de dîme et de
« tribut, qui en ont la propriété pleine et entière. »

AUTRE FETWA RELATIF AUX TERRES DE ROUMÉLIE.

Question. — « Est-il permis de vendre ou d'hypo-
« théquer les terres de dîme et de tribut situées en
« Roumélie ? Les actes judiciaires relatifs à ces trans-
« actions sont-ils valides ? Cela est-il conforme à la
« loi du Koran ? »

Réponse. — « Ces terres ne sont ni de dîme ni de
« tribut, mais bien de l'état ou de fief ; elles n'ont
« point, lors de la conquête, été partagées à charge
« de dîme entre les vainqueurs ; mais la propriété
« du fonds a été réservée à l'état, en sorte qu'on ne

« doit les considérer que comme *louées et prêtées*. La
« vente ou l'hypothèque n'en seraient pas plus valide
« que ne le seraient la vente ou l'hypothèque d'un
« bâtiment dépendant d'un wakf ou fondation pieuse.
« Tout acte judiciaire à cet égard est nul. »

AUTRE FETWA RELATIF AUX TERRES DE ROUMÉLIE.

Question. — « Est-il légalement permis de dispo-
« ser, par vente, hypothèque, donation ou échange,
« des terrains de dîme ou de tribut que tiennent les
« sujets rouméliotes, et d'établir des actes judiciaires
« à cet égard ? »

Réponse. — « Les terres de dîme et de kharadj
« sont la véritable propriété (*mulk*) des possesseurs ;
« ils peuvent les vendre, les transmettre héréditaire-
« ment ou les faire wakf ; mais les terres de Rou-
« mélie ne sont ni terres de dîme ni terres de tribut,
« mais de fief ; et les sujets qui les cultivent sont
« comme des locataires auxquels le fonds de terre
« (*rokbei-ers*) a été prêté. Ils acquittent le tribut fon-
« cier (*kharadji muwasef*) sous le nom de cens du do-
« maine, et le tribut proportionnel sous celui de *dîme*.
« Quand, à la mort d'un paysan qui tient une ou
« plusieurs charrues de terre, il n'y a pas d'héritier
« mâle pour recueillir ses droits, le sipahi ou feu-
« dataire donne le terrain à ferme (*tapou*) à un autre ;
« mais il ne peut ni le vendre ni le donner. »

FETWA RELATIF AU TRIBUT SUR LES PRODUITS, QUI COMPORTE
PLUS DU DIXIÈME.

Question. — « Quand, sur les produits d'une pièce
« de terre cultivée, deux tiers sont laissés au paysan,
« et un tiers est demandé pour l'empereur, les pay-
« sans qui cultivent ces terrains peuvent-ils, avec
« raison, se refuser à payer plus que le dixième? »

Réponse. — « Non, parce que le tribut sur les pro-
« duits peut s'élever jusqu'à la moitié de la récolte.
« De ce que plusieurs territoires ne sont taxés qu'au
« dixième, il résulte que les ignorants croient que
« c'est là la seule fixation légale, et que la dépasser
« n'est pas permis. Ils ne se croient pas rebelles en
« résistant à une telle demande : c'est là une erreur
« nuisible. Le territoire de l'empire ottoman n'est pas
« terre de dîme, *mais bien terre de tribut*, et le tribut
« y est fixe. Il fut établi par Omar, à raison de tant
« de dirhems par djerib (*donüm*). Le donüm est calculé
« à quarante pas, ou soixante *draas* (pieds) carrés. »

Après avoir lu cette dissertation de M. de Hammer
sur le droit de propriété en Islam, et les fetawoui
ou décisions des muphtis, dont il l'accompagne, il
est, ainsi que je l'ai dit, fort difficile d'abord de dégager l'opinion personnelle de l'auteur à ce sujet,
et ensuite d'analyser son travail, dont la première
partie se trouve en contradiction évidente avec la
dernière.

En effet, M. de Hammer, en commençant, pose

en principe : 1° que le souverain, en sa qualité de vicaire de Dieu, est seul propriétaire du territoire en Islam; 2° qu'il ne se réserve pas cette propriété, et qu'il en concède le droit, *soit aux musulmans vainqueurs*, en leur partageant le territoire conquis, à charge de dîme; *soit aux anciens habitants* qui persistent à repousser la foi mahométane, contre acquittement du tribut individuel et foncier (*kharadj*). Dans l'un comme dans l'autre de ces cas, et alors que la terre ainsi concédée soit de dîme ou de tribut, *elle devient, à son avis, la véritable propriété de ceux à qui elle est laissée.*

Mais les décisions qu'il reproduit en terminant constatent que, dans l'empire ottoman, *le droit de propriété sur le fonds a été, lors de la conquête, mis en réserve et attribué au trésor public; et que la terre n'y est, pour ainsi dire, que prêtée ou louée au paysan ou cultivateur.*

Il résulterait de là qu'après avoir nettement *tracé les deux seuls modes dans les limites desquels il est permis au conquérant de disposer de la terre conquise,* c'est-à-dire en la distribuant aux vainqueurs comme *terre de dîme,* ou aux vaincus infidèles comme *terre de kharadj,* M. de Hammer se trouve arriver à une disposition qui échappe à la règle qu'il a formulée, et qui ne rentre dans aucune des deux prévisions auxquelles elles donne lieu. Pour échapper à cette contradiction, M. de Hammer est nécessairement amené à supposer l'existence d'une troisième catégorie de terres qui, selon lui, ne seraient terres ni *de dîme,* ni *de tribut*, mais qu'il appelle *terres féodales*, ou *du fisc*.

Mais cette solution[1], que lui suggère une interprétation erronée des fetawoui qu'il rapporte, ne lève, en apparence, une difficulté que pour en susciter immédiatement une autre. En effet, M. de Hammer n'attribue l'ignorance et les dissidences des orientalistes au sujet du droit territorial musulman, qu'à ce qu'ils ne se sont pas uniquement attachés à l'étudier dans les *sources* de la loi mahométane. Or, les sources de cette loi sont le Koran et la Sunna, et dans ces trésors de la législature musulmane, pas plus que dans les traités qui en sont les développements, on ne trouve mention de cette catégorie de terres découverte par M. de Hammer; il n'y existe que la grande division des terres en fonds de *dîme* et en fonds de *kharadj*.

Cette objection est fort grave; M. de Hammer l'a bien senti; il se la fait et y répond lui-même de la manière suivante :

«Comme les premiers khalifes, avant la con-«quête de la Perse, n'avaient aucune idée du sys-«tème féodal, et que ce système ne commença à «se développer que dans les états persans et turcs «qui se sont élevés à l'abri du khalifat, il nous est «facile de saisir la raison pour laquelle, *dans les* «*premières sources de la législation musulmane, il n'est* «*question que de territoires, soit de dîme, soit de kharadj* «*(tous deux véritable propriété ou possession héréditaire),*

[1] Solution d'ailleurs impossible, puisqu'on peut voir, à la page 246, que le territoire de l'empire ottoman est tributaire ou de kharadj.

« *mais nullement des biens féodaux*, dont la possession
« n'est point fondée sur un droit de propriété réel,
« illimité et *perpétuellement héréditaire*, mais bien sur
« *un droit de propriété* concédé par les princes condi-
« tionnellement, à raison de services militaires [1]. »

Ce raisonnement spécieux ne me semble cependant point détruire l'objection très-sérieuse à laquelle
l'auteur l'oppose ; il ne supporte pas même l'examen.

Et d'abord, y a-t-il, ainsi que le laisse entendre
M. de Hammer, des sources modernes de la législation musulmane ? Je crois qu'il n'est pas un orientaliste qui ne sache que la législation musulmane
n'a d'autres sources que le Koran et la Sunna, et
leur développement par l'interprétation de la majo-
rité des docteurs (*idjmaa*), et l'analogie (*kiaess*) ; que
le plus récent de tous les traités législatifs roule exactement sur les mêmes matières que le plus ancien,
et qu'ainsi on ne peut reconnaître deux espèces de
sources législatives en Islam.

Mais, en admettant momentanément que l'idée
énoncée par M. de Hammer fût fondée (ce qui est
inadmissible en réalité), il lui resterait, après avoir

---

[1] La dernière partie de ce passage est la seule circonstance qui
permette d'entrevoir l'opinion personnelle de M. de Hammer, relativement à la concession que fait de son droit de propriété le souverain ; il en résulterait qu'à ses yeux le sipahi ou cavalier feudataire est investi de la propriété du sol, et qu'elle est entre ses mains
héréditaire dans la ligne mâle seulement. Comment alors concilier
cette opinion avec le fait allégué dans le fetwa, que la propriété
du fonds des territoires musulmans a été retenue au profit du trésor
public, et que l'usufruit seul est resté disponible ?

expliqué le motif pour lequel cette classe nouvelle de terres féodales (qui ne sont ni de dîme ni de kharadj) n'est point mentionnée dans ce qu'il appelle les sources anciennes de la législation, il lui resterait, dis-je, à nous faire connaître *les sources nouvelles où il en est question;* car enfin, depuis que ce qu'il considère comme une féodalité, existe et s'est développé en Turquie, bien des docteurs ont rédigé des traités; il faudrait donc que Scheikh Ibrahim, l'auteur de la Moulteka, que Makrizi, Mawerdi, Ibn-Djemaat en parlassent. Or, il n'en est pas ainsi. Les terres féodales (au moins comme constituant une catégorie spéciale, par opposition aux terres de dîme et de kharadj) n'ont jamais existé, et on peut sans crainte affirmer qu'aucun traité législatif n'en parle, vu que la langue musulmane (arabe) n'a point de mot équivalent à celui de fief.

Toutes les concessions faites par les souverains musulmans, qu'elles soient de courte ou de longue durée, qu'elles aient lieu pour service militaire ou par location, qu'elles aient pour objet la terre ou des revenus, rentrent toutes dans la classe des *iktaas;* et, loin d'être moderne, l'institution des iktaas a commencé, pour ainsi dire, avec l'Islamisme. Le premier iktaa a été, si je ne me trompe, la concession faite par le prophète à ses partisans du territoire de Khaïbar. Mais, quand ils sont relatifs aux terres, les iktaas, ainsi que le font remarquer tous les légistes et particulièrement Mawerdi, ne peuvent s'appliquer qu'à la terre de kharadj, vu que la terre de dîme, ainsi que cela est constaté par tous les traités de législation, étant propriété de ceux qui la tiennent, ne peut donner ouverture à des concessions de la part du sultan.

Si M. de Hammer avait examiné avec attention un des fetwas qu'il reproduit, il eût pu se convaincre de la fausseté du principe par lequel il a débuté, et voir que les terres de l'empire ottoman qu'il qualifie de féodales ne sont autre chose que des *terres de kharadj;* il eût trouvé ce fait nettement exposé dans la dernière de ces décisions, où il est dit : « Le ter- « ritoire de l'empire ottoman n'est pas terre de dîme, « mais bien terre de tribut, et le tribut y est fixe ; « il fut établi par Omar, etc. »

Il eût vu d'ailleurs que quand, dans l'opinion émise par Mohammed Tschelébi-effendi, ce docteur insiste sur ce que les territoires de l'empire ottoman ne sont ni de kharadj ni de dîme, c'était pour faire comprendre qu'ils ne sont pas régis par la même loi que celle à laquelle sont soumis ceux de Bassra (terre de dîme) et ceux du Souad et Irak (terres de kharadj), qui sont la propriété des habitants; et s'é- viter la peine d'expliquer aux rayas qu'il importait uniquement de ramener à la connaissance des obli- gations qui leur sont imposées, la mise en wakf du sol de l'empire et l'origine religieuse de cette ins- titution.

Se méprenant sur l'esprit qui a dicté cette opi- nion, M. de Hammer a été amené à établir en fait que les terres de kharadj et de dîme sont la propriété

de ceux qui les tiennent, et c'est ainsi qu'il a été entraîné à créer, pour les besoins de son système, une
classe de terres imaginaires. Quant à nous, qui savons qu'elle ne peut exister, il nous sera facile, en
partant du principe établi par la législation musulmane, relativement à la manière dont le conquérant
dispose de la terre conquise, de suivre la ligne des
modifications qui ont été appliquées au sol de la
Turquie, et les preuves à l'appui de notre conclusion ressortiront naturellement des kanunnameh de
Soliman concernant les droits et les obligations du
raya et du sipahi, et des citations que nous emprun-
terons à d'Ohsson.

Lors de la conquête, le sol de la Turquie a nécessairement subi une des deux lois fixées immuablement par la législation musulmane; il a été ou
partagé entre les vainqueurs ou laissé aux anciens
habitants.

Dans le premier cas, il serait terre de dîme, c'est-
à-dire propriété héréditaire des tenanciers; or, la
propriété des fonds en Turquie étant l'apanage du
trésor public, ce fait implique la négation du partage. Il a donc été laissé aux anciens habitants, à
charge d'acquittement du kharadj; et en effet l'examen des impôts prélevés dans toutes les parties de
l'empire ottoman constate ce fait. Mais toute terre
laissée lors de la conquête aux habitants et devenue
de kharadj, est, aux termes de la loi, l'objet d'un
wakf qui, annulant le droit de propriété, ne laisse
disponible que l'usufruit. C'est bien là en effet la

modification survenue relativement au sol de l'empire ottoman ; car, ainsi que le disent unanimement les fetawi rapportés par M. de Hammer, et encore mieux les règlements impériaux qu'il a recueillis, *la terre ne peut être, en Turquie, la propriété de personne, elle n'est que prêtée viagèrement aux rayas qui la cultivent.*

La propriété du fonds étant réservée à l'état, la possession seule étant laissée aux cultivateurs, il serait donc inexact d'attribuer au sipahi ou feudataire, ainsi que l'a fait M. de Hammer, l'un de ces droits, qui tous deux sont occupés. Il résulte de là que le sipahi ou cavalier feudataire ne peut avoir obtenu en concession que les droits qui appartiennent à l'état, c'est-à-dire une part ou la totalité du kharadj auquel le paysan est tenu, comme à un cens locatif. Nous pouvons donc conclure qu'en Turquie, comme dans les autres pays musulmans, la terre (de grande culture) n'est la propriété de personne ; que le souverain ne peut en disposer ni par vente ni par donation, ni même par concession perpétuelle ; que la possession, à charge de payement du kharadj, est le privilége du raya, et que les droits des sipahis se bornent à une concession faite par l'état d'une part, ou de la totalité du kharadj d'un district, et à l'exercice de l'autorité seigneuriale sur les cultivateurs.

Dans son mémoire sur l'administration politique des khalifes, M. de Hammer modifie ainsi la doctrine d'après laquelle il a, dans son premier ouvrage, représenté le souverain comme investi du droit de propriété :

« Tout pays conquis est la propriété commune « des musulmans qui ont pris part à la conquête [1]; « seulement les conventions, moyennant lesquelles « les infidèles ont racheté [2], en se soumettant à la « capitation et au tribut, la possession de leurs pro- « priétés, doivent être considérées comme sacrées; « et, tant qu'elles sont observées, le souverain mu- « sulman n'a aucun droit sur la propriété foncière « des non-musulmans; il n'est maître de disposer « que des terrains incultes, abandonnés, qu'il con- « cède viagèrement à des soldats ou à des hommes « qui se rendent utiles à l'état, ainsi que des reve- « nus qu'il peut concéder ou louer viagèrement. »

Cette modification, qui renverse de fond en comble le système édifié par M. de Hammer dans son premier ouvrage, repose encore sur des bases inexactes et ne rend aucunement compte de ce qui existe en réalité, puisqu'on ne saurait considérer comme la propriété foncière des non-musulmans des terres sur lesquelles ils n'ont que le droit d'usu- fruit, et dont, dans aucun cas, ils ne peuvent dis- poser par vente ou donation. Je n'insisterai pas da- vantage à cet égard, et je m'empresse de reproduire

---

[1] Ainsi ce n'est plus le souverain qui en acquiert la pleine et entière propriété, comme M. de Hammer l'avait d'abord affirmé.

[2] La preuve que ce rachat n'a pas eu lieu nous est offerte par le retour du terrain à l'état en cas de conversion à l'Islamisme du pos- sesseur, ou quand il meurt sans laisser d'enfant mâle.

les règlements impériaux et les passages de d'Ohsson au moyen desquels on pourra se faire une idée plus nette des droits territoriaux et de l'administration intérieure de l'empire.

« Comme il est arrivé à notre connaissance que
« des difficultés ont été opposées à quelques sipahis
« et soubachis qui, jusqu'à ce jour, avaient eu des
« timars et des ziamets en Roumélie et ailleurs, sous
« prétexte qu'ils étaient fils de rayas, arrivés tard
« à ces fiefs, et qu'ils étaient étrangers; et que par
« suite on en a déplacé et lésé quelques-uns; nous
« déclarons que les sipahis comme les rayas de
« notre empire sont tous nos sujets, et qu'on ne
« doit traiter aucun d'eux d'étranger; et reconnais-
« sons comme légitimes et valides les fiefs actuelle-
« ment possédés, quand même les titulaires seraient
« des rayas ou fils de rayas.

« Pour l'avenir tels sont mes ordres :

« La première investiture devra venir de notre
« sublime Porte; les mutations ultérieures seront
« seules à la disposition des gouverneurs pour les
« fiefs de moindre valeur; quant aux autres, le cer-
« tificat nous en sera envoyé.

« Quant aux investitures nouvelles, nous voulons
« qu'à la mort d'un soubachi qui a péri sur le
« champ de bataille, dans le cas où il aura été en

« possession d'un fief (*ziamet*) d'une valeur de
« 20,000 à 50,000 aspres, on ne donne à trois de
« ses fils d'abord qu'un timar qui ne dépasse pas
« 6, 5 ou 4,000 aspres [1].

« Si les fils ne sont pas encore *propres au service*,
« c'est-à-dire sont mineurs, on procédera ainsi : deux
« fils d'un feudataire mort en combattant reçoivent,
« jusqu'au jour où ils pourront porter les armes,
« ensemble un timar de 5,000 aspres avec obli-
« gation de fournir un djebelu (soldat); mais, si
« leur père est mort dans son lit, le timar ne sera
« que de 4,000 aspres.

« *Les feudataires déposés* (*mâzoul*), qui cependant
« auront suivi le beglerbeg à la guerre et auront fait
« preuve de zèle, obtiendront un nouveau *fief au*
« *bout de sept ans;* mais ils ne peuvent le demander
« avant ce laps de temps.

« Si les fils d'un sipahi, âgés de 1 2 ans à l'époque
« de la mort de leur père, restent sept ans sans de-
« mander de fief, on doit, quand, plus tard, ils s'y
« résolvent, repousser leur demande et les classer
« parmi les gens de métier, à moins qu'ils ne se dis-
« tinguent dans une expédition.

« Si un soubachi ou sipahi voulait échanger avec
« un autre un village ou une pièce de terre de son
« timar, ou la moitié de ce timar, on devra ne pas

---

[1] On verra, par la suite, que tout fief d'un revenu moindre que
20,000 aspres est appelé timar, et qu'on nomme ziamet le fief dont
la valeur est au-dessus de ce taux.

«le permettre; cela ne peut se faire que quand il
«s'agit d'échanger leurs timars tout entiers.

«Le sipahi doit résider au lieu de son fief afin
«d'être prêt à l'appel de l'alaî-beg (chef de cohorte),
«qui le conduit au sandjak beg; la résidence loin du
«fief entraîne la déchéance. »

KANOUNNAMEH RASSEMBLÉ PAR OCDCHISADÉ EFFENDI, SUR LA
DEMANDE DU MUFTI IAHYA EFFENDI.

«Tapou est le cens du fonds que le sujet acquitte
«en reconnaissance de vassalité, non à toutes les
«mutations (ainsi, cela n'a pas lieu lors de la trans-
«mission du terrain du père à son fils), mais seu-
«lement quand le terrain, devenu vacant, est l'objet
«d'une nouvelle concession. Si un sujet ne laisse.
«pas de fils, sa pièce de terre peut, selon les diffé-
«rentes localités, passer à ses autres parents, mais
«avec acquittement du tapou; et, à défaut de pa-
«rents, aux gens du même village aux mêmes con-
«ditions, et non à des étrangers; il n'est pas permis
«au possesseur du fief de donner de tels terrains,
«par exemple, à son fils, au lieu de les affermer[1].

«Le feudataire peut donner à bail à un tiers le
«terrain d'un sujet, quand celui-ci l'a laissé inculte
«pendant trois ans.

[1] Cette défense eût dû cependant faire naître à M. de Hammer des
doutes sur le droit de propriété des sipahis, d'autant plus qu'il lui
était prouvé que le fellah seul a quelque droit d'hérédité.

EXTRAIT DU KANOUNNAMEH RÉDIGÉ EN 1018 (1609 DE J. C.).

« Le sipahi a le droit de faire abattre toute bâ-
« tisse élevée par un sujet sans sa permission.

« Le raya qui est mineur conserve, pendant *dix*
« *ans*, le droit de revendiquer le champ que cultivait
« son père. »

EXTRAIT DU KANOUNNAMEH DE SULTAN AHMED 1er.

« Quand, sur le terrain d'un sujet qui est mort,
« il se trouve des arbres qui passent *à titre de véri-*
« *table propriété* (*mulk*) à un héritier, il faut aussi
« donner le terrain à bail à cet héritier ; car, comme
« il lui serait difficile, ne possédant pas le terrain, de
« surveiller ses fruits, on a préféré adopter cette me-
« sure qu'admettre le mélange des possessions héré-
« ditaire et emphythéotique.

« Quand le seigneur a affermé à des étrangers
« des terrains vacants d'un village dont les habitants
« auraient voulu les prendre à ferme, les habitants
« ont-ils le droit, en déposant le même prix que
« celui qui a été donné par les étrangers, de se
« faire adjuger ces terrains ?

Réponse. « Ils en ont le droit [1].

[1] Ce passage prouve ce que j'ai dit déjà des fettawoui, que les opinions émises par les muphtis le sont seulement dans le but de décider par analogie des cas dont toutes les circonstances ne sont pas
spécialement ou littéralement indiquées dans le Koran ou la Sunna.
Ainsi cette question et la réponse qui y est faite ont pour but de
faire décider de cette manière si les droits du شفعة (*préemption*

« Quand, dans des biens de religion ou féodaux
«(*wakf* ou *erasi mirijé*), une pièce de terre est
«transportée d'un individu à un autre, aux termes
« de l'ancien règlement, ce transport ne doit avoir
« lieu qu'au su du seigneur [1].

Question. «Si Seïd élève sur un jaïlak (prairie)
« qu'il tient depuis longtemps, une maison pour la
.« garde de son jardin, cette maison doit-elle être
« considérée comme sa propriété libre ?

Réponse. «En langage vulgaire, oui; mais il ne
«saurait cependant faire valoir ses droits de pro-
«priété libre; car, quoique l'édifice par lui-même
«soit *un bien allodial*, le *fonds est féodal* et ne peut
«être ni aliéné, ni transmis héréditairement. »

KANOUN DES JARDINS ET DES VIGNES.

« Quand quelqu'un *laboure une place dans son propre
«jardin*, la dîme du produit va au seigneur, même
« quand ce jardin serait une propriété libre (*mulk*);
« car, aux termes du kanoun du droit territorial otto-
«man, *toutes les terres sur lesquelles passe la charrue
«sont terres de miri*, c'est-à-dire domaniales, et la lettre
« de ce kanoun veut qu'elles soient données à ferme
«avec cens de vassalité ou renouvellement (*tapou*). »

vicinale) consacrés par le Koran sont applicables à la propriété des
terres domaniales.

[1] Ici les mots de terre de miri ou wakf sont synonymes; ainsi,
chaque pas fait dans l'étude des règlements et des détails intérieurs
nous montre plus clairement la vérité de la proposition qui fait du
wakf la base de la constitution territoriale chez les musulmans.

DES TERRAINS LAISSÉS INCULTES (*MOATTALA*).

« Quand quelqu'un laisse son terrain *sans culture*
« *pendant trois ans*, et cela sans pouvoir donner d'ex-
« cuse légitime, le maître du fief peut le lui ôter et
« le donner à ferme, quand même le terrain aurait
« été donné en gage[1]. »

DU CENS FONCIER DES MAISONS.

« Quand, au su du seigneur, un de ses sujets ou
« un étranger bâtit une maison dans son village, il
« paye, pour une grande maison, 50 aspres ; pour une
« moyenne, 40 ou 30, et 20 pour la plus petite. —
« Ce droit s'appelle *tam tapoussi*. S'il a construit
« à l'insu du seigneur (*sahib*), celui-ci peut, ou faire
« démolir la maison, ou imposer ce cens. Quant
« aux maisons bâties dans les champs, outre le tam
« tapoussi, le seigneur prélève encore le *mukataa*[2]
« (cens du produit), c'est-à-dire la valeur estimative
« de la dîme que rapporterait ce morceau de terrain
« sur lequel on a bâti, s'il était cultivé. Si le seigneur
« a laissé passer dix ans sans réclamer cette rede-
« vance, son successeur n'a pas le droit de la reven-
« diquer ; la prescription légale étant acquise après
« dix ans.

---

[1] Ce terme de trois ans est fort remarquable en ce qu'il est en
rapport exact avec celui qui a été fixé par le khalife Omar.

[2] *Mukataa* me semblerait mieux rendu par les mots de prix de
concession.

«Le cens foncier ou emphytéotique des champs
«est fixé par estimation d'experts impartiaux, et le
«sipahi ne peut l'élever ; il consiste en la valeur des
«revenus d'une année et s'appelle *udjreti mouadjel*
«(اجرة مكجل); il ne le prélève qu'à chaque change-
«ment de possesseur ; au contraire, du cens annuel
«*udjreti mouedjel* (اجرة ماجل), les fils seuls sont
«affranchis du payement du cens foncier; tous les
«autres parents, à quelque degré que ce soit, l'ac-
«quittent quand ils succèdent à la possession de biens
«féodaux ou miri. »

Par ces fragments des kanoun-nameh on peut
acquérir une connaissance assez complète des droits
des sipahis sur la terre et sur les habitants de leurs
fiefs. L'assignation, qu'il est ordonné de faire aux
fils des sipahis morts au service, de timars d'une
valeur beaucoup inférieure à celle du fief paternel, exclut toute idée de transmission héréditaire,
hors celle de l'aptitude aux mêmes fonctions; et
l'obligation qui leur est imposée d'en réclamer
l'investiture, sous peine de déchéance du rang de
sipahi, c'est-à-dire de la caste aristocratique et militaire dans celle des rayas ou des gens de métier,
montre clairement que la population de l'empire
ottoman se divise en deux classes différentes, dont
la plus importante comprend les membres de l'armée entretenus par le trésor public, et qui se
compose des vainqueurs musulmans et de leur
descendance, et dont la seconde, beaucoup plus
nombreuse, mais fort bas placée, est remplie par

les paysans et les gens de métier, qui représentent
la nation vaincue et tributaire.

On n'aura pas non plus laissé échapper cette
distinction, exprimée dans les règlements, entre le
fonds de terre qui est à l'état, et l'immeuble bâti à
la surface, et qui constitue la propriété du construc-
teur, de même que l'arbre et le sol où il croît ne
sont pas possédés de la même manière par le plan-
teur. Enfin, je signalerai à l'attention du lecteur
cette définition du territoire domanial, aux termes
de laquelle, en Turquie, toute terre sur laquelle
passe la charrue, *devient domaniale*, quelle qu'ait pu
être sa condition antérieure. Nous aurons occasion
d'y revenir à propos de l'Algérie.

Après avoir montré le *raya* cultivant, sous la domination de la caste militaire, le sol sur lequel il
n'a que des droits de possession, puisque ce sol lui
est ôté en cas de négligence, et auquel cependant
le seigneur peut l'attacher et le fixer par la violence
s'il le quitte, nous allons rapporter quelques autres
règlements qui pourront fournir une idée des impôts
que ce même raya est dans l'obligation de fournir.

KANOUN DU TRIBUT FONCIER DES TERRES LABOURÉES.

« Le tribut foncier pour les champs où croît le meil-
« leur coton, ou qui sont arrosés, est d'un aspre pour
« deux donüm; pour les terrains de mauvaise qualité,
« il est d'un aspre par cinq donüm.

« Le *tschift* (charrue) consiste en un nombre de
« cent à cent cinquante donüm, selon la fertilité

«du sol. Un donüm a une surface de quarante pas
«carrés. Celui qui possède moins d'un demi-tschift
«est inscrit (sur les registres du tribut) comme *nebak*.
«On calcule qu'il faut une paire de bœufs pour le
«labour d'un tschift[1].

«Les *jurüks* ou hordes nomades ne payent que
«12 aspres par tschift de terre qu'elles défrichent;
«mais, quand elles tiennent des terres de rayas, elles
«payent les taxes qui y sont attachées, comme les
«rayas. Le droit de tschift (*resmi tschift*), la taxe
«(*nebak*), la taxe des célibataires (*moudjerred*), l'is-
«*pendsche* et le *resmi dokhan* (taxes des esclaves et
«des feux) sont payés au commencement du mois
«de mars.

«Le *resmi aghanam* (droit sur les moutons), est
«d'un aspre par deux moutons, et le droit de pâture
«(*resmi aghil*) est de 5 aspres par troupeau (le trou-
«peau calculé à trois cents têtes). Les soldats sont
«exempts de la taxe sur les moutons, tant qu'ils n'en
«possèdent pas cent cinquante; mais ils payent pour
«ce qui excède ce chiffre. Le premier de ces droits
«se lève au commencement de mai, quand les brebis
«mettent bas, et le resmi aghil au moment de la
«tonte.

«Un sujet non mahométan, quand il se convertit
«à l'islamisme, cesse de payer les 25 aspres de droit
«d'ispendsche, et le remplace par le nebak de 12
«aspres.

---

[1] On voit, par ce passage, que le tschift n'est autre chose que ce
qu'on nomme en Algérie *djebda* ou *zouidja*.

« Le *resmi arousan*, ou droit de mariage, est de
« 60 aspres pour une fille, et de 30 pour une veuve. »

KANOUN DES TERRAINS LAISSÉS INCULTES (*TSCHIFT BASAM*).

« Celui qui, par négligence, laisse son champ in-
« culte, paye pour un tschift 300, et pour un demi-
« tschift 150, et pour moins encore 75 aspres, à
« titre de compensation pour le droit de tschift et
« le tribut sur la récolte. »

KANOUN DES RAYAS FUGITIFS (*DJELAÏ WATHAN*).

« Les sujets fugitifs peuvent, pendant dix ans,
« être réclamés et repris par leurs seigneurs; mais
« non après ce laps de temps.

Question. — « Le sipahi seïd peut-il, après trois
« ans, donner à bail les terres d'un sujet fugitif?

Réponse. — « Oui, et même de suite après cons-
« tatation de la fuite.

« S'il se trouve qu'un raya cultive une pièce de
« terre d'une étendue plus considérable que celle
« que porte le registre, le seigneur a le droit de lui
« en retirer ce qui excède la quantité inscrite, et
« de la donner à bail à un autre raya qui n'aurait
« pas de terrain.

« Si un sujet défriche le premier un terrain à
« la pioche et le rend productif, il est affranchi de
« l'impôt pour trois ans [1].

---

[1] C'est là une prescription que nous avons trouvée déjà dans les
firmans des sultans de l'Inde.

KANOUN RELATIF AUX PROCÈS DE BIENS ET AU MESURAGE.

La mesure légale, le *djerib,* est de 60 draas carrés ou de 3,600 draas. Dans l'empire ottoman, le *djerib* (en turc *donüm*) n'a que 45 draas carrés.

Je ne pense pas qu'après avoir parcouru les différents articles des ordonnances que je viens de traduire de l'ouvrage de M. de Hammer, on puisse mettre en doute la validité de l'opinion que j'ai opposée à la sienne; néanmoins, je vais emprunter au volume de l'ouvrage de d'Ohsson qui a été publié en 1824 par son fils, quelques passages qui viendront confirmer ce que j'ai dit, et qui nous offriront des détails clairs et intéressants sur l'organisation intérieure et l'administration de l'empire ottoman.

DES PROVINCES [1].

« Dans les pays conquis, les sultans ottomans « soumettaient au tribut les terres des habitants « juifs et chrétiens qu'ils confirmaient dans leur droit « de propriété [2]. Ce tribut (*kharadj*) consistait, ainsi

---

[1] *Tableau de l'empire ottoman,* par d'Ohsson; vol. VII, liv. VI, pag. 274.

[2] Nous savons, par les recherches qui précèdent, que le peuple conquis ne conserve pas un droit de propriété, mais de *possession viagère;* et que le *kharadj* ou tribut n'est que le loyer de la terre qui reste entre ses mains.

« qu'il a été dit, soit dans un impôt fixe, soit dans
« une certaine portion des fruits de la terre, depuis
« le dixième jusqu'à la moitié ; les fonds ruraux,
« possédés par les musulmans, ne payaient que la
« dîme [1]. Ces dispositions étaient conformes aux pré-
« ceptes de la loi mahométane. En même temps une
« partie des terres était réunie au domaine, et ceux
« qui les possédaient perdaient le droit d'en dispo-
« ser autrement que par transmission à leurs fils ;
« de là proviennent trois classes de propriétés : tri-
« butaires (*arz kharadjiyé*) ; décimales (*arz oeuschriyé*)
« et domaniales (*arz mamleketi, arz havz* ou *racabei*
« *beit ul mal*) [2].

« Les terres domaniales furent distribuées à des
« militaires et même à des employés civils *avec le*
« *droit de percevoir à leur profit les impositions publiques*
« *dues par les tenanciers*, et d'exercer sur eux une
« juridiction seigneuriale, à condition qu'ils feraient
« le service militaire à cheval, avec un certain
« nombre des cavaliers armés de cuirasses, qui fut
« fixé d'après la valeur de chacun de ces fiefs. On
« appela *ziamet* les fiefs dont le revenu excédait vingt
« mille aspres, et les autres reçurent le nom de
« *timars*. Ceux qui en étaient pourvus, désignés sous
« la dénomination de *sipahis* [3] ou cavaliers, obéissaient

[1] Ceci ne s'applique, comme le démontrent tous les faits connus, qu'aux terres de Bassora et de la Mecque.

[2] On voit par là que les territoires de l'état, en Turquie, portent comme ceux de la Perse, le nom de *ardh memleketi*. Quant aux deux autres dénominations, nous y reviendrons.

[3] Sepoys des Indes anglaises, spahis de l'Algérie.

« au chef du district (*soubachi*) ; plusieurs de ces chefs
« étaient subordonnés à un officier supérieur *alaï-*
« *beg* ; et ceux-ci au commandant de la province
« *sandjac-beg* ou *mir-liva*. Tous ces officiers avaient
« également des fiefs pour lesquels ils étaient tenus
« de marcher à la guerre avec des cavaliers armés ;
« et, en temps de paix, ils exerçaient la police dans
« la province, sous l'autorité du commandant.

« Sous les trois premiers règnes, les possessions
« ottomanes furent divisées en petits gouvernements
« appelés *livas* ou *sandjacs*, c'est-à-dire drapeaux, dont
« les chefs, *mir-livas* ou *sandjac-begs*, reçoivent une
« queue de cheval (*tough*) comme marque distinc-
« tive du commandement. Ils obéissaient à deux gou-
« verneurs généraux, l'un pour la Roumilie, l'autre
« pour l'Anatolie ; noms sous lesquels on compre-
« nait alors tous les pays de la domination ottomane
« en Europe et en Asie. Ils étaient décorés du titre
« de *bey-ler-beg* ou *mir-miran*[1], et ils avaient deux ou
« trois *toughs*. »

......« Sous Mourad III, l'empire fut divisé en
« grands gouvernements (*eyalet*), composés chacun
« de plusieurs *livas*. Les gouverneurs de ces *eyalets*
« furent nommés *vézirs* ou *paschas* avec trois queues
« de cheval, et les commandants de *livas* furent
« élevés au rang de *mir-miran* ou *paschas à deux*
« *queues*.

« Actuellement l'empire ottoman est divisé en
« vingt-six gouvernements généraux (*eyalets*), com-

[1] Émir el-omra.

« posés de cent soixante-trois provinces (*livas*), qui
« comprennent dix-huit cents districts appelés *cazas*
« ou ressorts de justice, composés les uns d'une
« ville avec ses dépendances, et les autres de can-
« tons (*nahiyé*) comprenant des bourgs et des vil-
« lages.

« Les gouverneurs généraux et les commandants
« ne sont nommés que pour un an, excepté ceux
« de vingt-deux livas affermés à vie sous titre de
« *malikiané i miri*.

« Les terres sont, comme on l'a vu plus haut,
« de diverses natures :

« *Patrimoniales*, soit tributaires, soit décimales,
« selon qu'il fut statué à l'époque de la conquête;

« *Ecclésiastiques*, ou consacrées par la piété à
« l'entretien des mosquées, des hospices, etc. etc.
« (*wakfs*) [1].

---

[1] Il y a ici une erreur qui a été partagée par presque tous les historiens de l'Égypte, et qui est relative aux *wakfs de terres*, consacrés
par les sultans à des œuvres pieuses et à l'entretien du temple de la
Mecque, etc. Ce ne sont pas les terres qui sont faites wakfs; elles le
sont déjà par le fait de la conquête, mais bien le revenu produit
par les impositions qu'elles payent, et qui seul constitue le wakf
dont il est question. Pour rendre ce fait plus sensible, je rapporterai
un passage de la traduction, par Venture, d'un manuscrit inscrit au
n° 786 de la Bibliothèque royale, intitulé :

ذرية الناظرين في من ولي مصر من الخلفا والملوك والسلاطين
تاليف الشيخ مرى بن يوسف الحنبلى

« Le premier souverain chez les musulmans qui ait affecté les terres
« de l'état à de bonnes œuvres et à des établissements utiles, tels, par
« exemple, que les colléges et hôpitaux, est Noureddin el-Schehid
« le sultan de Damas, et, à son exemple, Selah eddin. Ces deux

« *Domaniales*, *inaliénables* et divisées en neuf
« classes :

1° «Les domaines dont les revenus se versent
«dans le trésor public ;

2° «Les terres vaines et vagues (*adiyet*) [1] ;

3° « Les domaines privés du sultan (*khass hu-*
« *mayôun*);

4° « Les biens impériaux (*emlak houmayoun*), pro-
«venant en grande partie de confiscations ou de
«successions échues au sultan par suite de décès
«d'individus qui ne laissaient point d'héritiers lé-
«gitimes [2] ;

5° «Les apanages de la sultane mère, des princes
« et des princesses du sang (*khass selatin*) ;

6° « *Khass vuzera*, les fiefs affectés aux offices
« remplis par des vizirs ;

«princes s'adressèrent au scheikh Ibn-abi-Assroun pour avoir sa
«décision à cet égard. Voici la réponse qu'il fit :
« Il est licite de répartir et d'appliquer *une partie des domaines de*
« *l'état* en faveur de ceux qui ont des droits incontestables à ses bien-
« faits, et cela dans la vue de les en faire jouir d'une manière plus
« assurée ; mais cette considération peut seule rendre légitime une
« pareille fondation, qui, dans le principe, est *irrégulière et vicieuse* ;
« *car l'essence fondamentale d'un wakf est la propriété reconnue du dis-*
« *posant, or l'iman n'est point propriétaire, il n'est que l'économe des*
« *biens de l'état.* »

[1] J'appelle l'attention du lecteur sur le terme d'*adyet*, dont se
sert ici d'Ohsson pour désigner les terres vaines et vagues ; il est
moins usité que celui de *mouaet* et nous expliquera plus tard une
grave erreur commise par d'Ohsson, relativement à la question
des wakfs.

[2] C'est une erreur, car tout ce qui provient des deshérences va au
beit el-mal ou trésor public.

7° « *Khass umera*, les fiefs des pachas à deux
« queues ;

8° « *Arpalik*, les fiefs assignés aux *mir-livas*, à des
« ministres et à des officiers du palais ;

9° « Les fiefs militaires (*ziamet* et *timars*) accor-
« dés à des sipahis et à des employés civils, et même
« à de simples particuliers. »

D'Ohsson a omis d'ajouter à ces diverses classifications celle qui a trait à la disposition des
revenus de chaque province. Celles où le total du
kharadj, au lieu d'être laissé au gouverneur, est
seulement administré par lui pour le compte de
l'état, qui, sur le montant, subvient à la paye des
fonctionnaires et des troupes, se nomment *salyanë*;
tandis que le nom de *khass*, ou apanage, est donné
aux provinces dont le revenu est immédiatement
assigné au gouverneur qui, à son tour, a tous les
frais à sa charge.

Chaque gouverneur a, à côté de lui, deux employés supérieurs envoyés par la Porte : l'un, le
defterdar kiayassi ou secrétaire des finances, qui est
chargé de la comptabilité de l'impôt, et l'autre le
ziamet-defterdar, qui est chargé de la comptabilité
générale des fiefs.

Dans les affaires d'administration, le gouverneur
est assisté de deux ou trois individus, élus par les
principaux de la province et confirmés par la Porte ;
ils sont appelés *ayan*, notables, et peuvent être
comparés à de conseillers municipaux. Le comman-

dant se concerte avec eux ; c'est par leur moyen et leur crédit qu'il fait exécuter les ordres. Dans quelques lieux, cet office municipal est devenu héréditaire. Si ces notables sont considérés dans leur pays, ils peuvent contenir le pacha et s'opposer à des actes d'oppression.

DE L'ÉTAT MILITAIRE.

DES MILICES ENTRETENUES PAR LES FIEFS MILITAIRES (*ZIAMET* ET *TIMARS*).

« Il fut érigé des fiefs dans presque toutes les « provinces de l'empire, à l'époque de leur con- « quête, dans le double but de pourvoir à leur dé- « fense et de récompenser des services militaires. « Le cavalier (*sipah*), pourvu d'un pareil bénéfice, « *percevait, à son profit, le produit des impositions pu-* « *bliques* sur les terres de son fief, *cultivées* par des « paysans mahométans ou chrétiens (*rayas*), sur les- « quels il exerçait en même temps une juridiction « seigneuriale. *Ceux-ci en avaient la propriété ;* mais, « lorsqu'ils la transmettaient à des individus de leur « famille autres que leurs propres fils, les héritiers « ne pouvaient entrer en possession sans avoir ob- « tenu l'agrément du *sipah* et lui avoir payé une « redevance. Si le possesseur ne laissait point d'hé- « ritier, son fonds de terre devait être donné par le « *sipah* à un de ses voisins, et *il n'était pas permis* « *au cavalier d'en disposer en faveur de ses propres pa-* « *rents.*

« Le sipah était tenu de résider dans son fief et de
« marcher à la guerre, quand il en était requis, avec
« un certain nombre de cavaliers armés de cuirasses
« (*djebelus*), en raison de la valeur de son fief; il
« devait fournir un cuirassier pour chaque somme
« de trois mille aspres, quotité appelée *kilidj*, sabre.
« Cette organisation subsiste encore........ Pen-
« dant deux siècles les fiefs militaires furent donnés
« par les pachas aux fils des possesseurs défunts;
« mais il fut arrêté, en 1530, que les gouverneurs
« ne disposeraient que de ceux d'une moindre va-
« leur; les autres étaient conférés par des ordonnances
« impériales que le titulaire devait présenter au gou-
« verneur de la province, chargé de s'enquérir s'il
« était réellement fils d'un sipah, quel avait été le
« revenu du père et quand il était mort. Si les ren-
« seignements confirmaient le dire du candidat,
« celui-ci recevait du pacha un certificat, sur le vu
« duquel était délivré le brevet de la Porte (*berat*).
« Cette formalité fit donner aux fiefs de cette espèce
« le nom de *tezkerelus* (à certificats) pour les dis-
« tinguer de ceux dont pouvait disposer directement
« le pacha, et qui furent appelés *tezkerezis* (sans
« certificats).

« Les ziamets et les timars fournirent jusqu'à
« deux cent mille hommes, au temps de Soliman Ier;
« mais, depuis, d'énormes abus s'introduisirent dans
« leur régime; on fit des fiefs l'objet d'un com-
« merce; les feudataires se dispensent de marcher,
« et s'exemptent de l'obligation de fournir leur

« contingent moyennant une compensation de cin-
« quante piastres par homme, qu'ils payent au trésor
« sous le nom de *bedel djebelu.* »

Les sipahis constituaient, ainsi que le prouvent
les détails qui précèdent, une cavalerie nombreuse
et recommandable par ses services; mais cependant,
il y a vingt années encore, c'était le corps fameux
des janissaires qui formait le véritable noyau de
l'armée ottomane. Cette milice, qui s'était montrée
toujours si brave et si fière de ses nombreux priviléges, avait été créée en 1330.

Elle était divisée en cent quatre-vingt-seize *ortas*,
ou bataillons, d'à peu près quatre cents hommes,
dont les soixante premiers étaient connus sous le
nom de *boulouks*, les trente-trois suivants sous celui
de *segban* ou *seymen*, et les derniers étaient appelés
piade ou *yayas*, c'est-à-dire fantassins.

Les ortas se subdivisaient en *odas*, chambrées, et
avaient pour officiers le *tschorbadji* (faiseur de
soupe), un *boulouk bachi* (chef de compagnie), des
oda bachis (chefs de chambrée), des *wekil el hardj*
(préposés au matériel), un *aschdjy bachi* (chef cui-
sinier) nommé aussi *ousta*, et un *sakkabaschi* (chef
des porteurs et des gardes de l'eau). Chaque orta
avait aussi ses vétérans (*eski*), ses retraités (*otourak*),
et ses enfants de troupe (*eitam*), et, de plus, des
adjudants ou prévôts (*tschaousch*).

Les janissaires ne relevaient que de leur agha ou général, et du diwan, composé de premiers officiers du corps : c'était le seul tribunal qui pût connaître de leurs affaires. Ils comptaient, comme compagnon d'armes, le sultan, qui était inscrit dans une des ortas.

Leur solde était assez considérable et variait, selon la durée et la distinction des services de chacun, depuis 7 jusqu'à 39 aspres par jour[1].

Les dénominations singulières que portaient les dignitaires et les officiers de cette milice sembleront moins étranges si on veut bien remarquer que le palladium des ortas était la grande marmite destinée à la préparation du pilau, et que la perte de ces marmites était aussi honteuse pour un de ces bataillons, qu'eût pu l'être celle de ses étendards pour une troupe européenne.

Les janissaires représentaient l'élite de la population ottomane, et étaient animés d'un zèle et d'un dévouement remarquables pour les idées fondamentales de l'islamisme : ainsi étaient-ils un des plus grands obstacles que devait rencontrer le génie inquiet et malheureux de Mahmoud en entrant dans le champ de la réforme.

Le succès de ses innovations, la sécurité de sa vie et de son pouvoir, eussent été constamment menacés par la résistance des janissaires. Il fallait donc licencier et réorganiser cette infanterie. Cette tâche, à laquelle Selim III avait succombé, Mah-

[1] L'aspre valait à peu près 4 centimes de notre monnaie.

moud l'entreprit de nouveau ; mais ses mesures
avaient été mieux prises. Le 30 mai 1826 fut pro-
mulgué le khat scheriff qui prononçait la conversion des janissaires en *nizam djedid* (troupes régu-
lières à l'européenne), et, le 16 juin, les janissaires,
révoltés, étaient déjà détruits par le fer et par le
feu. A leur place, surgit une armée recrutée sans
choix dans la lie de l'empire, composée de soldats
rassemblés malgré eux de tous les points du pays,
sans distinction ni d'âge, ni de forces, affublés d'un
habit ridicule et odieux aux yeux de leurs compa-
triotes, et agrégés sous les drapeaux pour un temps
illimité.

La dernière guerre avec Mehemet-Ali a montré
ce que valait cette nouvelle milice qui, n'ayant plus
ni la fierté, ni la bravoure religieuse de l'ancienne,
n'a que l'apparence extérieure de l'infanterie européenne dont elle semble la caricature.

Des réformes projetées par Mahmoud, le nizam
djedid, et une innovation d'assez mauvais goût dans
quelques parties du costume, sont encore les seules
qui aient été réalisées. Le goût de ces réformes est
bien loin d'être national, et le vieil esprit de l'islamisme n'est pas encore prêt de s'éteindre en Turquie. Les concessions faites jusqu'ici, et celles qui
ont été si pompeusement promises par le khat
schériff de Gulhané, sont des leurres auxquels l'Europe s'est laissée prendre facilement, parce qu'elle
est mal et peu instruite en ce qui concerne l'état
intérieur de la Turquie. La plupart des voyageurs,

qui ont parcouru ce pays si intéressant à bien connaître, à raison de l'influence inévitable que doit avoir sur les destinées de l'Europe le sort qui lui est réservé, ne l'ont examiné que très-superficiellement; ils se sont bornés à des observations d'histoire naturelle et de mœurs ; quelques-uns y ont trouvé le texte d'agréables romans : mais, si l'on demande à leurs ouvrages ces détails statistiques intimes, cette étude si difficile de l'esprit social, du mécanisme caché de l'économie politique et financière, on n'y retrouve plus qu'une copie infidèle, tronquée et empreinte d'ignorance de tout ce qu'ont pu dire sur ce sujet, il y a quelques trente ou cinquante années, d'Hosson et M. de Hammer. L'insuffisance de leurs travaux ne doit point cependant être attribuée à celle de l'esprit qui a dirigé leurs recherches, mais à l'extrême répugnance qu'éprouvent les musulmans à initier les étrangers aux mystères de leur gouvernement, et à la difficulté presque insurmontable de les pénétrer sans leur secours.

Cependant, jamais il ne fut plus besoin d'investigations profondes et de relations fidèles pour faire ressortir sous son véritable jour la situation de l'empire turc, et pour éclairer l'Europe et surtout la France sur les véritables intérêts de leur politique en Orient, ainsi que sur les besoins des populations chrétiennes qui vivent sous la domination musulmane.

Le monde entier a les yeux fixés sur les destinées de la Turquie, et ce n'est pas depuis les événements des dernières années, mais bien depuis près de deux siècles que la dissolution de ce grand empire est attendue comme un fait imminent et une éventualité prochaine.

Cependant, cette prévision ne se réalise pas, et, quand on la croit le plus près de s'accomplir en conséquence des succès d'un sujet rebelle, une réunion inattendue s'opère entre le suzerain et son vassal révolté, et la diplomatie européenne est mise à peu près hors de concours et d'influence, au moment même où il semble que ce concours et cette influence soient devenus indispensables.

Si donc cette imminence de la chute de la puissance turque, passée en axiome diplomatique, est ainsi démentie par les faits, il y a lieu de croire que cette illusion résulte de ce qu'on a voulu juger l'état de la Turquie sur des données applicables seulement aux états européens, et de l'extrême difficulté qu'il y a à pénétrer le secret et le mécanisme des institutions qui la font vivre.

C'est cette ignorance de l'esprit intime de l'islamisme qui a fait accueillir comme un progrès, en Europe, les réformes malheureuses et impossibles rêvées par le sultan Mahmoud; qui a fait supposer qu'elles avaient une racine durable dans le sentiment national, tandis qu'elles le révoltent profondément, et qui a fait considérer comme un acte sérieux, le khat schériff de Gulhané, que ses auteurs n'ont jamais pensé à mettre en exécution.

C'est ainsi que, trompées par une fausse interprétation des faits, les puissances qui ont le plus grand intérêt à maintenir l'intégrité de l'empire ottoman ont été amenées à envisager l'émancipation des rayas et la réforme de l'impôt et des finances comme les plus puissants moyens de prévenir la chute de l'empire ottoman, et à servir ainsi l'ambition d'un cabinet qui n'eut jamais pour objet que de l'accélérer.

Il leur est d'autant plus difficile de sortir de cette doctrine si funeste au résultat qu'elles se promettent, qu'elle repose en apparence sur des sentiments très-élevés d'humanité, et qu'à ce titre elle est sanctionnée par le suffrage des masses populaires de tous les pays chrétiens.

En effet, prise en elle-même et dans un sens absolu, l'infériorité politique et sociale des rayas (puisque l'usage a prévalu de qualifier ainsi les sujets non mahométans en Turquie), est un fait affligeant, et il est naturel de vouloir tout ce qui peut adoucir et améliorer le sort de ceux qui, nés dans la même foi religieuse que nous, sont voués à la dégradation morale et à l'oppression, à raison même de leur fidélité à cette croyance.

Mais, si de tels sentiments ont droit à la sympathie publique, encore doivent-ils être soumis au contrôle de la raison, et ne pas faire oublier ce que commandent les règles de la plus simple prudence politique, de l'équité, et, je dirai plus, de l'intérêt de ceux-là même en faveur desquels on s'émeut.

Si donc, jetant un coup d'œil en arrière, on

veut bien se reporter à l'époque de la fondation
de l'islamisme et à celle de l'empire turc, on pourra
se convaincre que le conquérant musulman a procédé, dans le traitement des nations subjuguées,
d'après une méthode invariable. Partout il a laissé
aux vaincus l'alternative ou de la conversion à l'islamisme avec le droit de cité et tous ses priviléges, ou
de la conservation de leur culte et de leurs droits
civils, avec la condition tributaire, c'est-à-dire d'infériorité politique et sociale.

Les conditions de cette espèce de contrat ont
été observées de part et d'autre jusqu'à nos jours.
Les populations chrétiennes ont gardé leur foi religieuse; tous leurs temples leur ont été laissés; on
leur a permis de s'administrer elles-mêmes; mais
les vainqueurs se sont réservé la supériorité politique et sociale.

Que demande aujourd'hui l'Europe à la Turquie?
l'émancipation des rayas; mais qui ne comprend
que le maintien de la domination turque en Europe
dépend uniquement de l'inégalité créée par la conquête? que, numériquement inférieurs à la population subjuguée, les Turcs ne restent les maîtres
que parce qu'ils vivent armés et campés, le pied
sur la tête d'une foule abâtardie de laboureurs et
d'artisans, que l'infériorité, dans laquelle ils sont
accoutumés à vivre, maintient seule dans la soumission?

Que cette foule vienne à être émancipée, qu'elle
soit admise à partager le gouvernement et le pou-

voir, c'est-à-dire à jouir des mêmes droits que les anciens dominateurs ; ce ne seront certainement ni une salutaire égalité, ni le calme et le bien-être général qui sortiront de cette mesure.

Les Turcs, inférieurs en nombre, dépouillés du prestige de leur ancienne supériorité, deviendront immédiatement les esclaves de leur rayas, et auront bientôt disparu de la terre sous le poids d'une persécution religieuse, d'autant plus cruelle que la servitude n'enseigne ordinairement à ceux qui l'ont subie longtemps ni la justice, ni la modération.

Que resterait-il alors pour constituer un empire nouveau ? Une tourbe d'hommes flétris par un long asservissement, qui de la liberté ne comprendront que la licence, et jetteront l'Europe dans des embarras plus grands encore que ceux qu'elle voulait éviter.

L'exemple de la Grèce peut, d'ailleurs, faire prévoir le degré de prospérité réservé aux nouveaux affranchis et les difficultés qu'ils susciteront à leurs protecteurs.

Ces conséquences de l'émancipation, que je viens d'esquisser, n'ont pu échapper à la sagacité turque. De quel œil doit-elle donc voir l'Europe, lui demander l'égalité politique et sociale pour les rayas, et, usant en réalité sans scrupule du droit du plus fort, lui ordonner de réformer son administration intérieure, son impôt et ses finances ?

Si en Turquie, ainsi que cela se pratique dans les états civilisés, des lois nouvelles venaient constamment modifier ou abroger les anciennes, rien ne serait plus simple que d'y faire substituer une mesure législative à une autre, et il serait naturel d'exiger cette modification du moment où elle satisferait à un intérêt d'humanité ; mais un peuple chez lequel les lois, les mœurs et le gouvernement, créés et maintenus par la religion, n'ont pas varié un seul instant, et ne peuvent varier sans qu'il cesse d'être, un tel peuple peut être détruit par la force quand la nécessité politique le commande : mais il faut bien se garder de lui prescrire une réforme législative, parce qu'il n'est ni équitable ni sensé de lui demander, par voie de négociation, de contribuer à se détruire de ses propres mains, en bouleversant la religion qui seule le fait vivre.

Cette intervention, dans la voie de laquelle l'Europe est, depuis quelques années, entrée plus avant qu'elle ne l'a ordinairement fait aux époques où la ferveur et l'intolérance religieuses semblaient devoir exercer une influence plus marquée sur sa politique, est plus propre à appeler qu'à prévenir la catastrophe qu'il importe de détourner ; et non-seulement elle nuit singulièrement à l'influence que la diplomatie européenne doit chercher à conserver dans les conseils du sultan, mais encore elle prépare un avenir désastreux à ceux-là même en faveur desquels elle s'exerce plus spécialement.

Si des secours en argent, si faciles à l'opulence européenne ; si une protection officielle et incessante, basée sur des rapports bienveillants avec la

Porte, et d'autant plus influente que le divan la trouvera moins impérieuse, peuvent puissamment contribuer à assurer un traitement plus doux et une situation moins pénible aux rayas, on ne peut se dissimuler que des incitations directes à la révolte, des interventions officielles et menaçantes auront toujours pour inévitable résultat d'aigrir et d'irriter autour d'eux la population musulmane, de ranimer les haines religieuses naturellement si ardentes, et de substituer des persécuteurs haineux et cruels à des maîtres, brutaux sans doute, mais qui ne sont étrangers, ordinairement, ni à la tolérance ni à la générosité.

Le gouvernement turc, en supposant qu'il ne se laissât pas gagner par ces sentiments, tenterait en vain d'en prévenir les conséquences. Dans les pays musulmans, le souverain exerce un pouvoir despotique tant qu'il reste dans la lettre de la loi et dans la limite des coutumes; mais il ne peut laisser toucher ni à l'une, ni aux autres, sans exposer à la fois sa puissance et sa vie.

L'examen de l'ancienne organisation des janissaires m'a entraîné, ainsi qu'on le voit, hors de mon sujet, et à des réflexions dont la tendance contraste beaucoup avec celle de l'esprit public de la France; mais elles me sont inspirées par la conviction qu'il importe de ne rien négliger pour détruire des erreurs très généreuses, mais préjudiciables au plus haut degré au bien du pays et à la cause qui excite si vivement notre intérêt.

Je reviens donc à mon sujet. A côté des janissaires il y avait anciennement des troupes recrutées
parmi les chrétiens, troupes qui ne jouissaient point
d'une solde réglée et auxquelles l'affranchissement,
non-seulement de la capitation, mais encore de
l'impôt foncier, tenait lieu de paye : c'étaient les
mosellem et les *woinak* (soldats du train des équi-
pages). Aujourd'hui il ne reste plus que le nizam
djedid et les spahis, qui vont se perdant, parce que
la grande source à laquelle ils se recrutaient est
tarie. Tous les officiers supérieurs retraités des
janissaires faisaient naturellement partie du corps
des spahis.

Quand Mahmoud eut accompli la création de
son nizam djedid, il voulut que cet exemple fût
suivi dans les états barbaresques, et sa volonté fut
exécutée à Tunis et à Tripoli, où les nouveaux
soldats sont vulgairement appelés *en'zam;* mais le
dey d'Alger Husseïn-pacha refusa formellement
de se conformer à cet ordre, qui lui semblait une
violation des antiques usages; et cette circonstance
détermina la rupture du faible lien qui subsistait
encore entre la Porte et la régence d'Alger. Aussi,
à notre entrée à Alger, nous nous trouvâmes encore
en face des janissaires qui, là seulement, n'avaient
pas encore disparu. Les changements opérés dans
l'organisation de l'armée turque n'ont pas encore
gagné les finances, et on peut hautement prédire
que le système financier, qui date de la fondation
de l'empire, ne périra qu'avec lui. La régie même

des revenus n'a subi de notables altérations que sur le papier, et aujourd'hui encore elle est à peu près la même que nous la trouvons indiquée dans le passage suivant du livre de d'Ohsson :

« Dans les provinces turques de la monarchie, les « revenus publics étaient en régie (*emanet*) ; les « malversations des receveurs firent adopter un « autre système. Sous le règne de Mahmoud II, ces « revenus furent donnés à ferme (*iltizam*), ce qui « en assura l'intégrité[1]; mais, en même temps, les « peuples furent livrés à l'avidité d'une multitude « de traitants, qui se repassaient successivement ces « fermes ; et, comme elles donnaient à chaque « transaction un nouveau bénéfice, le dernier ac- « quéreur, qui en avait payé un prix élevé, s'en « indemnisait en foulant les contribuables.

« Par un édit rendu le 30 janvier 1695, les fermes « annuelles (*moucatéa*) furent converties en fermes « viagères (*malikiané*)[2]; on pensa que les fermiers « à vie seraient plus intéressés à ménager les con- « tribuables. L'état y trouva l'avantage de voir ses « revenus assurés. Outre le prix du bail (*mal-miri*)[3], « qui était fixe, l'acquéreur d'une ferme payait, « en soumissionnant, une finance plus ou moins « considérable, déterminée par enchère et à titre

---

[1] Du mot الالتزام *iltizam* vient celui de ملتزم *moultezim* (fermier).

[2] Malikiané ne signifie pas ferme viagère, mais possession à charge de cens. Ce mot vient de ملك *milk*, qui veut dire possession héréditaire, et de عناء *ana*, dont le sens est servitude, impôt.

[3] Ce prix annuel s'appelle aussi *mal muedjeté*.

«d'avance (*mal mouadjelé* ou *hoeulwan-aktchessi*)[1].
«Dans la vue de faciliter la vente de ces fermes,
«le gouvernement en partagea un certain nombre
«en lots (*sehhm*) qui se vendent séparément; mais
«il fut statué cependant qu'il n'y aurait qu'un ré-
«gisseur par ferme. Les impôts publics, les do-
«maines et jusqu'aux biens religieux (*wakfs*), étant
«donnés à ferme, c'est par ce moyen que les capi-
«talistes de toutes les classes font valoir leurs fonds.
«Les sujets tributaires ne peuvent acquérir les
«fermes.»

Ces extraits nous montrent jusqu'à l'évidence
que les sources financières de la Turquie résident
presque uniquement dans l'impôt territorial; que
les délégations faites aux sipahis ou feudataires ne
consistent qu'en assignations sur le montant de cet
impôt, puisque le paysan, *fellah* ou *raya*, possède
la terre, et que, s'il en est expulsé, c'est toujours
pour être remplacé par un autre fellah, vu que le
sipahi ne peut disposer la terre en faveur des siens.

Quant au droit de possession du paysan, on ne
sera pas tenté, je pense, avec d'Ohsson, de le confondre avec le droit de propriété, soit qu'on ait
égard à la faculté qu'a le seigneur de le déposséder
pour cause de négligence, et de faire démolir toute
bâtisse élevée à son insu ou dont le cens n'aurait
pas été payé, soit qu'on s'arrête seulement à consi-

---

[1] C'est le *mael mouadjelé*, équivalant ordinairement à une année
de revenu, dont il a été question dans les règlements sur l'impôt
foncier des maisons dans les villages.

dérer le cens emphythéotique que doit acquitter aux mains du sipahi, tout héritier ou successeur autre que le fils du défunt. Les droits du seigneur sont évidemment d'une nature encore plus précaire puisqu'il les perd quand il néglige, soit de résider dans son fief, soit de suivre son chef en campagne; d'ailleurs, ici, ce n'est pas une dépossession, mais bien une destitution qu'il encourt, ainsi que l'exprime le mot arabe *mazoul* (معزول). Quant à ses enfants, il résulte de l'examen le plus superficiel des règlements, qu'ils n'ont aucun droit d'hérédité sur le fief paternel, puisqu'il ne leur est alloué, à sa mort, que des assignations d'une valeur beaucoup moindre.

Jusqu'ici, quoique le mot de *wakf* n'ait pas été prononcé, il serait impossible de nier que l'aspect de ces faits ne présente toutes les dispositions qui résulteraient nécessairement de la mise en wakf du territoire ottoman, c'est-à-dire de l'annulation du droit de propriété sur le fonds.

Mait le fait du wakf est d'autant mieux établi relativement au territoire de l'empire ottoman, que d'Ohsson le constate sans s'en douter en rapportant que le territoire de l'empire est nommé, non-seulement *ardh mamleketi* (terres de l'état), mais encore *ardh el havz*. D'Ohsson, qui n'a traité des fondations pieuses que sous le nom de *wakf*[1], copie évidem-

---

[1] En Orient, les fondations pieuses portent plus communément le nom de wakf; tandis qu'en Afrique on ne les connaît généralement que sous le nom de habess.

ment incorrectement dans les notes de son père, ce
mot de *havz* dont il ne donne pas la définition et
qui n'est autre que celui de *habess* (*habous*, comme
on dit en Algérie), et qui est synonyme de *wakf*,
ainsi qu'il est facile de le prouver par le titre et
la première phrase du chapitre de Sidi Krelil qui
traite de ces matières. Ce titre porte : chapitre du
habess, et le chapitre commence par cette phrase :
« Il est licite de faire *wakf* ce qu'on possède en
» propre. »

Cette dénomination de *ardh el habess* rappelle
celle que Chardin a trouvée établie en Perse, de
moukoufat. Le nom de *rakabei beit ul mal* signifie
fonds du trésor public et implique le même sens.

Après ce coup d'œil rapide jeté sur les empires
de l'Inde, de la Perse, de l'Égypte et de la Turquie,
je pense que le lecteur sera, comme nous, convaincu, qu'en droit comme en fait, dans les États
mahométans, les terres de grande culture ne sont la
propriété de personne, et que le principe du wakf
y a partout été appliqué. Le fellah ou laboureur
n'a, comme on a pu le voir, que le droit de possession sur la terre cultivée par ses ancêtres, et il ne
le conserve qu'autant qu'il s'applique à la culture,
et se met ainsi à même de subvenir au payement du
kheradj. Le souverain lui-même n'est que directeur
de l'emploi des fonds résultant de la collection du
kheradj; et le seigneur ou sipahi ne reçoit en iktaa
ou concession (car ce mot serait inexactement traduit par celui de fief) qu'une part ou la totalité du

kheradj, dû par certains districts. Quant au fonds du territoire, il n'est susceptible, ni d'être vendu, ni d'être transmis en héritage, ni de devenir l'objet d'une donation à raison du wakf ou de l'immobilisation qui l'a atteint à partir du jour où il a été fait tributaire.

§ IV.

Dans un de ces magnifiques travaux dont il a enrichi la science, un de nos plus illustres historiens[1] a dit : L'étude de l'état des terres doit précéder celle de l'état des personnes ; on n'apprend à connaître les institutions politiques que par l'étude des institutions sociales, et les institutions sociales elles-mêmes dépendent immédiatement de la nature et de l'état des terres.

Nous venons d'exposer l'état des terres en Islam; nous avons extrait des textes de la législation musulmane le précepte par lequel le législateur a prescrit la mise en wakf, c'est-à-dire l'immobilisation de toute terre conquise devenue tributaire ; puis, dans une revue rapide de l'Inde, de la Perse, de l'Égypte et de la Turquie, nous avons acquis et donné la preuve de l'application pratique de ce grand principe.

Mais là ne se termine pas encore la tâche qui nous est imposée ; nous aurions fait bien peu, si,

[1] Guizot.

nous bornant à la découverte de cette disposition législative, quelle qu'importante qu'elle soit par elle-même, nous négligions d'étudier la pensée dont elle est le fruit, et si nous nous dispensions d'examiner au point de vue nouveau que fournit le principe du wakf et à la faveur de la lumière qui en jaillit, l'organisation sociale et politique de la communauté musulmane.

En formulant leurs principes sur cet important sujet, les savants ont dû nécessairement courir le risque de nombreuses erreurs, puisqu'ils ne pouvaient donner pour bâse à leurs appréciations la connaissance exacte du véritable état des terres, condition indispensable pour arriver à la vérité relativement à tout ce qui touche à l'ordre moral et politique d'un pays.

Nous essaierons de rectifier quelques-unes de ces erreurs, et si, de cette tentative, il résulte que la société musulmane vienne à apparaître sous un jour moins défavorable que celui sous lequel on l'a présentée jusqu'ici, il faudra chercher la raison de ce phénomène dans une appréciation plus exacte des faits, et non dans des préoccupations personnelles.

Avant d'entrer au fond de cet examen il importe de résumer brièvement ce que l'étude de la législation musulmane nous a appris relativement à l'état des terres.

On distingue dans le monde mahométan deux grandes catégories de terres; la première est celle des terres vaines et vagues ou *hors d'usage* et que pour cette raison on appelle *terres mortes* dans le langage de la loi; la seconde est celle des terres *productives* autrement dites *vivantes*

Les terres productives seules sont sensées exister aux yeux du législateur, qui les divise à leur tour en deux classes, selon qu'elles sont *spécialement* assujéties à l'impôt de la *dime* (aschr) ou a celui qu'on appelle *kheradj* (tribut).

La première de ces classes, qui est celles des *terres de dime*, comprend : 1° Le territoire de tous les pays, dont les habitants, en se convertissant *volontairement* à l'Islam, sont entrés à titre d'égaux dans la communauté primitive des Musulmans ; 2° les terres des pays conquis, qui ayant été immédiatement après la conquête partagés à titre de butin entre les soldats vainqueurs, sont considérés aussi à raison de ce fait, comme d'origine musulmane pure. Enfin il faut ajouter à cette division des terres de dime celles de quelques parties de l'Arabie qui ont été ainsi classées par la volonté expresse du prophète ou des premiers khalifes.

Il est de principe que dans les pays nommés de dime aucun impôt ne peut grever, soit le *fonds* de la terre, soit la *personne* de l'habitant.

L'impôt y est assis proportionnellement sur les produits *éventuels* du sol et sur les biens mobiliers des individus.

Cet impôt est connu sous le nom général de *zekkaet*; c'est un prélèvement dont le caractère est essentiellement religieux et le *seul* dont il soit parlé nettement dans le Koran; à ce titre il fait partie des cinq obligations sacrées de l'Islam; ce prélèvement est supposé (ainsi que l'indique le sens du mot *zekkaet*) purifier aux yeux de Dieu et recommander à la faveur divine la masse des biens sur lesquels il est acquitté.

Tous les objets de première nécessité, maisons d'habitation, meubles usuels, vêtements, livres de science, instruments de travail, bêtes de labour et chevaux de guerre sont exempts de cette contribution religieuse qui atteint uniquement les objets de luxe et de trafic; à ce titre elle pèse sur les effets mobiliers, les troupeaux, les étoffes, les monnaies d'or et d'argent : elle est de *deux et demi pour cent* sur la valeur estimative; mais elle ne devient exigible que du moment où, soit isolément, soit pris en masse, ces biens dépassent une valeur de 200 dirhems, ou vingt deniers (soit 110 à 120 francs de notre monnaie) et encore alors faut-il que le contribuable en ait la possession depuis plus d'un an révolu.

Sur les récoltes, les *zekkaet* ne se prélèvent plus à raison de *deux et demi* mais de *dix pour cent* du produit; et comme le mot dix se rend en arabe par celui *d'aschra*, cette espèce des zekkaet sur les fruits de la terre a pris le nom *d'aschr* ou dîme et a fait donner la dénomination de *terres d'aschr* ou de dîme aux territoires où cette contribution religieuse est la seule en vigueur.

Comme rien ne doit être négligé de ce qui peut aider à bien saisir le caractère moral d'une législation, il ne sera pas inutile de faire remarquer ici que celle des Musulmans remet la moitié des dimes, c'est-à-dire, n'exige au lieu du dixième que le paiement d'un vingtième, sur la récolte des terres arrosées au moyen de machines, en considération du surcroît de dépenses et de travail qu'impose au détenteur cette irrigation artificielle.

Les sujets non mahométans doivent double zekkaet : c'est en vertu de ce principe que dans les ports musulmans les négociants européens paient à l'entrée un droit deux fois plus fort que celui qui est exigé des naturels.

On appelle *mekouss* les douanes et les octrois.

En pays de dime (et on ne trouve de terres de dime qu'en Arabie) la terre productive est la propriété héréditaire du possesseur et la nature de cette propriété est à peu de chose près la même que celle de nos anciens francs-alleus en ce sens que le fond en est exempt d'impôt; mais le mode d'acquisition primitif et la destination y ont un caractère plus moral. En effet ce n'est point le hazard qui donne cette propriété[1], le simple droit de première occupation ne suffit pas même pour la faire obtenir;

[1] Le nom même de la propriété en Occident en décèle l'origine aléatoire, on sait que l'origine du mot *alleu* (propriété allodiale ou libre) vient du mot germain *loos* dont le synonyme latin est *sors*, et que l'habitude où étaient les Vandales de se partager par le sort les terres des pays conquis, avait fait donner aux nouvelles possessions gagnées par la victoire le nom de *sortes Vandalicæ.*

il faut que ce droit s'appuie sur le travail, sur un défrichement sérieux, et la terre ne reste aux mains du propriétaire qu'autant qu'elle continue à être de sa part l'objet de soins et de labours qui empêchent qu'elle ne retombe en friche. En outre la mise en état de vie ou de production de la terre vaine ou vague (morte) ne peut être entreprise que sous l'autorisation du souverain et dans une étendue prévue par la loi. Toutes les règles relatives à l'exploitation par culture ou bâtisse, des terres vaines et vagues sont indiquées dans un chapitre spécial des codes législatifs, qui a pour titre : *Éheïa el mouaet* (de la vivification des terres mortes) et qui n'est que le développement de cette parole si connue du prophète :

« Celui qui ramène à la vie une terre morte, elle est à lui. »

A côté de cette catégorie très peu considérable des terres de dime il nous reste à examiner :

La deuxième classe qui comprend à peu près la totalité des terres habitées par les musulmans et qui est connue sous le nom de terres de *khcradj* ou *tribut.* Cette classe embrasse les territoires de tous les pays annexés au domaine musulman par la conquête ou les capitulations dont *les habitants ont été laissés en possession après la victoire ou les traités*, et on conçoit facilement que cette condition de demeure en possession des vaincus est essentielle; car la mise, soit à mort, soit en servitude, ou l'expulsion des naturels, eut nécessairement entraîné la répartition entre les vainqueurs musulmans du territoire qui alors au lieu d'être une terre de tribut serait forcément devenu une terre de dîme.

La terre conquise et sur laquelle restent les vainqueurs, laissée ainsi par eux en la possession des anciens habitants, est nommée de *kheradj* à raison de la nature spéciale de l'impôt légalement fixé pour ce cas.

Dans son acception la plus étendue, *kheradj* signifie une chose extraite avec effort, et s'applique à tout ce que le souverain musulman *retire après la conquête*, et d'une *manière durable*, *de l'homme* et *du sol* du pays conquis [1].

Ainsi, tandis que les *zekkaet* sont l'imposition, je dirais presque native des musulmans, qui s'en font un honneur et un devoir, le *kheradj*, originairement créé pour les vaincus, comporte en tous temps une idée d'humiliation qui en rappelle la fâcheuse origine.

Ce *kheradj* ou *tribut général de la conquête*, se décompose en kheradj erraouss, impôt *des têtes*, c'est-à-dire capitation, et en kheradj *erâdy* (impôt *des terres*).

Mais, dans les livres de la loi, le terme de *kheradj* est spécialement employé pour désigner la taxe foncière, tandis qu'ils réservent à la taxe individuelle le nom religieux de *djezia*.

---

[1] On appelle ghanaïm ou butin ce qui tombe pendant la guerre au pouvoir de l'armée ; quatre cinquièmes du butin appartiennent aux soldats et le premier cinquième à Dieu.

La *djezia* est, ainsi que ce nom l'indique, une *compensation* exigée par la loi, de tout sujet non mahométan, pour la vie et la liberté qui lui ont été laissées après la victoire. Exigible seulement des individus adultes et sains de corps et d'esprit, elle n'atteint point les femmes, les vieillards, les enfants, les malades, les insensés et les anachorètes, c'est-à-dire tous ceux qui ne peuvent prendre part à la guerre et dont la loi commande d'épargner la vie dans tous les cas. Quand une convention n'a pas déterminé le chiffre de cette capitation il est fixé par la loi à 4 dinars ou 40 dirhems par an, c'est-à-dire à une somme de 30 à 36 francs à peu près, mais seulement pour ceux dont la fortune excède une valeur de 10,000 dirhems (c'est-à dire 6 à 7,000 francs); pour les autres, elle peut être, en raison de leur plus ou moins d'aisance, prélevée à raison de 15 et même de 7 francs par année.

Moyennant l'acquittement de cette *djezia* ou *taxe individuelle*, les infidèles échappent à la mort et à la servitude, malgré leur persistance dans l'infidélité; ils deviennent les *clients* (*dimmy*) de l'Islam ; ils jouissent de la protection et sont soumis à toutes les injonctions de la loi civile des vainqueurs. Ceux-ci leur laissent l'usage de leurs temples, l'exercice de leur culte et leur administration intérieure, et, sous tous les rapports, ils restent absolument dans le même état qu'avant la conquête, sauf qu'ils ne peuvent que rebâtir à la même place leurs édifices religieux qui tombent en ruines, sans pouvoir en augmenter le nombre. La culture de la terre est laissée à ceux qui habitent la campagne, et les arts ainsi que l'industrie continuent à être la part des citadins.

Mais, sous le rapport *social* et *politique*, ils sont à dessein maintenus dans la plus humiliante infériorité ; on leur interdit le costume des mahométans ; il faut que leurs vêtements portent une marque distinctive ou soient d'une couleur particulière. Le port des armes, l'usage du cheval et de la selle leur sont défendus ; on ne leur laisse pour montures que les mulets et les ânes, et pour équipement que des bâts ou paniers ; encore leur faut-il mettre pied à terre aux voisinages des mosquées et des réunions de musulmans. Partout ils doivent céder le haut du pavé et s'humilier devant les vainqueurs ; c'est debout qu'ils paient la capitation que leur demande, avec une grande dureté de paroles et de gestes, le collecteur qui est assis. Enfin, ils ne peuvent quitter le lieu de leur demeure habituelle sans encourir la proscription et ses conséquences. Ils ne sont, comme on le pense bien, admissibles, ni aux honneurs ni aux emplois.

La capitation ne cesse que par la mort ou la conversion à la loi musulmane.

Tel est le sort infligé au vaincu ; maintenant examinons celui que subit le territoire du pays conquis. Nous ne nous préoccuperons pas du cas où, partagé entre les vainqueurs, il devient terre de dîme ; nous n'allons l'étudier ici qu'à l'état tributaire, c'est-à-dire quand il est resté en possession des anciens habitants.

La taxe foncière ou *kheradj* proprement dit, est de deux espèces :

Elle est *proportionnelle*, c'est-à-dire qu'elle consiste en une portion déterminée, et qui peut s'élever depuis le cinquième jusqu'à la moitié, du produit, cas auquel elle est soumise à toutes les chances de la récolte.

Ou bien elle *est fixe*, c'est-à-dire qu'elle est le résultat d'une fixation indépendante de toute éventualité ; ce dernier mode de *kheradj* nommé *mowadhef* est celui que le calife Omar a appliqué aux terres de l'Irak arabique ; aussi a-t-il prévalu généralement. Il consiste en une taxe annuelle en *argent* et en *nature* déterminée une fois pour toutes en raison de l'importance et de la fertilité du sol. — Elle est exigible même quand la terre ainsi grevée n'a pas été mise en culture.

En parlant du *kheradj*, que du reste il a confondu mal à propos avec la *djezia*, M. de Sacy a cru pouvoir, en se fondant sur un passage du livre de Kodouri, établir en principe que la *dîme* et le *kheradj* sont de nature incompatible et ne peuvent exister *simultanément* sur la même terre.

L'assertion de Kodouri est juste, et cependant celle de M. de Sacy est fausse ; et voici pourquoi :

Abou Hanifa décide que la terre *tributaire* doit être dispensée du paiement de la *dîme*, à raison de ce que, par le fait du kheradj, elle est déjà chargée d'un impôt qui dévore depuis le cinquième jusqu'à la moitié de la récolte [1].

L'opinion de Abou Hanifa devait faire loi pour Kodouri qui est partisan de la doctrine hanefie, et, pour la même raison, elle a prévalu en Turquie où ce rite est dominant.

Mais *Malek*, *Scheffaei* et *Hannbal*, les imans fondateurs des trois autres sectes orthodoxes ont adopté sur ce point des conclusions tout opposées, et, se basant sur ce que la *dîme* n'est qu'une division des *zekkaet* ou prélèvements religieux, et sur ce que le *kheradj* est le *loyer* de la terre, ils ordonnent d'exiger le paiement de la *dîme* ou aschr même en terre de *kheradj* ou tributaire.

Je n'ai point rapporté cette décision pour faire montre d'une érudition inutile; elle m'était indispensable pour la réfutation de l'erreur commise par M. de Sacy, en érigeant en principe général de l'islam une disposition spéciale à la doctrine d'Abou Hanifa [2].

Elle nous autorise d'ailleurs à poser, en fait, qu'on ne doit pas légèrement et de prime-saut ranger une contrée dans la classe des terres de dîme, par le seul motif qu'on y aura constaté le prélèvement de la dîme.

---

[1] Le kheradj ne peut, dans aucun cas, être fixé à plus de la moitié de la récolte.

[2] Cette citation prouve aussi que dans le chapitre de son ouvrage qui traite de la propriété, M. Genty de Bussy s'est trompé quand, admettant une différence radicale entre la loi turque et la loi maure, il a signalé la dernière de ces lois comme plus humaine et plus douce que la première.

Il reste encore, pour que cette conclusion soit bien fondée, à prouver, ou que ce pays est régi par la doctrine hanéfie, ou que le prélèvement du dixième y est l'impôt unique, et que le kheradj ou taxe foncière n'y est pas aussi en vigueur.

Je démontrerai amplement, dans le travail qui fera suite à celui-ci, comment, faute de procéder de cette manière, l'administration française n'a pas soupçonné et ignore encore maintenant que le kheradj existait en Afrique lors de notre entrée à Alger, simultanément avec la dîme (ou aschr), qu'elle n'a d'ailleurs aussi que très imparfaitement étudiée et reconnue.

Le kheradj, une fois qu'il a été déterminé et imposé sur un territoire par le premier conquérant musulman, n'est susceptible ni de changer ni de cesser, comme la djezia. Il reste indélébilement attaché à la terre, quelles que puissent être d'ailleurs les variations qui surviennent, soit dans la condition, soit dans la religion des possesseurs.

Ainsi, la terre tributaire reste sujette au tribut, même quand elle passe à un Musulman.

Si, dans un résumé dont la première qualité doit être la concision, j'ai parlé du kheradj avec tant de détails, c'est que le sol d'à peu près tous les États musulmans de nos jours est de condition tributaire, ou sujet au kheradj, et que l'étude du tribut est la clef de l'étude de ces empires.

D'ailleurs, comme le produit des zekkaet ou contributions religieuses est d'une part essentiellement variable, que de l'autre il constitue le fonds destiné au soulagement des pauvres, à des secours aux voyageurs sans ressources, au rachat des esclaves, à la libération des débiteurs insolvables, etc., c'est le kheradj ou impôt territorial qui est la véritable base du budget musulman, tant parce qu'il est le fond unique consacré à l'entretien de l'armée (c'est-à-dire de la société musulmane dont tous les membres naissent soldats), que parce qu'il est le seul revenu dont on puisse, en raison de ce qu'il est fixé d'une manière invariable, établir les comptes à l'avance.

Ces considérations ne sont pas les seules qui m'ont décidé à m'occuper aussi longuement de l'étude du kheradj; il en est une plus importante, et c'est celle qui est relative aux modifications que l'existence de cet impôt imprime à la constitution territoriale et à l'organisation politique des empires musulmans, que l'Europe a un si grand intérêt à bien connaître.

Selon les légistes modernes les plus révérés de l'empire ottoman et de la secte d'Abou Hanifa, toute terre grevée de kheradj doit être considérée comme un wakf (fondation pieuse) établi dans l'intérêt de la communauté mahométane; l'iman ne peut rien concéder de cette terre à personne à titre de propriété, il ne peut disposer, en faveur de qui que ce soit, que de l'usufruit ou du montant de l'impôt.

Le mot de wakf et celui de habess ont le même sens.

Si, pour éviter, au sujet du wakf, l'erreur très grave [1] consacrée par tous les livres qui ont été publiés
sur l'Algérie, sans en excepter un seul, nous demandons
aux traités de législation musulmane la définition de ce mot, nous verrons que faire une chose
wakf, c'est disposer de cette chose de telle sorte que
la propriété en retourne à Dieu de qui elle vient, et
que la *jouissance* ou l'*usufruit seul* en puissent rester
aux hommes; l'objet ainsi fait wakf ne peut plus
être *vendu*, ni *donné*, ni *transmis* comme héritage.

Malek, le législateur dont la doctrine régit encore
et a toujours régi l'*Afrique*, est bien plus explicite,
à cet égard, que les légistes turcs. Il prescrit de
faire *wakf* toute terre conquise *ainsi que cela a eu lieu*,
ce sont ses propres paroles, pour la *Syrie*, l'*Égypte*
et l'*Irak*.

Nous avons d'ailleurs, pour l'*Inde* et la *Turquie*,
constaté la mise à exécution de cette disposition
légale, par les dénominations de *mokoufat* (participe
du verbe wakafa) et de ardh el habess (terre habous)
données au territoire de ces États. Nous en avons aussi
trouvé la preuve irrécusable dans les règlements
administratifs et politiques émanés des souverains
dans ces divers pays. On voit que dans ces règlements toute autre considération est sacrifiée à celle
qui est le but de la fondation pieuse ou du wakf,

---

[1] L'erreur consiste à définir le wakf un acte par lequel le propriétaire,
séparant le domaine utile du domaine direct de la chose, réserve le premier pour lui ou pour sa race, et quand elle s'éteint le renvoie à un établissement pieux qui, par le fait du wakf, a été d'abord investi du domaine
direct ou de la nu-propriété.

c'est-à-dire à l'accroissement du produit de l'impôt par les encouragements à l'agriculture.

En se reportant aux enseignements que nous fournit l'histoire, relativement à la manière dont les conquérants disposent ordinairement du territoire de leurs conquêtes, on peut être étonné de voir que Mahomet et les premiers khalifes, au lieu de donner en partage à leurs soldats la plus grande partie ou la totalité des pays qu'ils ont réduits par les armes, se soient bornés à leur laisser, à titre de propriété, quelques misérables morceaux de terre appartenant à des tribus qu'il avait fallu détruire. Mais cet étonnement cessera dès qu'on aura réfléchi que la première armée musulmane était uniquement composée d'Arabes et que ce peuple de pasteurs n'avait aucun goût pour l'agriculture.

D'un autre côté, encourager cet art essentiellement pacifique, ne pouvait servir les projets ni entrer dans les vues de Mahomet. La religion et la société qui portaient son nom ne pouvait naître et vivre que par la guerre; et ce n'était pas des laboureurs qu'il lui fallait pour cette guerre, qui, d'après les ordres divins, doit durer jusqu'au jour où le monde entier sera devenu musulman [1].

Pour atteindre ce but et perpétuer ainsi la guerre, le prophète ne pouvait compter que sur le zèle religieux, et il fallait, pour en assurer la durée, que

---

[1] Les partisans des idées de fusion ont tous sans doute oublié ce commandement ou précepte fondamental de la foi musulmane.

ce zèle n'eut point à lutter contre d'autres intérêts nouveaux et aussi puissants. Ce n'était pas sans fruit que Mahomet avait étudié la législation de Moïse, à laquelle il a fait tant d'emprunts ; la pensée dans laquelle ce grand législateur avait institué le *jubilé* ou *yobel*, n'avait pu lui échapper. Tous les cinquante ans, le retour de ce terme fatal annulait les transactions chez les Hébreux ; les créances se perdaient, les esclaves recouvraient leur liberté, et le bien immobilier vendu retournait à titre gratuit aux mains de son premier maître.

C'était sur ce moyen que comptait Moïse pour prévenir, dans son peuple, les accaparements des richesses personnelles et réelles.

La sagesse de cette pensée, dis-je, n'avait pas échappé à la sagacité de Mahomet ; mais ce génie, qui lisait dans l'avenir, avait prévu l'inefficacité de la mesure adopté par Moïse.

Néanmoins, il pressentait que la durée de la foi religieuse et de l'empire qu'il créait étaient inséparables et reposaient sur deux conditions essentielles : l'égalité fraternelle de tous les musulmans et leur aveugle obéissance au chef religieux de l'État ; et comme il était convaincu que ces deux appuis viendraient à manquer à la fois et entraîneraient l'Islam dans leur chûte, le jour où la formation de grands domaines territoriaux créerait, au sein de son peuple, des distinctions de classes, des diversités d'intérêts, des inégalités de richesses et de puissance, aussi funestes au principe de

l'égalité qu'à celui de la soumission absolue; ce fut sans doute sous l'empire de ces prévisions qu'il imagina le *wakf*, ce moyen de neutraliser le droit de la propriété sur le fonds du sol, et qu'il dit à Omar : « Disposez de cette terre de telle sorte
» qu'elle ne puisse plus être ni vendue, ni donnée,
» ni transmise héréditairement. »

Telle fut sans doute l'origine du *wakf* ou *habous*, qui, à partir d'Omar, fut appliqué à toutes les conquêtes de l'Islam.

La découverte de cette singulière modification de la propriété pouvait seule donner la clef de la constitution sociale et politique des peuples musulmans, et la solution des questions les plus intéressantes de leur histoire.

Car c'est en effet dans la manière dont les vainqueurs ont disposé du territoire conquis que réside le germe des différences si frappantes qui caractérisent la marche et le développement des gouvernements et des sociétés, en Asie et en Europe.

Pour mettre bien en lumière ces divergences, rien ne pourra nous être plus utile qu'une rapide comparaison entre l'invasion des Musulmans en Orient et celle des Barbares dans la Gaule romaine.

En Europe, les bandes de ces barbares, ordinairement isolées, mais réunies provisoirement pour la conquête, se précipitent sur les débris de l'empire romain. Ces aggrégations n'offrent le spectacle que d'une société fort incomplète, de relations purement personnelles du chef avec les membres qui les composent, et dont la plupart lui vouent, sous les noms de fidèles, leudes ou compagnons, un attachement soigneusement entretenu par des festins, des présents en armes et en chevaux, connus sous la dénomination de *bénéfices*.

Arrivés sur le territoire de la conquête, les Barbares s'attribuent les deux tiers du sol, qu'ils partagent ensuite entre eux par le sort : de là vient que partout, dans l'origine, la propriété des vainqueurs prend le nom d'*allod*, de *loos* ou de *sors*.

Mais il ne faut pas perdre de vue qu'un tiers de la terre est resté en la possession des Gaulois soumis ; et la conséquence infaillible de l'établissement du barbare vainqueur sur le territoire de la Gaule à côté de l'habitant resté possesseur d'une partie du sol est une fusion qui plus tôt ou plus tard effacera le souvenir de l'invasion et de la conquête. Cette fusion, résultat immanquable d'une situation et de besoins communs au Gaulois et au Barbare, sera mûrie et hâtée par l'influence et les progrès du christianisme. Quelques siècles se seront à peine écoulés, qu'on ne saura plus à quels signes distinguer l'enfant du vainqueur de celui du vaincu, et que des débris confondus de ces deux races, il en aura surgi une nouvelle qui portera l'empreinte de toutes deux.

Ce fut réellement ainsi que se passèrent les choses : les Francs ne perpétuèrent point, après leur entrée dans la Gaule, leur imparfaite organisation d'outre-Rhin ; les liens qui tenaient unis tous les membres de l'armée d'invasion se relâchèrent aussitôt qu'elle eut été effectuée. Quel prix pouvaient avoir désormais les bénéfices, comparés aux jouissances durables que promettait la possession d'une terre libre et franche de tout impôt? Le besoin d'isolement ne tarda pas à se faire sentir ; les vainqueurs se dispersèrent pour exercer leurs nouveaux droits, et bientôt ces forces individuelles, que ne ralliait aucun lien légitime, commencèrent à se regarder avec défiance et menace. A dater de ce moment la lutte commença : alors apparaissent ces conventions de la force et de la faiblesse, connues sous le nom de *recommandations;* ces contrats de protection à charge de *tribut,* qui altèrent successivement la nature de la propriété des uns et restreignent, quand elles ne la détruisent pas tout-à-fait, la liberté des autres. La plupart des alleux se convertissent en *bénéfices* et en *domaines tributaires,* et le plus grand nombre des *hommes libres* en *vassaux, lides, colons, manants* ou *vilains,* et même en *serfs.* Quand enfin le système féodal se dégage de toutes ces transformations, les rivalités commencent entre les membres de cette confédération de petits souverains, tous maîtres absolus dans leurs domaines, où ils sont à la fois chefs militaires, législateurs et juges.

Montrer comment, de cette guerre nouvelle, engagée entre les seigneurs féodaux et le plus puissant d'entre eux *le roi,* la royauté sortit victorieuse, pour succomber plus tard sous les coups de la classe tributaire, qu'elle avait affranchie dans le but de s'en faire un plus puissant auxiliaire, serait sortir de mon sujet. Il me suffisait de signaler les nombreuses vicissitudes, *conséquences nécessaires et immédiates de celles de la propriété territoriale,* par suite desquelles l'Europe vit se succéder et se détruire, les unes par les autres, les institutions féodales, monarchiques et démocratiques, afin d'en opposer le mobile tableau à l'immuable stabilité de l'organisation sociale et politique de l'Islam.

En Orient, ce ne sont plus des bandes momentanément réunies pour la conquête et que divise immédiatement le succès : ce ne sont pas des hommes que la violence et l'avidité tiennent précairement aggrégés, c'est une société de frères, d'égaux, tous inspirés par les dogmes de l'unité de Dieu et de la prédestination, qui se met en mouvement pour imposer sa foi à l'univers. Le jour où elle s'ébranle, elle sait déjà ce que l'avenir lui réserve; *les rapports des hommes entre eux, avec Dieu et avec l'ennemi à vaincre,* sont irrévocablement fixés, non-seulement pour le présent, mais aussi pour l'avenir le plus éloigné.

L'État, déjà constitué, s'empare, au profit du trésor public, du cinquième du butin, que le chef seul pourra partager aux soldats, mais seulement après la campagne et quand ils seront de retour dans leurs foyers. En attendant, sous le nom de *zekkaet,* un fonds commun est prélevé, par ordre di-

vin, sur les biens de tous, pour servir à la propagation de la foi, c'est-à-dire aux frais de la guerre,
ainsi qu'à l'entretien du culte, des pauvres, des infirmes et des orphelins de la grande famille.

L'armée ne se compose plus ici de peuplades
commandées par des chefs, choisis ou pour l'ancienne illustration de leur race, ou pour leur bravoure personnelle.

C'est le prophète envoyé d'un Dieu unique et
tout-puissant qui conduit les Musulmans au combat; s'ils se sont armés et précipités sur le monde,
c'est pour le convertir au dogme de l'unité de Dieu,
et non, comme les Barbares, pour échanger des
steppes arides contre des terres fécondes et un ciel
plus doux. Ils ne craignent pas la mort, dont l'instant est écrit pour tous et fixé d'avance par la volonté divine ; et tandis qu'à son premier pas dans
l'empire d'Occident le Barbare victorieux s'arrête
pour partager le territoire de la Gaule avec le
vaincu et le fertiliser à côté de lui, les enfants d'Islam poursuivent sans relâche le cours de leurs victoires, s'en vont de peuple en peuple, offrant à tous
la foi nouvelle et ne laissant à ceux qui refusent le
choix qu'entre le joug tributaire ou l'extermination.

Mais pendant cette course, course prodigieuse et
dont les siècles n'offrent plus d'autre exemple, la
masse des guerriers ne s'est point désunie ; personne n'a quitté le drapeau pour goûter isolément
les fruits de la victoire; et quand, arrêtée par un

choc fatal avec la chrétienté, la société conquérante
est forcée enfin de se renfermer dans le cercle immense que lui ont soumis ses armes, *elle reste cam-
pée sur le sol*, sans s'y attacher par *les liens de la
propriété*. Elle vivra des produits de la terre, il est
vrai, *mais les vaincus la cultiveront pour elle*. Dans ce
but, elle les tiendra désormais courbés sur la terre,
et tracera entre elle et eux un abîme que les siècles
ne pourront pas combler, et qui fera survivre à tout
jamais le souvenir et les conséquences de la victoire.

Un impôt flétrissant, signe impérissable de leur
rédemption de la mort et de la servitude, est réparti
par tête et en masse sur l'ensemble des habitants;
leur territoire leur reste, *mais non comme avant la
guerre*, *à titre de propriété*; ils n'en ont plus que la
possession précaire, et un *tribut* (*kheradj*) qui représente depuis le cinquième jusqu'à la moitié du produit, y reste éternellement attaché en qualité de
wakf ou de *fondation pieuse*, au profit des vainqueurs
et de leur race.

Sous ces deux conditions du tribut individuel et
foncier, l'habitant du pays conquis devient le colon
de l'Islam, et seul il a le droit, comme seul il est
soumis aussi à l'obligation de cultiver le sol; ainsi
le domaine musulman prend après la conquête,
l'aspect de ces grandes habitations des colonies tran-
satlantiques, où quelques blancs gouvernent et font
travailler à leur profit une multitude de nègres.

En Islam, après la conquête, la population se sépare en deux masses distinctes et inégales sous tous les rapports.

La plus considérable, numériquement parlant, est celle qu'on appelle *rayet* ou *troupeau*, c'est-à-dire celle dont les membres sont comptés par tête, et qui se compose exclusivement des infidèles subjugués, qui tous professent le christianisme, le judaïsme ou le culte des mages ; tous sont sujets à la capitation, et si, sous le rapport civil, ils jouissent des mêmes droits que le vainqueur, sous tous les autres ils vivent au milieu des humiliations de toute espèce et dans une infériorité marquée.

Au-dessus de cette réunion des *dimmys* (sujets non mahométans), qui forme le *rayet*, s'élève et se maintient l'oligarchie des conquérants, qui laisse à ses sujets l'agriculture, les arts et les industries. Cette oligarchie est constituée en corps d'armée, et tous ses membres naissent et vivent soldats ; la supériorité sociale et politique qu'elle s'attribue offre le contraste le plus tranché avec la dégradation dans laquelle elle maintient la tourbe des vaincus ; elle s'entretient par le produit de l'impôt foncier, et ses enfants seuls peuvent être admis aux fonctions de l'administration, du temple et de la justice.

L'organisation de cette fraction supérieure et dominatrice de la population des États musulmans offre un spectacle qui n'est pas sans intérêt.

Si l'on se bornait à constater l'égalité parfaite dans laquelle vivent les membres de cette communauté, l'autorité morale qu'ils se partagent et dont chacun d'eux se prévaut pour veiller individuellement à la conservation de l'ordre (ce qui explique l'admirable et invisible police des États mahométans), on serait tenté d'y voir une société républicaine.

L'orgueil national, porté à ses dernières limites, les dénominations toutes républicaines du territoire et du trésor public [1], l'élection du souverain par les citoyens, ou du moins la nécessité de leur adhésion pour confirmer son avènement au pouvoir, toutes ces circonstances viennent à l'appui d'une semblable opinion; mais là s'arrête toute analogie; du moment même où le peuple a proclamé ou reconnu l'autorité de l'Iman, il lui a en même temps résigné tous les pouvoirs et n'intervient plus, à aucun titre, dans les affaires du gouvernement, qui sont exclusivement désormais du ressort du souverain. Celui-ci, chef politique et religieux à la fois, est le pontife, le généralissime et le grand juge de l'Islam; il est inviolable et maître absolu tant qu'il reste fidèle à l'engagement solennel qu'il a pris de n'avoir en vue que la gloire et le bien de l'Islam, de rendre stricte justice à chacun et de lever les impôts selon *la lettre* des prescriptions légales; il

---

[1] Le territoire s'appelle *ardh el mosselmine* (terre des musulmans), et le trésor *beit el mael el mosselmine* (chambre des biens des musulmans). — La direction des finances publiques intervenant autrefois dans presque toutes les successions en Algérie, on a confondu l'agent qu'elle déléguait à cet effet (le *saheb el maouerits*) avec le receveur général des finances qui avait le titre de *bit el maldji.*

est le centre et l'unique foyer du gouvernement; c'est de lui que partent tous les pouvoirs, mais pour lui revenir toujours; il n'y a point de corporation qui lui impose son influence; le cadi n'applique et le muphti n'interprète la loi, les généraux ne commandent les armées et n'administrent les provinces, que sous la responsabilité du souverain et en vertu de délégations, qui n'ont d'origine et de durée que par sa volonté.

Aussi ne connaît-on de puissance et de privilège en Islam que ceux que prêtent *momentanément,* pour les besoins de l'État, les décisions suprêmes de l'Iman. Une seule famille très nombreuse à la vérité, y jouit d'une distinction honorifique durable, c'est celle dont l'origine remonte à Mahomet; les schourfa (c'est le pluriel de scheriff), c'est ainsi qu'on les appelle, ont le privilége d'une juridiction spéciale, dévolue à un chef de leur race et peuvent seuls porter le turban vert.

C'est ainsi qu'après avoir approprié à la religion qu'il proclamait les préceptes les plus sublimes de morale et de charité empruntés au christianisme, aux cultes des mages et à l'œuvre de Moïse, Mahomet eut l'art d'y enlacer avec tant d'habileté les lois politiques et civiles propres à régler le présent et à assurer l'avenir, que l'édifice qu'il a élevé pourra tomber tout entier sous la violence, mais qu'il ne saurait être sujet à ces désorganisations lentes et spontanées qui ont signalé la décadence des autres sociétés. C'est surtout relativement à

l'islamisme qu'on peut constater la haute vérité
renfermeé dans ces paroles de Rousseau : « A ces
» trois sortes de lois (politique, civile, pénale) il
» s'en joint une quatrième qui ne se grave ni sur
» le marbre, ni sur l'airain, mais dans le cœur des
» citoyens; qui fait la véritable constitution de l'E-
» tat; qui prend tous les jours de nouvelles forces,
» qui, lorsque les autres lois vieillissent et s'étei-
» gnent, les ranime ou les supplée, conserve un
» peuple dans l'esprit de son institution, et substi-
» tue insensiblement la force de l'habitude à celle
» de l'autorité. Je parle des mœurs, des coutumes,
» et surtout de l'opinion : partie inconne à nos
» politiques, mais de laquelle dépend le succès de
» toutes les autres; partie dont le grand législa-
» teur s'occupe en secret; tandis qu'il paraît se
» borner à des règlements particuliers, qui ne sont
» que le cintre de la voûte, dont les mœurs plus
» lentes à naître forment enfin l'inébranlable
» clef. »

Redoutant pour l'islam le contact des mœurs et
des arts étrangers, il s'efforça de les exclure en
élevant une barrière infranchissable entre les musulmans et ceux qu'il nomme infidèles, en leur
inspirant le respect des anciens usages avec la
haine de l'innovation, et en leur inculquant un
orgueil et un dédain des autres nations que, par
des succès de guerre inouïs, il a su porter au plus
haut degré d'exaltation.

Et certes, sous ce dernier rapport comme sous

tous les autres, son œuvre a été durable. Au milieu
des désastres de la défaite, et même sous le joug
étranger, le mahométan ne perd rien de cette fierté
native qui jette sur son caractère une teinte de no-
blesse et de dignité que la plus aveugle partialité
pourrait seule méconnaître. S'il est vrai que le
dogme de la prédestination engendre chez lui le
plus souvent l'inertie et l'imprévoyance, et n'a pas
moins contribué que son dédain pour les arts de
la civilisation à le priver partout d'armes contre
ses ennemis, on ne saurait, d'un autre côté, se refuser à admirer l'influence de ce principe dans la
pieuse et noble résignation avec laquelle il se
courbe sans murmure ni étonnement, sous les
malheurs de la famille et de la patrie, et dans le cou-
rage tranquille et modeste avec lequel il voit arriver la mort dans les combats, les supplices ou la
maladie.

Ces traits caractéristiques ne sont pas les seuls
qui décèlent l'action si profonde et si puissante de
la religion musulmane sur les mœurs de ses adeptes,
on la reconnait encore à l'unité et au calme régulier de cette société, et surtout à cet *esprit d'inépuisable charité* qui l'anime, et qui fait que, par une
louable rivalité entre l'État et les particuliers, le
pauvre, l'infirme, y trouvent en tout lieu et à toute
heure repos, secours et asile, sans les payer de
leur liberté. La sollicitude la plus tendre y entoure
les êtres privés de la raison et les met sous la protection divine en en faisant des objets sacrés. Bien-

veillante et miséricordieuse pour les esclaves et même pour les animaux, l'autorité veille sans cesse à ce qu'un maître avide n'impose ni aux uns ni aux autres des travaux qui excèdent leurs forces.

Le suicide, le duel, la passion du jeu, les trois plaies de l'Europe, sont à peu près inconnues en islam, et rien n'y est plus rare dans les villes que ces attentats violents à la vie et la propriété des citoyens, qu'on ne déplore que trop ailleurs. C'est en vain qu'on y chercherait d'ailleurs cette classe infime de la société qui se distingue des autres, en Europe, par la brutalité de son langage, de ses habitudes et de ses goûts. — Elle n'y existe point. — Égaux par les droits, les musulmans le sont aussi par la douceur des mœurs, la gravité du caractère et la dignité du maintien. Ce qui achève de distinguer leur civilisation, c'est la sollicitude de l'État pour les malheurs privés, dont le soulagement rentre dans ses attributions officielles et obligées, et le droit qui appartient à tous les citoyens de se rappeler mutuellement au respect de l'ordre et des bienséances. Ces admonitions sont rarement perdues, et jamais celui qui en est l'objet ne discute le droit à les lui faire de celui dont il les a reçues.

L'aversion qu'ils prennent, pour ainsi dire en naissant, pour l'étranger, dont le nom est pour eux synonime de celui d'*ennemi*[1], fait que bien

[1] *Harby* est le mot employé pour rendre à la fois ceux d'étranger et d'ennemi ; ainsi le monde entier est-il, aux yeux des musulmans, séparé en deux parties distinctes : la maison d'islam, et la maison de la guerre (*Dar-el-Harb*).

rarement, et pour mieux dire jamais, quand ils sont
la proie d'une invasion, leurs nouveaux maîtres
trouvent chez eux des traîtres ou des apostats[1].
Les faveurs, pas plus que les menaces, ne parviennent à vaincre la répugnance qu'ils éprouvent à leur fournir les notions même les moins
importantes ; le séjour des Anglais dans l'Inde,
des Français en Égypte, et une expérience de
quinze années en Afrique auraient dû nous pré-
munir contre les rêveries, fort généreuses sans
doute et louables dans leurs principes, par suite
desquelles quelques écrivains pleins d'illusions
nous montrent la fusion prochaine entre les musulmans et les chrétiens, et font, de leur conversion
au christianisme, l'œuvre la plus prompte et la plus
facile à accomplir.

Je me serais gardé de troubler l'innocence de ces
fictions, si elles n'étaient la base de cette éternelle
erreur qui conduit tous les chefs du gouvernement,
en Afrique, à rechercher l'alliance et l'amitié des
Maures. Agir ainsi, c'est fonder sur le sable.

Peu d'écrivains ont été moins justes envers le
Koran et les musulmans que Volney, et cependant
il lui a fallu reconnaître les phénomènes que j'ai
indiqués ; il convient, et je cite ici ses paroles :

« Que le plaisir tranquille qu'ils affectionnent,
» de se réunir dans les cafés ou dans les bains pour
» y entendre des conteurs, n'est pas le seul point

---

[1] Les invasions des Européens dans les États mahométans n'ont jamais amené la conversion au christianisme des populations subjuguées.

» sur lequel les peuples d'Orient l'emportent en dé-
» licatesse sur le nôtre; la populace même des
» villes, quoique criailleuse, n'est jamais aussi bru-
» tale que chez nous, elle a le grand mérite d'être
» absolument exempte de cette crapule d'ivrognerie
» qui infecte jusqu'à nos campagnes... En général,
» les Orientaux ont les passions ardentes et soute-
» nues, le sens droit des choses qu'ils connaissent;
» leur commerce a quelque chose de froid au pre-
» mier abord, mais par l'habitude il devient doux
» et attachant; telle est l'idée qu'ils laissent d'eux,
» que la plupart des voyageurs et négociants s'ac-
» cordent à trouver à leur peuple un caractère *plus*
» *humain*, plus généreux, une simplicité plus noble
» et plus polie, quelque chose de plus fier, de plus
» ouvert dans l'esprit et les manières qu'à aucun
» peuple même de notre pays. »

Ce tableau, dont l'impartialité n'est pas douteuse, s'applique bien à la caste musulmane qui
domine dans le pays conquis; on pourrait peut-
être en contester la fidélité, relativement à nos possessions d'Afrique; mais l'oligarchie dominatrice
est partie avec les Turcs, et d'autre part il faut bien
se rappeler que ce n'est pas à l'état de guerre et
dans les circonstances d'inimitié qu'on est le mieux
à même de juger les individus.

Personne ne déplore plus que moi les immenses
et inutiles sacrifices qu'entraîne la lutte ouverte
avec les Africains; je comprends et je ressens toute
l'irritation que doit faire naître chez le vainqueur

cette guerre où l'ennemi se fait des armes contre lui, même de sa générosité et de sa bienveillance; mais il serait injuste de calomnier cette résistance compacte d'un peuple auquel tous les moyens sont bons pour lasser les vainqueurs et les fatiguer de la victoire; cette résistance doit s'appeler du patriotisme, pour nous comme pour eux.

Dans cet examen, peut-être un peu long, que je viens de faire de la cáste victorieuse dans les pays conquis d'Islam, je n'ai point parlé d'une classe d'individus qui en dépend, de celle des esclaves, parce que la législation musulmane ne leur attribue l'exercice d'aucun des droits qu'elle accorde à l'homme, sauf celui de la répudiation, et que dans tous les traités du droit civil il n'en est parlé qu'au titre des animaux vivants (Ileïaouâne).

On se tromperait étrangement, cependant, en se basant sur ces apparences, pour conclure à la dureté de la servitude en Islam; quoique chez les Musulmans il ne soit considéré, sous le rapport des droits, que comme une chose (*non persona sed res*). On retrouve dans le Koran l'expression de la plus tendre sollicitude pour l'esclave. Obligé de prendre ses partisans dans un pays et au milieu d'une population de guerriers et de pasteurs, dont l'unique richesse consistait en troupeaux et en esclaves fournis par la guerre ou le commerce, on comprend que Mahomet ne pouvait, en proclamant l'abolition de l'esclavage, songer à demander à ceux qu'il voulait rattacher à sa cause le sacrifice immédiat de leurs biens; mais tout ce que pouvait inspirer la plus ingénieuse bienveillance, il l'a mis en pratique pour adoucir le sort et abréger la durée de la servitude. Ne cessant de prescrire aux fidèles la plus grande douceur et l'humanité dans le traitement des esclaves, il leur dit aussi : « Épousez ceux » de vos esclaves qui sont vertueux; accordez à » ceux qui vous en paraissent dignes un affranchis- » sement contractuel et donnez-leur quelque peu » de ces biens que Dieu vous a départis. »

Plus loin, il leur montre le Musulman qui affranchit son semblable, affranchi par Dieu à son tour des peines de l'humanité et des tourments du feu éternel; c'est dans ces termes qu'il a fait de la manumission un acte éminemment méritoire et propre à obtenir à celui qui l'accomplit l'expiation et la rémission de ses propres fautes.

Cette partialité du Koran pour les esclaves se retrouve encore plus marquée dans le droit civil qui en découle; tandis que le code de ce droit flétrit et annule toutes les transactions entachées de hasard ou d'incertudes, et auxquelles n'ont pas présidé la stricte bonne foi et un entier discernement de la part des parties; il rend irrévocable et obligatoire pour le patron toute parole ou promesse d'affranchissement, qu'elle lui ait échappé pendant l'ivresse, ou le rire, ou par inadvertance.

Les injonctions morales que ne sanctionne aucune pénalité constituent une partie tout aussi authentique et révérée du code musulman, que les prescriptions légales, dont l'infraction entraîne un châtiment ; et ces injonctions relatives à l'exercice de la charité, du respect des autres et de soi-même, et à l'observation des bienséances dans tous les actes de la vie, ont conservé aux yeux des mahométans une autorité tout aussi puissante. Parmi ces conseils du prophète, ceux qui ont trait à l'esclavage ont laissé chez les mahométans une impression profonde et ont eu pour résultat d'en faire chez eux une condition qui, non seulement ne ressemble en rien à celle de la servitude dans les colonies européennes, mais qui, sous beaucoup de rapports, est bien préférable à celle de la domesticité libre qui l'a remplacée en Occident.

En Orient, l'esclave appartient à la famille ; rien n'y est plus commun que le mariage entre la femme esclave et son maître. Il est bien rare aussi qu'au bout de huit à neuf années de bons services l'esclave d'un maître aisé ne soit rendu par lui à la liberté, et pourvu en même temps des moyens de subvenir à sa propre existence ; la faveur du maître et son appui le suivent toujours dans sa nouvelle condition, et rien ne prouve mieux ce dernier fait que la puissance à laquelle sont arrivés en Égypte les Mamlouks [1] ; et l'élévation à laquelle sont parvenus et parviennent tous les jours, en Turquie et dans les autres États musulmans, des esclaves affranchis comme eux.

---

[1] Mamlouk veut dire chose possédée, c'est-à-dire esclave.

L'avant-dernier bey de la province de Constantine
avait été esclave avant d'arriver au beylik; il avait
gardé comme bey de la province, le surnom de
Mamlouk, et c'était un spectacle touchant que de
voir ce haut dignitaire venant en grande pompe
apporter le tribut à Alger, descendre de cheval au
milieu des rues de la capitale pour aller hum-
blement baiser la main d'un vieux marchand,
son ancien patron, quand il le trouvait sur sa
route.

La question de l'émancipation a acquis de nos
jours un intérêt si vif, que je regrette que les limites
de ce travail ne me permettent pas de faire connaître ici les diverses modifications appliquées à la
servitude par Mahomet, dans la vue d'en diminuer
le poids et les inconvénients, et de rendre quelques
droits à l'esclave.

Il a défendu *de séparer dans la vente* l'enfant mineur de la mère, interdit la *vente de l'esclave rendue
mère par son patron* et ordonné qu'elle fût rendue
à la liberté après sa mort; il a introduit dans les
habitudes musulmanes *l'habilitation*, *l'affranchissement contractuel*; mais l'institution la plus ingénieuse
de toutes est celle du *tedbir* ou *manumission posthume*,
qui concilie à la fois le soin des intérêts pécuniaires
du patron avec l'accomplissement d'un devoir de
piété. Aussi les Européens qui habitent l'Orient
rencontrent-ils bien rarement un convoi funèbre
mahométan sans le voir suivi d'un ou de plusieurs

esclaves qui portent au bout d'un roseau fendu leurs titres d'émancipation[1].

Après cette étude, peut-être un peu trop étendue de l'État des personnes qui composent la population des pays acquis et conservés par les armes musulmanes, il est essentiel que, d'une part, j'indique ici les noms sous lesquels ont été désignées à diverses époques les deux fractions de la société qui représentent, l'une les *musulmans vainqueurs*, et l'autre *l'ancien habitant vaincu*, et que, d'autre part, je tienne compte des modifications que la marche du temps opère dans les éléments dont elles se composent.

Au début, la religion seule établit et maintient entre les envahisseurs et le peuple conquis une différence suffisante pour qu'on se borne à distinguer les premiers par le titre de *musulmans* (*mosselmine*), et le second par celui de *kitacby* (ou peuple du livre, c'est-à-dire dont la religion repose sur un livre réputé divin), ou de *dimmy* (*client*) ; vu leur asservissement et la nécessité de les compter par tête, les vainqueurs imposent en outre à leurs nouveaux sujets le nom général de *rayet* ou *troupeau*.

Les *Musulmans*, on le conçoit bien, sont en possession exclusive du gouvernement et se nourrissent du produit de l'impôt.

---

[1] D'Ohsson a traduit inexactement *tedbir* par affranchissement testamentaire.

Le *rayet* fournit le tribut; il est parqué sur le sol qu'il cultive et dans les industries devenues tributaires aussi.

Si, partant du moment de la conquête, nous suivons les modifications que le temps doit amener dans la compostion intime de ces masses juxtaposées mais distinctes dont se compose, dès l'origine, la population des empires musulmans, nous verrons qu'elles sont toujours restées impunément en contact depuis plus de dix siècles, sans que les changements survenus dans quelques-uns de leurs éléments, aient déterminé entre elles aucune espèce de fusion.

Dans le *rayet*, qui ne comptait d'abord que des membres sujets à la capitation pour n'avoir pas consenti à embrasser l'islamisme, on voit peu à peu survenir quelques apostasies, et bientôt il offre un mélange de sujets chrétiens et musulmans. Ces conversions à l'islamisme ont pour principal résultat de soustraire à la capitation ceux qui s'y résolvent; mais pour avoir embrassé la foi de la caste conquérante ils n'ont pas plus de titres que par le passé à y prendre rang, et ils restent, en qualité de *descendants des vaincus,* attachés comme auparavant au sol et aux industries; leur changement de religion n'a eu pour eux d'autre effet que celui de les affranchir des humiliations attachées à la taxe individuelle ou *djezia.*

De temps à autre seulement, par décret émané du souverain et pour services militaires, on laisse

quelques-uns d'entre eux parvenir jusqu'au seuil,
pour ainsi dire, de la réunion des vainqueurs continuée par leurs descendants ; mais ces rares et im-
parfaits passages d'une caste à l'autre ne diminuent
en rien la distance qui les a toujours séparées, et
se font toujours à l'avantage de la communauté
victorieuse, qui, de son côté, ne manque pas de repousser dans celle des sujets ceux de ses enfants
qu'elle juge indignes de continuer à lui appartenir.

Quand donc tôt ou tard après la conquête, et
par suite de la conversion de quelques-uns des
vaincus ou de leurs descendants à la foi musulmane, la distinction entre le conquérant et le peuple asservi, fondée d'abord sur la différence des
cultes, eût été rendu illusoire, on dut substituer dans
les règlements et les actes administratifs le terme
de rayet à celui de *dimmy ;* on appela aussi les
membres du rayet ou les *rayas*[1], tantôt *guerama*[2],
en raison de l'obligation où ils sont d'alimenter à
leurs frais le trésor, tantôt aussi *fellaha* (laboureur)
et *ehel sanea* (gens de métier), à raison de la spé-
cialité de leurs travaux.

Par opposition à ces deux appellations, ceux qui
étaient d'abord nommés les musulmans prirent les
qualifications de mekhazené (entretenus par le trésor), ou de *sipahi,* guerriers.

---

[1] C'est à tort que MM. de Sacy et de Hammer traduisent le mot de
raya par ceux de sujets non mahométans. — *Raya* veut dire membre de
la classe gouvernée et asservie, sans aucune acception de culte.

[2] *Guérama* signifie débiteurs, contraints. — C'est le pluriel de *gharim.*

En raison des parts respectives que leur a faites
la loi, il est facile de comprendre que sous ces dénominations nouvelles les deux classes, dont j'ai
signalé la formation distincte au début de la conquête, ont dû rester séparées par la suite des
temps, et que ce sont elles encore aujourd'hui qui
forment la base organique des empires musulmans.

C'est sur les relations de ces deux éléments si
disparates entre eux et avec le kheradj considéré
comme fonds d'entretien de l'armée que roulent
presque entièrement le système des finances et la
constitution sociale et politique de l'islam.

Ainsi que je l'ai déjà indiqué plus haut, les premières ressources de l'armée d'invasion mahométane étaient uniquement fournies par le cinquième
du butin et le produit des zekkaet, que recueillaient
et apportaient au prophète des agents spéciaux appelés *aamila*.

Quant au *kheradj*, il ne devint guère une source
considérable de revenu qu'après les premières conquêtes, et ne fut régularisé que par les soins du
khalife Omar ; c'est ce khalife qui institua le premier des *diwans*, ou conseils de comptabilité, et qui
fit aussi le premier procéder à un recensement exact
de l'armée musulmane, quand il fallut distribuer
à ceux qui la composaient une somme de 500,000
dragmes provenant du kheradj de Bahareïn.

Vers la même époque, et à son instigation aussi,
on procéda dans tous les pays nouvellement conquis à une mensuration du territoire qui servit

immédiatement de base à la fixation des redevances en argent et en nature qu'on devait en exiger.

On ne mit pas un soin moins grand à recenser les habitants.

Des registres furent ouverts où leurs noms et le chiffre de leur taxe individuelle furent inscrits en regard de la désignation des lieux, de leur étendue, de la nature des produits ordinaires et de la quotité des impôts établis [1]; les naissances devaient, ainsi que le creusement des puits et la découverte des nouvelles sources, y être signalés comme autant de sources d'accroissement des revenus.

Ces registres servirent à constituer la comptabilité du kheradj, dont à l'avenir le montant devait être exclusivement attribué à l'entretien de l'armée, c'est-à-dire de la partie valide la communauté, tandis que les fonds fournis par les zekkact et le quint légal restèrent désormais affectés au soulagement de toutes les infortunes signalées par le Koran à la charité des fidèles.

Le kheradj fixé ou mowadhef ayant presque partout prévalu, on pouvait, sans s'inquiéter dès lors du sort de la récolte, se rendre compte très approximativement du montant probable de l'impôt pour chaque année, bien avant l'époque fixée pour la collection.

[1] Il est à regretter que l'administration de l'Algérie ait jugé inutile de faire traduire et consulter des registres de l'ancienne administration turque qu'elle possède depuis 1830, et qui sont établis de la manière que je viens d'indiquer. Je n'ai fait que les entrevoir, mais je crois qu'ils sont relatifs aux différents districts de la Mitidja.

Le renouvellement fréquent des cadastres, par le moyen desquels on se tenait au courant de tout ce qui pouvait augmenter ou diminuer le produit du kheradj, facilita beaucoup l'administration ultérieure des finances musulmanes.

Pendant un espace de temps dont il serait difficile et peu important de déterminer la durée, les collecteurs officiels continuèrent à lever le tribut, et l'iman à en faire la répartition à l'armée divisée en plusieurs corps (*edjnaed*) dont chacun était employé à la garde et à la défense des différents points du territoire conquis.

Mais quand, par suite d'une habitude plus grande, et à l'aide de recensements et de cadastres fréquemment répétés, les chambres de finances furent parvenues à calculer d'avance et avec une grande précision le budget annuel des recettes territoriales, et que d'autre part l'extension toujours croissante du domaine musulman eût rendu moins faciles le maintien de l'ordre et la rentrée des impôts, on en vint à diviser les pays et les provinces en districts et en cercles d'importance et de grandeur variables ; et le gouvernement de ces divisions et de leurs subdivisions, après avoir été pendant quelque temps donné à ferme par baux d'une courte durée, fut conféré aux officiers et aux soldats les plus considérables de l'armée musulmane, qui furent, sur leurs corps et leurs biens, tenus de répondre et du montant de l'impôt et du maintien de l'ordre dans leurs districts. Sur le produit de la collection dont ils étaient chargés, une part équivalant au dixième leur était abandonnée à titre de salaire. De la responsabilité de leur office et de l'engagement pris par eux de remettre annuellement au trésor une somme déterminée dérive le nom de *moultezim* (fermiers), que reçurent ces fonctionnaires.

Comme tout ce qui dépassait le chiffre du revenu stipulé pour l'État constituait leur bénéfice (ou faidh), on comprend l'intérêt qu'ils avaient à ne négliger aucun moyen pour accroître la prospérité et la population de leurs domaines. Aussi une autorité fort étendue leur était laissée sur les fellahs et sur les artisans de leurs cercles, afin qu'ils pussent les contraindre au travail et à l'agriculture; ils avaient le droit de les frapper d'amendes, de se faire défrayer par eux pendant leurs tournées, et d'en exiger des corvées pour la culture de la portion de terre réservée[1] que l'État leur assignait pour les besoins de leur propre entretien.

Le *fellah* avait de son côté le droit de conserver le champ qu'il cultivait et de le faire passer à ses enfants, et le *moultezim* ne pouvait l'en chasser que s'il le laissait pendant trois ans en friche; mais la possession et l'exploitation du sol, qui étaient pour le fellah et ses enfants un droit toujours respecté, constituaient aussi pour eux une obligation à laquelle ils ne pouvaient se soustraire par aucun

---

[1] Cette terre de réserve, nommée de *wassiyé* en Egypte, s'appelle dans l'Inde *nounkars* et *nejaut*, et en Turquie *khassa-yeri*.

moyen; aussi quand ils tentaient de s'y dérober par la fuite, le moultezim pouvait les faire rechercher et les ramener de force à moins que *dix ans* écoulés depuis l'évasion ne fussent venus frapper de *prescription* le droit seigneurial [1].

Ce mode d'administration, dont les Français ont retrouvé encore les traces en Egypte, ne s'est pas conservé partout le même. Dans la plupart des pays musulmans, au lieu de continuer à recevoir des mains des moultezims le montant du kheradj, et d'en constater la rentrée au trésor, pour l'en faire ensuite ressortir, afin de l'appliquer à la solde des membres de l'armée épars sur le territoire, on jugea plus simple de laisser entre les mains du chef de chaque district une partie plus ou moins considérable ou la totalité du kheradj local, à charge par lui de pourvoir sur cette somme à la paie et à l'entretien d'un nombre de soldats toujours fixé en proportion de la valeur du revenu désigné à son bénéfice; quelques-unes de ces divisions et le produit de l'impôt fourni par elles furent constitués en apanages de certaines grandes charges de l'État.

L'impôt foncier et quelquefois la taxe individuelle étaient l'objet de ces assignations, mais jamais on ne pouvait disposer ainsi des zekkact.

---

[2] Par une erreur que je ne puis m'expliquer, dans les documents officiels sur l'Algérie et dans le livre de M. de Genty de Bussy, on trouve établi que la prescription est inconnue chez les musulmans; cependant la vérité est qu'aucun titre ne prévaut chez eux contre une prescription de dix années.

Ces délégations aux gens de guerre des droits de l'État et de l'autorité souveraine, dans lesquelles les historiens anciens et modernes ont cru voir des fiefs, rentrent dans la classe générale des concessions ou *ictaas*, et ont reçu en Perse les noms de *tyoul*; dans l'Inde, de *jaghirs* et en Turquie de *timars*; les titulaires ont été nommés *omra*, *jaghir* ou *zemindars* et *timariotes*; mais la dénomination générale qui leur est commune dans tous les pays musulmans est celle de *sipahi* ou chevaliers, parce que dans l'origine, ces fonctions étaient propres aux cavaliers de l'armée musulmane.

Les *sipahis* (*moultezims*, *mamlouks*, *zemindars* ou *timariotes*) devaient résider dans les districts dont l'administration et les revenus leur étaient abandonnés; en temps de paix, ils avaient à exercer une police sévère sur leur territoire, à en chasser les vagabonds; ils devaient surveiller avec soin les travaux des colons et des ouvriers, et poursuivre les malfaiteurs; ils étaient responsables de tout délit commis dans l'enceinte de leur cercle, et leurs propres biens servaient à indemniser les voyageurs ou les habitants de tout vol commis à leur préjudice, dont ils ne pouvaient découvrir et livrer l'auteur.

Sous le rapport du service militaire, ils constituaient une cavalerie nombreuse, toujours composée de l'élite de la nation et couvrant toute l'étendue du territoire musulman.

L'intendance de plusieurs de ces divisions était

confiée et l'autorité sur les titulaires remise à un prévôt nommé *soubachi* ou *cotoual*, espèce de sergent d'armes qui les conduisait à l'*alaïbey*, ou chef de cohorte, dont ils dépendaient. Tous les alaïbeys venaient avec leurs subordonnés se rendre au *sandjak* (étendard, chef-lieu d'une division territoriale), près du chef de cette division, ou *sandjakbeg* en Turquie, *émir* en Perse, *subahdar* dans l'Inde. Chaque gouvernement contenait un nombre variable de sandjaks, formés par la réunion d'une certaine quantité de ces districts territoriaux des sipahis ; et les grands gouvernements appelés *waliet* ou *eyalet* étaient l'apanage de chefs supérieurs militaires, décorés des titres de *beglerbey* (Turquie), *sepahi-sillar* (Perse), *naouab* et *émir el omra* (Inde)[1].

C'est ainsi que tout l'empire ottoman est divisé en une quantité donnée d'eyalets, composés chacun d'un certain nombre de sandjaks, subdivisés eux-mêmes en *ziamets* et en *timars*[2].

A chacun des degrés de la hiérarchie que je viens d'exposer était attachée une sorte de chambre des comptes (diwan ou defter), qui présidait au règlement périodique du tribut et le modifiait en raison de

---

[1] *Waliet* signifie *lieutenance*. — *Beglerbey*, bey des beys. — *Émir el omra*, commandants d'émirs. — *Naoüab* est le pluriel de *naïb* qui signifie substitut. — De là vient le mot nabab, donné par le vulgaire aux Anglais qui se sont enrichis dans le gouvernement de l'Inde. — *Sepahi-sillar* veut dire général de sipahis.

[2] Le district d'un revenu qui ne dépasse pas le chiffre de 20,000 aspres (à peu près 6,000 francs), est nommé *timar*. — Dès que le fief a une valeur en rente de plus de 20,000 aspres, il prend le nom de *ziamet*.

l'augmentation ou de la pénurie survenue dans les sources des revenus ; elle en envoyait les rôles, préparés d'avance pour chaque année, à la chancellerie (diwan) établie près du souverain ; d'où alors on pouvait à volonté assigner aux membres de l'armée leur pension, soit en districts vacants, soit en délégations sur les redevances de ces districts.

Des envoyés décorés du titre de bey mohassil et de kiascheff-el trab en Turquie et en Égypte, et de celui de kanoungoes dans l'Inde, qui rappellent les *missi dominici* de Charlemagne, partaient chaque année de la résidence souveraine ou du chef-lieu du gouvernement, pour procéder à une inspection générale de l'état du territoire, surveiller l'assiette de l'impôt, et l'exacte répartition aux homme d'armes, des fonds assignés pour leur entretien.

L'expérience fit trouver si utile, et si simple en même temps, ce système d'assignations fournies aux parties prenantes sur les droits à venir du gouvernement, dans les différentes localités, qu'on ne tarda pas à disposer de la même manière de quelques autres revenus, tels que ceux des salines, des monopoles, etc.

C'est ainsi que, tirant des territoires conquis le parti le plus avantageux, en même temps pour ses finances et sa propre défense, le gouvernement des Musulmans, en faisant de ses soldats les collecteurs de l'impôt, soit dans son intérêt, soit dans le leur, est parvenu à couvrir toute l'étendue de ses do-

maines d'un immense réseau de cavalerie organisée de manière à pouvoir, en cas d'expédition, se
constituer immédiatement en corps régulier, et à
assurer, en temps de paix, la tranquilité intérieure,
en faisant prévaloir simultanément, sur tous les
points du pays, les décisions et l'autorité du chef
suprême.

C'est à l'aide de ce mécanisme si puissant et si
ingénieux que, sans aucun doute, les Musulmans,
partout *numériquement inférieurs* à ceux qu'ils sub-
juguaient, ont pu, en pesant de toutes parts sur
la surface des territoires conquis, maintenir ces
populations sous le joug et leur faire perdre l'espoir
et le désir de le secouer.

On comprend aisément combien l'administration
d'une contrée gagne en vigueur et en unité, quand
elle est ainsi exercée sur des espaces restreints et des
sujets tous personnellement connus de l'administrateur.

Cette organisation remarquable, par suite de
laquelle aucun point du sol ne peut échapper à
l'autorité et à la surveillance des vainqueurs, est
commune à tous les États mahométans; mais elle
y est souvent restée inaperçue par ceux-là même
qui auraient eu le plus grand intérêt à la reconnaître. *Parmi les nombreuses fautes que nous avons
commises par ignorance à Alger, la plus grave, sans
contredit, a été la méprise dans laquelle nous sommes
tombés et restés à cet égard.*

Jusqu'au jour de notre entrée à Alger, l'institution des sipahis y était en pleine vigueur ; le territoire de la régence était partagé en trois gouvernements ; chacun de ces gouvernements subdivisé en *sandjaks* (ou bannières), constitués par un certain nombre de *haouschs* ou *douars, tenus par les sipahis. La plaine de Bone* et *celle de la Metidja* formaient chacune un sandjak.

C'est en vain qu'on chercherait, dans les livres récents et dans les documents officiels publiés sur l'Algérie, une trace de ce fait si important ; l'art que les Maures ont mis à nous en dérober la connaissance nous donne la mesure de l'intérêt qu'ils y avaient. — Reconnaître cet état de choses, c'était pour nous posséder l'élément le plus indispensable à l'établissement de l'ordre dans notre nouvelle conquête, et à la constitution du domaine de l'État.

A l'aide de ce fil précieux, notre marche était assurée ; notre autorité s'asseyait à la fois sur tous les points de la régence, et le plus grand pas était fait vers la connaissance de la propriété.

Ce fil se rompit dès notre arrivée, ou plutôt nous nous le laissâmes enlever. A l'instigation des Maures, nous baptisâmes de ce nom de *sipahi* les cavaliers *arabes* auxiliaires, connus des Turcs sous celui de *douaires* et de *zemelas,* et, en nous égarant ainsi par de fausses dénominations, on nous empêcha même de soupçonner l'existence de cette aristocratie territoriale, recrutée parmi les dignitaires les plus élevés des janissaires.

Est-il besoin maintenant d'indiquer les conséquences de cette déplorable erreur, que malheureusement je signale aujourd'hui le premier?

Est-il besoin de montrer la population des districts, dont l'ensemble formait le sandjak de Metidja, abandonnée à l'anarchie par le départ de ses
maîtres, les Turcs, et se dispersant sans chefs,
pour vivre de brigandages, jusqu'au jour où Abd-el-
Kader organise en partisans tous ces débris épars?

Est-il besoin de montrer comment ces districts
ignorés et par conséquent abandonnés par nous, et
qui, jusqu'au jour de la conquête avaient fait
partie du domaine de l'État, se sont trouvés successivement métamorphosés en propriétés particu-
liéres? — Ainsi commencèrent les troubles de la
Metidja et cette humiliante spoliation des vainqueurs
par les vaincus, et je laisse à penser si ces fruits de
notre erreur ont dû contribuer à diminuer la somme
des embarras et des difficultés que devait nous susciter notre conquête.

Quoique ces faits doivent être réservés pour l'é-
tude de l'Algérie, où je les exposerai moins incom-
plètement, j'ai dû les indiquer, pour montrer que
partout, dans les royaumes d'Islam, l'état politique
est le même, que partout le peuple y est nettement
divisé en deux masses distinctes; l'une composée
de la descendance des vainqueurs, *ou des derniers
conquérants*, et l'autre renfermant dans son sein
toute la postérité des vaincus, souvent convertie
pour la plus grande part à la foi musulmane; l'une

est la *classe aristocratique, née militaire,* dont tous
les membres sont soldats, même quand ils rem-
plissent les fonctions du tribunal, du temple et du
gouvernement ; l'autre est la *caste servile,* le troupeau (rayet) des laboureurs et des gens de métier,
fournissant par leurs travaux à l'entretien des
maîtres.

Cette disposition si remarquable de tous les
empires musulmans, due à la constitution territoriale particulière de l'Islam, et par suite de laquelle,
à partir de la conquête, la race des vaincus reste
attachée au sol sous la surveillance des membres
et des descendants de la communauté conquérante, a été diversement envisagée et jugée par les
voyageurs et les historiens qui ont pris l'Orient
pour sujet de leurs études.

Placés en face de phénomènes tout nouveaux
pour eux, les analysant sous l'influence des idées
et des souvenirs de la civilisation européenne, et
peu familiers, pour la plupart, avec la langue, les
mœurs et la législation des Musulmans, comment
auraient-ils pu ne pas commettre quelques erreurs
dans l'appréciation qu'ils en ont faite ?

La première et la plus générale consistait à voir
dans la classe aristocratique la vieille féodalité européenne ; une analogie trompeuse existe en effet
entre ces deux institutions au premier examen.

En Orient, ainsi que cela était autrefois en Occident, le territoire est partagé en grands domaines,
cultivés par les colons ou serfs de la glèbe, tenus

et gouvernés par des seigneurs investis d'une autorité fort étendue, qui ont le droit d'exiger des corvées, de frapper des amendes, de prélever un cens lors des mutations de la terre ; de plus, l'hérédité commune aux seigneurs d'Occident et aux sipahis vient compléter la ressemblance.

Mais ces apparences s'évanouissent bientôt devant toute investigation sérieuse.

La féodalité d'Europe est une fédération de seigneurs tous maîtres absolus dans leurs fiefs, à la fois législateurs et juges. — La terre *leur appartient;* ils en disposent à leur gré; ils la donnent ou l'ôtent à volonté, et ce sont eux qui fixent les conditions de la culture. Enfin le domaine féodal étant leur bien propre, ils le transmettent à leur fils sans consulter aucune volonté étrangère.

En Orient, le sipahi, qui n'est que le délégué du souverain, n'en a reçu qu'une autorité de simple police sur le sol et l'homme de son district. — Ce n'est pas lui qui fait la loi, ce n'est même pas lui qui l'applique, c'est le cadi qui est chargé de ce soin. Le seigneur, simple collecteur pour le fisc, ne jouit de pouvoirs qu'autant qu'il en faut pour assurer la rentrée du tribut et pour stimuler le colon au travail; n'ayant ni la propriété ni la possession réelle de la terre, il ne peut enlever à celui-ci le champ qui lui est alloué, tant qu'il n'en néglige pas la culture. Si le fellah laisse la terre en friche ou meurt sans enfants, cette terre rentre, il est vrai, aux mains du sipahi, mais il ne

peut l'appliquer ni à lui-même ni aux siens ; il faut
qu'il la donne à d'autres colons. Les conditions de
la culture sont unes et fixées par la même loi pour
tout l'empire, il ne dépend point du seigneur de
les modifier ; enfin, tandis que l'histoire ne rapporte aucun exemple de la dépossession de fellah
laborieux, elle signale à chaque pas des destitutions
de sipahis ; elle en rapporte la cause, en indique la
durée et enregistre le retour de leurs domaines au
trésor de l'État. Ces circonstances indiquent assez
que leurs droits sont d'une nature essentiellement précaire et bien différente de celle du droit
de propriété qui fait la base des fiefs européens.

Il en est de même pour l'hérédité, qui présente
en Asie un caractère tout-à-fait différent de celui
qu'elle revêt en Europe.

En Occident il n'y a point d'hérédité pour les
premiers bénéfices ; elle n'apparaît que quand ils
ont fait place à des domaines territoriaux : dès lors
elle a pour objet la transmission de père en fils de
ces domaines.

En Asie, l'hérédité a toujours existé, mais ce
n'est pas le district même du père qui en fait l'objet. Ce que le père transmet à son fils, *ce n'est pas
le domaine* qu'il tient et qui va retourner à l'État
après sa mort, c'est *l'aptitude* à faire partie de la
classe à laquelle il a lui-même appartenu, c'est la
qualité de membre de l'armée ou de la caste des
vainqueurs.

La transmission au fils du fief paternel, qui est la

règle en Europe est *l'exception en Asie.* La règle d'O-
rient, qui a pour but unique le recrutement et la
continuation de la société conquérante par ses propres enfants, y veut qu'à la mort d'un sipahi tous
ses fils demandent et obtiennent des districts ; ils sont
beaucoup moins lucratifs que celui de leur père, et
ces investitures ne sont pas données seulement à titre
de faveur, mais encore comme moyen d'accomplir
le devoir que leur a imposé la naissance de servir
leur pays par les armes. Celui qui voudrait se
soustraire à cette obligation est aussitôt rejeté dans
la classe des vaincus ou rayas.

Aussi Bernier nous semble-t-il avoir parfaitement compris et exprimé la véritable situation des
seigneurs orientaux, quand, n'y voyant que des
chefs à titre précaire, il dit : 1ᵉʳ vol., page 94 :
« Car il n'en est pas des Indes comme en France
et dans les autres pays de la chrétienté, ou les seigneurs ont de grandes terres en propre et de grands
revenus, dont ils peuvent subsister quelque temps
par eux-mêmes ; ils n'ont là que des pensions que
le roi peut leur ôter à toute heure. »

Dans le même volume, page 342, il exprime la
même idée de la manière suivante : « C'est que
toutes les terres du royaume étant en propre au
roi, elles se donnent comme bénéfices qui s'appellent jaghirs , ou comme en Turquie *timars*, à des
gens de la milice pour leur paie ou pension, ou de
même aux gouverneurs pour leurs pensions et
l'entretien de leurs troupes, à la charge que du

surplus du *revenu* des terres, ils en donnent tous les ans certaines sommes au roi comme *fermiers.* »

Excepté Chardin et Bernier, qui de leur côté se sont trompés relativement au droit de propriété du souverain, la plupart de ceux qui ont écrit sur l'Orient, ne pouvant concilier avec la position d'esclave faite au raya les priviléges du droit de propriété, ont fait de ce droit l'apanage du seigneur ou sipahi.

Les Anglais eux-mêmes ont fait prévaloir cette opinion dans l'Inde. S'ils eussent été moins préoccupés des souvenirs de leur patrie, et plus familiers avec les lois religieuses et civiles du pays dans lequel ils entraient, ils auraient évité, sans aucun doute, cette erreur dont les conséquences ont été pour eux de la plus haute gravité, et n'auraient pas eux-mêmes créé des dangers futurs pour leur puissance par l'institution d'une aristocratie territoriale qui ne pouvait être que leur ennemie.

La grandeur même de ces domaines des zémindars, dont quelques-uns contenaient jusqu'à trois et quatre cents villages à la fois, était une objection dirimante de l'opinion qui tendait à les faire considérer comme la *possession héréditaire* des jaghirs ou zémindars.

Le motif même qui devait ruiner cette cause la fit triompher. Les Anglais sortaient d'une contrée où toute la propriété du sol, concentrée entre les mains des membres peu nombreux d'une aristocratie puissante, se maintient intacte à raison des priviléges réservés à la primogéniture ; un état de choses, identique en apparence avec celui qu'ils savaient établi dans leur pays, ne pouvait rien avoir d'étrange pour des hommes qui ne possédaient point la connaissance des lois de l'Islam et de l'Inde.

Mais s'ils eussent su que ni la loi de Menou ni celle de Mahomet ne reconnaissent de droits exceptionnels à la primogéniture, qu'elles prescrivent au contraire un partage égal entre tous les enfants, l'immensité des zemin-daries fut devenue pour eux une preuve irréfragable que ces vastes districts ne pouvaient être ni la propriété ni l'héritage de ceux qui les tenaient, et ils n'eussent point, ainsi qu'ils l'ont fait, accordé aux zémindars la possession héréditaire du territoire de leurs jaghirs.

Les termes, d'ailleurs, dans lesquels sont conçues les chartes d'investitures, les règlements sur cette matière publiés dans l'Inde et en Turquie, ainsi que la nature des obligations qu'ils imposent aux sipahis, et qui sont toutes incompatibles avec la pensée de l'existence d'un droit de propriété, auraient dû convaincre les voyageurs que ces prétendus fiefs n'étaient que des offices, dépendant uniquement de la volonté souveraine.

Comment, d'ailleurs, pouvait-on, en admettant la réalité de ce droit de propriété, expliquer ces retours continuels à l'État qui, dans l'Inde, en Turquie et en Perse, ont lieu si souvent pendant la vie des titulaires, et toujours après leur mort?

Comme il est impossible qu'en matière de déductions une première erreur ne conduise pas forcément à d'autres, ces voyageurs n'ont pas hésité à envisager comme une confiscation le retrait du fief pendant la vie du seigneur.

On en a un exemple frappant dans l'accusation d'usurpation formulée contre la mesure prise par le pacha d'Egypte actuel, Méhémet-Ali, relativement à la destitution de moultezims, que tous les livres modernes ont envisagée comme une spoliation de propriété.

Il n'était pas possible, en effet, de sortir autrement de la difficulté; mais cette explication a eu le grand inconvénient de faire prévaloir l'idée aussi fausse qu'injuste que dans les États musulmans le souverain est un usurpateur et ne respecte aucune loi, ou que la confiscation y est un élément de la législation, tandis que le respect pour la propriété y est porté si loin qu'elle n'autorise même pas l'expropriation pour cause d'utilité publique.

Le retour au domaine de l'État du jaghir ou du timar après la mort du titulaire, n'a pas été l'objet d'une explication plus satisfaisante; ces mêmes écrivains y ont vu l'exercice d'un prétendu privilége d'hérédité que le souverain se réserve sur les biens des seigneurs, et ils ont émis cette opinion sans s'arrêter devant l'évidente absurdité d'un système dans lequel la spoliation s'adresserait aux hommes puissants, tandis qu'elle respecterait les biens de la classe la moins redoutable, quelque considérables qu'ils puissent être.

Ceux dont les investigations ne leur ont fait trouver ni chez le fellah ni chez le seigneur, les attributions du droit de propriété, ont pensé naturellement qu'il ne restait plus qu'à en investir le souverain, et M. de Hammer, entre autres, a cru pouvoir appuyer cette opinion sur des textes empruntés au Koran; sur un passage du livre sacré qui proclame Dieu maître de toute la terre, il a édifié tout le système de la propriété du territoire et de la féodalité en Turquie; mais il a reconnu lui-même, vingt-cinq ans après, la fausseté de ce principe, quand il est entré avec plus de détails dans l'étude de la législation musulmane; comme alors il s'est borné à réfuter le principe sur lequel il avait fondé tout ce qu'il dit de la propriété en Orient, sans en établir un autre, la manière dont à partir de ce moment il a envisagé cette question nous reste inconnue.

Contemporain de M. de Hammer, M. de Sacy a laissé un important travail sur la propriété territoriale en Egypte; et, plus clairvoyant que ceux qui l'ont précédé, il a découvert que le raya, le sipahi et le souverain ont tous quelques-unes des attributions, mais qu'aucun d'eux n'a complètement ni exclusivement le droit de la propriété. Seulement, au lieu de faire de cette déduction si vraie la conclusion de son travail, il en a fait un point de départ pour aller à la recherche des vicissitudes et des usurpations auxquelles il attribue l'origine de ce singulier état de choses, vicissitudes et usurpations qui n'ont jamais existé, vu que ces dispositions, que M. de Sacy croyait le résultat de violence et de la dépopulation de l'Egypte, sont prescrites par la loi, qui a fait wakf ou immobilisé le territoire égyptien.

Si, à l'aide de ce principe de la mise en wakf, inconnu de ceux qui, jusqu'ici, se sont occupés de l'Orient, et dont la conséquence immédiate est la négation de tout droit de propriété sur les fonds des territoires de grande culture dans les pays musulmans, on veut passer en revue les faits en apparence contradictoires observés et rapportés par les voyageurs et les historiens, on verra dans ce nouveau système, fondé sur la lettre des lois musulmanes, se concilier toutes les contradictions et disparaître bien des impossibilités. Il deviendra facile alors de s'expliquer comment, dans les empires où la sage prévoyance du législateur a su prévenir les vicissitudes de la propriété territoriale et tracer une éternelle barrière entre la race des conquérants et les descendants des vaincus, les institutions sociales et politiques des premiers n'ont rien perdu de leur autorité ; comment enfin, n'ayant point à lutter avec la grande propriété, la royauté s'y est maintenue honorée, toute puissante et absolue, tandis que son pouvoir et ses prérogatives n'ont cessé de décroître et de faiblir en Occident.

Indépendamment de l'intérêt purement scientifique attaché à la connaissance de ce principe, elle acquiert une haute importance pratique en ce qui touche l'étude des intérêts si graves qui s'agitent de nos jours en Orient, et qui sont intimement liés à ceux de l'Europe; elle jette le jour le plus complet sur l'histoire de la situation, des droits et des devoirs des rayas de l'empire ottoman, et si nous ne donnons pas à cette question tous les développements qu'elle comporte, c'est qu'une telle excursion nous éloignerait de notre but et dénaturerait notre travail.

C'est à notre colonie d'Afrique que nous voulons appliquer ce résultat de nos recherches; armés de ce principe, incontestable maintenant, que toute contrée conquise par les armes et laissée en la possession des anciens habitants devient tributaire, et que le territoire *de grande culture* n'y peut être la propriété de personne, nous n'aurons plus qu'à constater d'une part que l'Afrique n'a été rattachée au domaine musulman que par la force des armes; et de l'autre, que, sous la domination des Arabes ainsi que sous celle des Turcs, elle n'a cessé d'être *terre de kharadj* ou *tributaire*; et de ces deux faits, faciles à prouver, sortira la conséquence qu'en Algérie, comme en Égypte et en Turquie, les fonds de terre sur lesquels passe la charrue ne peuvent être *la propriété libre*, ni *individuelle*, ni *collective* des indigènes. Cette démonstration, dont je n'hésite pas à indiquer d'avance ici la marche et le but,

fera l'objet du chapitre suivant, consacré spécialement à l'Algérie. Dans cette partie finale de mon
travail, j'aborderai la question de la propriété
dans les villes et leur banlieue ; question pour laquelle j'aurais en vain cherché dans les historiens
et les Orientalistes des matériaux que l'examen de
pièces trouvées en Afrique pouvait seul fournir.

FIN DE LA PREMIÈRE PARTIE.

DEUXIÈME PARTIE.

DE LA CONSTITUTION

DE LA

PROPRIÉTÉ TERRITORIALE

EN ALGÉRIE.

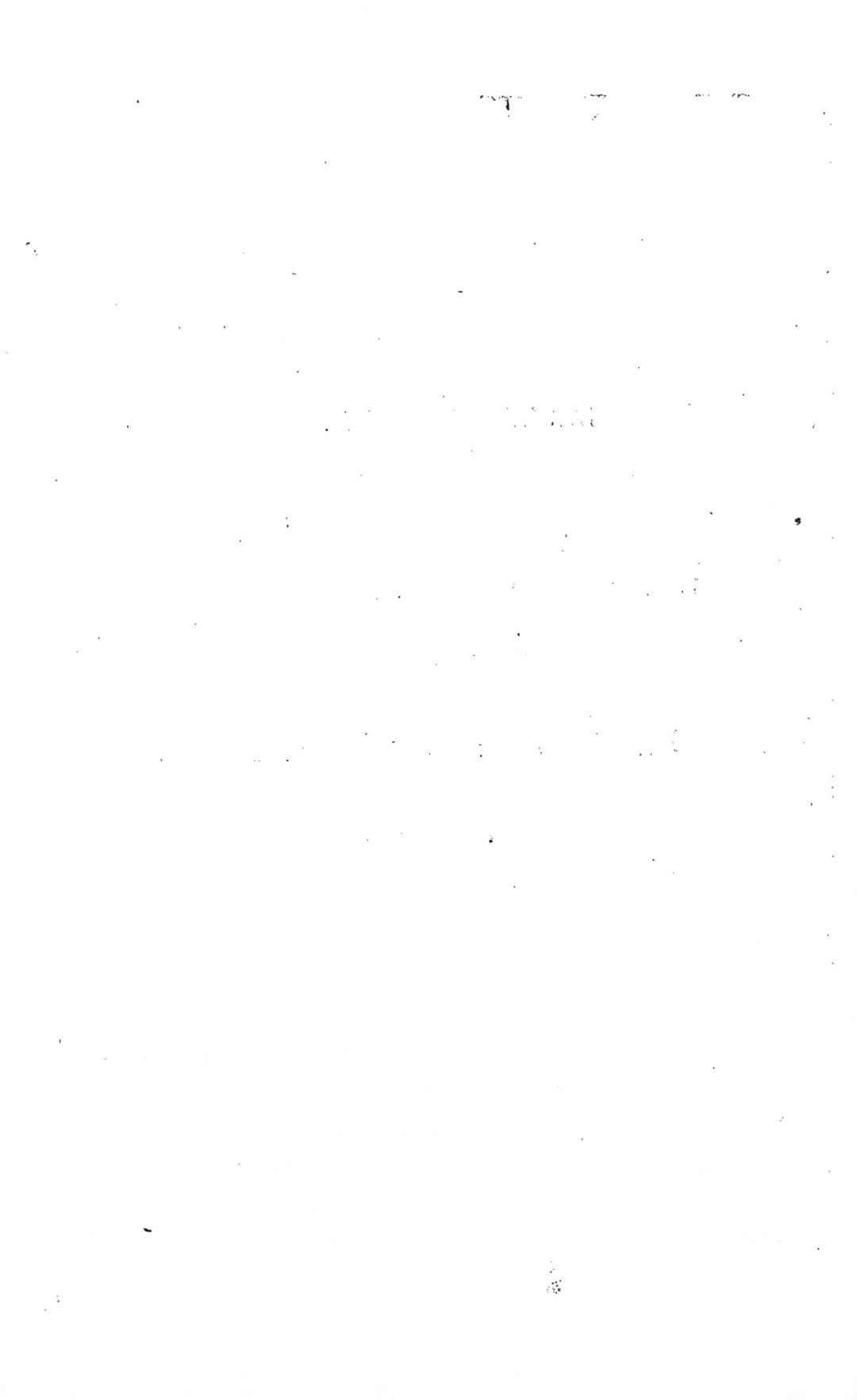

DE LA CONSTITUTION

DE LA

PROPRIÉTÉ TERRITORIALE

EN ALGÉRIE.

CHAPITRE PREMIER.

DE LA PROPRIÉTÉ DU TERRITOIRE DE GRANDE CULTURE OU DES CAMPAGNES EN ALGÉRIE.

Par la lecture de tout ce qui précède, on a, je pense, acquis la preuve incontestable qu'aux termes de la loi musulmane tout territoire conquis par les mahométans est, par le fait même de la conquête, grevé du *kheradj*, et que l'imposition de ce *kheradj* ou tribut en implique la mise en *wakf*, c'est-à-dire l'inaliénabilité.

Or, l'Afrique septentrionale étant, en 23 de l'Hégyre, tombée par les armes au pouvoir des musulmans, de même que cela a eu lieu pour l'Inde, la Perse et la Turquie, et l'Algérie ayant jusqu'en l'année 1710 fait partie intégrante de l'empire turc, l'analogie nous amène à conclure que le régime de la constitution territoriale doit y être exactement le même que celui qui existe et que nous avons signalé dans ces États ; et conséquemment qu'en Algérie la *terre de grande culture* est *tributaire*, nécessairement *grevée de wakf*, c'est-à-dire inaliénable et tenue par les indigènes, *non à titre de propriété, mais seulement à titre d'usufruit.*

Mais cette conclusion, qui découle naturellement de l'examen attentif des faits, se trouve en contradiction directe avec celle que les administrateurs et les publicistes de l'Algérie ont émise, et aux termes de laquelle l'Algérie serait *une terre de dîme,* et par conséquent le territoire la *propriété incontestable* des habitants.

Cette circonstance ne nous permet donc pas de nous en tenir aux données que fournit l'analogie, et nous impose l'obligation de prouver positivement d'une part l'inexactitude du système accueilli par l'administration, et de l'autre la réalité de celui que nous avons énoncé.

SYSTÈME CONSACRÉ PAR L'ADMINISTRATION.

Ce système, qui consiste à envisager l'Algérie comme une terre de dîme, et le sol du pays comme la propriété individuelle des indigènes, repose *uniquement* sur les deux propositions suivantes :

» 1° L'invasion musulmane n'a presque pas rencontré d'obstacles en Afrique.

» 2° La conversion à l'islamisme y suivit de près

» la soumission, et l'Afrique ne connut bientôt plus
» que des propriétaires musulmans et des terres
» de dîme[1]. »

Si cette double assertion était fondée, le système
dont elle constitue la base serait forcément le seul
vrai, et l'Algérie se trouverait former une grande
exception à la règle générale de la conquête et au
mode de disposition du sol adoptés partout ailleurs
par les successeurs de Mahomet. Si, en effet, il était
prouvé que l'Afrique a *volontairement* adopté l'islamisme, il s'ensuivrait qu'elle est *terre de dîme*, et
conséquemment le sol y serait de droit la propriété
du cultivateur..

Mais qu'on jette les yeux sur tel des historiens de
l'Afrique qu'on voudra, et il sera facile de recueillir
la preuve du contraire; je choisis de préférence
Abou-Dinar qui a résumé la plus grande partie des
ouvrages historiques écrits par Noweiri, Ibn-Khaldoun et Ibn-el-Requiq sur l'Afrique. (El-Rouheini,
surnommé Aboudinar, *Histoire du royaume de Tunis
et de l'Afrique.*)

« Amr-ben-el-Aass conquit l'Égypte et Alexan-
» drie; après quoi il envoya Okba-Ibnou-Neffa vers
» Barka et Zouïla et les contrées environnantes;
» lui-même alla à Tripoli, s'en empara ainsi que du
» mont Baghroussa qui était occupé par les infidèles;
» ceci se passa sous le khalifat d'Omar-ben-el-Khat-
» tab en l'an 23 de l'hégire. Après cette expédition,

---

[1] Tableau des établissements français en Algérie, février 1838, p. 256.

» Amr-ben-el-Aass quitta l'Afrique et retourna en
» Égypte.

» A l'avènement d'Osman-Ibnou-Affane au kha-
» lifat, Amr resta gouverneur de l'Égypte ; il mit à
» la tête de l'armée et envoya en Afrique Abdallah-
» ben-abi-Serrah, frère de lait du khalife. Celui-ci
» commença la conquête de l'Afrique par Gabessa
» et s'avança à la tête de vingt mille hommes vers
» Sbitala. Le roi qui gouvernait alors en Afrique
» se nommait Djerjir (Grégoire) ; il était feudataire
» de Herakl (Heraclius) ; mais il s'était mis en ré-
» bellion et frappait des dinars à son propre nom[1].
» Sa domination s'étendait depuis Barka jusqu'à
» Tanger. Sa capitale était Sbitala ; il avait cent
» vingt mille combattants. Mais Dieu fut en aide
» aux musulmans. En l'année 27 de l'hégire, le
» pays tomba en leur pouvoir, et ils y recueillirent
» beaucoup d'or et d'argent ; Ben-Zoubir, qui alla
» porter au khalife à Médine la nouvelle de cette
» victoire, fit la route en vingt-cinq jours.

» Abdallah-Abi-Serrah envoya les troupes jus-
» qu'à Gafsa ; les chrétiens terrifiés lui firent de-
» mander la paix et lui offrirent trois quintaux d'or
» à condition qu'il s'en irait ; Abdallah y consentit

---

[1] L'insertion du nom dans la Khotba (ou allocution religieuse du vendredi) et le droit de battre monnaie sont les deux attributs expressément
réservés à la souveraineté ; aussi, quoique ces deux contrées fussent depuis
longtemps véritablement indépendantes de la Porte, les monnaies d'Egypte
et d'Alger portaient en légende le nom du sultan qui seul était mentionné
aussi dans la Khotba.

» et se retira après un séjour de quatorze mois,
» ayant partagé le butin entre ses soldats. »

Conquête de l'Afrique par Maouïa-Ibnou-Khradidje.

« En 454, sous le khalifat de Maouïa-Beni-Abi-
» Soffiaêne, Maouïa-Ibnou-Khradidje, fut envoyé
» en Afrique à la tête de dix mille combattants; il
» fit attaquer Soussa par Abdallah-ben-Zoubir, qui
» se fit tellement redouter, qu'il put faire la prière
» du soir à la porte de cette ville, sans s'inquiéter
» de la proximité de l'ennemi; il dirigea Ben-Ab-
» delmelek sur Djelloula qui fut enlevée d'assaut
» après plusieurs jours de combat; il en emmena
» les enfants et ses troupes y firent de riches prises.
» Bizerte fut conquise aussi; cette ville était de
» construction antique et la meilleure de la côte;
» elle était d'abord gouvernée par des Juifs; et,
» après la conquête, les musulmans fixèrent le sa-
» medi pour jour de marché, afin d'en exclure les
» anciens possesseurs; telle est du moins la tradi-
» tion.

» Maouïa-Ibnou-Khradidje fut bientôt rappelé
» d'Afrique pour aller gouverner l'Égypte, et fut
» remplacé par Okba-Abou-Neffa-el-Fiheri, qui vint
» avec dix mille hommes, réduisit ce qui restait
» de barbares et d'infidèles, après quoi il établit
» son armée à Kairouâne.

» Okba fut dépouillé en 514 du commandement
» en faveur de Moslema-beni-Makhled, mais en 62

» on le lui rendit ; il installa à Kaïrouâne Zouheïr-
» el-Belaoui et en sortit lui-même avec un corps
» considérable pour attaquer Baghraï, ville voisine
» du mont Aoüress qui la domine, et là il enleva
» aux infidèles et aux Berbères réunis des chevaux
» magnifiques, et, après les avoir forcés de se reti-
» rer dans des lieux inexpugnables, il marcha sur
» Lembess, une des villes les plus fortes d'Afrique,
» qui était sous la dépendance et à deux journées
» de Constantine.

» Plus tard il se rendit à Zouila et à Mascara,
» où il resta quelques mois, et enfin s'empara de
» Sebta (Ceuta) et de Tandjer.

» Sebta est une ville du Maghreb près de la mer
» Méditerranée ; elle était entre les mains de Jou-
» liaene (comte Julien), avec lequel Tariq partit plus
» tard pour l'invasion de l'Espagne. Après avoir
» poussé ses conquêtes jusqu'à Souss-el-Oksa et
» D'râ, il revint et passa par Tsobna, mais il ne put
» entrer ni à Tschouda, ni à Baedes, qui ne vou-
» lurent ni accepter la foi musulmane, ni ouvrir
» leurs portes.

» Il mit le siége devant ces deux villes ; mais
» Kesila , roi de Tsobna, néophyte musulman et
» allié d'Okba, ayant été peu convenablement traité
» par le général, s'en vengea par une éclatante dé-
» fection, et, tombant sur l'armée musulmane *à la*
» *tête des Berbères et des chrétiens* , il la détruisit
» dans un engagement terrible où Okba périt un
» des premiers.

» Après ce succès, Kesila marcha sur Kaïrouâne
» et s'y établit, et *l'Afrique se souleva tout entière.*

» Zouheïr fut renvoyé en Afrique en 65 avec une
» nouvelle armée ; mais, après quelques succès, *il*
» *fut détruit* avec ses soldats en ravitaillant une *ville*
» *attaquée par les infidèles.*

1 Hassan-ben-Naaman-el-Ghasseni fut envoyé, en
» 76 de l'hégire, pour remplacer Zouheïr à la tête
» de quarante mille hommes, force la plus impo-
» sante qu'on y eût encore vue. Son attention se
» porta d'abord sur Carthage ; c'était une très
» grande ville dont la mer bat les murs et qui est
» située à douze milles de Tunis ; de Tunis à Kaï-
» rouan il y en a cent ; et il y avait à Carthage un
» grand établissement de spectacle que les infidèles
» appellent *Theïater* avec une façade ornée de colon-
» nades ; sur les murs on avait représenté toutes
» les professions et le règne animal et la figure des
» vents, et il y avait une immense quantité de mar-
» bres qui ont disparu de nos jours.

» Il envoya de la cavalerie pour détruire les
» aqueducs, et il ruina la ville ; et, après avoir pour-
» suivi l'ennemi jusqu'à Barka, il revint à Kaï-
» rouan d'où il repartit bientôt pour combattre et
» vaincre Daemia, reine de l'Aüress.

» L'Afrique fut ainsi pacifiée, et il imposa le *khe-*
» *radj aux chrétiens* et à ceux des Berbères qui pra-
» tiquaient leur religion.

» Moussa-ben-Nosseïr, le koreischite, envoyé en
» 88 de l'hégire par le sultan Walid, trouva de nou-

» veau le pays en désordre et les Berbères encore
» une fois en insurrection. »

Cette citation ne nous permet guère de supposer
que l'envahissement de l'Afrique ait marché aussi
facilement que le dit le compte-rendu administratif, et si nous n'avions, par ce qui précède, déjà recueilli la preuve que le prosélytisme n'y a pas fait
des pas plus rapides que la conquête, nous la
trouverions dans le passage suivant du même auteur (p. 16) :

« Et vers la fin du 1ᵉʳ siècle de l'hégire toute l'A-
» frique se soumit à lui depuis Barka jusqu'à Souss-
» el-Oksa, et personne n'y remua des chrétiens
» et des Berbères qui s'y trouvaient; les uns se
» convertirent à l'islam; les autres furent frappés
» de djezia (capitation); les évêques étaient en-
» voyés d'Alexandrie par le patriarche aux chré-
» tiens d'Afrique. »

Or, la première invasion avait eu lieu en 23 de
l'hégire, et si soixante-dix ou soixante-quinze années
après cette époque seulement on commence à obtenir la soumission des Berbères et des conversions,
tandis qu'il y a alors encore assez de chrétiens
persistants dans leur foi pour que le patriarche
d'Alexandrie leur envoie des évêques, il n'était
pas exact de dire que la soumission et la conversion marchèrent en Afrique avec une grande et
égale promptitude.

Après avoir démontré la fausseté de la première
des propositions sur lesquelles se fonde l'adminis-

tration, je passe à l'examen de celle aux termes de laquelle *l'Afrique* n'offrit plus aussitôt après l'invasion que des propriétaires musulmans *et des terres soumises à la dîme.*

Ce n'est point non plus dans l'histoire de l'Afrique qu'on a pu puiser cette notion ; il n'est pas un passage de cette histoire, à quelque historien qu'on l'emprunte, qui ne démente formellement cette assertion.

Mais il est probable que c'est pour avoir trouvé le mot *aschour* ou dîme, écrit quelque part dans les pièces qui sont tombées en nos mains après la conquête, que l'administration aura conclu que l'Afrique était une terre de dîme.

Déjà en 1841, dans un fragment de mon travail publié un peu plus tard par la *Revue de législation* (p. 17), je disais :

« On ne doit pas légèrement et de prime abord
» ranger une contrée dans la classe *des terres de*
» *dîme* par le seul motif qu'on y aura constaté le
» prélèvement de la dîme. — Pour que cette con
» clusion soit bien fondée, il reste encore à prou
» ver que ce pays n'est pas régi par la doctrine œ
» Malek[1], et que le prélèvement du dixième y *est*
» *l'impôt unique*, à l'exclusion du kheradj ou tribut. »

C'est ainsi que par les simples déductions de la théorie j'étais amené à établir d'avance (sauf à en

---

[1] Malek prescrit le prélèvement des dîmes, même sur les produits de la terre déjà grevée de tribut.

fournir la preuve plus tard) que la terre de l'Algérie était simultanément soumise à la dîme et au tribut ou kheradj, et que par conséquent elle était non pas terre de dîme, mais bien terre de kheradj.

Peu de temps après que j'avais émis cette assertion, un de mes amis, et un des premiers parmi nos plus savants orientalistes, M. de Slane, faisait paraître dans le *Journal asiatique* la traduction d'une description géographique de l'Afrique, écrite au quatrième siècle de l'hégire, par le voyageur Ibn-Haukal. A propos de chaque ville où il passe, ce voyageur reproduit la formule suivante (p. 3) :

« L'émir qui préside à la prière publique re-
» cueille les impôts; il perçoit sur les Berbères des
» environs le *kheradj* et les *dîmes* de leurs légumes
» et de leurs fruits. »

Dans le manuscrit d'Errouheini déjà cité on trouve à chaque page la preuve que l'impôt général en Afrique était le *kheradj* ou tribut; ainsi, en énumérant les fonctionnaires chargés du gouvernement des affaires et des provinces par El-Moazz le fondateur du Kaire en 342 de l'hégyre, il fait mention de Sawla le Kitamite comme chargé du *kheradj de l'Afrique*.

Plus loin, à propos de la vie d'Abdelmoumen, successeur de l'imam El-Mehedi, le même auteur s'exprime ainsi (p. 50) :

« Et il ordonna d'arpenter les campagnes de l'A-
» frique, depuis Barka jusqu'à Souss-el-Oksa, en
» long et en large, en parasanges et en milles;

» et il déduisit de ce cadastre le tiers pour les
» montagnes, les rivières et les terrains salants, et
» les deux autres tiers furent soumis au *kheradj*, et
» chaque tribu fut imposée pour sa part en céréales
» et en argent ; et ce fut lui qui le premier leva
» cet impôt dans le Maghreb ; il sortit d'Afrique
» pour se rendre au Maghreb, et, ayant pris mille
» hommes dans chaque tribu d'Arabes d'Afrique,
» il les emmena dans le Maghreb avec leurs
» femmes. »

J'ai trouvé ce document trop important pour ne
pas rechercher dans d'autres écrivains une rela-
tion du même fait, et dans le manuscrit du Kartas de la Bibliothèque royale, p. 134, je l'ai trouvée
encore plus détaillée et plus claire ;

« Et cette année Abdelmoumen ordonna qu'on
» fît arpenter les contrées de l'Afrique et du Ma-
» ghreb ; ce travail fut entrepris en Afrique depuis
» Barka jusqu'à la ville de Noul dans le Souss-el-
» Oksa, en parasanges et en milles, en long et en
» large. Et il fit retrancher de ce cadastre un tiers,
» à cause des montagnes, des taillis, des rivières,
» des salines, des routes, des landes, et sur les
» deux tiers restants il imposa le kheradj, et cha-
» que tribu fut taxée à une certaine quantité de
» céréales et d'argent. Et ce fut lui qui établit le
» premier cette organisation dans le Maghreb. »

Un peu plus loin, p. 136, après avoir indiqué
l'étendue des possessions de Joussef fils d'Abdel-
moumen, en Barbarie et en Espagne, il termine

en disant : « Et de tous ces pays il retirait le kheradj, sans en exiger ni octrois, ni avanies. »

Page 152, à propos du règne de Jacoub, fils du
précédent, l'auteur du Kartas s'exprime ainsi :

» Et quand l'émir des croyans fut rentré à Ma-
» rok, il fit rendre hommage à son fils Abou-Ab-
» dallah, surnommé Nasser-Lidin-Allah, et la to-
» talité des Almohades les reconnut. Et leur autorité
» était reconnue en Espagne, dans le Maghreb en-
» tier, et en Afrique, et par tout ce qui se trouvait
» dans ces contrées, de bourgs, de châteaux forts,
» de montagnes et de rivières : et les populations
» fixes des Arabes et des Berbères obéissaient à
» leur volonté et se soumettaient à leurs décisions;
» et ils leur apportaient leur *kheradj*, *leur zekkaet,*
» et leurs *aschour*, et on priait en leur nom dans
» toutes les mosquées cathédrales. »

Je ne multiplierai pas d'avantage les citations.
Celles qui précèdent suffisent pour démontrer l'inexactitude du système qui a jusqu'ici prévalu ; elles
prouvent incontestablement que jamais l'Afrique
n'a été une terre de dîme, mais qu'elle a toujours été
terre de *kheradj* ou de tribut. Or, Mawerdi, dans
ses institutions politiques, dont le texte est constamment invoqué comme décisif par les jurisconsultes mahométans, pose en principe que la terre
de kheradj est inaliénable et ne peut être la propriété de personne; il résulte de là l'impossibilité
pour les indigènes algériens d'être propriétaires du
territoire de grande culture, comme on l'a gratui-

tement supposé. Ce fait est d'ailleurs clairement démontré par les fréquentes migrations de peuplades entières que l'histoire de ce pays rapporte si fréquemment comme un fait très simple et qui n'a besoin d'aucune explication ; de nombreux exemples, dans ce genre, nous ont été donnés par Abd-el-Kader, depuis 1830 ; et s'il pouvait rester quelques doutes à cet égard, rien ne serait plus propre à les faire tomber que le souvenir du spectacle que nous a offert la province de Constantine.

Il importe de faire la remarque que, tandis qu'à notre arrivée dans toutes les autres parties de l'Algérie, l'administration française a immédiatement pris la place des Turcs, la province de Constantine est la seule où, le jour même de la conquête, on a institué une *administration indigène* et cherché par ce moyen à prévenir toute interruption entre le passé et l'avenir.

N'y a-t-il pas quelque chose de bien frappant et de significatif dans ce fait que, pendant que sur tous les autres points de l'Algérie nous trouvions la terre des campagnes[1] possédée et vendue à titre de propriété individuelle, dans la province de Constantine tous les domaines territoriaux se sont trouvés, sans qu'aucune réclamation s'élevât, faire partie du domaine de l'État ?

J'appelle avec instance l'attention du lecteur sur ce phénomène si remarquable, qui seul eût dû révéler aux administrateurs la véritable nature des

---

[1] Plaines de Bone, Metidja.

choses; mais peut-être pourrait-on me dire (et je veux prévenir cette objection) que la province de l'est (Constantine) pouvait avoir été soumise à un régime qui lui était propre et qui différait de celui des autres parties de la régence. A cela je répondrai que toutes les sources écrites et les documents historiques prouvent qu'un mode de gouvernement et d'administration uniforme régissait toutes les parties de l'Algérie ; mais, admettant pour un instant la validité de cette objection, je ferai remarquer que tous les domaines territoriaux dont se compose la grande plaine de Bone appartiennent aujourd'hui à des Européens qui les ont achetés des Maures ; et cependant la ville et la plaine de Bone n'ont jamais, sous les Turcs, cessé de faire partie intégrante du territoire et de dépendre du beylik de Constantine.

Je pense qu'aux yeux d'un juge impartial, cette différence si frappante dans le mode d'appropriation du sol, par suite de laquelle, *dans les deux fractions d'une même province*, on voit d'un côté (le district de Bone gouverné par les Français dès leur arrivée) toute la terre tenue en propriété et mise en vente, tandis que de l'autre (à Constantine, où l'administration a toujours été musulmane) on ne rencontre aucune propriété particulière, et qu'une immense quantité de magnifiques domaines est remise à la disposition de l'État; que cette différence, dis-je, mise en regard du fait si important qu'à Constantine seulement le passé s'est continué sans interruption, inspire inévitablement la conviction que :

La constitution territoriale observée dans la province de Constantine est la constitution normale et ancienne de l'Algérie; *et que cette partie de nos possessions est la seule où, grâce à des mesures promptes et sages, les indigènes n'ont eu ni le temps ni la possibilité de nous tromper sur la nature de l'organisation territoriale et de s'improviser propriétaires.*

Après avoir prouvé la non-existence du droit de propriété sur la terre en **Algérie**, il nous reste à exposer le mode et les lois qui en règlent la possession, et à démontrer que l'établissement de la régence turque n'a changé que fort peu l'état de choses consacré par les dynasties arabes et berbères qui l'avaient précédée. Cette démonstration implique la nécessité d'un examen assez détaillé des circonstances qui ont marqué la fondation de la régence et le développement de ses institutions.

§ I.

ORGANISATION POLITIQUE DE LA RÉGENCE ALGÉRIENNE.

Trois années seulement séparent l'époque à laquelle la partie de l'Afrique appelée aujourd'hui Algérie était encore sous la domination arabe, de celle où elle fut incorporée à l'empire ottoman; **Haroudj,** surnommé **Barberousse,** après avoir fait

périr Sélim-ibn-Toumi, chef des tribus de la Métidja qui l'avait appelé pour chasser les Espagnols du fort au moyen duquel ils dominaient
Alger, avait de 1516 à 6519 étendu jusqu'au delà
de Tlemcen le domaine dont il s'était improvisé
roi.

Pendant quelque temps encore après qu'il eut
trouvé la mort en se retirant devant les Espagnols,
son frère, Khaïr-ed-Dîn, resta chef du nouveau
royaume; mais, au commencement de l'année 1519,
la crainte d'une invasion espagnole le décida à offrir au Grand-Seigneur la souveraineté de la côte
septentrionale d'Afrique, à la condition qu'il lui
enverrait immédiatement des renforts et lui laisserait le gouvernement avec le titre de pacha.

L'offre fut accueillie avec empressement par la
Turquie; deux mille janissaires passèrent immédiatement à Alger, et le sultan fit publier par tout son
empire que tous ceux qui voudraient aller prendre
du service en Afrique jouiraient des droits et
priviléges réservés au puissant corps des janissaires.

C'est ainsi que fut constituée la régence d'Alger:
à l'aide des secours qui avaient été accordés, les
points les plus exposés aux attaques des ennemis
indigènes et européens furent immédiatement ren-
forcés et devinrent le siége des *Sandjaks* (Banniere)
qui servirent de bases durables à la première organisation politique du territoire algérien.

D'après une statistique de l'empire ottoman, entreprise sous le règne du sultan Sélim (1), ces points étaient : Meliana, la Metidja, Biscara, Mostaganem, Annaba (Bone), Constantine, Tlemcen, un fort sur l'Isser, le château de Cherchell, celui de Djijell et celui de Delys.

Tout le territoire embrassé par ces Sandjaks fut divisé en trois gouvernements distingués par leur situation géographique et nommés par conséquent *Aouliet el Scharkya* (gouvernement de l'est, province de Constantine) ; *Aouliet el Gharbya* (gouvernement de l'ouest, province d'Oran) ; *Aouliet el Queblya* (gouvernement du midi, province de Titteri). Les chefs de ces gouvernements, choisis parmi les Turcs de la milice, avaient le titre et les honneurs des *beys* et étaient investis de leurs fonctions pour trois années. Le territoire d'Alger restait sous le gouvernement direct du pacha à deux queues que la Turquie y envoyait ou en rappelait à volonté.

Les provinces de la Régence confiées aux beys étaient administrées en sous-ordre par plusieurs espèces de fonctionnaires ; de même qu'en Turquie dans certains gouvernements, comme par exemple celui du Diarbekr, une partie des Sandjaks avait été donnée aux beys de la milice feudataire, tandis que les autres étaient entre les mains des beys curdes, beys qui, tout en étant vassaux de la Porte, tenaient leurs fonctions à titre héréditaire ; de même en Afrique les conquérants turcs avaient respecté la

---

1 De Hammer, *Gouvernement et administration de l'empire ottoman,* 2° vol,

souveraineté héréditaire acquise aux *scheiks* de plusieurs peuplades, se bornant à exiger d'eux la prestation de certaines redevances ainsi que la coopération en cas d'expéditions militaires, et ne se mêlaient d'ailleurs en rien de l'administration intérieure de la tribu; aux plus considérables d'entre eux ils avaient même accordé tous les honneurs réservés aux *beys*, caffetan, musique et étendards. Dans la province de Constantine, le scheik el arab, celui des Henneischa et les Ouled-Mokran de la Medjana jouissaient de ces priviléges, et en général les populations arabes ont été laissées sous l'autorité des familles dont elles reconnaissaient la royauté au moment où elles avaient été subjuguées par les Turcs ou alors qu'elles s'étaient volontairement soumises à eux.

Quant aux peuplades indigènes ou Berbères qui parlent une langue autre que la langue arabe, et qui partout en Afrique dépassent en nombre les tribus arabes, elles furent mises sous l'autorité de fonctionnaires turcs tous pris dans la milice des janissaires, qui étaient investis de ces fonctions pour la durée d'un an sous le nom de *kaïds*. Le reste du territoire occupé par des agglomérations résultant du mélange de ces deux races, ou par des fractions de tribus réduites et peu nombreuses, était divisé en districts nommés *douars el otourak* (cercles des pensionnés), qui, à l'instar du *ziamet* et du *timar* en Turquie, étaient remis à des Turcs, vétérans des janissaires, jouissant de la *paie serrée*[1], pour qu'ils en levassent les revenus et y exerçassent l'autorité seigneuriale et de police; la réunion de ces titulaires qui dépendaient des différents sanjaks sur lesquels étaient situés ces espèces de fiefs, formait la seule cavalerie régulière de la Régence sous le nom de *sipahia* et se trouvait dans chaque province sous les ordres d'un chef nommé et envoyé d'Alger par le pacha, et appelé basch agha des sipahis.

La comptabilité générale relative à ces douars et à ceux qui en avaient la possession était dans les attributions d'un des ministres de la Régence, qui pour cette raison était appelé *khoudjat-el-kheil*, ou *codja di cavallos*, ainsi que plusieurs écrivains anciens le désignent en se servant de termes de la langue franque.

Le mot kheil signifie en arabe chevaux et aussi cavalerie, et par la raison que cette cavalerie était chargée de la gestion et de l'administration des domaines territoriaux de l'État, on s'explique la qualification, qui serait autrement fort étrange, donnée par Shaler, entre autres, au khoudjat el kheil de *gérant ou inspecteur des domaines de l'État*.

Le sipahi possesseur d'un douar était tenu d'y résider; il y exerçait, comme cela avait lieu en Turquie, les pouvoirs de *zabith* ou chef de la police intérieure; il était responsable de tout ce qui

---

[1] La solde des janissaires augmentant en raison des années de service ne pouvait dépasser un certain chiffre, et, quand elle l'atteignait, on l'appelait serrée ou fermée.

pouvait y survenir, des délits qui pouvaient s'y commettre. La répression des méfaits, la recherche et la représentation des coupables était pour lui une obligation impérieuse; il était chargé de prélever les impôts de toute nature sur les cultivateurs qui habitaient son district, avait le droit de leur imposer des amendes et certaines corvées prévues par la loi; ainsi toutes les charrues de ses vassaux lui devaient cinq jours de labour gratuit pendant la saison, et ils devaient faire pour lui la moisson et transporter à son domicile sa récolte. Chaque tente lui fournissait à certaines époques un mouton, des volailles, des œufs, du beurre, du bois de chauffage, et le village se cotisait pour lui acheter un cheval de guerre.

Tous les ordres du gouvernement relatifs à des gens du district étaient transmis par son intermédiaire.

Ces attributions lui donnaient, ainsi qu'on le voit, une puissance assez étendue; mais il ne faudrait pas cependant croire que l'abus en fût très commun; j'ai pu me convaincre que le plus souvent un respect et une affection très grande étaient voués à ces seigneurs; et depuis notre occupation qui, sans en soupçonner même l'existence, a complètement brisé ce système féodal, j'ai, en plus d'une occasion, vu les vassaux s'empresser de fournir à leur ancien maître les moyens de relever son crédit et d'améliorer sa situation, sans que cependant rien pût les y contraindre que les sentiments de res-

pect et de dévouement qu'ils avaient conservés
pour lui.

Dans la plus grande partie de la Régence, après
1830, ces domaines, abandonnés par les titulaires
turcs envoyés en exil, devinrent la proie, soit des
Maures des villes, soit des plus audacieux parmi
les anciens tenanciers auxquels les magistrats musulmans n'ont pas hésité ensuite à fabriquer des
titres de propriété ; dans la province de Constantine
seulement, où une administration indigène, qui
pouvait se croire responsable, fut établie dès l'occupation et où la plus grande partie des titulaires investis par Achmet-Bey étaient encore en possession,
ces usurpations ne purent avoir lieu ; mais au lieu de
se partager la propriété de l'État, on s'efforça seulement de lui en dissimuler l'étendue et la valeur ;
et je me rappelle parfaitement bien, quand en 1833
le général commandant croyait le nombre des domaines de l'État limité à quarante ou cinquante,
lui avoir prouvé qu'il y en avait plus de deux cents
autres exploités sous les yeux de l'autorité par des
gens qui savaient eux-mêmes n'y avoir aucun
droit.

Les districts réservés par l'État pour les besoins
d'investitures nouvelles ou devenus vacants par la
mort ou le déplacement des titulaires, prenaient le
nom d'*aazel* (on qualifie de *mazoul* aussi en Turquie, les feudataires déposés) ; ces territoires étaient
entre les mains des kaïds dar ou préfets de l'intérieur, et en général il y en avait toujours trois ou

quatre des plus importants sur la route que de
vaient suivre les beys des provinces en apportant
le tribut à Alger. Ainsi ceux de cette catégorie
qui étaient assignés à la province de l'est étaient aux
Soudratha à Dra-el-Boghal et à Ben-Hinni, et le
dernier était Haousch-el-Bey, qui est marqué sous
ce nom sur les cartes.

A la faveur de ce système de districts confiés aux
principaux des Turcs et de fractions de populations
rattachées au commandement des six ou huit principaux dignitaires, le gouvernement avait établi
une centralisation qui avait pour résultat de faciliter la police du pays et la rentrée des revenus, et
de prévenir toute tentative de rébellion de la part
des beys. Quoique généralement on se soit plu à
représenter les beys des provinces comme des dic-
tateurs, une étude sérieuse de la constitution des
gouvernements provinciaux prouve qu'il en est tout
autrement. D'abord, comme nous l'avons déjà fait
entrevoir, le territoire était gouverné en détail et
tenu à fief par une cavalerie féodale qui tirait originairement toutes ses investitures d'Alger même, et
qui pour chaque beylik était sous le commandement direct d'un bachagha envoyé de la capitale et
changé tous les deux ans afin qu'un trop long séjour n'amenât point entre le bey et lui des rapports trop intimes; chaque sipahi était tenu de résider au lieu de son fief. D'un autre côté, bien loin
que tous les fonctionnaires qui devaient les secon-
der dépendissent d'eux, on retrouve dans les me-

sures prises à cet égard, la vieille politique musulmane si bien signalée par Chardin dans sa description de la Perse.

, Dans toutes les villes du Beylik, la citadelle était occupée par une garnison de janissaires, renouvelée tous les ans, qui ne sortait jamais de son poste et n'était sous les ordres que de son agha et de son divan particulier, qui était investi du droit de justice sur tous les Turcs de la localité.

Quant aux troupes de la province, elles consistaient en janissaires et spahis et en infanterie et cavalerie irrégulières.

Le bey, qui touchait lui-même la paie de soldat, et n'était considéré lui-même que comme un des soldats de la milice, ne recevait des troupes turques pour ainsi dire qu'à titre de prêt, et comme moyen d'exécution, sans jamais pouvoir les commander directement. Au printemps, soixante et dix tentes dont la marche suivait un ordre tracé et observé immuablement venaient contribuer par leur présence à la rentrée des impôts, et pendant tout le temps de l'expédition elles étaient entretenues aux frais de la province; et quand, à la fin de la campagne, elles se retiraient, il en restait vingt, toujours campées hors de la ville, et devant servir de noyau pour les coups de main à faire sur les tribus rebelles.

Quant aux troupes irrégulières, la cavalerie se composait des *Zemoul* ou *Zemèlas*, et des *Douaïer* (pluriel de Déira, qui veut dire homme du cercle). Ces troupes ont presque partout été prises pour des tribus qu'on croyait être ainsi nommées.

Les Zemoul existaient déjà en Afrique avant l'invasion turque et ils avaient été constitués dans le royaume de Tunis par un des derniers princes de la famille des *Hafassa*. C'étaient des Arabes ou des Berebères réunis autour d'un chef-lieu dans le voisinage duquel on leur assignait des terres franches d'impôt; leur chef, qui était presque toujours aux côtés du bey, était compté parmi les cinq ou six premiers dignitaires du beylik.

Les *Douaïrs* étaient des cavaliers pris parmi les rayas de la ville et des cercles avoisinants, qui étaient affranchis de l'impôt et formaient à chaque haut fonctionnaire un corps de cavaliers destinés à l'accompagner et à porter les ordres aux populations dont le gouvernement lui était confié; le choix de ces cavaliers n'était point non plus laissé à la disposition du bey, parce que tous les rayas étaient portés par tête sur les registres ou *defters* de la Régence; le métier de deira était héréditaire et l'affranchissement de l'impôt pour le service militaire n'était accordé que d'Alger.

Chacun des chefs arabes héréditaires avait autour de lui et choisis dans sa peuplade une troupe armée qualifiée de zeméla ou de *mezerguia*[1] qui l'aidait à faire rentrer dans le devoir les sujets qui refusaient ou d'obéir ou de payer l'impôt.

---

[1] On les appelait mezerguia ou mezerguine, à cause des lances (mezrag) dont ces cavaliers étaient armés avant que les Turcs eussent apporté en Algérie l'usage des armes à feu.

Outre qu'ainsi le droit et le pouvoir d'inscrire un seul homme à la solde était refusé aux beys, et qu'on ne leur fournissait de troupes que juste ce qu'il en fallait pour assurer le paiement du tribut, et seulement pour le temps nécessaire; les grands chefs de peuplade recevaient leur investiture d'Alger; on leur donnait un kaffetan comme aux beys; et les deux premiers dignitaires du beylik, s'ils n'étaient pas envoyés d'Alger, étaient nommés directement par le divan de la milice. L'un et le premier était le *khalifa*, ou lieutenant, qui allait tous les six mois porter le tribut à Alger et en ramenait les camps ou colonnes mobiles, et l'autre le *baschketib*, ministre des finances, était dépositaire des registres de l'État et du revenu, et devait à toute réquisition pouvoir mettre sous les yeux du bey ou du dey d'Alger la situation exacte des finances et des impôts de la province.

Deux fois par semaine les ouléma, ou réunion du cadi et du mufti de chacun des deux rites, devaient, sous les yeux du bey, se former en cour de justice pour vider les procès des habitants.

D'ailleurs à côté du bey se trouvait le *scheikh-el-Beled* qu'il devait consulter sur tous les intérêts de la localité et qui devait transmettre à la population gouvernée toutes les décisions qui l'intéressaient. Ce chef religieux et municipal qui rappelle les *ayan* des provinces turques, choisi dans la famille la plus influente du pays et investi d'une dignité hérédi-

taire profondément respectée, était le principal
organe des intérêts des indigènes, et ses représen-
tations, quand elles n'étaient pas écoutées par le
bey, pouvaient aller le renverser à Alger. Il était
toujours *imam* de la grande mosquée et habitait une
maison ordinairement attenante à cet édifice, fort
vaste et dont toutes les dépendances devenaient un
asile inviolable pour qui pouvait s'y réfugier ; des
domaines considérables, affranchis de toute espèce
d'impôt, lui fournissaient une fortune qui le met-
tait à même de nourrir à ses frais tous ceux qui venaient dans sa maison chercher un refuge ou des
secours.

Le dey adressait toujours au scheikh-el-Beled une
notification de toutes les mesures ou nouvelles politiques qu'il voulait promulguer, afin de les faire
connaître ou agréer par son intermédiaire à la population qui avait les yeux constamment fixés sur
ce chef vénéré.

Ces dispositions ne laissaient donc, on le voit
bien, au bey qu'une influence fort limitée, et, ainsi
observé et enlacé, il était difficile qu'il pensât à
amener à rébellion, soit les Maures, soit les Turcs,
qu'on avait soustraits à son action directe.

Le bey n'était donc réellement qu'un fermier
auquel était remise l'administration du pays,
moyennant un abonnement fixe payable par divi-
dendes semestriels, et qui devait être changé tous
les trois ans ; cependant il arrivait souvent qu'on
renouvelait le bail de ceux qui avaient satisfait en

même temps aux besoins du gouvernement et aux nombreuses exigences pécuniaires du dey et de ses ministres.

§ II.

IMPOTS ET REVENUS.

Quant au revenu de la Régence, était-il réellement fourni, comme cela résulterait des travaux de l'administration française, par l'aschour seulement, ainsi que cela a lieu pour les terres de l'Arabie ? Il suffit pour arriver à la conclusion contraire de feuilleter quelques-uns des écrits les plus estimés sur l'Afrique, et on y verra la mention continuelle des termes de *lyzmes*, *gharames*, *taille*, etc.; ainsi Maccarthy, dans son *Abrégé des voyages de Shaw*, termine les considérations sur les tribus arabes (p. 147) par cette observation : « Pourvu qu'ils se » tiennent en paix et paient régulièrement la *hui-* » *tième* partie du revenu de leurs terres, outre une » *petite capitation* qui est exigible aussi tous les ans, » les Turcs les laissent en jouissance de leurs lois » et de leurs priviléges. »

L'impôt se divisait, comme il était d'usage en Turquie, en *tributs d'hiver* et *d'été*, et les taxes personnelles rentraient principalement au printemps. Ces taxes personnelles existaient en Turquie aussi sous le nom d'ispendsche et de nébak, et elles étaient recueillies au mois de mars. Ces taxes, réunies sous le nom de *gherama*, étaient la base de la grande division sociale en Algérie. On appelait *gharram* les sujets qui les supportaient, et ce mot, qui devenait synonyme de *raya*, n'était guère employé que dans un sens méprisant; tandis que, comme je l'ai déjà fait remarquer, le service militaire étant une distinction honorifique à laquelle ne pouvaient aspirer que les conquérants et leurs enfants les *koulougli*, ou les *rayas*, qui, par une exception favorable, y étaient employés; on décorait du nom de *mekhazeny* tous les fonctionnaires militaires, faisant par ce mot, qui vient de *khazna* (trésor public), allusion à la disposition par laquelle ils étaient entretenus aux dépens du trésor de l'État, soit en recevant une paie, soit par la dispense qu'on leur accordait des tributs de leur caste.

Comme nous avons pu nous convaincre par les observations contenues dans la première partie de ces études que la constitution de la propriété territoriale et l'assiette de l'impôt sont immédiatement dépendantes l'une de l'autre, et qu'une modification dans l'une de ces deux institutions peut seule faire conclure à un changement dans la seconde; il est évident que c'est par l'impôt qu'il nous faut étudier la propriété territoriale en Afrique, et avant d'y procéder voir si à cet égard il y a entre la loi turque et la loi maure les différences entrevues par M. Genty de Bussy.

M. Genty de Bussy affirme sans aucune hésitation qu'on s'est trompé quand on a cru pouvoir appliquer aux États barbaresques la loi qui régit la propriété en Turquie, et il attribue cette erreur à l'*analogie* qu'on a cru exister entre la loi maure et la loi turque; tandis qu'à son avis il suffit *de les interroger* pour voir qu'il y a entre les deux législations une différence radicale; cette différence proviendrait de ce que les Turcs n'ont pas eu à soumettre des infidèles en Afrique, comme au centre de l'empire bysantin; qu'en Algérie ils ont eu affaire à des musulmans, circonstance d'où est résulté un peu de respect pour les personnes et beaucoup pour les propriétés.

Le proverbe si connu : *Traiter quelqu'un de Turc à Maure*, peut donner une idée du respect des Turcs vainqueurs pour les Africains soumis.

J'ai étudié avec le plus grand soin la législation musulmane, et, dans les quatre rites qui en découlent, je n'ai pu saisir que beaucoup d'analogie; quant à la différence signalée par M. Genty de Bussy, elle m'a entièrement échappé.

Je ne doute point que, par les mots de loi maure et turque, il n'ait entendu les codes législatifs d'Abou-Hanifa pour l'empire ottoman, et de Malek pour la Barbarie.

Mais, en adoptant sa conclusion, on serait amené à supposer que la doctrine d'Abou-Hanifa est dure et impitoyable, et que celle de Malek est empreinte d'une bienveillance qui est étrangère à la première; cependant c'est précisément le contraire qui résulte de l'examen de ces deux doctrines.

Le code Maleki (loi maure) est une application textuelle et sans aucune modification des préceptes du Coran et des traditions avérées et authentiques qui constituent la Sonna; le code Hanefi, parfaitement *identique* avec celui de *Malek* quant au dogme et aux principales dispositions politiques et administratives, offre cette différence que les dispositions de la Sonna et du Coran y sont soumises à une interprétation plus humaine et plus douce; quant aux autres différences entre ces deux codes, elles ne s'appliquent guère qu'à quelques pratiques extérieures du culte, au *wakf,* au droit de *préemption vicinale (schefa)* et surtout *aux successions;* chez les deux législateurs, la loi d'hérédité est empreinte du caractère général de leurs doctrines respectives. Ainsi le troisième chapitre du Coran contient un paragraphe dans lequel le prophète fixe la part des héritiers de toute espèce; il résulte de ces assignations précises de la part de chacun que dans la plupart des successions, après remise à chacun des ayant droits de la portion qui lui revient, l'absence d'une certaine classe d'héritiers laisse disponible une certaine quotité de l'héritage; mais en spécifiant ces répartitions, le prophète n'a pas précisé l'usage à faire de ce qui pouvait rester après distribution; Malek l'attribue au trésor de l'État, tandis que Abou-Hanifa juge que l'humanité ordonne d'en disposer par *roudd,* c'est-à-dire en faisant la répartition de ce qui est resté disponible, à chacun des héritiers, en proportion de la part qu'il a déjà aux termes de la loi.

De même la loi Maleki ne reconnaît de droit de préemption que pour la propriété indivise, tandis que les disciples de Abou-Hanifa étendent ce droit au propriétaire d'immeubles contigus, etc.

Il n'y a donc réellement entre les deux rites que de légères dissidences; mais encore existent-elles tout-à-fait en sens inverse de ce qu'a vu M. de Bussy; la législation turque qui a subi l'influence du raisonnement humain est évidemment plus douce, plus équitable que celle des Maures.

Les Turcs qui, plus heureux que les Français, n'étaient pas, au momènt de leur conquête, ignorants des institutions musulmanes, n'ont rien changé à un état de choses qui, sous le point de vue fiscal, leur était plus avantageux que celui qui existait dans leur pays. Toutefois ils apportèrent avec eux les errements d'Abou-Hanifa, mais sans les imposer aux vaincus auxquels ils laissèrent le bénéfice de leur rite, avec leurs muftis, pour en interpréter les dispositions, et leurs cadis pour les appliquer; quant à eux, ils se réservèrent les usages et les magistrats de leur secte, les plaçant dans l'échelle sociale à un degré supérieur à ceux des Maures; mais, dans l'intérêt du pouvoir qu'ils fondaient, ils se soumirent volontairement à certaines conditions de la loi de Malek; ainsi, tous renonçant, dès l'origine et sans esprit de retour, à leur première

patrie, aux liens du mariage, et peu enclins, à raison
de la perfidie proverbiale de leurs nouveaux sujets,
à s'allier avec eux, ils établirent comme juge général des questions de succession un cadi du rite de
Malek, afin d'obtenir pour le trésor de l'État une
part tellement importante dans la plupart des héritages, que les fonctionnaires chargés de la rentrée
des fonds résultant de cette source, nommés beit-el-
maeldji, versaient aux finances publiques, année
commune, une somme des deux tiers plus considérable que ce qu'apportaient les beys des provinces.

Quant au tribut foncier, ils eurent un grand
avantage aussi à l'accepter comme ils le trouvèrent
établi en Afrique; en effet, nous n'avons pas oublié
que Kodouri, le commentateur par excellence d'Abou
Hanifa, décide qu'il n'y a pas d'*aschour* sur le produit
des terres de kheradj, tandis qu'au contraire au
chapitre du *zekàet*, Sidi Krelil dit positivement que
l'*aschour* est dû même sur la terre tributaire. (C'est
là aussi le sentiment de Schaefaï et de Hannbal, qui
sont d'accord pour considérer le kheradj ou tribut
comme un loyer de la terre, et par conséquent
comme devant être perçu sans préjudice de l'*aschour.*)

Il résulte de là que dans les pays régis par la loi
de Malek, l'*aschr* ou *aschour* est obligatoire même
dans les cas où le territoire est déjà grevé de kheradj
ou tribut.

J'ai entre les mains la preuve que l'impôt foncier
était divisé, de même qu'en Turquie, en revenus

d'hiver et d'été, et il me reste encore des reçus authentiques des beys qui constatent ce fait.

Je citerai d'abord un reçu du bey Achmet (el-Mamlouk) à la date de 1224 (à peu près vingt-deux ans avant notre invasion) où il reconnaît que Sidi-Joussouf, kaïd-ed-dar, lui a remis une somme de 685 piastres provenant des impositions d'été (seïfiêt) des gens de l'Aazel qu'il a entre les mains.

D'autre part j'ai une attestation de Naaman, bey, à la date de 1227, constatant qu'il a reçu des Ouled Rahhmoûn, habitants du Srâ (plateau de Constantine) 125 piastres dues pour impositions d'été (seïfiêt), 30 d'Aschour, et 80 pour la Difât du denousch, présent (traduit par M. de Sacy, droit d'étape) à l'occasion de l'envoi du tribut à Alger).

Quand nous sommes entrés à Alger, la précipitation avec laquelle nous avons été forcés d'organiser l'administration, l'expulsion des Turcs, presque seuls dépositaires des archives du gouvernement, nous ont fait perdre toute trace de l'organisation, soit politique, soit administrative du territoire conquis; les Algériens, habitants de la côte, et par conséquent moins ignorants de nos mœurs et de nos institutions que les indigènes de l'intérieur, devinèrent au premier abord quelles difficultés allaient entraver notre action, et ils fondèrent, sur ces embarras qu'ils eurent soin de multiplier, l'espoir de nous faire abandonner, de guerre lasse, notre conquête. On s'aperçut trop tard de la faute qu'on avait commise en laissant échapper irrépa-

rablement les traditions du gouvernement qui nous
avait précédé, et quand quelques années après
Constantine tomba en notre pouvoir, on s'arrêta à
l'idée d'y conserver ce qui existait avant notre entrée
et d'y perpétuer le passé. Mais il fallait en retrouver la trace ; et si elle eût été découverte dans cette
partie de l'Algérie, on eût eu la clé de tout le système
financier et administratif de la Régence. On eut le
tort à cette occasion de ne pas scruter avec soin les
nombreux documents qui vinrent à tomber entre
nos mains ; les livres furent déchirés ou servirent à
allumer le feu des soldats, et on apporta, à recueillir
et à examiner des pièces qui eussent été fort importantes, cette inexcusable négligence qui fait que les
registres des fonctionnaires turcs recueillis en 1830
restent renfermés inutilement dans les armoires de
la direction des finances, sans qu'on ait cherché à
en tirer les renseignements si précieux qu'ils pouvaient fournir. Cependant cette faute bien grave
eût été évitée si on se fût souvenu du soin avec
lequel dans tous les États musulmans on cherche à
dérober au vainqueur les moyens d'organiser le
territoire conquis. Les Turcs, en subjuguant l'É-
gypte, trouvèrent les livres de l'impôt brûlés ; notre
armée, quand elle pénétra dans ce pays, n'y pût
recueillir à cet égard que des notions bien insuffi-
santes. En Afrique, notre sort fut plus malheureux
encore : monnaies, milices, actes civils, droits du
gouvernement, on est parvenu à nous tromper sur
tous les points ; cette tentative avait eu d'abord un

succès trop inespéré à Alger, pour que les Maures de Constantine n'en fussent pas jaloux; à notre entrée dans cette ville, une espèce de comité officieux composé des Coulouglis et des Maures les plus riches se forma pour initier à sa manière les chefs français aux mystères de l'ancienne administration turque, et soustraire à leur connaissance tous les documents propres à leur faire connaître la vérité; une *statistique spéciale* fut préparée à l'usage des vainqueurs et mise à leur disposition avec un empressement qui de la part des musulmans eût dû mettre en défiance ceux à qui on l'apportait; ce fut cette circonstance qui me donna l'éveil et qui m'inspira l'idée de procéder dès ce moment à des investigations dont j'apporte ici les résultats.

L'impôt personnel fut rayé des contrôles; on déclara bien qu'il y avait autrefois un droit appelé *gherama* qui se payait au printemps; mais il avait été, dirent les Maures, supprimé en 1828, deux ans précisément avant la conquête.

L'impôt foncier fut réduit à la dîme de l'âge d'or de l'Islam; on pouvait craindre qu'un jour ou l'autre les Français ne découvrissent qu'il y avait un droit en argent payable par charrue, on en fit le *hokor,* ou location de la terre; et la France, au lieu d'avoir des sujets attachés à la glèbe, se vit à la tête d'une population de locataires; on alla même plus loin, et quand on vit, de la part des conquérants cette naïve confiance qui appelait le mensonge, on poussa l'effronterie jusqu'à poser en

matière d'*aschour* un principe dont la fausseté eût
dû être découverte par l'examen le moins attentif;
on établit que *la dîme n'était prélevée que sur la quotité des semailles et non sur celle de la récolte*, et cette
imposture eût tellement de succès qu'elle fit la
base de l'organisation fixée par le maréchal Valée;
toutes les redevances de la province, d'après le
nouveau plan, consistaient en un droit de dix piécettes (on n'oublia pas de tromper aussi sur l'évaluation de cette monnaie) et d'une mesure de blé
et d'orge par charrue.

On n'avait pu réussir à détruire toutes les notes
compromettantes, et le mot de *djaebry* se trouvait
inscrit sur quelques-unes; il fallut y trouver une
explication plausible, et on en fit une espèce d'a-
bonnement ainsi défini à la page 26 du compte-
rendu de 1838 (publié en juin 1839). « Autrefois
» les cultivateurs des azelas (domaines ou fermes
» de l'État) payaient une redevance fixe en blé et
» en orge appelée djaebry, indépendante de la
» quantité de terrain qu'ils avaient mise en culture
» dans l'année; cet ordre de choses, qui existe en-
» core pour quelques propriétés, fut remplacé par
» le hokor et l'aschour en 1828; le djaebry exemp-
» tait de l'aschour. »

Toute cette jonglerie avait bien réussi, et on ne
vit pas d'inconvénient à pousser plus loin la plai-
santerie; malgré que, par le seul port de la Calle,
il fût autrefois sorti dans une seule année jusqu'à
220 mille quintaux métriques de blé, on fit aux

yeux des commandants de la province, monter l'évaluation des produits du beylik à 12 ou 15,000 mesures de blé et autant de mesures d'orge par an.

Il est un seul droit des gouvernants que les Arabes nous ont fait connaître; et ce trait suffit pour faire comprendre avec quelle habileté ils avaient saisi le côté faible de notre caractère national, la générosité (à la vérité poussée quelquefois assez loin pour mériter un nom moins flatteur). Qui n'a entendu les Maures parler à tous venant du *mehatzma*, ou répartition forcée entre les tribus, et à des prix supérieurs à la mercuriale, des troupeaux pris dans les expéditions; mais ils savaient bien en nous faisant connaître ce droit inique, que jamais nous ne penserions à le faire revivre.

Enfin, pour clore le tableau de toutes les impostures dont a été victime la crédulité de nos administrateurs, et auxquels les comptes-rendus servent d'archives, on était parvenu à leur faire croire que les Turcs, ces dominateurs si avides, ne tiraient de leur plus riche province que 60,000 francs par an, et quelques présents tous les trois mois[1].

Le hasard qui m'a fait tomber entre les mains les reçus des beys et dans lesquels sont consignées les dénominations tirées de l'époque ou s'acquittaient ces impôts, m'a fait retrouver aussi quelques documents officiels que j'ai ramassés partout où

---

[1] Il est vrai que déjà à cette époque les administrateurs financiers dédaignaient de descendre à des recherches qu'ils considéraient comme peu importantes, pour livrer à la publicité leurs méditations sur les meilleurs moyens de colonisation.

j'ai pu les découvrir, et conservés avec soin et qui pourront nous édifier sur la manière dont les indigènes se sont acquittés de leur tâche de professeurs de statistique.

Nous avons d'abord quatre pièces relatives à cet abonnement qu'on disait propre seulement aux fermes de l'État, qui était appelé djaebry et qui consistait en une ou deux mesures d'orge ou de blé par domaine, quelle qu'en fût d'ailleurs l'étendue.

La première est assez vieille et date de 1106 de l'hégire, à peu près 1710 de notre ère, époque à laquelle l'Algérie commença à être gouvernée par les deys.

« Ceci est un état du nombre des charrues » (*gebda*, paire de bœufs) du district du Sahhel, un » des districts de la ville de Constantine et le compte » y relatif en charges de chameau (rehallan) par le » sieur Hadj-Aly, fils du collecteur, le sage, l'illus- » tre, etc., El Hadj-Abess-ben-Hassein..... (il y a » ici quelques caractères effacés) seigneur Abou- » Mohammed-el-Hadj-Schaaban-bey, que Dieu le » garde; et cela sera levé complètement et en par- » faite conformité avec le compte qui va être établi, » s'il plaît à Dieu. A la date de la fin du mois de » Djoumad-el-Aouel, an 1106 de l'hégire, la prière » à Dieu et le salut sur lui.

	Paires de bœufs.	Charg. de chameaux.
» La zaouïa du scheik		
» Sidi-Saad ben-el-Hadj,	18	72
» La zaouïa du scheik		
» M'barek-ben-Marzouk,	9	36, etc. »

Et à la fin de la liste :

« Louange à Dieu. — Ensemble tout ce qui vient
» d'être compté en additionnant l'un à l'autre,
» 166 paires de bœufs, montant à 664 charges de
» chameaux [1], à raison de quatre charges par paire
» de bœufs; et salut de la part de celui qui est
» chargé d'y veiller et qui a écrit ce compte, le
» serviteur, le pauvre devant Dieu le très haut,
» Mohammed, fils de Mohammed-el-Arby. »

Personne ne sera tenté de confondre avec la
dîme (non pas avec celle qu'on a inventée depuis la
prise de Constantine) qui est de sa nature incertaine et dépendante du succès de la récolte, une
imposition de 24 quintaux de céréales par charrue;
et il sera impossible, dans ce *djaebry,* de méconnaître le *kheradj,* d'autant plus que la signification
de ces deux mots est exactement la même.

Le deuxième pièce est une lettre de 1123 de
l'hégire, qui prouve que le djaebry n'était pas une
institution particulière à la localité et établie par
le bey, mais bien une des institutions générales de
la régence. Cette lettre nous montrera en même
temps que le pouvoir du bey n'était pas absolu :

---

[1] Chaque rehall, ou charge de chameau, équivaut à 6 quintaux métriques en blé et 12 quintaux en orge. On lit dans un livre espagnol intitulé :
Relacion del origen y sucesso de los xarifes, compuesto per Diego de
Torres, le passage suivant : « Los tributos que pagavan en aquel tiempo
» los Moros de paz eran ellos... los de Abad pagavan mil cargos de ca-
» mello cada un ano, la mitad de trigo, y la mitad de cevada; una carga
» de camello son doze hanegas de trigo, veinte de cevada. » Selon
Paucton, la hanègue ou fanègue pèse 100 livres de France.

« Au très honorable, etc., etc., El Hadj-Ben-
» Abess-Ben-Hussein, dans la ville de Constantine,
» le salut et la bénédiction de Dieu soient sur vous,
» et qu'il vous accorde l'accroissement seulement
» de ce qui est bien. Votre lettre nous est parvenue,
» et, l'ayant lue, nous avons vu que vous nous fai-
» siez savoir que notre fils, l'illustre bey Salah, chef
» du gouvernement (Saheb-Aouliet) du territoire
» de l'Est, embarrassé en ce qui concerne la chose
» du *djaebry*, et n'ayant pu trouver personne qui
» lui convînt hors votre petit-fils, l'a chargé des
» fonctions de kaïd djaebry, qu'il n'a acceptées que
» contrairement à sa volonté; et que vous nous
» priez de parler au bey afin qu'il lui ôte cet em-
» ploi et le donne à un autre; Dieu préserve qu'il
» en soit ainsi. Où trouverai-je vos pareils, et qui
» prendrait votre place dans l'administration du
» *djaebry*, et ceci est notre plus grand désir. —
» Dieu soit loué que vous soyez préposés à cela.
» Pourquoi irais-je chercher dans le ciel ce que je
» puis trouver sur la terre? — Sachez que je le dé-
» sire de vous. Ainsi, à la réception de ma lettre,
» accommodez-y vos esprits et votre volonté; ceci
» est un service de la sublime (porte) maison, et
» vous y êtes propres.... Vous êtes les flambeaux
» de ce pays, et ses lumières, et un foyer ancien
» (Dokhan, qui veut dire fumée et est employé dans
» le sens de feux; Léon l'Africain compte les habi-
» tants de toutes les villes d'Afrique par feux, et en
» Algérie comme en Turquie il y a une taxe sur les

» feux : on la nomme *resmi dokhan*), et de notre part
» il n'y a que des dispositions favorables, ainsi que
» de la part du bey. — Ainsi faites votre devoir, et
» que Dieu soit en aide à' vous comme à nous. —
» Écrit par ordre du magnifique, du grand, le
» Daoualêtly (administrateur suprême), le seigneur
» Aly Dey, le premier jour de rabi-el-ouel,
» an 1123. »

On voit ici quelle est l'importance attachée par
le gouvernement turc à l'office de kaïd djaebry, et
combien cet emploi, qui rendait, comme je l'ai su
plus tard, les titulaires pour ainsi dire maîtres du sort
des Rayas (car c'étaient eux qui avaient seuls la connaissance du territoire et de ses divisions, et ils in-
diquaient à chaque sujet la part qu'il lui fallait
cultiver), exigeait des kaïds d'attention et d'habitude de la contrée. L'administration du djaebry est
intitulée ici un office ou un emploi de la Sublime-
Porte.

Une troisième lettre, écrite aux membres de la
même famille par Schaaban bey, prouve qu'elle était
en possession par droit héréditaire de ces fonctions. Je n'ai pu déchiffrer la légende du cachet ni
la date; mais elle a nécessairement été écrite entre
1104 et 1109 de l'hégire, temps pendant lequel
Schaaban bey est resté gouverneur de la province
de Constantine; et cette date est importante à pré-
ciser, en ce que nous acquérons par cette pièce
la preuve que l'institution du djaebry existait
avant que l'Algérie fut administrée par les deys,

de même que les documents précédents nous démontrent qu'elle s'est maintenue après cette
époque.

« A Seïd-El-Hadj-Abess-Ben-Hussein (on voit que
» c'est toujours la même famille), et Sidi-Moham-
» med-Ben-Ammer et Sidi-Azeddin, et la totalité
» des enfants d'Hussein, que Dieu vous élève, et sur
» vous le salut, la bénédiction et la miséricorde de
» Dieu. Notre lettre est pour que vous nous teniez
» compte de deux cents temn de blé, afin que défi-
» nitivement vous n'en reteniez pas un grain; vous
» les verserez au *kaïd djaebry* Moustapha-Ben-Yed-
» jaên; car, ah! Monsieur Abess, il me semble que vous
» en agissez avec moi comme vous ne l'avez pas fait
» avec les premiers beys, et je n'y consens point;
» les douars et les azibs que j'ai établis dans la pro-
» vince (aouliet) vous n'en serez pas le collecteur
» désormais, et je ne m'en prendrai qu'à vous; et
» si je cherche dans vos azib (cheptels), j'en ferai
» sortir plus de quatre cents temn rien que du
» djaebry des rayas de la sublime maison, et en
» outre encore le djaebry des domaines de l'État
» (makhzen) et des domaines particuliers (mulk)...
» Car j'ai à entretenir des camps, des troupes et un
» attirail nombreux... Je prendrai les deux cents
» temn et je ferai sortir de vos mains les rayas
» de la Sublime-Porte à jamais; et il y a encore le
» djaebry du Sahhel dont vous avez plus de cinq
» cents charges de chameau; et que les Arabes de vos
» azib transportent de suite par convoi le blé pour

» les biscuits, et de cela assez, et songez-y, et le
» salut de la part de Hadj-Schaaban bey. »

Et en post scriptum :

« et la mesure à raison de dix-huit par temn et
de suite, et salut. »

Voici maintenant une liste d'une date plus récente, revêtue du cachet de Naaman-bey-Ben-Aly,
sur lequel est marquée l'année de son investiture
(1226)[1]; elle est intitulée : *Note des* tribus *qui doivent donner le djaebry au Kaïd* djaebry *de l'ouest.*

Le total est de 1294 charrues, qui, à 24 quintaux par charrue, donnent 30,050 quintaux de céréales; il faut observer qu'à partir des premiers
noms inscrits, les vingt-neuf suivants sont ceux des
fractions ou kharouba d'une seule et même tribu ou
peuplade, les Ouled-Abdelnour, qui seule se trouve
parfaire à peu près 400 charrues; si en outre on
veut prendre note que la grande tribu des Telagma
payait le djaebry entre les mains du kaïd Dar, et
que les Aamer le portaient à Hamza; qu'enfin toute
la partie de la population qui habite l'est de la province figurait sur une autre liste du kaïd de l'est,
on comprendra à quelle somme énorme montait le
kheradj, qui était en outre prélevé dans l'est et dans
le Sahhel et sur les districts (Haousch ou Douars), et
si on ajoute à ce djaebry la môna, qui est notée sur

---

[1] Il est à remarquer que cet état a été dressé immédiatement après une
affreuse disette, et que c'est sans doute à cette circonstance, par suite de
laquelle l'impôt est toujours diminué dans les états musulmans, que j'ai
dû d'obtenir la communication de ce document.

ette liste et que fournissaient toutes les grandes tribus qui sont sur le passage des camps, on pourra mesurer toute l'étendue de l'erreur qu'on a cherché à nous inculquer.

Le produit du djaebry était à la disposition du bey, et lui servait à entretenir les troupes d'infanterie et de cavalerie qui résidaient dans la province et qui la parcouraient.

On le prélevait à l'époque où les laboureurs se disposaient à ensemencer, et on prenait en même temps par charrue un droit qui montait à trente ou quarante francs.

Il y avait deux grands fonctionnaires nommés *kiaed* (pluriel de kaïd) du *djaebry*, l'un pour l'ouest, l'autre pour l'est du Beylik, et ces emplois étaient presque toujours donnés héréditairement aux membres de la même famille, à raison de l'influence et de l'exacte connaissance du territoire, qui se transmettaient entre eux de père en fils. (La famille des Ouled-Naamoun fournissait les kaïds de l'ouest en concurrence avec celle de Belbedjaoui qui a péri sur la brèche de Constantine; pour l'est çà toujours été les Ouled-Ben-Ahseïn dont le nom figure dans les pièces que j'ai rapportées plus haut, et les Ouled-Ben-Chanderli-Braham.) Le djaebry de l'ouest s'emmagasinait à Sétif ou à Moamra; celui de l'est à Phyzguyia et à Constantine.

Les kaïds, qui payaient 5 à 6,000 piastres d'investiture, sortaient vers l'époque des semailles accompagnés chacun de cent cavaliers douairs et de vingt spahis turcs; on les considérait comme les seigneurs du territoire, car c'étaient eux qui assignaient aux sujets les terres à cultiver, et eux aussi dont la décision tranchait entre eux les difficultés de délimitation. Ils étaient revêtus de pouvoirs et d'une dignité analogues à ceux du kascheff-el-trab de l'Égypte, et comme lui levaient à leur profit des redevances assez considérables sur les populations; ils étaient comptables du produit du djaebry, qui restait dans leurs magasins, et sur lequel ils devaient subvenir à l'entretien des troupes et de tous les Turcs que les affaires de l'État amenaient dans le Beylick. Ils rendaient leurs comptes annuellement.

Tout le produit du djaebry était abandonné par la Régence aux deys; mais celui de l'aschr ou aschour était réservé au gouvernement du pacha et envoyé dans les magasins de Bone, de Stora ou de Mers el Kébir, d'où il était en partie expédié à Alger et en partie enlevé par des bateaux de l'île de Djerbi (royaume de Tunis), de Livourne et de France. Quand on pense que sur l'Aschour seul se prenaient les quantités de blé que tirait Alger de Bone, et qui constituaient en même temps tout le commerce d'exportation, on ne peut que se faire une très haute idée des produits de cet impôt, de la richesse du sol et de la magnificence des récoltes. En même temps, il ne faut pas oublier qu'il est de règle dans les pays musulmans de défendre l'exportation de céréales, ou au moins de la tellement limiter qu'elle ne puisse faire hausser la mercuriale, et que rarement le quintal de blé a dépassé, dans ces localités, la valeur de 4 à 6 fr., vu qu'il ne faut prendre ni pour prix exact, ni pour juste mesure, le prix demandé aux étrangers et la mesure qu'on leur fournissait, attendu que déjà il était établi en principe de les tromper, et que le *kafiz*, au moyen duquel on leur livrait les céréales, était de beaucoup inférieur en dimension à celui qui servait à les recevoir des indigènes. C'était là surtout qu'était le bénéfice du *merkanti*, fonctionnaire chargé de ces transactions commerciales, et qui payait jusqu'à 50 et 60,000 fr. l'investiture de son emploi.

De même qu'en Turquie et dans l'Inde les magasins de l'Aschour fournissaient aux cultivateurs nécessiteux des grains pour ensemencer; mais le montant du prêt était enregistré par les kaïds qui, avant toute chose, reprenaient la quantité de grains ainsi avancée à titre de *tekaoui*.

Les terrains concédés à la cavalerie libre, *zmaela* et *douaier*, étaient affranchis du djaebry; mais du moment où, ne se bornant pas à ces terrains, ils s'étendaient et allaient cultiver des terres de rayas, ils étaient astreints aux mêmes impôts fonciers que ceux-ci. Quant à l'Aschour, il n'y avait aucune récolte qui put en être dispensée, et les terres cultivées par le bey lui-même y étaient soumises.

Les kaïds de l'Aschour, qui étaient aussi au nombre de deux, sortaient au moment de la récolte et faisaient l'estimation des meules déjà préparées. L'impôt du djaebry et de l'aschour rentraient à

l'État en quantité tout-à-fait égale à celle qui était
fixée sur les listes. Les frais de collection, qui étaient
de plus d'un dixième, étaient payés en sus par les
contribuables.

J'ai pu obtenir de jeter un instant les yeux sur le
registre du merkanti de Bone, et tout en me faisant
beaucoup valoir la faveur qui m'était accordée, on
avait eu soin d'en enlever la plupart des feuilles;
cependant j'y remarquai un ou deux états qui con-
tribuèrent à me prouver que le kheradj ou djaebry
et la dîme ou aschr, se levaient simultanément et
et ne s'excluaient pas en Algérie.

Ainsi, une note datée de 1242 (quatre années
avant la prise d'Alger) était ainsi intitulée :

« Arabes qui ont donné l'aschour, dépendant
» du kaïd djaebry de l'ouest : Sidi Meïhoub ben
» Bouroga, etc. »

Je crois inutile de reproduire ici comme renseignement de plus une liste d'envoi de blé résultant
de l'aschour, adressé au merkanti de Bone en 1827,
par Ali Bounouara, kaïd el aschour.

Au reste, pour qui sait avec quelle scrupuleuse
fidélité les mahométans se soumettent dans leur
gouvernement aux prescriptions de leur loi religieuse, il ne pouvait, même avant ces preuves, y
avoir de doute sur la constitution de l'impôt en
Afrique et sur l'existence simultanée des impôts
fonciers nommés kheradj ou djaebry et aschour.

Cependant l'opinion que le djaebry exempte de
l'aschour a été mise en pratique près de Constantine

par plusieurs indigènes ; quand ils eurent réussi à faire passer le djaebry pour un abonnement fixe, ils trouvèrent fort commode de profiter de l'invention, et j'en ai vu plusieurs qui, cultivant par eux et par leurs fellahs une étendue de trente à quarante djebdas (paires de bœufs), dirent que leur territoire était djaebry et la redevance fixée à deux djebdas ; et comme la djebda en fait d'impôt se compose de 12 mesures de blé et de 12 mesures d'orge, ils trouvèrent moyen d'enchérir encore sur la duperie de l'aschour fixé d'après les semailles, qui aurait monté à 40 mesures de chaque sorte, tandis que par cet ingénieux moyen ils n'en payaient que 24.

Un vol des plus adroits et qui leur réussit parfaitement aussi, fut réalisé par eux en obtenant la location à bas prix des domaines de l'État (aazel) qui, au moment de la conquête de Constantine, étaient cultivés au profit de l'État ; au moyen d'un loyer peu considérable, ils profitèrent de la récolte et des semailles du gouvernement et s'approprièrent les bœufs de labour et les chevaux et mulets qu'on conserve ordinairement pour le battage des grains ; le scheikh-el-beled donna l'exemple en s'appropriant le district d'un des fonctionnaires qui avaient fui avec Achmet-Bey et en confisquant à son profit tout ce qui s'y trouvait en denrées et en bestiaux ;

Mais ce n'est point ici le lieu de m'occuper de l'histoire des abus qui ont signalé notre entrée à

Constantine, elle serait trop longue et il ne faut signaler le mal que quand il est encore temps d'y porter remède.

Je ne parlerai ici ni des étoffes de tente, ni du beurre salé qui formait à lui seul une des branches de revenu les plus considérables, ni du miel, ni des lainages, dont je n'ai pu obtenir les listes, quoique je susse parfaitement où elles étaient cachées.

Je passe maintenant à la taxe personnelle que les indigènes ont célée avec un soin infini et qui m'a couté le plus de peine à découvrir; j'ai déjà parlé de cette taxe relativement aux Arabes des tribus, et j'ai dit que c'était en affranchissant de cette espèce de capitation un certain nombre des sujets ou rayas que la Régence avait constitué sa cavalerie irrégulière qui répond parfaitement aux mosellem (cavaliers libérés) de l'empire turc; mais cette taxe était imposée sous le même nom aux habitants des villes, et n'en étaient exceptés que les Turcs ou fils de Turcs, ainsi que quelques familles maures, soit qu'elles fussent employées par l'État, soit qu'elles descendissent de celles qui avaient été auxiliaires efficaces de l'invasion turque et qui pour ce motif avaient été admises en qualité de koulouglis à la nationalité des vainqueurs.

Tous les autres habitants des villes étaient *gharams* et divisés pour rendre la collection et la surveillance plus faciles en compagnies ou *djemaa*. Tous les membres de ces compagnies étaient solidairement responsables de l'acquittement de la taxe

personnelle qui était imposée à la compagnie et qui
ne variait pas, quelle que fût la diminution que
ces catégories pussent éprouver par les extinctions
de leurs membres ; les enfants naissaient sujets à
cette espèce de capitation qui ressemblait d'autant
plus à la capitation réelle qu'elle vouait au mépris
et aux plus durs traitements de la part des Turcs
ceux qui y étaient sujets, et qu'elle était payable
par mois. Les corps de métiers, sous les ordres de
syndics nommés amin (plur. emena), étaient divisés
en plusieurs classes, dont les unes, qui compre-
naient les professions les plus riches, telles que
celles de serradjîne (selliers), haüka (tisseurs de
laine), bredaïin (fabricants de bats), avaient à leur
charge les frais du transport de tous les vivres et
du matériel des troupes et des camps. Les reven-
deurs (arb souk el krelaq) payaient pour l'entretien de la garnison turque de la Casbah.

Les forgerons (haddaedine), les menuisiers (ned-
jarine), les maçons (benaïn), etc., travaillaient
gratuitement pour les besoins de l'État ; et les tan-
neurs ainsi que les marchands de tissus de laine
devaient fournir au kaïd dar tout ce qui était nécessaire en fait de tentes et d'ustensiles de cuir pour
les colonnes mobiles.

Enfin, les juifs, outre leur gherama en argent
(car le mot de djezia n'a jamais été prononcé devant moi en Afrique) ou capitation, étaient tenus
de fournir le papier nécessaire pour les bureaux de
l'administration, la coutellerie, les objets en fer-

blanc, le linge de table pour le service du palais, ainsi que les cabans pour les valets de la maison du dey.

Deux compagnies de muletiers, l'une affectée à la route de Constantine à Bone, et l'autre à celle de Constantine à Alger, faisaient ces voyages à prix fixé sous la direction d'un chef nommé bach hammar, et marchaient à titre gratuit pour tout service de l'État.

Cependant, malgré que toutes les compagnies tirassent leur dénomination d'une profession quelconque, beaucoup des membres n'étaient inscrits que comme contribuables sans exercer le métier spécial dont la corporation tirait son nom.

Il y avait en outre les quatre corporations composées de ceux qui n'ayant pas de fortune devaient payer de leur corps l'impôt individuel : c'étaient les kouaüscha (boulangers), les kebabdji (pl. de kobdji, huissiers), les zouaüa (milice citadine), et enfin les tobdjia (aides canonniers).

Les plus nombreux étaient les kobdji (portiers et garçons de peine des administrations et agents inférieurs de la police) qui étaient sous les ordres du mézouar ou kaïd kasbah, divisés en quatre compagnies qui devaient faire toutes les semaines leur service gratuitement et à tour de rôle.

Les zouaüa, divisés en deux corps dont l'un servait à la garde du palais, du haras, du magasin à poudre, et dont l'autre devait accompagner les expéditions au dehors, n'étaient rétribués que

26

quand ils quittaient la ville; hors cette circonstance ils servaient sans solde; un agha et un kiahia turc les commandaient. C'est avec cette milice qu'Achmet, bey de Constantine, constitua un corps d'armée, quand la rébellion des Turcs le priva de leur appui; quand il eut exterminé par la ruse ces ennemis dangereux, il se composa, en donnant aux zouaüa la solde des janissaires, une troupe dévouée qui a tenu contre nous deux fois à Constantine.

En ce qui concerne les revenus que le gouvernement algérien était censé tenir de la province de Constantine, il ne fallait pas une grande perspicacité pour mettre en doute les données fournies à cet égard; il était peu probable que les Turcs se contentassent de 60,000 francs par an; aussi finit-on par me fournir une autre version selon laquelle le khalifa faisait tous les six mois le voyage d'Alger, emportant pour la lyzme fixée 40,000 réaux d'Alger, et pour le tribut dit des aya bachis 24,000 réaux. On faisait monter à une somme un peu plus considérable que ces deux réunies les frais nécessités par les présents à faire au pacha et à ses ministres. On évaluait ainsi à 185,000 réaux d'Alger (243,000 francs de notre monnaie) le numéraire emporté par le khalifa qui était suivi d'un convoi composé de 17,000 moutons, 1,600 bœufs, 8 juments de choix, 62 mulets, outre quelques centaines de régimes de dattes, 50 charges de couscoussou, 50 charges de beurre fondu, des charges de bernouss et de hayks de Tunis et du Djerid, 10 peaux de tigre, 12 peaux de lion, des éventails de plume d'autruche, des étuis brodés de montre, des flacons d'essence de rose et de jasmin.

Le denousch (ou apport du tribut) du bey qui avait lieu seulement tous les trois ans était, au dire des indigènes, double en tout de celui du khalifa ; et comprenait de plus des pierreries, une quantité considérable d'or et d'argent en lingots (sbyk) et des lions et des tigres vivants.

L'argent destiné au trésor était seul l'objet d'enregistrement et de reçus ; il n'en était point ainsi de celui qui était répandu parmi les dignitaires et la domesticité du palais du dey.

Il y a certes entre cette évaluation et celle qui figure dans le compte-rendu à la Chambre une différence bien marquée, puisque au lieu de 60,000 elle porte à 486,000 fr. les fonds sortant annuellement de Constantine pour Alger, et à 230,400 fr. ceux qui entraient tous les ans au trésor.

Mais un heureux hasard m'a mis à même de me convaincre que le chiffre des revenus semestriels versés par la province était beaucoup plus élevé en réalité qu'on ne l'a indiqué. J'ai obtenu et gardé des reçus authentiques revêtus du cachet du dernier pacha Hussein, des denousch de 1826 et de 1827. Peut-être, et je le croirais assez volontiers, ne m'a-t-on livré qu'une partie de ces reçus, mais cette partie suffisait encore pour donner une idée plus juste des ressources que la Régence trouvait dans les provinces.

Il y a quatre reçus du denousch de l'an 1242 (1826) et quatre autres identiques pour le denousch de 1243 (1827). — Les sommes marquées en chiffres au commencement de la ligne sont au-dessous exprimées en toutes lettres et en Turc.

Le 1ᵉʳ est une attestation de remise par le khalifa de l'est de la lyzme des aya bachis 111,360 saïmes.

Le 2ᵉ *id.* *id.* à l'agha. . . 185,600

296,960 saïmes.

Le 3ᵉ *id.* *id.* d'Ouen-Nougha 500 piast. ent.

Le 4ᵉ *id.* *id.* du marabout de

Bougie. . . 1,000

1,500 piast. ent.

Pour pouvoir traduire en monnaie de France le montant de la somme résultant de l'addition des quatres reçus, il faudrait avoir reconnu avec soin la valeur des monnaies africaines. Mais ce n'est point aux écrivains anciens qui ont traité de la Régence qu'on peut s'en rapporter pour cette tâche. A les en croire, au commencement du xviiiᵉ siècle, la *saïme* était une monnaie complètement hors d'usage; tandis que nous avons sous les yeux la preuve du contraire, puisque c'est en saïmes que sont formulés les récépissés des tributs pour les années 1826 et 27. Avant même de rencontrer cette preuve si claire de l'erreur commise par Laugier de Tassy et la plupart de ses contemporains, l'impossibilité d'appliquer les données de cet historien et celle du docteur Schaw à la solde des janissaires avait déjà éveillé mes soupçons.

En calculant selon les tableaux fournis par ces auteurs la saïme à 50 aspres, c'est-à-dire à la quatorzième partie d'une piastre espagnole, ou à 38 centimes, je trouve les résultats suivants :

La première paie d'un soldat lors de son inscription était de 8 saïmes, 3 francs 4 centimes, pour deux mois, ce qui porte la solde à 1 franc 52 centimes par mois, et à 18 francs 24 centimes par année ; cette paie augmentait régulièrement toutes les années d'une saïme ou de 38 centimes ; elle recevait aussi un accroissement fortuit à raison de diverses solennités, telles que changement de pacha, victoires remarquables, naissance d'un fils du Grand-Seigneur, etc.; de telle sorte qu'au bout de 10, 12 ou 15 ans le janissaire parvenait à la paie serrée ou fermée, ainsi nommée parce qu'elle n'était plus susceptible d'augmentation, paie qui était de 80 saïmes, c'est-à-dire d'un peu moins de 15 francs par mois et de 180 francs par année.

Or, il eût fallu être doué d'une robuste confiance pour consentir à croire que ces rois de la Méditerranée, dont les armes étaient couvertes d'or et d'argent et qui prélevaient sur leur solde les frais de leur nourriture et de leurs vêtements, se contentassent d'une rétribution aussi mesquine et se dévouassent corps et âme au service de l'État pour une retraite de 180 francs.

L'erreur consistait évidemment dans la supputation de la valeur de la saïme et de l'aspre, et quelques recherches eurent bientôt fixé mes convictions à cet égard.

Dans une lettre de la collection de Hackluyt, datée, si je ne me trompe, de la fin du seizième siècle, il est dit que les monnaies *d'or* à Alger sont l'*aziaño* et la *doubla*; cette lettre est reproduite par l'historien Morgan, qui ajoute en note que ces pièces sont celles qui sont en usage de son temps sous les noms de *ziaeni* et de *saïma*.

En examinant ce qui se trouve à ce sujet dans Diego de Haedo, qui fut captif à Alger et dont le livre est un tableau exact et fidèle de tout ce qu'il a vu, je ne tardai pas à trouver la solution du problème.

Diego de Haedo, page 24. « Quanto à la moneda » particular de Argel, es de tres materiales, bronce, » plata y oro. De bronce hacen la moneda mas baja » y mas menuda a que llamen *burba*, la qual es re- » donda y del tamano de uno blanca, o centil de » Portugal al doble mas gruessa y mas pessada; » *seys burbas hazen un aspero;* esta moneda se labra » solamente en Argel; despues de la burba es luego » el *aspero*, este es de plata tamano come la quarta » parte de una blanca o poco mes, y de figura qua- » drada, y diez hazen un real de Espana.... estos as- » peros se labran en Argel, y no en otra parte al-

» guna ; despues del aspero, ay *rubias* que es una
» moneda de oro con mucha liga de cobre que le
» haze ser muy baxo, y vale 25 asperos, es de figura
» redonda y de la grandezza d'un bien pequeño
» real senzillo de España ; despues de la rubia ay
» *media diana* que es tambien de oro, y de la misma
» liga que la rubia, lequel vale y pesa dos rubias y
» vale 50 asperos, *que es una dobla*, et redonda y
» come un real español en grandezza... ay tambien
» *ziana* de la misma liga y compostura que la media
» ziana, mas muxho mayor en peso, y vale 100 as-
» peros que son *dos doblas.*

» Ay tambien soltaninas de oro fino que valen
» cada una 140 asperos, etc., etc. » On voit par cette
citation que la saïme se compose de 50 aspres, et
que dix aspres équivalent à un réal d'argent d'Espagne dont la valeur est de 50 à 60 centimes ; la
burba, qui est la sixième partie de l'aspre, est encore
en usage à Tunis.

D'après les comptes que j'ai pu examiner dans les
livres qui ont été laissés par la compagnie de la
Calle, le soultani d'or d'Alger était évalué à 10 livres deux sous six deniers ; il en résulte que cette
somme équivalant à 140 aspres donne pour la
saïme ou la dobla qui sont la même chose (elles
valent toutes deux 50 aspres) une valeur d'à peu
près un écu de 3 livres de France.

L'aspre, au lieu de valoir 2/3 de centime, se
trouve en valoir plus de 5, et par suite la solde
fermée des janissaires se trouve portée de 180 à plus

de 2,600 francs par année. Ces chiffres suffisent pour faire ressortir l'énormité de l'erreur commise au chapitre des monnaies par Shaw, Laugier de Tassy, etc. Quant au tribut apporté dans les coffres de la régence à Alger, en dehors des présents en espèces et en nature faits au pacha, aux ministres et à la domesticité du palais [1], il monterait à 846,640 fr. par semestre, et à 1 million 633,280 fr. par an.

Le denousch triennal apporté par le bey lui-même s'élevait à une valeur double pour tous les articles. Si donc on réfléchit que la province d'Oran payait le même tribut; que celle de Titteri en payait un autre, quoique moins considérable; qu'à ces rentrées se joignait celle que fournissait le *beit-el-mael* [2], et celle qui provenait du territoire d'Alger proprement dit; qu'enfin il faut ajouter à ces produits ceux des fermes et monopoles, de la vente du blé, de l'orge, des troupeaux, de la laine provenant de l'aschour dans les ports de Bone, d'Oran et de Stora, de la capitation des Juifs, on ne sera pas tenté d'évaluer, comme l'ont fait les écrivains modernes, les revenus de la Régence à 12 ou 1,500 mille francs.

Par ce qui précède, on a pu se convaincre que la

[1] « Je sais, dit Shaler, p. 32, de voie sûre, que chaque visite des beys d'Oran ou de Constantine ne leur coûte pas moins de 300,000 dollars (1,500,000 francs), et cependant il n'entre pas la moindre partie de ces contributions extraordinaires dans les coffres du pacha. »

[2] Shaler, p. 36, dit : « Un poste plus important est celui de beit-el-mael : il est obligé de payer au trésor une somme qui dépasse de deux tiers celle que paient les beys. »

connaissance du système monétaire est indispensable à quiconque veut se faire une idée à peu près exacte des ressources financières d'un pays nouveau ; d'ailleurs, cette question, relativement à tout l'Orient, est encore trop obscure, et rend souvent la lecture des manuscrits orientaux assez infructueuse, pour que je n'essaie pas de jeter quelque lumière sur les monnaies réelles et de compte qui sont en usage dans le monde musulman.

§ III.

MONNAIES, POIDS ET MESURES.

Au moment où l'Islam commença à naître et à se propager, il adopta provisoirement le système de monnaies, de poids et de mesures usité chez les peuples vaincus ; mais, pour la rentrée du premier impôt religieux ou *zekkaet,* le prophète et les premiers califes, après avoir pris la moyenne des valeurs de ces diverses monnaies courantes, déterminèrent un triple étalon et créèrent le dirhem (le dragme), le dinar (denier) et le keirat (carat).

Le keirat (carat, du grec κερατιον, qui signifie graine de caroubier) avait le poids de quatre grains d'orge de moyen volume.

Le dirhem (dragme) valait et pesait 16 carats.

Le dinar (denier) pesait 24 carats et valait 10 dragmes d'argent.

En 75 de l'hégire seulement, Abdel-Melik-ben-Merouan, fit frapper des dinars d'or et des dragmes d'argent qui portaient d'un côté le twahid (*credo* musulman ainsi formulé : Il n'y a qu'un seul Dieu et Mahomet est son prophète), et de l'autre le nom du khalife, celui du lieu et la date de la fabrication.

Plus tard ces monnaies subirent de nombreuses variations en fait d'alliage et de poids ; il y eut des dinars qui valurent 15 dragmes et d'autres qui n'en valaient que 6 à 7.

Ainsi il est important de noter que, toutes les fois que dans un manuscrit oriental il est question de dirhem ou de dinar simplement, il faut entendre en fait de valeur que l'auteur veut parler du dirhem et du dinar du Nisaeb (fixé relativement à l'impôt religieux) ou de la Mecque, dont le premier équivaut à 60 centimes de notre monnaie et le second à 6 francs ; mais du moment où à ces mots de dinar et de dirhem on trouve accolés les mots feddy ou dehebi, c'est-à-dire d'or ou d'argent, ou le nom d'un prince, on peut être assuré qu'il s'agit de pièces d'une valeur variable et sur laquelle les annales de l'époque peuvent seules donner des renseignements certains.

Aussi Abdelwahad, dans son *Histoire d'Espagne*, nous apprend que le dirhem Moumenny, ou frappé par l'émir Abdel-Moumen, ne valait que la moitié du dirhem du Nisaeb, c'est-à-dire 30 centimes, tandis qu'Abou-Dinar rapporte que le dinar frappé par

El-Moaezz, le fondateur du Caire, avait une valeur de 15 dirhems et demi, c'est-à-dire de 9 fr. 30 cent.

Mais, en somme, au fond de toutes les monnaies des peuples mahométans on est toujours certain de retrouver, comme terme primitif et durable et comme base de toute combinaison, le dirhem et le dinar tels qu'ils ont été fixés dans l'origine.

En ce qui concerne les poids, l'étalon était le même; le keirat, le dirhem et le dinar n'ont jamais varié. C'est surtout le dirhem qui a servi de terme de compte; il équivaut à 3 grammes 883 milligr.; et dans toutes les contrées mahométanes il n'y a de variable que la livre et ses subdivisions qui augmentent ou diminuent en raison du nombre de dragmes que l'usage local y fait entrer.

Ainsi la livre de la Mecque est de 128 dragmes; dans la plus grande partie de l'Égypte elle en comporte 144; et en Turquie, sous le nom d'okke, elle en comprend 400.

Comme les monnaies mahométanes, à partir de la fin du 1er siècle de l'hégire, portaient toutes le symbole musulman et que les musulmans ne pouvaient consentir à laisser passer aux mains des infidèles ces pièces empreintes de sentences du Koran, l'exportation en fut partout défendue sous les peines les plus sévères; d'un autre côté, leurs besoins étant fort limités et leurs produits abondants, le commerce avec l'Europe consista principalement en exportations pour le prix desquelles venait affluer chez eux l'argent de Venise, des États allemands, de l'Espagne et de la France. De cette manière, les sequins ou ducats de Venise, sous le nom de *ben-deki* (veneticus), et les piastres (pièces royales) sous celui de *riael* (real), devinrent monnaie courante dans les pays musulmans, ou plutôt une marchandise dont la valeur stipulée en dragmes et carats haussait et baissait selon l'affluence ou la rareté de ces espèces.

Les piastres prirent surtout leurs dénominations spéciales à raison des images que leurs faces semblaient présenter aux Orientaux. La piastre d'Espagne à écusson fut appelée abi-taka (piastre à la fenêtre, parce que l'écusson représentait pour eux une fenêtre); l'écu au lion ou lœven daler des États allemands fut pour eux la piastre au chien (abou-kelb); aujourd'hui encore la piastre forte ou colonate d'Espagne est connue en Afrique sous le nom d'*abou-medfa* (piastre au canon), parce qu'on y prend pour des canons les colonnes qui y sont marquées.

Mais en général c'est sous le nom de abi-taka, et par corruption de pataque, qu'on désigne les piastres, et comme, pour faciliter les échanges, et vu qu'on les prend au poids, elles furent dès l'origine rognées et découpées de manière à représenter telle ou telle autre quantité de dragmes, on les a divisées en pataques ou piastres entières et en pataques chiques ou fractions de piastres.

En Afrique, sous les dynasties arabes et berbères, on ne connaissait non plus que les dinars qui étaient dénommés d'après les souverains qui les faisaient frapper, ainsi que les drahems, et des pièces d'un demi, d'un quart, d'un, huitième et d'un seizième de dirhem ; les monnaies de cuivre ou de grossier alliage furent longtemps inconnues ; c'est seulement à peu de temps avant l'invasion turque, si je ne me trompe, qu'il faut faire remonter la création d'une menue monnaie de bas alliage dont il fallait 116 pour un dirhem, et qu'à raison de son extrême ténuité on appelait felouss, plur. de fels, qui signifie écaille ; ces lamelles, qui ressemblaient en effet à des écailles de poisson, étaient renfermées par 116 ou 232 (1 ou 2 dragmes) dans des cornets de papiers nommés *karatis* (de kart, papier). J'ai entre les mains des états de paiement aux janissaires à une date encore récente où il est stipulé qu'une partie des indemnités à eux allouées devront être liquidées en cette monnaie. Ces lamelles, qui étaient appelées drahem seghar (aspres, chiques ou petites aspres), ont été en Algérie évidemment confondues par les auteurs avec les aspres dont il fallait seulement 10 pour faire une dragme, et ont été ainsi l'occasion de l'erreur dans laquelle ils sont tombés dans leur appréciation de la solde des janissaires.

Quand les Turcs se furent emparés d'Alger, les monnaies qu'on y fabriquait, dinars et dragmes et *nasseri* ou *aspres*, furent frappées au nom du sultan ; ils donnèrent cours à la piastre européenne et surtout espagnole ; et ils laissèrent en circulation les pièces d'or et d'argent des royaumes de Tlemcen et de Maroc.

Tlemcen était sous la domination des Beni-Ziaen, et par conséquent les dinars de cet État étaient les dinars ziaeni, et par abréviation se nommaient *ziaeni*. Il y avait des moitiés (nouss), des quarts (rebia, d'après D. de Haedo, *rubias*) de ziaeni.

De Maroc il arrivait à Alger des petites pièces d'une valeur nominale de 15 centimes (mais en réalité elles valaient plus de 18 centimes), qui, étant au *poids* la quatrième partie de la dragme, avaient été nommées *mouzoum* (pesées) ; on les connaissait aussi sous le nom d'*oudj*, pluriel *oudjou*; en langue franque c'étaient des *blanquilles*.

L'écu de 6 livres de France et le rixdaller d'Allemagne valaient comme en Turquie 10 dragmes ; la piastre d'Espagne, qui, à raison de l'affluence des morisques et de l'occupation espagnole d'Oran et de Bougie était fort connue et recherchée en Afrique, valait 9 dragmes.

Cette piastre fut, pour établir, comme on dit, un compte rond, rognée de la valeur d'une dragme ; et, en cet état, coupée en quatre morceaux de la valeur chacun de 2 dragmes qui prirent le nom de *pataque chique*, et pendant qu'à Bone, à raison de la présence de la compagnie française dont les établissements se trouvaient à la Calle et au Collo, la piastre conservait la valeur de 8 dragmes sous le

nom de riael annabi ; le taux de la piastre courante à Alger était de 3 *pataques chiques*, c'est-à-
dire 6 *dragmes* ou 24 *mouzounn* de Maroc, autrement
dits *oudjou*. Cette piastre courante, que Laugier de
Tassy indique déjà sous le nom de pataque gourde
(corruption de *pataque de kouart*, plur. de *keirat*),
était plus connue encore sous celui de Abou-Oud-
jou ou piastre de Mouzzouné.

On désignait par le terme de piécettes ou bas-
settes une fraction de la piastre d'Espagne équivalant à une moitié.

Dans la province de l'est, aujourd'hui encore, les
gens des tribus un peu éloignées de Constantine
comptent encore entre eux par piécettes.

Ainsi, de monnaies réellement fabriquées à
Alger il n'y avait que les dinars sultanis (ou impériaux), avec leurs moitiés et leurs quarts, ainsi
que les pièces d'un et de 2 dragmes, les aspres et
les felouss ; tous le reste était représenté par des
fractions plus ou moins considérables de la piastre
espagnole et de l'écu français de 6 livres.

Pour la solde des janissaires et pour les redevances de l'État on comptait par *saïmes*, ou moitié
de *ziaeni*, autrement dits *doublas*, qui valaient 50
aspres ou 5 dragmes[1], et par piastres entières

[1] C'est en ce point surtout que réside l'erreur commise par Shaw et
Laugier de Tassy, qui, confondant les aspres (d'argent, *nasseri*) avec les
felouss d'étain ou *drahem seghar*, avaient donné à l'aspre et par conséquent à la saïme (50 aspres) une valeur dix fois moindre que celle que
ces pièces avaient en réalité.

(riacl boutoun), et cet usage, que Shaler, Shaw et
Laugier de Tassy supposaient perdu depuis longtemps avant l'époque où ils écrivaient, survivait
encore à la date de notre invasion [1].

De tout temps, chez les musulmans, on a attaché
une extrême importance à dérober aux étrangers
tout ce qui concerne soit l'administration, soit les
ressources financières du pays, et surtout les monnaies de compte à raison de leur base et de leur
origine religieuse, et cette circonstance explique
la fausseté des renseignements fournis à ces auteurs.
Ainsi, sauf en ce qui concerne les saïmes et les aspres [2], le tableau fourni par Laugier de Tassy, *Histoire du royaume d'Alger* (Amsterdam, 1725, p. 250),
est exact.

Il n'y avait effectivement, à l'époque où il écri-
vait, de fixe que la *pataque chique* ou pataque d'aspres, qui valait toujours 232 félouss (et non pas

---

[1] Les reçus du tribut de la province de Constantine, revêtus du seing du
pacha Hussein, à la date de 1826 et 1827, en font foi.

[2] En ce qui concerne la valeur des aspres, il était facile de découvrir
l'erreur que j'ai signalée; d'abord en Turquie et en Égypte, à la même
époque, la piastre européenne était évaluée à 120 aspres, et même à Tunis
sur la côte d'Afrique, sous le gouvernement des Turcs, on peut s'assurer
que l'aspre avait une tout autre valeur que celle indiquée par Shaw et
Tassy.

Il suffit de jeter un coup d'œil sur la lettre de Peyssonel du 20 juillet
1724, 1er vol., p. 62 : « Tous ces soldats (il s'agit des Turcs) n'ont pas
» comme chez nous paie égale ; ils commencent par avoir par jour 4 *aspres*
» ou 4 *sols*, et leur paie augmente jusqu'à trente. »

Puis, p. 63 : « La plus forte paie des officiers et même des principaux
aghas n'est que de 30 *aspres* ou 30 sols par jour valeur intrinsèque, et environ 45 sols sur le pied des monnaies d'aujourd'hui. »

232 aspres, ainsi qu'il le dit), et qui était *le tiers* de la piastre courante d'Alger, laquelle était du *poids* de deux pistoles et demie, mais dont le poids augmentait ou diminuait selon la volonté du bey.

La piastre courante d'Alger valait 3 pataques chiques, tandis que la piastre espagnole en valait 3 et 7/8.

Si de 1725 nous arrivons à 1780 et 1790, nous pourrons nous convaincre qu'à cette époque la *pataque chique* était toujours la base des comptes en Algérie et qu'elle n'avait pas varié.

Il suffira, pour le prouver, de reproduire les notes que j'ai empruntées à des registres de comptabilité de la Compagnie française de La Calle, qui sont encore en ce moment déposés aux archives des finances à Alger.

Registres de la Compagnie.

« An 1780, payé 136 pataques 1/2 faisant 154 liv.

» *Id.* — 5 pataques 2 temines, faisant » 5 liv. 18 sols 1 denier.

» 3 juin 1781, reçu de M. de Kercy 1,542 pata-» ques 3 temines pour le rachat d'un soldat algé-» rien esclave à Malthe, faisant 1,735 liv.

» 1er janvier 1786, payé 62 piastres qui font » 209 liv.

» 31 décembre 1786, payé..... pataques chiques » à 22 sols l'une.

» 1er mai 1790, 378 pataques 7 temines 12 as-» pres chiques faisant 426 liv. 5 sols 11 deniers.

» Mars 1792, 30 sequins d'Alger faisant 40 zer-
» mahboub [1] à 10 liv. 2 sols 6 deniers font 303 liv.
» 15 sol.

» 24 mai 1790, la pataque à 22 sols 6 deniers. »

On remarquera que dans ces comptes de La Calle
il n'est pas question d'aspres, mais bien d'aspres
chiques (*drahem seghar*). Le temine ou huitième
de la pataque chique est la pièce connue autrement
sous le nom de *mezzoune.*

Il ne sera pas sans intérêt, pour résumer nettement ce qui a été dit jusqu'ici, de reproduire un
tableau des monnaies en usage à Alger, annexé au
premier volume d'un ouvrage assez remarquable
publié en 1798 à Altona, sous le titre de *Nachrichten
aus Algier.*

« Les monnaies sont ici (à Alger) :

Réelles. En nature.

A *en or*   A   Les sequins qui valent 3 piastres
courantes ou 72 messone ;

      B   Les 1/2 sequins à 36 messone ;

      c   Les 1/4 sequins à 18 messone ;

      D   Les *mahaboub* et sequins zer-maha-
boub, valant les 3/4 d'un sequin
d'Alger, c'est-à-dire 54 messone ;
cette monnaie vient de la Turquie,
mais sa valeur est positive ;

---

[1] Le zermahaboub est une monnaie turque d'or, plus connue sous le
nom de mahboub et qui vaut les trois quarts du sultanin d'Alger.

Réelles. En nature.

A *en or*   c   Les 1/2 mahaboub. On ne les prend qu'avec difficulté. Ils sont ordinairement défectueux de poids.

B *en argent* A La piastre d'Alger calculée à 24 messone ; *en réalité ce sont des piastres fortes d'Espagne, qui ont été découpées à la monnaie de manière à leur donner la valeur indiquée ;* c'est au poids qu'il faut les contrôler, parce qu'elles ne sont pas coupées uniformément.

         B La piastre de Bône, au moyen de laquelle la Compagnie française fait les paiements à l'État et ses achats, a le même aspect que la précédente ; mais elle la surpasse en valeur de quelques messone ; sauf erreur elle en vaut 28. On ne la trouve guère qu'à Bone, Constantine, la Calle et Tabarque[1].

         c La demi-piastre, morceau plus petit que le précédent de la piastre d'Espagne valant 12 messone.

         D Le 1/4 de piastre est une *monnaie frappée à Alger* et valant 6 mezzone.

---

[1] Tous les actes formulés à Bone avant notre conquête stipulent le paiement en piastres de Bone anciennes et de poids (riael annabi). — Les impôts se payaient aussi en piastres de Bone ; ainsi, par exemple, le droit d'ana sur les maisons, pour lequel depuis la conquête le domaine fait les rentrées en calculant la piastre à 1 fr. 80 cent., au lieu de 4 fr. 20 cent. qu'elle vaut réellement.

Réelles. En nature.

B *en argent* E Le 1/8 de piastre, temine, ou *temine bouche* (l'auteur veut dire temine boudj; on se rappellera que la piastre courante d'Alger, étant de 24 mouzzoune ou oudjou, s'appelait aussi piastre de mouzzoune ou d'oudj, c'est-à-dire riael bououdjou, et par contraction boudjou) est une pièce ronde *frappée aussi ici* et valant 3 messone.

R La *messone*, qui est une monnaie ronde et mince du pays, est le 1/3 d'un temine bouche; elle vaut 29 aspres[1] du pays ou 3 sols de France. On n'en fait plus, parce que comme elles ont une valeur réelle plus élevée que celle à laquelle on les a fixées, les juifs les recueillent et les fondent pour les envoyer à Livourne.

F Les aspres constituent la plus petite espèce des monnaies de change d'Alger; ce sont de petites pièces d'étain argenté, ayant la forme d'un O irrégulier; on les saisit et les compte au moyen d'une petite spatule. »

[1] Il eût fallu dire *aspres chiques.*

Les monnaies de compte ou fictives sont :

« La pataque chique, évaluée à 8 mezzoune. C'est
» d'après cette monnaie idéale qu'on arrête tous
» les comptes [1]. »

Un peu avant le blocus d'Alger par la marine
française, Hussein-Pacha fit opérer une refonte générale des monnaies et les fit refrapper sur des
modèles qu'il avait fait faire à Londres. Pour ob-
vier à l'altération continuelle des monnaies qui était
si facile quand elles consistaient en fragments de
piastres irrégulièrement coupés, il substitua à ces
fragments des pièces rondes, dentelées, de la
même valeur ; il réalisa ainsi la piastre courante,
riael quart ou riael boudjou de 360 centimes,
la demi-piastre de 180 centimes, le quart de piastre de 90 centimes, et le huitième de 45 centimes, et, à la place des mouzones et des aspres
qui avaient disparu, il créa les baras ou paras turcs
qui valaient 7 centimes et demi ; les écailles d'é-
tain argenté cessèrent d'avoir cours et furent re-
présentées par des pièces de cuivre qui valaient 2
et 4 felouss.

Seulement l'usage fit laisser aux baras ou paras
le nom des mouzones dont ils ne valaient que moitié ; et, à notre arrivée à Alger, cette dénomination
ayant entraîné nos administrateurs dans une erreur

---

[1] Il n'est pas un acte de vente ou de location d'immeubles fabriqué à Alger
avant 1830 où le prix ne soit formulé en pataques chiques (riael drahem
seghar).

que les indigènes se gardèrent bien de faire remarquer, le tarif officiel des monnaies d'Alger s'en ressentit.

On prit pour la piastre courante d'Alger la demi-piastre qui se composait de 24 baras ou nouveaux mouzoune, et on diminua ainsi de moitié toute la série des fractions de la piastre.

Pour éviter cette faute, il n'eût fallu que consulter le tableau fourni par le consul Shaler, qui venait à peine d'arriver à Alger quand le blocus commença, et qui, calculant la piastre d'Espagne à 60 des nouveaux mouzoune, donne la valeur de la piastre d'Alger à 48 de ces mouzoune ou baras.

Non-seulement cette confusion eut pour résultat de diminuer en apparence les revenus de la Régence et de faire lever à moitié de leur importance réelle les impôts dont la tradition avait été conservée; mais il en résulta aussi que la pataque chique fut estimée à moitié de sa valeur réelle et que les recettes domaniales furent diminuées d'autant.

Les mesures et les poids ont été aussi l'objet de nombreuses erreurs, et ce sujet réclamerait une étude sérieuse; ainsi, il y avait trois espèces de livres en Algérie quand nous y sommes entrés : une livre pour les bijoux et pierreries nommée foddi; une livre pour le commerce de la droguerie (ortl attarîn), et enfin une livre nommée kheddari pour les herbages, ainsi que pour le charbon et les matières grossières, qui n'est autre que l'okke turke et qui vaut près de trois livres attarine, laquelle est à peu près notre livre de France.

Quant aux mesures agraires, je n'ai pas besoin de faire remarquer combien il est étrange qu'après quinze années d'occupation d'un pays essentiellement agricole nous n'ayons pu découvrir celles qui existaient; ce qui a contribué à nous en dérober la connaissance, c'est, outre les efforts faits à cet égard par les indigènes, l'obstination qu'on a mise à prendre pour unité des mesures agraires l'étendue de terrain qu'une paire de bœufs peut labourer dans une saison, et qui cependant doit varier selon la puissance de l'attelage et la nature de la terre à cultiver. D'autre part, il est clair que cette étendue est encore bien plus différente dans certaines parties de l'Algérie où il faut un labour préparatoire, et dans celles où après avoir jeté le grain sur la terre on n'a besoin que de la remuer pour y faire pénétrer la semence.

Aussi, comment prendre la djebda ou zouidja (paire de bœufs) pour mesure, quand, dans le compte-rendu de l'administration, il est affirmé qu'à Bone un terrain d'une djebda est d'un tiers moins grand qu'à Alger? Il est vrai que le bon sens eût voulu qu'on attribuât cette différence à celle qui existe entre la mesure des céréales à Alger et à Bone, et non pas à la différence entre le travail des bœufs de ces deux localités.

Si on ne se fût pas attaché exclusivement à cette idée, on eût découvert que ce n'est pas la djebda qui est l'unité de mesure agraire, mais bien la *mardja*, carré dont les côtés ont 60 drâas ou pieds arabes de longueur, et qui répond à la mesure appelée en Turquie *donum*, et en Perse et en Inde *djerib*. Si le donum, en Turquie, n'est évalué qu'à 45 drâas, c'est que le drâa ou pic turc est au drâa ou pic arabe dans le rapport de 4 à 3.

Il y a bien un droit que lèvent les collecteurs par joug ou charrue attelée; mais l'impôt se lève sur les mardja, dont tantôt 80, tantôt 90, et dans certains terrains 140 et 150 font la tâche d'une djebda ou paire de bœufs.

Dans le Manuel des actes d'Ibnou Selmoun qui fait autorité en Algérie, puisqu'on y retrouve exactement la formule de tous les actes qui existaient dans la Régence, la *mardja* est la seule mesure indiquée.

Resterait à assurer la contenance exacte des mesures de céréales aussi appelées *kefis, nousfia, tchensch, mezoura, talia, marta, guelba, saa, medd*; des mesures de liquides telles que le *kollah, kannatia* et *rebeïa*, ainsi que la *tassa*. Mais il n'est pas dans la nature de mon travail de m'occuper de ces recherches, que j'ai cru devoir signaler aux administrateurs comme dignes de leur plus vif intérêt, et je reviens à la question de la propriété en Algérie qui seule fait le but de cette dissertation.

De l'examen et des digressions nécessaires auxquelles nous venons de nous livrer, il résulte clairement que la nature de l'impôt foncier n'a jamais varié en Afrique depuis l'invasion musulmane, et que sous les dynasties arabes et berbères, comme sous la régence des Turcs, la terre de grande culture y a toujours été de *kheradj*, et que par conséquent elle ne pouvait être tenue en propriété par personne à raison du *wakf* qu'entraîne sur toute terre l'imposition du *kheradj*. J'ai montré plus haut, en jetant un coup d'œil sur l'organisation politique de la Régence, comment la terre était tenue en Algérie avant 1830 et comment c'était sur le mode de possession et de distribution du sol qu'était fondée toute la constitution de la régence turque; il est bon, avant d'abandonner ce sujet pour passer à l'examen de la propriété urbaine, d'ajouter quelques détails sur les droits respectifs des différentes classes de tenanciers et sur les modifications qui résultèrent naturellement pour cet état de choses des brusques changements opérés par notre occupation et par le départ des Turcs.

Sous les dynasties arabes et berbères, le kheradj ou impôt territorial avait toujours été considéré comme la source à peu près unique du revenu de l'État, et la surveillance du territoire et du tribut avait été réservée aux gouverneurs des provinces qui, pour cette raison, étaient appelés *chefs de la prière et du kheradj*.

La possession des territoires de grande culture était concédée aux peuplades pour l'habitation et la culture moyennant acquittement du kheradj; mais la répartition du sol entre les membres des tribus n'était point l'objet de la surveillance spéciale du gouvernement; et, d'un autre côté, il arrivait souvent aux tribus d'être déplacées au gré de la volonté et des besoins du souverain. Ces déplacements étaient surtout fréquemment occasionnés par les mutations de dynasties, parce que chaque famille qui arrivait à la souveraineté appelait autour d'elle les peuplades qui l'avaient aidée à y parvenir, et disposait en leur faveur des terres les plus rapprochées de la capitale.

ORGANISATION DE LA POSSESSION TERRITORIALE SOUS LES TURCS.

Les Turcs apportèrent en Afrique des idées plus arrêtées et une méthode plus précise et plus équitable relativement à la constitution et à la division de la possession territoriale.

La ligne de démarcation entre les territoires de grande et ceux de petite culture fut plus nettement définie.

On considéra comme apppartenant au *domaine de l'État toutes les terres sur lesquelles passait la charrue; le défrichement et la culture à la main constituèrent le caractère spécial de la propriété individuelle et héréditaire.*

Ainsi le fait d'avoir labouré une fois à la charrue le sol d'un jardin faisait perdre à cet immeuble la nature de propriété individuelle, et le rangeait dans la classe des terres domaniales.

La mise en pratique rigoureuse de cette disposition législative avait eu pour conséquence, dans les temps antérieurs à notre entrée en Afrique, de faire affluer dans l'intérieur et autour des principaux centres de population une multitude de Kabyles (habitants du petit Atlas) que les citadins employaient au défrichement et à l'entretien de leurs jardins et de leurs métairies; je me rappelle, à ce propos, entre autres, le discours d'un Maure de Bone qui, me racontant les détails d'une rupture de la France avec le dey d'Alger, me disait qu'on avait eu alors beaucoup de peine à empêcher les nombreux Kabyles qui travaillaient dans les jardins d'Hippone d'aller égorger les corailleurs dans la Seybouse; je fus naturellement amené à lui demander pour quel motif, de nos jours, on ne voyait plus de ces Kabyles à Hippone; je reçus pour toute réponse l'éternel *Dieu le sait* qui est l'unique ressource du Maure quand il n'a pas un mensonge tout prêt.

Plus tard, seulement, je compris la cause de cette différence si frappante. Sous les Turcs, les jardins d'Hippone, en leur qualité de propriétés individuelles, ne pouvaient être défrichés qu'à la main, tandis que depuis notre entrée les propriétaires, ne craignant plus l'application de la loi, n'ont pas hésité à remplacer le travail de l'homme par celui de la charrue. Mais, en attribuant rigoureusement à l'État la *nu-propriété* de la terre, les Turcs donnèrent des garanties plus efficaces et accordèrent toute protection à la *possession* individuelle de la terre de grande culture.

Le gouvernement, dès qu'il se fut établi, s'enquit avec soin de la manière dont la terre était répartie entre les membres des diverses tribus; il fit enregistrer avec le plus grand soin tous les renseignements fournis par les anciens chefs collecteurs de l'impôt (dans la famille desquels nous l'avons plus haut vu maintenir la succession à cet office), et ses efforts tendirent désormais à ce que chaque chef de famille eût à cultiver au moins une quantité de terre équivalant à ce qu'une paire de bœufs peut labourer pendant le cours d'une saison; c'est pour cela que ce lot de terre a pris en Turquie le nom de *tschiftlik* et en Barbarie la dénomination identique de *djebda*.

La possession de cette part de terre appartenait viagèrement au raya au nom duquel elle était inscrite dans les registres de l'État, et héréditairement aux enfants, même quand leur minorité ne leur en permettait pas l'exploitation; dans ce cas, elle était donnée à ferme dans leur intérêt par le chef du district ou de la peuplade; mais quand il n'existait pas d'héritiers directs de la possession, elle ne pouvait être transmise, soit aux collecteurs, soit aux voisins, que moyennant l'acquittement d'un *cens de renouvellement* qui équivalait à une année du revenu.

Ce droit de possession échappait cependant au cultivateur qui abandonnait ou négligeait de cultiver son terrain pendant *trois ans* sans pouvoir présenter une excuse légale.

La surveillance de la mise en rapport et de la

répartition du sol fut, conformément aux usages de la Turquie, confiée dans les grandes peuplades aux chefs héréditaires ou scheikhs parmi lesquels plusieurs des plus puissants furent décorés des titres et des insignes militaires des beys.

Les agglomérations qui s'étaient constituées au moyen du mélange des diverses races et des restes de tribus tombées en décadence avaient été réparties en districts ou cercles féodaux administrés par les membres de la cavalerie féodale nommée *sbahïa;* les sbahis, ou, comme on les appelle vulgairement, spahis, étaient, auprès des sujets qui composaient leurs districts, les représentants du souverain, et près de celui-ci les organes des intérêts de leurs administrés. J'ai dit plus haut quels étaient leurs droits et leurs devoirs : j'ajouterai ici que la possession du sol dans ces districts était tellement assurée aux cultivateurs que le seigneur ne pouvait, même en cas d'hérédité vacante, attribuer, soit à lui-même, soit aux siens, un seul des morceaux de terre vacants et qu'il fallait qu'il les livrât à un cultivateur.

En regard de cette règle générale de distribution de la terre et de répartition de ses fruits, il faut, pour être complet, placer quelques exceptions qui la confirment.

Autour des villes et des bourgs, il y avait autrefois des terrains, quelques-uns fort étendus, qui, d'abord couverts de broussailles ou de forêts, ont été convertis par le défrichement en propriétés particulières au bénéfice de ceux auxquels le gouvernement avait accordé l'autorisation de défricher.

Puis, en 1695, prit naissance en Turquie et fut mise en application en Afrique une forme d'emphytéose qui consistait à donner, sous le nom de *malikianà*, de grands territoires à *ferme viagère* et hé réditaire dans la ligne mâle, sous les conditions du versement d'un prix d'entrée au moment de la prise de possession, et d'une redevance annuelle; ce mode de concession a été spécialement mis en usage pour les domaines dont le revenu était destiné à l'entretien de fondations pieuses.

SORT DE LA PROPRIÉTÉ DE GRANDE CULTURE APRÈS LA CONQUÊTE FRANÇAISE.

Après que l'armée française se fut emparée d'Alger et que les principaux Turcs eurent été exilés par prudence politique, les premiers actes de l'administration eurent bientôt donné aux indigènes la preuve que nous n'avions pas même un soupçon de l'organisation que je viens d'exposer; et à l'aide tant des notions qui leur étaient fournies par ceux de leurs négociants qui étaient familiers avec les usages de l'Europe que de celles qui dérivaient de leur sagacité naturelle, ils eurent bien plus tôt acquis ample connaissance de la manière dont le sol était tenu chez nous que nous n'eûmes idée de la manière dont il l'était chez eux. Les tenanciers des districts à charge de service militaire, et même les plus audacieux parmi les rayas qui n'avaient que la possession viagère de petites fractions, s'établirent ostensiblement propriétaires des grands domaines et s'empressèrent de les vendre aux Européens qu'avait amenés la conquête; ce trafic eut bientôt envahi tous les territoires de la plaine de la Métidja, de celles de Bone et d'Oran; et s'il ne s'est pas étendu à ceux de la province de Constantine, c'est que l'installation *immédiate* dans cette province d'une administration indigène y mit obstacle, en ce sens que les indigènes ne pouvaient avoir la pensée d'essayer sur les administrateurs musulmans les impostures qui ailleurs leur avaient si bien réussi avec l'administration française, et que de leur côté ces administrateurs nouveaux n'avaient pas encore une expérience suffisante de la longanimité et de l'aveuglement des conquérants pour oser tout d'abord accepter la complicité et par suite la responsabilité de semblables usurpations. On chercha seulement à dérober le plus longtemps qu'il fut possible aux Français la connaissance des magnifiques et nombreux domaines territoriaux qui enrichissaient la province; et quand enfin l'État s'en fut mis en possession, les principaux Maures les affermèrent et firent entrer dans la masse des bénéfices qu'ils en retirèrent les impôts énormes en nature qui étaient dus sous le gouvernement turc et dont le nouveau gouvernement ignorait l'existence.

CHAPITRE II.

DE LA PROPRIÉTÉ IMMOBILIÈRE DANS L'INTÉRIEUR ET AUTOUR DES CENTRES DE POPULATION EN ALGÉRIE ET DANS LES PAYS MUSULMANS [1].

De la propriété dans les villes et dans les banlieues.

Des recherches exposées dans la première partie de notre travail il résulte évidemment que la terre de grande culture en Afrique n'est point une terre de dîme comme l'a cru l'administration, mais qu'elle est terre de kheradj ou tributaire, et grevée en outre d'une dîme sur les produits annuels, et que, par conséquent, le territoire des campagnes n'a jamais pu y donner lieu à l'exercice d'un droit autre que celui de possession ou d'usufruit. Mais, d'autre part, il est évident qu'avant l'occupation française en Algérie, il y existait cependant une propriété immobilière dans l'intérieur et autour des villes, et nous hésitons d'autant moins à admettre ce fait que nous le retrouvons dans tous les autres pays musulmans, dans

---

[1] J'ai indiqué précédemment, dans le cours de cet ouvrage, que c'était seulement en traitant de l'Algérie que je pourrais déterminer la nature de la propriété urbaine dans tous les Etats musulmans.

l'Inde, en Égypte, en Perse et en Turquie, et
qu'il y est constaté par les écrivains mêmes qui
ont le plus péremptoirement établi le droit absolu
du souverain à la propriété de la terre labourable
dans ces diverses contrées[1]. D'ailleurs, eussions-
nous conservé quelques doutes à cet égard, il nous
aurait bien fallu les abandonner à la vue des
nombreux actes de transmission (vente et achat)
d'immeubles antérieurs en date à 1830, que nous
avons eu l'occasion de parcourir; l'origine de la
possession y est constamment indiquée comme
dérivant d'une acquisition ou d'un héritage.

Ainsi, s'il ne s'agissait ici que de démontrer la
réalité de cette propriété dans l'intérieur et autour des villes, de rendre compte des diverses
modifications auxquelles elle est sujette et des
modes de transaction auxquels elle donnait lieu,
notre tâche pourrait être assez longue, mais elle
ne présenterait aucune difficulté, car la représentation de quelques contrats et le texte de quelques manuscrits nous suffiraient pour l'accomplir.

Mais il nous faut déterminer avec précision la
nature et *l'origine* de cette propriété; et ici s'accu-
mulent les difficultés. Les écrits des principaux
orientalistes sont complètement muets à ce sujet,
et il n'est pas plus question de la propriété im-

---

[1] *Voy.* M. Michaud, *Correspondance d'Orient.* — « Méhémet-Ali ne
s'est véritablement emparé que des terres situées dans les pays de grande
culture. » — M. de Cadalvène : « Les maisons, les okels et les boutique
ont été respectés par le pacha qui se contente de les grever de temps en
temps d'impôts considérables. »

mobilière dans les livres de d'Ohsson et de M. de
Hammer que si elle n'avait jamais existé.

Le seul système admis relativement à cette question si importante est celui qu'ont établi et l'administration et les publicistes de l'Algérie; or, il
est impossible, après l'avoir mûrement examiné,
de ne pas reconnaître que ce système est loin de
fournir une solution claire et satisfaisante. Pour
qu'il en fût ainsi, il faudrait que cette doctrine se
trouvât en parfait accord avec les prescriptions de la
loi musulmane; car en Islam il n'y a pas d'exemple
d'institutions ou même de règlements administratifs qui soient en désaccord avec la loi religieuse;
et il me sera facile de démontrer que non-seulement ce système ne concorde pas, mais qu'il est en
contradiction directe avec les prescriptions légales.

Il importe donc tout d'abord de l'analyser avec
soin pour parvenir à découvrir les causes qui en
ont fait un instrument d'erreur au lieu d'un
moyen de solution; nous réussirons peut-être
ainsi à y démêler le vrai du faux qui y est allié
avec l'extrême habileté naturelle aux Musulmans
en général et plus particulièrement encore aux
Africains, et à faire ressortir l'inefficacité, et je
dirai plus, le danger des mesures par lesquelles
l'administration se montre disposée à trancher les
embarras qu'elle désespère de dissiper autrement[1].

C'est dans les comptes-rendus annuels du gou-

---

[1] Au moment où j'écrivais ceci, l'ordonnance du 4 octobre 1844 sur la
propriété en Algérie n'était encore qu'un projet soumis à l'examen du

vernement, et dans le livre de M. G. de Bussy où
la question est envisagée et traitée à peu près
identiquement, que nous prendrons le texte de la
doctrine officielle qui y a été recueillie et copiée
plus ou moins aveuglément par les autres publicistes. Nous ne mentionnerons qu'en passant un
petit écrit de feu le capitaine du génie Manguet,
qui est conçu dans le même esprit, mais où l'auteur, en voulant aborder son sujet d'une manière
plus dogmatique, a débuté par établir que tout
individu, sans distinction de position, de couleur
et de condition, avait le droit d'acquérir et de
vendre des immeubles. Cette proposition est inadmissible, vu que le code musulman ne laisse à
l'esclave que le droit de répudiation, et le déclare
inapte à tous les autres actes de la vie civile.

SYSTÈME OFFICIEL.

Tableau de la situation des établissements français en Algérie; page 257,
février 1838.

« Ainsi, quand l'occupation française est venue
» troubler si profondément les intérêts et les ha-
» bitudes de l'ancienne Régence, elle y a trouvé
» *la propriété constituée comme dans les pays civili-*
» *sés,* pouvant, comme partout ailleurs, donner
» lieu à des transactions autorisées par la loi du pays.
» Les biens, dans leurs rapports avec les dispo-

conseil d'État; je m'estime heureux d'avoir vu adopter par des hommes
aussi éminents que ceux qui composent ce conseil une partie des idées
que je publiai à cette occasion.

» sitions dont ils peuvent être l'objet, se divisent
» en *melk* et *habous*.

» Les biens *melk* sont les propriétés *libres* et
» *franches* dont le possesseur peut disposer selon sa
» volonté en se conformant à la loi.

» On appelle *habous* les biens dont un particu-
» lier *réservant la jouissance pour lui-même, sa pos-*
» *térité directe* ou *quelques-uns de ses parents dans un*
» *ordre déterminé,* donnait la *nu-propriété actuelle* à
» un établissement de piété, de charité ou d'utilité
» publique; c'était une véritable *substitution* par
» l'effet de laquelle l'institution appelée entrait en
» partage du *domaine direct,* en attendant que le *do-*
» *maine utile* lui advînt, exerçant *dès à présent* une
» partie des *droits de la propriété,* qui était *empri-*
» *sonnée, engagée* selon le sens originel du mot ha-
» bous.

» L'institution du habous avait lieu le plus
» souvent en faveur de la *Mecque* et *Médine,* des mos-
» quées, etc.

» Ces divers établissements n'étaient investis de
» la *pleine propriété* qu'à l'extinction de la postérité
» du donateur et souvent des branches collatérales
» appelées au deuxième rang. *Ces sortes de substitu-*
» *tions s'étaient multipliées à un tel point qu'elles com-*
» *prenaient la plus grande partie des maisons et des jar-*
» *dins, et s'étendaient déjà beaucoup dans la campagne.*

» *Le habous est de sa nature inaliénable;* mais si
» l'immeuble dépérissait entre les mains de l'usu-
» fruitier, si la ruine des bâtiments était imminente,

» sans que le possesseur actuel pût faire les dé-
» penses exigées, la *vente* ou plutôt l'aliénation avec
» un titre spécial était décidée et autorisée par une
» *délibération du midjelès*. Le contrat de vente qui
» intervenait alors au profit d'un tiers portait le
» nom d'*ana;* il emportait obligation pour l'acqué-
» reur de faire les réparations exigées, et de payer
» à perpétuité *une rente annuelle* qui prenait la place
» de l'immeuble dans les transmissions successives
» dont il pouvait être l'objet, et continuait de gre-
» ver la propriété dans quelque main qu'elle résidât.

» Lorsqu'après la conquête les Européens com-
» mencèrent à prétendre à la propriété du sol, les
» indigènes, incertains de l'avenir, se montrèrent
» encore plus empressés de vendre... Les capitaux
» manquaient; mais l'aliénation *à charge de rente*
» étant, pour les biens substitués, *dans l'usage du*
» *pays*, on étendit ce mode de fixation du prix aux
» immeubles de toute espèce et de toute origine. —
» L'Européen acheta imprudemment ce qui ne
» pouvait être vendu, souvent ce qui n'existait pas,
» et de personnes dont les qualités ou les droits
» étaient fort contestables.

» Les oukils des fondations et des corporations,
» les kadis qui rédigeaient les actes, le midjelès lui-
» même, tantôt par son assentiment, tantôt par son
» silence, concoururent à entretenir l'erreur de
» l'étranger ignorant de la loi musulmane, et les
» premières années virent se consommer une foule
» de ventes illégales... Le temps a remédié en par-

» tie au mal ; mais l'autorité devra peut-être inter-
» venir pour régler les effets des contrats qui re-
» montent aux premières années de l'occupation.
» Il y aura lieu d'examiner encore si à *l'inaliénabilité*
» *désastreuse des biens qui font l'objet de habous* exis-
» tants, recueillis, ou seulement attendus, on ne
» pourrait pas *substituer* avec avantage *la liberté d'a-*
» *liéner* avec toutes garanties pour les particuliers
» et les établissements intéressés. »

Après avoir énoncé exactement les mêmes idées,
M. Genty de Bussy, p. 222 de son ouvrage, s'exprime ainsi en traitant de la propriété dans les
idées musulmanes :

» Le droit de propriété sur un immeuble s'éta-
» blit, avant toute chose, par la possession des
» titres ; la *possession*, comme nous l'enten-
» dons, sans titre, n'établit jamais qu'un *droit*
» *précaire* et incertain, *quelle qu'ait été d'ailleurs sa*
» *durée.*

» Dans la pratique, rien de plus facile en Afrique
» que de suivre la transmission successive de la
» propriété privée; les actes qui la constatent se
» transcrivent ordinairement sur un rouleau de
» papier, qui contient déjà tous ceux dont l'immeu-
» ble a été l'objet antérieurement.

» Dans la vente à l'ana, les bailleurs à rente per-
» pétuelle ne se regardent pas comme dessaisis de
» la propriété de l'immeuble ; ils conservent d'or-
» dinaire par *devers eux les titres de propriété.*

» Des difficultés s'élèvent quelquefois quand

» l'immeuble est possédé par indivis; il est d'u-
» sage alors de déposer les titres en main tierce. »

EXAMEN CRITIQUE DU SYSTÈME.

Ces deux extraits sont un résumé sommaire de
la manière dont on a, depuis la conquête de l'Algérie, envisagé la propriété immobilière ; avant de
signaler l'erreur principale qui s'y trouve consacrée, et qui sera un peu plus loin l'objet d'un examen approfondi, c'est-à-dire la définition du habous, je dois rectifier les autres inexactitudes qui
s'y sont glissées et qui, pour avoir créé des embarras moins grands, ont cependant contribué à compliquer la question.

Je commence par la proposition émise par M. Genty de Bussy, suivant laquelle le droit de propriété
s'établit avant toute chose par la *possession des titres*, tandis que le fait de la possession, comme on
l'entend, sans titres, *n'établit jamais qu'un droit précaire, quelle qu'en ait été la durée.*

Je n'ai besoin, pour réfuter cette assertion, que
d'ouvrir le Manuel des actes d'Ebnou-Selmoûn, qui
fait autorité dans la Régence, à l'article des revendications de propriété :

Manuel des actes Ebnou-Selmoûn, p. 4.

« Si quelqu'un réclame comme lui appartenant
» un objet qui est entre les mains d'un autre, et
» que cet autre nie le fait, il n'est pas (celui qui
» nie) dans l'obligation de dire *comment* et *d'où* lui

» vient la possession de la chose réclamée ; c'est au
» demandeur à faire la preuve de son droit de pro-
» priété. Ces revendications peuvent avoir lieu
» pour des biens, soit meubles, soit immeubles ;
» pour celles qui ont trait à des immeubles on écrit
» ainsi : Ses témoins déclarent connaître un tel et
» le savoir tenant à titre de *propriété* et de *possession*
» (maelân ou mulkan)[1] toute une maison ou un
» bien sis à tel endroit, ou un champ ainsi délimité,
» et ils n'ont pas connaissance qu'il l'ait vendu,
» que cet objet se soit évanoui (détruit) ou soit
» sorti de sa possession en aucune manière jusqu'à
» ce jour ; et ils visitent les lieux quand ils en sont
» requis. »

Quand les parties sont des héritiers, on écrit
ainsi :

« Ses témoins connaissent un tel et savent qu'il
» était propriétaire et possesseur de toute une mai-
» son, etc. Ils n'ont pas connaissance qu'il l'ait
» vendue, qu'elle se soit détruite ou qu'elle soit
» sortie de sa possession en aucune manière jus-
» qu'au jour de sa mort ; ils déclarent savoir qu'il

---

[1] *Mael* signifie la propriété entière et sans restriction avec droit d'us et
d'abus. *Mulk* ne signifie point *propriété libre et franche*, il a simplement
le sens de *dominium* des Latins, et de *possession* ou *domaine* des Français ;
à chaque page de la description de l'Egypte par Makrizi, on trouve le mot
de *melik*, employé comme synonyme et équivalent des mots *damin*, *mou-
kabel* et *montesserif*, qui veulent dire fermier, tenancier et usufruitier, et
on voit bien qu'il y a une différence marquée entre ces deux mots, puisqu'ici ils sont associés dans la même phrase. Du reste, la loi musulmane
ne reconnaît pas de propriété viagère et le mot de mulk implique toujours l'idée d'hérédité.

» a laissé pour héritiers sa femme une telle, le fils
» qu'il a eu d'elle, puis un tel, un tel, et ne pas lui
» connaître d'autres héritiers que ceux qu'ils vien-
» nent d'énumérer ; en outre, ils attestent qu'il
» n'est pas venu à leur connaissance que ces héri-
» tiers aient vendu, etc., la maison. »

Suit la formule de descente de lieux ; et immédiatement après :

« Si le défendeur allègue la prescription, on
» écrit ainsi : « A fait opposition un tel (celui au-
» quel on réclame le bien) relativement à ce qui
» est constaté par l'acte d'enquête ci-dessus, par
» les moyens légaux d'opposition, alléguant qu'il
» a objection et prescription suffisante aux termes
» de la loi pour annuler ledit acte d'enquête et
» qu'il jouit des revenus de l'immeuble depuis une
» époque de tant. » Et il prend acte de cette déclaration.

» Quand il (celui qui détient l'immeuble) veut
» faire la preuve qu'il en a réellement joui,
» on écrit : Ses témoins connaissent un tel et sa-
» vent qu'il a joui de l'immeuble ainsi délimité,
» qu'il en a recueilli les revenus, et y a fait tous les
» actes de possession *depuis plus de dix ans jusqu'à*
» *ce jour,* et que le demandeur, qu'ils déclarent
» connaître, a assisté à ces actes en silence, sans
» s'émouvoir, ni agir, ni faire opposition pendant
» l'espace de temps indiqué, et qu'il a négligé toute
» réclamation à ce sujet, sans qu'il ait eu pour
» cela aucun motif plausible, jusqu'à ce jour où il

» s'est porté réclamant ; ils affirment ces faits et en
» ont la certitude et visiteront les biens quand ils
» en seront requis.

» Ceci fait, on rédige l'acte de descente de lieux ;
» et s'il est prouvé ainsi, sans que le demandeur
» puisse infirmer cette preuve, que le défendeur
» a réellement fait acte de possession pendant le
» temps voulu, *la preuve acquise au demandeur par le*
» *titre de possession* (*resm-el-mulk*) *est invalidée* et
» l'immeuble reste par jugement aux mains où il
» était. »

Par ce chapitre du *Manuel des actes*, nous voyons
que ce n'est pas seulement, comme le croyait M. G.
de Bussy, par des titres que la propriété s'établis-
sait en justice, mais par le témoignage ; et que la
possession sans titres constitue plus qu'un titre précaire, puisqu'après *dix ans* elle confirme dans la propriété et invalide les titres du véritable propriétaire.

Quant à la *facilité* qu'il y a en Afrique à suivre
la transmission successive de la propriété privée,
par la raison que les actes qui la constatent se transcrivent sur le même rouleau de papier, je n'y vois
aucun avantage, du moment où le titre originaire
ne précède pas l'inscription des transactions auxquelles a donné lieu l'immeuble, puisque dans le
cas d'ana, qui est sinon universel, au moins le plus
fréquent, le bailleur à ana conserve par devers lui
le titre de propriété, et que l'acte de constitution de
l'ana est toujours séparé des actes de transmission.

Je dirai plus, cette habitude d'écrire à la suite

les unes des autres les mutations d'un immeuble
n'a que dans bien peu de cas survécu à la conquête,
et maintenant, au moins dans toute la province de
Constantine, les actes formulés par les cadis non-
seulement ne s'inscrivent pas à la file des anciens
contrats, mais encore la teneur des actes a tout-à-
fait changé et les formalités requises autrefois ont
été complètement mises de côté.

Les contrats antérieurs à 1830 commençaient in-
variablement par la formule suivante : Après avoir
fait faire preuve de la possession (baad istikarrer el
mulk) et avoir constaté que tel bien lui est échu
par achat ou par héritage de tel ou tel parent, un
tel a déclaré vendre à un tel une maison dont la
porte regarde le sud ou le nord, contiguë à telle
maison, dans tel quartier de la ville, avec ses dépendances, etc.

Aujourd'hui, non-seulement on ne fait plus mention de la vérification de la propriété, ni de la manière dont l'immeuble est venu en possession du
vendeur, on se borne à constater *qu'un tel, l'illustre,
le vénéré* (c'est le musulman), a vendu *au chrétien
nommé ainsi* (pour le chrétien on adopte exactement
le même cérémonial que celui qui était d'usage
pour l'esclave en vente) un domaine ou un bien
ainsi délimité, etc.

Il résulte de là qu'aujourd'hui il est fort commun de voir plusieurs propriétaires se présenter
en même temps pour réclamer le même bien, armés
de titres de propriété fabriqués de la même ma-

nière, ou d'actes de notoriété pour lesquels ils trouvent toujours abondamment des témoins, quand il s'agit de faire du tort à un Européen ou d'embarrasser les autorités françaises.

Avant de décider aussi péremptoirement la question, il eût fallu prendre par les actes et les manuscrits qui avaient été sauvés des désastres de la conquête une idée approximative des transactions habituelles relativement à la propriété immobilière, et des règles tracées par la législation.

On eût vu que jamais il n'a existé, avant notre entrée, *de ces ventes à rente perpétuelle* qui, se sont impatronisées en Algérie, et qui ne sont consacrées ni par la loi française, ni par la loi musulmane;

Que le bail le plus long variait pour la terre cultivable de 3 à 10 ans, et que, quant aux bâtiments, on ne connaissait que des baux par an ou au mois; que du reste jamais le loyer n'était, comme cela a été établi en règle depuis notre occupation, payé par anticipation, qu'il était au contraire expressément stipulé que le loyer devait être payé à la fin le plus souvent, quelquefois par fractions pendant le cours du bail;

Que la vente à forfait, c'est-à-dire pour une somme fixée, était la transaction ordinaire; que des formalités rigoureuses étaient imposées lors de l'aliénation des biens des mineurs, des interdits et des absents; que, dans ce cas, l'urgence de la transaction devait être constatée juridiquement et la vente faite à l'enchère publique;

Que la lésion constatée de plus d'un tiers de la valeur de l'immeuble annulait la vente, qui d'ailleurs était nulle du moment où la convention était entachée de doute ou de conditions aléatoires et relatives soit à l'objet vendu, soit au prix de la vente ;

Que l'indivision n'est pas obligée en Afrique, et que le partage judiciaire est toujours accordé aux propriétaires par indivision.

Quant à ce droit, reconnu par M. Genty de Bussy, dans le cas de biens indivis, au propriétaire de la plus forte part, d'imposer la vente de l'immeuble à ses copropriétaires, on ne l'eût pas trouvé, car il n'existait pas plus que celui sur lequel je fus consulté un peu avant mon départ d'Alger par un membre de l'administration des domaines.

La question était relative à la préemption pour contiguité ou indivision, connue sous le nom de *scheffa*.

On sait qu'en pays musulman (le scheffa est institué par Mahomet) l'individu qui a une part indivise dans la propriété d'un immeuble a droit, quand son copropriétaire vient de vendre sa part à un tiers, de s'en emparer en déposant la somme stipulée par les parties.

Pour décourager ceux qui auraient été tentés d'user de ce droit et en même temps frustrer l'administration domaniale des frais d'enregistrement, les Maures d'Alger qui achetaient des parts de propriété indivise avaient l'habitude à l'article du prix d'achat de faire porter une somme minime, plus un paquet cacheté dont la valeur restait ignorée; il résultait de là que d'une part le préempteur légitime était privé de l'exercice de son droit, car ce paquet cacheté pouvait contenir des perles ou de l'or et rendre l'exercice du scheffa fort dangereux, et d'un autre côté le fisc ne pouvait prélever de droit proportionnel sur une valeur problématique. Un tel abus montre à quel degré notre ignorance de la loi musulmane était exploitée par les Maures. Afin d'y mettre un terme, il eût suffi pour l'administration domaniale d'avoir connaissance du précepte législatif aux termes duquel toute incertitude ou condition aléatoire relative à l'objet à vendre ou au prix de la vente annule la transaction.

Après ces remarques destinées à signaler quelques-unes des nombreuses erreurs en matière de droit musulman, acceptées par les rédacteurs du système que j'examine, je passe immédiatement à la question des habous et des ana qui en constitue la base.

Ce qui ressort positivement et clairement à ce sujet dans le texte officiel que j'ai rapporté, c'est que les auteurs sont convaincus que les *habous*, soit *originaires*, soit *devenus* des *ana* [1] par suite de la ruine de ces habous, ont envahi à peu près la totalité de la propriété immobilière dans l'intérieur et assez loin autour des villes.

---

[1] Il est bien entendu que je m'exprime ici dans le sens du langage de l'administration et des publicistes.

Toute la question, d'après ce qui précède, réside entièrement dans les habous.

L'étude et la connaissance exactes de cette institution peuvent donc seules donner la solution du problème.

Mais de là il faut nécessairement inférer aussi que toute erreur, tant soit peu importante, qui aurait été commise dans l'investigation de la nature du habous, et par conséquent de l'ana qui au point de vue du système que je critique en est l'issue et le résultat, aurait pour conséquence inévitable de fausser complètement le système relatif à la propriété immobilière, édifié uniquement sur cette base.

Or, je n'hésite pas à affirmer, et j'espère facilement prouver, qu'il n'y a rien de plus incomplet et en même temps de plus faux que les notions recueillies par l'administration, MM. de Bussy, Macarel et tous les autres publicistes, en ce qui concerne les *habous* et les *ana*.

Il ne pouvait d'ailleurs en être qu'ainsi à raison même des sources auxquelles on a demandé ces notions.

L'administration s'est bornée à les emprunter aux indigènes dont la leçon avait été concertée d'avance par les jurisconsultes locaux, et les publicistes ont pris leurs improvisations toutes faites dans l'excellent ouvrage dû à la plume de M. d'Ohsson.

Par suite de cette dernière circonstance, ces écrivains, dont les travaux *avaient pour seul objet l'Afri-*

que, nous ont étalé les règles du habous selon le mode ottoman ou d'Abou-Hanifa auquel d'Ohsson s'est uniquemment attaché, et ont gardé le silence sur les dispositions qui régissent la matière dans le rite de Malek, ignorant sans doute à la fois et que le rite de Malek est la législation dominante en Algérie, et que c'est surtout au sujet du habous que diffèrent le plus particulièrement Abou-Hanifa et Malek.

Je ne citerai qu'un exemple de ces dissidences; mais il suffira pour en faire ressortir toute l'importance.

Sous l'empire de la loi turque (rite d'Abou-Hanifa), le fondateur d'un *habous* a la faculté de réserver à *lui-même* ou aux *siens* la *gestion* et la *jouissance* de l'usufruit de son immeuble.

La loi barbaresque (rite de Malek) interdit formellement, et sous peine de nullité de l'acte, au constituant de conserver soit l'administration, soit l'usufruit du habous qu'il fonde, et l'oblige de se dessaisir immédiatement de l'immeuble, auquel il doit devenir complètement étranger.

Cette différence dans la règle change complètement la nature de l'acte du habous dans les deux pays; il importait donc de la mettre bien en vue, et cependant aucun de ceux qui ont traité ce sujet ne l'a signalée.

Il était impossible, au reste, de ne pas reconnaître la source commune à laquelle ont si abondamment puisé deux écrivains qui se sont plus particulièrement occupés du habous ou wakf, M. Macarel, auteur du rapport au ministre de la guerre sur la propriété en Algérie, et un membre du tribunal d'Alger.

L'un a copié, l'autre a analysé la longue dissertation qu'on trouve sous ce titre dans le deuxième volume du tableau de l'Empire ottoman, et tous deux ont rapporté ce que d'Ohsson dit au sujet du Wakf ady (vol. 2, p. 552 à 567). Or, d'Ohsson est le seul écrivain qui parle de cette espèce de wakf, laquelle en réalité n'a jamais existé, et tout ce qu'il dit à ce sujet est une longue suite d'erreurs dues à celle qu'il a commise dès l'abord en traduisant le mot *adi* par *coutumier*. Nous fournirons un peu plus loin la preuve convaincante de ce fait; en ce moment il nous faut revenir à l'étude du habous.

DU HABOUS OU WAKF.

Je crois avoir indiqué ailleurs que les deux mots de *wakf* et de *habous* ont le même sens; mais j'insiste sur ce point parce que M. de Sacy a émis une opinion contraire; le mot wakf est plus usité en Orient, tandis qu'on se sert plus généralement de celui de habous en Occident. Dans le livre de Sidi-Khelil, le chapitre consacré à ce sujet est intitulé *du Habous*, et il commence par ces mots : « Il est » permis de faire *wakf*. » Et je pense que cette preuve suffit pour ne laisser aucun doute sur l'identité du sens de ces deux mots.

Pour se faire une idée exacte de l'institution appelée tantôt *wakf*, tantôt *habous*, il est indispensable de l'étudier d'une part selon le rite d'Abou-Hanifa, et de l'autre au point de vue de celui de Malek.

§ I.

DU HABOUS SELON LE RITE HANEFI OU TURC.

Je vais extraire de la Hidaya, un des codes hanefis les plus méthodiques, les principales règles du wakf, au point de vue d'Abou-Hanifa : extrait de la *Hidaya*, tome 2, p. 34.

« Le bien wakf est un objet dont on dispose de
» telle manière que le droit du propriétaire y cesse
» et qu'il devient la propriété de Dieu, l'usufruit
» seul étant réservé aux hommes ; le wakf une fois
» constitué est par cela même absolu et irrévocable ;
» il ne peut plus être repris, ni donné, ni vendu,
» ni transmis en héritage.

» La validité du wakf s'établit ou par un acte ju-
» ridique, ou par la délivrance à un administrateur
» spécialement désigné (metwouli) ; le fondateur
» peut réserver pour lui-même, ou pour ses enfants
» et ses affranchis pendant toute leur vie, tant l'ad-
» ministration que l'usufruit de son wakf.

» Du moment où il est institué, le wakf *sort de la*
« *propriété du fondateur, mais sans pour cela devenir la*
» *propriété de personne autre*; car s'il en était ainsi,
» l'objet wakf ne serait pas captif ou immobilisé,

» ainsi que le comporte le sens du mot, et il pour-
» rait être vendu comme toute autre propriété; et
» ensuite parce que si la personne ou les personnes
» en faveur de qui le wakf est institué avaient la
» qualité de propriétaires, il en résulterait que la
» chose ne pourrait plus sortir de leurs mains, con-
» formément aux stipulations du fondateur ; ainsi
» en supposant qu'un individu ait fait une maison
» wakf pour la demeure des pauvres d'une tribu
» désignée, et que quelques-uns de ceux-ci ces-
» sassent d'être indigents, les droits qu'ils avaient
» à habiter l'immeuble passeraient à d'autres, ce
» qui ne pourrait point avoir lieu si leur droit avait
» été celui de la propriété.

» La mise en wakf de tout immeuble est valide;
» on peut aussi faire wakf des armes, des chevaux,
» des livres, etc., etc.

» La vente et le transfert à un titre quelconque
» de la chose faite wakf sont illégaux et nuls ; le
» prophète a dit à Omar : « Disposez de cette terre
» dans un but de charité, de telle sorte qu'elle ne
» puisse plus être vendue, ni donnée, ni transmise
» en héritage. »

» *Il est de rigueur* que sur le revenu de tout wakf,
» même quand il serait en faveur des pauvres, on
» prélève avant tout de quoi le tenir en bon état de
» réparation.

» Si celui qui a la jouissance à titre de demeure
» d'un immeuble wakf, se refuse à faire les répa-
» rations ou n'en a pas les moyens, le magistrat

» doit l'en faire sortir, donner l'immeuble à loyer
» et, sur le montant du prix recueilli, pourvoir aux
» réparations; quand elles sont faites, l'usufruitier
» est remis en possession; de cette manière on
» aura servi à la fois les intérêts du fondateur et
» ceux de l'usufruitier du wakf, parce que sans les
» réparations *le domaine se serait détruit et les droits*
» *de tous deux auraient subi le même sort.*

» Les matériaux provenant de l'immeuble wakf
» doivent être mis de côté afin de pouvoir s'en
» servir à l'occasion; s'ils sont hors d'usage relati-
» vement à l'immeuble, on les vend; mais le prix
» de cette vente reste affecté aux réparations fu-
» tures. Dans aucun cas il ne peut être donné aux
» usufruitiers, parce que les matériaux font partie
» de la chose wakf, sur laquelle personne n'a droit
» de propriété, le droit existant seulement sur les
» fruits et sur l'usage de la chose, mais non sur la
» chose elle-même.

» En ce qui concerne la location de l'immeuble
» wakf, on suit les instructions du fondateur, s'il en
» a donné; dans le cas contraire, on ne peut don-
» ner une pièce de terre à bail pour plus de trois
» ans et aucun autre immeuble pour plus d'une
» année.

» Le prix du loyer est établi au cours et sur esti-
» mation, et on ne doit jamais l'augmenter en vue
» de bénéfice.

» Celui en faveur de qui le habous a été consti-
» tué *n'a pas le droit de donner lui-même l'immeuble*

» *à loyer*, à moins que ce ne soit comme fondé de
» pouvoir ou comme administrateur spécial.

» On ne peut ni le prêter, ni l'hypothéquer;
» mais dans certains cas et avec l'observation de
» certaines formalités on peut l'échanger.

» Quand même un fondateur se serait expressé-
» ment réservé l'administration de son wakf, s'il
» s'en acquitte mal, elle lui est enlevée, même dans
» le cas où il aurait stipulé qu'on ne pourrait la lui
» ôter. »

DU HABOUS SELON LE RITE MALEKI OU AFRICAIN.

J'emprunte à la codification des décisions (*Fe-
taoui*) de Malek par Sidi-Khelil, les principales règles que ce jurisconsulte, qui fait loi en Afrique, a
formulées relativement au habous.

« Tout le monde a droit de faire *wakf* ce qu'il
» possède en propre ou même à titre de revenu.

» En faisant un objet habous, on ne donne pas la
» chose même, mais seulement l'usufruit.

» Toute déclaration de wakf est irrévocable et ne
» peut être annulée par la décision d'aucun juge.

» On ne peut faire habous la chose d'autrui,
» même avec l'assentiment du propriétaire.

» On peut faire habous les immeubles et les ob-
» jets mobiliers susceptibles d'être reconnus.

» On peut faire un esclave habous à un service
» d'hôpital; mais le habous est nul, s'il est inspiré
» par la volonté de lui occasionner de la peine.

» Le habous est permis en faveur de quiconque
» peut posséder de fait ou de droit; ainsi on peut
» constituer un habous en faveur d'enfants à naître;
» mais le habous n'a d'effet qu'après leur naissance.

» On peut faire un habous en faveur du chrétien
» ou du juif régnicole (*Dimmy*), mais jamais en fa-
» veur d'un infidèle étranger (*harby*).

» On peut faire un habous en faveur de riches
» aussi bien que de pauvres, parce que cet acte n'est
» pas une aumône.

» Tout habous ayant une destination anti-reli-
» gieuse ou immorale est nul; un infidèle ne peut
» faire de habous en faveur ni des mosquées ni des
» villes saintes.

» Un père ne peut faire de habous en faveur de
» ses fils en excluant ses filles; mais le habous fait
» exclusivement en faveur de ses enfants du sexe fé-
» minin est valide.

» Quand un habous est institué en faveur des en-
» fants, *ceux-ci s'en partagent les fruits par portions
» égales sans égard au sexe, en dérogation aux lois
» qui régissent les successions.*

» Si un homme fait habous sa maison d'habita-
» tion, il faut qu'il en sorte et il n'y peut rentrer
» d'un an, sans que ce retour n'invalide le habous.

» S'il existe une hypothèque sur un immeuble
» constitué habous, et qu'on soit incertain quant à
» la priorité de la dette ou de l'acte de fondation, le
» habous est annulé et l'immeuble mis en vente pour
» le paiement de la dette.

» Personne ne peut, quant il fait un habous, s'en
» réserver ni l'usufruit ni l'administration, même en
» s'associant à un tiers.

» Le habous est irrévocable du moment où le
» constituant a dit : je fais habous ; ou quand il a
» inscrit cette formule sur les murs d'une maison
» ou les feuillets d'un livre ; ou encore s'il a dit :
» je donne sous condition de ne jamais aliéner.

» Pour qu'un habous soit valide, il faut que l'in-
» dividu ou l'établissement accepte ; quand la fon-
» dation est faite en faveur des pauvres ou d'une
» mosquée, cette formalité n'est pas exigée.

» Il est permis d'établir sur un habous une ser-
» vitude ou un legs.

» Tout habous *qui n'est pas un immeuble,* comme
» seraient un vêtement, un cheval, une vache, et
» qui sont susceptibles de se détériorer par l'âge,
» peuvent être vendus, pour le prix en être affecté
» à une destination analogue.

» *L'immeuble habous, même quand il tombe en*
» *ruines, ne peut jamais être ni vendu ni échangé.*

» Il n'est qu'un cas où cela puisse avoir lieu,
» c'est quand l'emplacement du domaine habous
» est indispensable à l'agrandissement d'une mos-
» quée, d'une route ou d'un cimetière; alors on le
» vend et le prix de la vente est employé à l'achat
» d'un immeuble qui est fait habous à la place de
» celui qui a été démoli.

» Si quelqu'un dégrade un habous, il faut qu'il
» le fasse réparer; la valeur du dommage ne

» peut être acceptée ; ce serait comme une vente.

» Un habous ayant été loué à prix d'estimation,
» il n'est pas permis d'augmenter le prix de location.

» Si le habous est spécifié en faveur d'un ou de
» plusieurs individus, on peut le donner à loyer
» pour plus de deux années.

» S'il est fondé en faveur d'une corporation,
» d'un établissement, ou des pauvres, on peut le
» donner à loyer pour quatre ans.

» Si le habous est destiné, après la mort de Zaïd
» à passer entre les mains d'Amer, le second des
» appelés peut obtenir un loyer de dix ans. »

Je ne crois pas inutile de reproduire en finissant le modèle d'un acte de fondation de habous
maleki, tel qu'on le trouve dans le manuel des actes
civils d'Ebnou-Selmoun, page 16 : « Et le habous
» est licite sur tous les immeubles dont on est pos-
» sesseur, soit pièce de terrain, soit maisons, soit
» vergers, et on peut faire habous en faveur des
» majeurs et des mineurs, de ceux qui sont dans le
» ventre de leur mère, comme de ceux à naître plus
» tard, et on écrit à cet égard : a fait habous et wakf
» à perpétuité (moubadan) un tel, en faveur de ses
» enfants un tel, un tel et un tel, mineurs et sous
» sa puissance, ensemble tous les domaines sis à tel
» endroit, ainsi limités, avec leurs dépendances, ré-
» serves et tous accessoires, et en faveur de ceux
» des enfants qui pourraient lui naître encore par
» la volonté de Dieu, à égalité et en communauté
» entre eux tous, puis en faveur de leurs descen-

» dants et des descendants de leurs descendants
» dans l'ordre de propagation de leur lignée. — Les
» enfants n'entreront pas en jouissance simultané-
» ment avec leurs pères, et la part de ceux d'entre
» eux qui mourraient sans postérité retournerait
» aux survivants dans les mêmes conditions ; mais
» quand les derniers d'entre eux seront venus à dis-
» paraître et quand il n'en existera plus un seul,
» cet immeuble deviendra habous en faveur des
» pauvres de telle ville ou de telle mosquée, pour
» les revenus en être employés à l'avantage de ces
» pauvres ou de cet établissement, *année par année*,
» après toutes fois que, sur les revenus, on aura
» pourvu à l'entretien de l'immeuble en fait de con-
» structions, et d'autres frais essentiels qu'il com-
» porte ; et il est ainsi institué en habous parfait,
» perpétuel, comme il a été dit, sans qu'il y doive
» être rien changé ni altéré jusqu'à ce que Dieu en
» hérite, qui veille à ce qui vient de lui et à l'obser-
» vation des conditions imposées, héritant de la terre
» et de ceux qui sont dessus ; et il est le meilleur des
» héritiers. Par cet acte, le fondateur a eu en vue
» la faveur du Dieu Très-Haut et a voulu toucher sa
» bonté infinie, et Dieu ne lui refusera pas le salaire
» de cette œuvre méritoire. Et si quelqu'un ose
» toucher à ce habous ou y changer quelque chose,
» qu'il en soit comptable à Dieu, qui fera justice et
» entière vengeance, et ceux qui auront fait vio-
» lence ou détruit seront eux-mêmes détruits. Et le

» fondateur a délivré et transféré (istihaèz) la dispo-
» sition de l'immeuble habous, à ses fils susdits, et
» stipulé le retour en faveur de ceux qui pourront
» lui naître plus tard, selon ce qui est obligatoire
» en pareille matière, et fait pour eux le transfert
» à lui-même ; et il en connaît la valeur et les obli-
» gations qui s'en suivent, et il a rendu témoignage
» à cet égard sur son âme, et il est en état de santé
» légale.

Si c'est sa maison d'habitation qu'il a fait habous,
on écrit : « Et ont témoigné ceux qui ont vu, que
» la maison a été vidée des effets et appartenances
» du fondateur, et qu'elle a été fermée, et que tel
» est l'état des choses, etc., etc. . . . .

Je pense que maintenant, à l'aide des extraits et
du modèle d'acte que je viens de lui mettre sous
les yeux, le lecteur a pu se faire une idée plus
exacte de ce qu'est en réalité le habous ou wakf et
qu'il est convaincu :

Que le habous n'est point, ainsi que cela est dit
dans les comptes rendus administratifs et dans le
rapport de la commission de colonisation, un bien
dont un particulier donne la nu-propriété à un
établissement religieux, en réservant l'usufruit pour
lui et les siens ;

Que loin d'être une *substitution de la propriété*, le
habous, aux termes de la loi, est un bien sur lequel
cesse et s'annule tout droit de propriété ; cela est si
vrai que l'établissement appelé en dernier lieu, ne

jouit ni avant ni après l'extinction des autres usufruitiers du droit de propriété, et ne peut en aucune
manière disposer du fonds.

Si maintenant on se rappelle que la loi ne se
borne pas à défendre l'aliénation de tout immeuble
habous, mais qu'elle *formule positivement encore cette
défense même dans le cas où l'immeuble tombe en ruine ;*
que dire alors de cette définition de l'*ana* (qui est
l'âme du système consacré par l'administration) qui
fait de cet *ana* une *rente perpétuelle provenant de la vente
de l'immeuble habous tombé en ruine,* sinon qu'elle est
inadmissible, parce qu'elle est en contradiction for-
melle avec la prescription positive de la loi. On me
répondra peut-être que ce n'est point là une vente,
mais une location à rente perpétuelle ; je dirai que
cette version n'est pas plus acceptable, vu que l'a-
liénation à rente perpétuelle est une transaction
parfaitement inconnue chez les musulmans, et que
l'administration est dans une profonde erreur
quand elle affirme que ce mode de transmission
était fort usité en Afrique avant la conquête française ; elle possède des milliers d'actes rédigés antérieurement à notre occupation ; je maintiens que
dans ce nombre il lui serait impossible d'en pro-
duire *un seul* qui témoigne de la réalité d'une semblable transaction.

Quand, d'ailleurs, ce système de génération de
l'ana ne se trouverait pas détruit par la lettre même
de la loi, il ne pourrait supporter un moment
d'examen sérieux.

Il convient, en effet, de remarquer que les *ana* qui grèvent les immeubles en Algérie et qui, dans le système que je critique, sont censés représenter pour les usufruitiers la valeur de leur habous, ne s'élèvent qu'à des sommes fort modiques de 30 ou 40 francs et le plus souvent de 8 à 10 francs.

Il n'est guère possible de voir dans une rente aussi faible la représentation d'un immeuble d'une assez grande valeur. N'eût-il pas été plus avantageux pour l'usufruitier de céder ses droits moyennant une somme une fois payée, ou au moins de s'associer pour la reconstruction de son immeuble à un capitaliste qui subvint aux frais, sauf à s'en rembourser sur les produits à venir ?

D'autre part, l'aliénation par contrat à l'*ana* ne pouvant, dans l'hypothèse que je réfute, avoir lieu que dans le cas où l'immeuble est en ruine et le possesseur trop pauvre pour réparer ; de ce que toutes les propriétés en Algérie sont grévées d'*ana,* on arriverait nécessairement à conclure :

1° *Que tous les immeubles en Algérie ont été faits habous et sont tombés en ruine ;*

2° Que tous les possesseurs d'immeubles sont tombés dans l'indigence.

Et enfin, comme c'était l'administration des villes saintes (Haremine) qui percevait à peu près tous les ana, il faudrait arriver à cette conclusion encore un peu plus absurde que les deux précédentes à savoir que :

Toutes les familles des possesseurs d'immeubles en Algérie se sont éteintes.

En vérité, n'est-ce pas un système bien mal étudié que celui qui, commençant ainsi par une violation flagrante du texte de la loi, aboutit en finissant à de si ridicules impasses.

Il devait être clair pour quiconque a la plus légère teinture du droit mahométan, qu'il n'y a aucune connexité possible entre le habous et l'ana, parce que, d'une part, le habous ne peut point être vendu et que, de l'autre, il n'y a point en Islam de baux à rente perpétuelle.

Il nous faut donc chercher à la propriété immobilière une autre explication que celle qui nous à été fournie jusqu'ici par l'administration et les publicistes.

J'ai été mis sur la voie de celle qui me semble la seule vraie par l'observation d'un fait qui a échappé à l'attention des publicistes et des administrateurs.

Parmi tous les actes de transmission d'immeubles qui m'ont passé sous les yeux, et je ne balance pas à l'affirmer, parmi tous ceux que renferment les archives du domaine à Alger, *il n'en existe pas un seul qui constate la vente, soit à forfait, soit à rente perpétuelle, d'un terrain propre à bâtir.*

En face de ce fait si remarquable, la pensée doit nécessairement venir que le terrain n'est pas réellement susceptible d'être tenu en propriété, et que le possesseur de l'immeuble auquel il a servi de base n'a pas le droit d'en disposer par vente.

Placée à ce point de vue, pour celui qui a quelques notions de la législation musulmane la quèstion s'éclaircit et la solution se rapproche.

Mais avant de procéder à la continuation de cet examen, il me semble convenable de corroborer l'affirmation qui précède en rapportant le texte des différents modèles d'actes relatifs à la vente et à l'achat d'immeubles, fournis par le Manuel d'Ebnou Selmoun.

Acte de vente d'une maison : « Un tel a acheté » d'un tel toute la maison ainsi délimitée, sise à *** » avec les droits et servitudes, les réserves et l'ensem- » ble de ses usages et accessoires, par achat valide, » licite, en connaissant la valeur au prix de..... en » telle monnaie; le vendeur a reçu ce prix person- » nellement, et il en a donné acquit, ou bien il sera » payé à telle époque; et il a été fait à l'acheteur » délivrance de la possession de ce qu'il a acheté, » sous l'empire de la tradition et du retour à *l'État* » de terrain; après qu'il l'a examiné et scruté qu'il » a consenti et s'est engagé, et ont témoigné, etc., etc.

» Et si dans la maison il y a des vices tu écriras : » et après que l'acheteur a été prévenu que la mai- » son est vieille de construction, que les fondements » de la bâtisse sont en mauvais état, et qu'elle est peu » propre à réparations, et que cependant il a con- » senti et s'est engagé, et ont témoigné, etc., etc.

» Et si l'acte est formulé vente tu écriras : a vendu » un tel à un tel toute la maison sise à ***, ainsi » délimitée avec les droits et servitudes, les réserves,

» entrées et sorties par vente valide et licite, sans
» acception d'aucune condition, ni exception, ni
» option, moyennant un prix de..... reçu par le
» vendeur ou payable à tel terme, et par suite dé-
» livrance complète et définitive a été faite à l'ache-
» teur de la *possession* de la chose vendue, et celui-
» ci s'y est établi comme dans toute propriété à lui,
» sous la loi de la tradition et du retour *à l'État* de
» terrain. Après examen, investigation et consente-
» ment et après que l'acheteur a été informé que
» ladite maison est vieille de construction, que les
» fondations sont en mauvais état, qu'elle est peu
» susceptible de réparations et que nonobstant il a
» consenti et s'est obligé, et ont témoigné, etc., etc.

» Et si l'objet à vendre est une portion de mai-
» son, tu diras : A acheté, un tel d'un tel, la partie,
» soit le quart, soit la moitié de la maison sise......
» et tu continueras comme ci-dessus, seulement,
» quand tu en seras à mentionner la loi de la tradi
» tion et du retour, tu ajouteras : et par indivision
» avec le sus-nommé, et tu indiquera le cas où, étant
» déjà propriétaire indivis, son acquisition lui com-
» plèterait la possession de toute la maison ou d'une
» certaine portion.

» Et si la chose à vendre est l'espace (l'air), tu di-
» ras : a acheté un tel d'un tel l'espace au-dessus
» du toit de la chambre qui est au midi, de la mai-
» son sise... pour y construire un étage; les parois
» seront de telle hauteur et de telle largeur, en terre
» ou en briques ; la terrasse aura telle forme, l'en-

» trée sera de tel côté, la sortie sur tel point; le
» plancher sera à la charge du vendeur ou de l'ache-
» teur, après connaissance du prix d'achat, par
» achat valide, etc., etc.

  » Et s'il s'agit de vendre les matériaux d'un édi-
» fice, sous condition de le démolir et d'enlever les
» débris, tu écriras : A acheté, un tel d'un tel, la
» totalité des matériaux composant la maison ou le
» magasin, sis à..... ainsi délimités, à charge de
» démolition par l'acheteur qui aura la propriété
» des matériaux (le sol étant à l'État ou à un tel),
» par achat valide licite, au prix de..... qu'a reçu
» le vendeur et dont il a donné acquit; et déli-
» vrance a été faite à l'acheteur de la bâtisse sus-
» dite, après qu'il s'est rendu sur les lieux, qu'il
» a visité la bâtisse et s'est assuré de la valeur de la
» masse des matériaux qu'elle comporte et sous l'em-
» pire de la tradition en cette matière et *du retour*
» *du terrain*, et ont témoigné, etc.

Je pense que la lecture des passages du Manuel
d'Ebnou-Selmoun que je viens de reproduire met
parfaitement en lumière ce que je voulais démontrer.

Il y est question de toutes les formes possibles
de vente et d'achat d'immeuble, même de l'espace,
de l'air pour surbâtir, et nulle part il n'y est question ni de la vente, ni de l'achat d'un terrain. Il y
a plus, tant qu'il est question de la cession d'une
maison qui est habitable, l'acte comporte toujours
la formule du *retour obligé, quand elle sera réduite à*

l'état de terrain (mardja-*bil* dark); dans la rédaction
de l'instrument concernant la vente d'un immeuble
à démolir, cette formule change et spécifie, non plus
le retour quand la maison sera réduite à l'état de
terrain, mais directement et positivement le retour
du fonds (mardja *el* dark); et cette variation de la
formule ne peut pas être expliquée par une faute
de rédaction; car, d'une part, le manuscrit est parfaitement correct et ne présente pas une seule
faute, et de l'autre il est spécifié dans le texte que
les matériaux sont seuls la propriété de l'acheteur,
vu que le sol appartient à l'État ou à un tel.

Cette clause de *mardja bil dark* se retrouve dans
tous les contrats de vente, d'échange et de partage
d'immeubles qui datent d'avant la conquête française; mais elle a toujours été laissée intraduite
par les traducteurs assermentés, qui, n'ayant pu obtenir des Maures l'explication du sens de cette
phrase, ont pensé qu'elle ne valait pas la peine
d'être rendue.

A l'aide de tout ce qui précède, nous voyons
combien peu est fondée l'opinion d'après laquelle
on admettrait que la propriété immobilière est constituée dans les pays musulmans comme elle l'est
en Europe; mais il nous reste à déterminer le caractère qui lui est particulier en Orient, et comme
c'est par les armes que s'est établie et étendue la
famille mahométane, c'est dans le code spécial de
la guerre qu'il nous faut aller chercher la connaissance des éléments de l'organisation immobilière.

§ II.

ORIGINE ET NATURE DE LA PROPRIÉTÉ IMMOBILIÈRE DANS L'INTÉRIEUR ET AUTOUR DES VILLES.

Dans tous les cas d'acquisition d'un pays par les armes musulmanes, la loi prescrit au conquérant de faire *wakf* ou *habous*, dans l'intérêt de la communauté, *non-seulement* les territoires propres à la culture des céréales, c'est-à-dire de grande culture, mais encore tous les immeubles en état d'entretien et de production, de quelque nature qu'ils soient (akar) [1]; elle n'excepte de cette constitution obligatoire de habous que les terrains nus, qu'elle nomme indifféremment *mouaet* (morts), *adi* et *madjoûn* (délaissés et ruinés).

Quand nous serons parvenus 1° à savoir ce que deviennent les immeubles ainsi faits habous par suite de la conquête, et 2° la manière dont en Islam on dispose des terrains vagues et inoccupés, nous aurons toutes les notions qui nous sont nécessaires pour déterminer la manière dont se constitue la propriété immobilière.

Le commentateur de Sidi Khrelil, Abdelbaqui, nous enseigne que les immeubles (*akar*) faits habous par le conquérant doivent être destinés à l'habitation et à l'usage des soldats vainqueurs, ou donnés

---

[1] Voyez le texte du commentaire d'Abdelbaqui, p. 95 de cet ouvrage.

à location à charge d'entretien ; mais *que quand ils sont tombés en ruine, le habous périt avec eux, et que le terrain sur lequel ils étaient assis rentre dans la classe des terres mortes, c'est-à-dire vaines et vagues.*

Ce renseignement réduit le problème à sa plus simple expression ; il ne nous reste qu'à connaître la loi qui régit les terres mortes pour savoir comment naît et se comporte la propriété.

DES TERRES MORTES OU VAINES ET VAGUES.

Le prophète a dit : « Quiconque ramène à la vie » (c'est-à-dire rend productive) une terre morte en » devient de droit le propriétaire. »

La revivification s'accomplit par le bornement, le défrichement à la main, le creusement de puits, l'érection de bâtisses et de plantations ; mais elle ne peut s'entreprendre que moyennant une autorisation ou concession (*iktaa*) du souverain.

Nous avons, à la page 184, rapporté dans toute leur extension les passages du manuscrit de Mawerdi où sont exposées l'histoire et les règles de ces concessions ; nous y avons vu que le droit de propriété sur la terre morte, concédé par le gouvernement, n'est pas conféré immédiatement par le seul fait de l'*iktaa*, qu'il ne s'établit en réalité qu'à partir du moment où le jardin ou la maison projetés sont achevés et en état de production ; que si le concessionnaire, négligeant les travaux, se contente de délimiter et de borner son terrain, au bout d'un terme de trois années, selon Abou-Hanifa, la concession est considérée comme nulle et le terrain retombe dans la classe des terres mortes, pour faire l'objet d'une nouvelle concession.

Que si un individu survient qui mette en rapport la terre abandonnée par le concessionnaire, il n'en devient lui-même propriétaire, malgré ses travaux, qu'à l'expiration de la troisième année ; seulement le concessionnaire est libre de reprendre son terrain en tenant compte au producteur des frais qu'il a faits, ou de le lui laisser en exigeant de lui le remboursement du prix auquel la concession a été obtenue.

On voit, par cette dernière prescription, que ces concessions ne se faisaient pas à titre gratuit, et effectivement l'usage a prévalu, dans les États mahométans, de concéder les terres mortes moyennant un prix d'entrée fixé par enchère et un cens annuel peu considérable.

De ces principes, qui en pratique aussi bien qu'en théorie régissent en Islam l'exploitation des terres de petite culture, c'est-à-dire des villes et de leur banlieue, il résulte *que le sol qui supporte une fabrique ou une plantation est bien la propriété du possesseur de l'immeuble, tant que celui-ci dure ; mais que quand cet immeuble a péri, si dans un espace de trois années il n'a pas été procédé à la réédification, le sol rentre dans la classe des terres mortes, c'est-à-dire retourne à l'État, qui en fait l'objet d'un nouvel iktaa.*

Ce fait est pour nous un lumineux commentaire

du passage déjà cité de la Hidaya, où il est dit à l'article du habous :

« Si l'usufruitier d'un habous se refuse à faire
» les frais de réparation de cet immeuble, le magis-
» trat doit l'en faire sortir, donner l'immeuble à
» loyer et prélever sur les produits les frais d'en-
» tretien; par cette mesure, il aura servi également
» les intérêts du fondateur et ceux du bénéficiaire
» du habous, puisque l'omission des réparations eût
» eu pour résultat la destruction de l'immeuble, et
» que par suite les droits de tous deux auraient subi
» le même sort. »

Dès à présent nous pouvons entrevoir le véritable
but du *habous* ou *wakf*; nous n'avons plus besoin
pour l'expliquer de nous payer de cette phrase vide
de sens [1] que les publicistes nous ont tous répétée
à satiété, à savoir, que le habous était le souverain
moyen de soustraire la propriété aux confiscations;
*il nous devient facile de comprendre que le droit à la
possession ultérieure du sol venant à cesser par le fait
de la ruine de l'immeuble qu'il supportait, le habous,
dont la règle capitale est de prélever avant tout sur les
revenus de quoi maintenir constamment l'immeuble engagé en bon état d'entretien, est le moyen le plus simple*

---

[1] Je dis vide de sens, parce que les lois musulmanes, non-seulement n'autorisent pas, mais proscrivent expressément la confiscation.

Une appréciation tout-à-fait inexacte de la manière dont la terre est tenue chez les musulmans a fait considérer par les voyageurs comme des confiscations les mutations qui surviennent à chaque moment dans la possession des districts territoriaux. C'est ainsi que les changements opérés par Méhémet-Ali dans l'administration du sol de l'Égypte ont été présentés comme une violation de la propriété.

et le plus sûr que puisse employer un père de famille pour garantir à lui-même et aux siens la plus longue durée possible de la propriété.

Il y trouve, en outre, deux avantages :

Le premier, d'être certain que les enfants des deux sexes qu'il aura institués bénéficiaires de son habous jouiront d'une part égale dans les revenus, et de corriger ainsi l'inégalité consacrée par la loi des successions qui assigne au fils deux parts et une seulement à la fille ;

Le second est que, dans le cas où il ne laisse que des filles, elles ont la jouissance de la totalité des produits du domaine habous ; tandis que si elles héritaient d'un bien non engagé (mulk), le trésor public (beit el mael) interviendrait comme héritier d'une moitié ou au moins d'un tiers de la propriété[1] qui alors serait vendue à l'enchère et devrait forcément sortir de la famille.

Enfin, au moyen du habous, le chef de famille fait une œuvre pie, qui en réalité ne change pas la destination de son immeuble, puisque l'*usufruit*

[1] Ces détails, que n'ont donnés aucun des écrivains qui se sont occupés du habous, prouvent combien il est nécessaire d'être familier avec toutes les parties de la législation musulmane quand on veut traiter un point quelconque de la jurisprudence. C'est cette ignorance des particularités de la loi qui a fait commettre de si nombreuses erreurs aux voyageurs dans des relations d'ailleurs impartiales et intéressantes.

Ainsi, je citerai à ce sujet le livre de Thornton intitulé : *État actuel de la Turquie*, où l'auteur, qui avait longtemps résidé dans le Levant, rapporte comme une violation de la propriété l'intervention du trésor public comme héritier d'un raya mort sans enfants.

1er vol., p. 450 : « A la mort d'une personne qui n'a pas fait de testan'en revient aux établissements désignés ou aux pauvres (c'est-à-dire à l'État) qu'après l'entière extinction de sa descendance, et, s'il le veut, de ses affranchis, auquel cas le trésor public aurait naturellement été appelé à hériter.

Quand donc, en dernière analyse, l'immeuble qui a été fait habous vient à tomber en ruine, deux éventualités se présentent de même que quand il s'agit d'un immeuble libre :

Ou ce qui a été prélevé annuellement sur les revenus suffit pour acquitter les droits et faire les frais de la reconstruction, et l'immeuble réédifié reste habous comme auparavant ;

Ou les réparations ne pouvant être faites, le terrain retourne à l'État et devient l'élément d'une nouvelle propriété libre (mulk).

Cette démarcation si tranchée entre la propriété franche et réelle de la bâtisse ou des arbres et la possession conditionnelle et censitaire du terrain qui les supporte, qui n'a été soupçonnée par aucun orientaliste, est précisément la grande différence qui dis-

ment ou dont les héritiers sont inconnus, le miri intervient et s'empare de la propriété au nom des absents ou inconnus..... J'ai connu des sujets arméniens de la propriété desquels le gouvernement s'est emparé de force, etc. — Entre autres, je citerai un riche Arménien nommé Sakka' Oglou, dont la veuve fût dépouillée parce qu'il n'avait pas laissé d'enfants. »

Thornton n'eût point vu là une spoliation s'il eût su, d'une part, qu'il n'y a pas communauté de biens dans le mariage en Turquie ; et, de l'autre, que la veuve n'a droit qu'à une très faible fraction de ce que laisse le mari : il fallait donc que le miri fît vendre pour opérer le partage.

tingue l'organisation de la propriété immobilière en Orient de celle qui est propre à l'Europe.

En effet, tandis qu'en Europe, quand la maison a cessé d'exister, le propriétaire reste maître du terrain qui souvent a acquis une valeur égale, sinon supérieure, à celle qui vient de lui échapper, en Orient on ne considère comme propriété que les matériaux, et quand une expropriation a lieu pour cause d'agrandissement d'un chemin, d'une mosquée ou d'un cimetière, l'État ne tient compte à l'exproprié que de la valeur des matériaux et de la main-d'œuvre.

Tout vient à l'appui de l'opinion que je viens d'exposer : les formules de contrats de vente que j'ai reproduites plus haut, où l'on remarque des modèles d'actes pour la cession de maisons entières, de moitiés ou parties de maison, de l'air au-dessus (c'est-à-dire de la faculté de surbâtir), sans pouvoir trouver rien qui ait rapport à la remise d'un terrain à bâtir ; on y est frappé, en outre, de voir, dans le cas où l'immeuble est en mauvais état, la loi exiger qu'il soit mentionné dans le contrat que la maison est vieille et peu susceptible de réparation.

Cette précaution rappelle involontairement celle que prenaient les Hébreux de s'assurer, avant de conclure un achat, du nombre des années qui restaient encore à courir jusqu'à l'époque fatale du jubilé, et sur lequel l'acheteur se basait pour proportionner le prix de son acquisition.

Enfin, dans tous les instruments relatifs à la preuve testimoniale de la propriété, on retrouve la formule suivante :

« Et les témoins d'un tel déclarent qu'ils con-
» naissaient lui appartenant à titre de *possession* et
» de *propriété* une maison située dans tel quar-
» tier, etc., et qu'il est à leur connaissance qu'il ne
» l'a jamais vendue, *qu'elle ne s'est pas détruite entre*
» *ses mains,* et qu'elle n'en est sortie d'aucune ma-
» nière jusqu'à ce jour. »

Cette distinction entre le mode de possession de l'immeuble et du sol sur lequel il repose, qui ressort si clairement des prescriptions législatives et de la teneur des contrats, existe de même pour l'immeuble fait habous, et si elle ne se trouvait écrite dans le texte d'Abdelbaqui, il serait facile d'en acquérir la preuve par l'inspection des kanoun nameh dus aux sultans ottomans; je me bornerai à une seule citation :

Question[1] *:* « Seïd ayant labouré à la charrue une
» pièce dans le jardin qu'il a fait wakf, si après sa
» mort le fisc (miri) veut concéder ce terrain non
» au wakf (c'est-à-dire à l'usufruitier désigné par
» la charte de habous), mais à un autre, en a-t-il
» le droit? »

Réponse : « Le wakf ne concerne que les arbres

---

[1] On sait que c'est sous la forme de questions et de réponses que les muphtis résolvent les cas douteux qui leur sont soumis. Cette citation est extraite du livre de M. de Hammer sur le gouvernement et l'administration de la Turquie; vol. 1, p. 415.

» et non le sol qui est entre eux et qui peut tou-
» jours être donné à ferme. »

Deux faits nous sont donc acquis maintenant par
suite de l'étude que nous venons de faire des prescriptions légales :

1° Le bien habous ne peut jamais devenir l'objet, ni *d'une vente*, ni *d'un long bail;*

2° Le terrain sur lequel reposait un immeuble
soit libre, soit habous, cesse, après la destruction
de cet immeuble, d'être la chose du propriétaire ou
de l'usufruitier, s'ils n'ont point rebâti dans un
temps donné; et, dans aucun cas, ils ne peuvent
disposer par vente du sol nu.

Ces deux faits seuls suffiraient pour détruire
complètement le système qui envisage l'*ana* comme
le prix de la vente ou de la location à bail perpétuel du terrain provenant d'un habous ruiné, si,
en signalant plus haut les conséquences ridicule-
ment inadmissibles qui en découlent, nous n'en
avions déjà fait ressortir l'impossibilité.

§ III.

DE L'ANA.

Mais il ne suffit pas d'avoir démontré la fausseté
de l'explication qui a été donnée jusqu'ici de l'*ana;*
il importe maintenant de résoudre ce problème.
En raison des recherches qui précèdent sur le mode
et les conditions de la concession des terres vaines

et vagues, le lecteur aura pressenti que l'ana ne peut guère être autre chose que le *cens annuel* attaché à cette concession ; mais cette supposition, toute vraisemblable qu'elle soit, a besoin d'être confirmée par des preuves, et nous ne pourrons mieux les trouver que dans un acte sérieux de cession à l'*ana*.

Ces actes, par une raison facile à saisir, sont (ostensiblement au moins) très rares en Algérie, et on les trouve bien moins aisément que les rouleaux de papier sur lesquels sont inscrits à la file les uns des autres les contrats de vente d'immeubles, vu que ces sortes d'actes de vente ont été jusqu'aujourd'hui et sont encore admis comme les seuls et véritables titres de la propriété en Algérie.

Nous allons mettre sous les yeux du lecteur la traduction d'une charte d'ana dont l'authenticité ne nous semble pas suspecte ; elle porte en tête le cachet d'Achmet-ben-Mollah-Mohammed, et la date de 1243 de l'hégire, c'est-à-dire 1827 de l'ère chrétienne.

« Après qu'il a été constaté avoir été constituée
» wakf parmi les wakouf de la Mecque et Médine
» (Harémine) toute une maison, sise dans la rue
» Dankete, connue sous le nom de maison de Sidi-
» Mohammed-el-Gadiouy, en la ville de Belida,
» ainsi qu'il résulte de l'acte de habous (wakfyé)
» déposé entre les mains de l'agent de la Mecque et
» Médine, et celui-ci est le respectable Hussein, fils
» de..... et la preuve ayant été faite par témoignage
» authentique que cette maison a été détruite et

» mise à niveau de terre par suite du tremblement
» de terre qui a eu lieu il y a environ *trois ans,* et
» que depuis cette époque les emplacements ha-
» bous sont restés en cet état, il a plu au souverain
» suprême, le flambeau des rois, etc., etc., notre
» seigneur Hussein-Pacha, quand il en a été infor-
» mé, d'ordonner que deux assesseurs jurés, pris
» dans chacun des deux tribunaux, fussent envoyés
» en compagnie d'experts qui connussent le prix
» auquel pourrait avoir lieu la *permutation* à l'*ana*
» du *terrain de ladite maison,* et, du reste, sous l'au-
» torisation des seigneurs les oulémas, lumières et
» flambeaux du siècle, les muphtis et cadis dont la
» réunion constitue le midjelès scientifique dans
» la grande mosquée d'Alger, la bien gardée par
» Dieu, pour décider ensuite si cette évaluation est
» juste et si elle ne comporte aucune fraude ni lé-
» sion au préjudice du habous susdit;

   » Et il a envoyé près des oulémas son interprète,
» l'illustre, etc., le Turc Sidi-Achmed, fils de Sidi-
» el-Hadj Aly ben Schatab, afin de leur commu-
» niquer son intention de *livrer* l'endroit susdit à
» l'individu qui s'engagera à y élever bâtisse ou
» autre, et à payer *l'ana qui y est attaché,* à qui de
» droit, pour la durée et la permanence.

   » Et ils y ont donné leur assentiment, et les as-
» sesseurs jurés sont partis en compagnie de ceux
» dont les noms seront ci-dessous mentionnés; et
» la commission réunie est arrivée à Belida et a
» examiné dans tous les sens; et estimation a été

» faite, par l'entremise de qui sera indiqué plus bas,
» des immeubles susdits, à un taux qui ne comporte
» ni fraude ni lésion, et entre autres de la totalité
» du terrain de la maison susnommée, en présence
» des sages, savants, etc., Mohammed, muphti ha-
» nefi à Belida; Belkassem, muphti maleki audit
» lieu; les oulémas Sidi-Mohammed, cadi de Belida;
» Sidi Tahar; l'illustre Sidi Moustapha, schaousch
» des janissaires, Hakem de Belida, et le sieur
» Mohammed, secrétaire du puissant et renommé
» Ibrahim, agha de la Sbahia (envoyé par le pacha),
» Mohammed Schaousch, agent de la Mecque et Mé-
» dine, et d'un grand nombre d'autres personnes
» qu'il serait trop long d'énumérer.

» Et là Sidi Mohammed Schaousch, en l'absence
» de son agent Sidi Ali Khoudja, a livré la totalité
» du terrain de la maison susmentionnée au *per-*
» *mutant* le sieur Mohammed, fils de Sidi Moham-
» med bou Djeda, à charge par lui de lui payer an-
» nuellement la somme de trente réaux d'aspres
» chiques en argent, moyennant quoi il pourra éle-
» ver sur ce terrain toute bâtisse qu'il lui plaira et
» autre, et *sera tout ce qu'il aura ainsi érigé son bien*
» *personnel,* comme tous ses autres biens, et *il en*
» *pourra disposer par toutes les formes de disposition*
» (*yetesarif fihou benoua el tessarifat*), sans empêche-
» ment, obstacle ou reprise; après que Sidi Boud-
» jeda, le preneur susdit, s'est engagé (eltezem) à
» faire les constructions indiquées à ses propres
» frais, et à fournir annuellement la somme fixée,

» lui ou ses ayants-droit, pour la durée et la perma-
» nence, par engagement valide; les assesseurs sont
» allés prévenir de cela leurs seigneuries les oulé-
» mas, et ledit preneur est venu soumettre l'affaire
» au midjelès scientifique assemblé dans la grande
» mosquée d'Alger; étaient présents les vénéra-
» bles, etc., les muphtis El-Hadj-Achmed-ben-el-
» Hadj-Omar, et Aly ben..... el-Mendjellati, et le
» flambeau des cadis, Sidi Abou'labess Achmed
» *Effendi*, cadi hanefi, celui dont le cachet est en
» tête de cette pièce, et le scheik, l'iman Mo-
» hammed Moustapha (cette signature en encre
» rouge est celle du cadi maleki); et il leur a de-
» mandé une expédition judiciaire qui l'autorise à
» prendre possession du terrain susdit des mains
» de qui a été indiqué, moyennant le prix annuel
» de trente réaux d'aspres chiques, et les a priés de
» permettre aux assesseurs jurés d'en prendre écri-
» ture; et ils y ont consenti et ont ordonné la con-
» statation de l'équité et de la suffisance du prix de
» permutation indiqué, constatation qui a été ac-
» complie par les témoignages des honorables Sidi
» Mohammed Schaousch, syndic de la compagnie
» des maçons, et le maçon Sidi, fils de....., qui ont
» affirmé que le prix de la permutation à l'ana du
» terrain de la maison était un prix équitable et
» convenable, et qu'il n'y avait ni fraude ni lésion
» à l'égard du habous susdit; et, après cette preuve
» faite, ils ont permis aux assesseurs d'écrire, et ils
» se sont éloignés; et le sieur Boudjeda a réclamé

» de leurs seigneuries le jugement de validation de
» l'ana, et ils ont autorisé le cadi à rédiger ce ju-
» gement dont il a recueilli les termes de leur bou-
» che; et les assesseurs ont témoigné, etc., etc. »

Cette charte d'ana nous semble fournir des renseignements précieux et qui sont en désaccord manifeste avec l'explication qui a prévalu jusqu'ici de
l'*ana*. Dans le système que je combats, le midjelès,
ou même le cadi seul, intervient *une fois* seulement
pour autoriser l'aliénation à titre spécial d'*ana;*
mais cette *création de l'ana* une fois accomplie, il
n'y a plus jamais lieu à l'intervention du midjelès,
et l'acquéreur est maître de faire ce qu'il veut de
son bien, de le détruire et de le réédifier, pourvu
que lui ou ceux qui le remplacent acquittent la
rente perpétuelle qui grève l'immeuble.

Dans l'acte que nous avons reproduit, il s'agit
bien d'une maison wakf qui s'est écroulée; mais il
n'est pas question de disposer du sol en créant un
ana qui le représente; *cet ana préexiste*, et c'est, non
pas le midjelès ni l'administration du habous, *mais
bien le souverain*, qui, après un terme de *trois années*[1],
fait la concession du terrain à un particulier, *à*

---

[1] Si le lecteur veut bien se rappeler les règles qui président à la concession des terres mortes en Islam, l'intervention du souverain, le terme
de trois années, la formule d'engagement (eltezem) imposée au preneur,
toutes ces circonstances réunies lui font reconnaître un acte de concession de terrain à un tiers. Il sera confirmé dans cette opinion en acqué-
rant un peu plus bas la preuve que l'administration du habous de la
Mecque et Médine n'est autre chose qu'une division du ministère des
finances.

charge par celui-ci de construire et de *succéder* dans le paiement de l'ana qui *déjà est établi* sur le sol.

Lui fait-on d'ailleurs la vente du terrain ? Non ! on le lui livre pour y bâtir, en lui garantissant la possession, la jouissance (tessarif) de tout ce qu'il aura construit, moyennant acquittement de l'*ana*.

Il y a donc ici pour le concessionnaire (car il s'agit évidemment ici d'une concession et non d'une vente) deux choses parfaitement distinctes : d'une part, l'édifice qu'il élèvera à ses frais et qui sera sa propriété personnelle (*mulk, melk*); de l'autre, le sol qui lui est livré sous condition d'un cens annuel (*ana*).

De la réunion de ces deux éléments il surgit une propriété mixte, c'est-à-dire grevée d'un cens, ou *censitaire*.

Que, de même que je viens de rapprocher les deux modes de propriété, on réunisse les mots qui servent à les exprimer en arabe, et on obtiendra un terme qui aura la signification de possession ou de propriété censitaire et qui sera *melk-ana,* ou en turc *melk y ana*, et au pluriel *malekyana* (il faudrait, à la rigueur, dire melekyana).

Nous sommes certains maintenant d'avoir trouvé la bonne trace, car ce mot de *malekyana* nous fait immédiatement reconnaître une institution qui existe en Turquie et qui de ce pays est évidemment venue à Alger.

Il nous eût été difficile, en effet, de comprendre l'existence en Algérie d'un élément administratif

impossible à retrouver dans les autres pays musulmans et surtout en Turquie d'où la Régence a reçu
toutes les institutions.

Tout ce qui concerne les *malekyana* dans l'ouvrage de d'Ohsson est exposé dans le chapitre qu'il
a consacré à l'étude du *wakf* et qui n'a pas moins de
130 pages sur lesquelles-six seulement représentent
la traduction du texte arabe de la moulteka.

A part cette traduction, tout le reste de cette exposition fourmille d'inexplicables contradictions,
est empreint d'une confusion déplorable, et je
ne saurais exprimer assez ma surprise à raison des
éloges que M. de Hammer a prodigués à ce travail
dans son ouvrage sur le gouvernement et l'administration de l'empire ottoman.

Je reproduis ici quelques passages de cette dissertation : M. d'Ohsson, 2e vol., p. 523.

DES WAKFS OU FONDATION.

« Chez les mahométans, tous les biens consacrés
» aux temples ou à des fondations pieuses portent
» la dénomination générale de wakf, vulgairement
» dit wakouf. Ce mot, qui répond à ceux de ces-
» sion, consignation, abandon, dépôt, emporte ce-
» pendant, dans son acception ordinaire, l'idée
» d'une chose consacrée aux besoins de l'humanité
» et du culte public, par un sentiment de piété et
» d'amour envers Dieu[1]. »

---

[1] Nous avons déjà plus haut déterminé le sens du mot wakf et nous savons qu'il n'exprime l'idée, ni d'une cession, ni d'un dépôt, mais bien

Page 528. « Toutes les dispositions de wakf, soit
» des princes, soit des sujets, se font par acte juri-
» dique [1] dans un des tribunaux de l'empire. Après
» cette première formalité, la charte (wakfyé) s'en-
» registre dans les bureaux de la defterdarie (mi-
» nistère des finances); *des trente-trois bureaux* qui
» la composent, *trois* sont uniquement destinés
» pour les *wakfs* :

» Le premier, que l'on nomme *harémein mouhas-*
» *sebessy calemi*, embrasse les wakfs de toutes les
» mosquées impériales, comme aussi de tous les
» temples de Constantinople et des provinces de la
» Turquie d'Europe ;

» Le deuxième, *haremein moucateassy calemi*, est
» pour les wakfs de toutes les provinces d'Asie et
» d'Afrique ;

» Le troisième, que l'on appelle *kutschuk ewkaf*
» *muhassebessy calemi*, a principalement pour objet
» les hôtelleries (imaret) de tous les temples en
» général.

» Dans les deux premiers bureaux se conservent
» *aussi* les registres des *wakfs* des deux cités saintes
» *et de la plupart des fondations particulières qui n'ont*
» *aucun rapport avec les mosquées.* »

Je ne puis passer outre sans faire observer

d'une immobilisation. — Voyez le Dictionnaire arabe de Freytag, qui rend
le verbe wakafa par stetit, starefecit. La plupart des autres publicistes
ont attaché à ce mot l'idée d'aumône et de donation; mais l'aumône se dit
en arabe *sadaka* et la donation (entre vifs) *hiba*.

[1] Nous savons que cette formalité de déclaration judiciaire n'est exigé,
que par le rite d'Abou Hanifa.

que les appellations des trois bureaux sont fort
inexactement rendues par d'Ohsson ; il eût fallu
traduire : *haremein mouhassebessy calemi*, par : bureau de la comptabilité des haremine ; — *haremein
moucateassy calemi*, par : bureau des concessions ou
iktaa des haremine ; et enfin *kutschuk ewkaf muhassebessy calemi*, par : bureau de la comptabilité des
petits wakfs.

On voit, d'ailleurs, par le reste des renseignements que fournit d'Ohsson, que les affaires de la
Mecque et Médine ne sont qu'une partie très ac-
cessoire des attributions de ces bureaux spécialement destinés à la *comptabilité* et aux *concessions*
des wakfs en général.

Page 530. « Quelques fondateurs se constituent
» les *montewellys* (administrateurs) de leurs *wakfs*...
» ils peuvent encore constituer *montewellys* leurs
» enfants et établir à leur gré l'ordre de succession
» dans lequel ceux-ci doivent prendre héréditaire-
» ment la gestion de ces biens..... Les avantages
» réservés aux enfants en qualité d'administrateurs
» consistent dans une portion du revenu de ces
» wakfs, sur laquelle le fondateur ne s'explique
» pas et qu'il laisse à la volonté du *montewelly* chargé
» *en apparence* de l'employer à des œuvres pies ; ces
» dispositions sont dans l'esprit des testaments or-
» dinaires, par lesquels tout citoyen a le droit de
» laisser à *qui bon lui semble* une partie de ses biens
» jusqu'à concurrence du tiers. »

Il y a dans ces détails deux erreurs graves : la première, qui consiste à montrer, à propos du wakf laissé à la gestion des enfants, le revenu qu'ils prélèvent comme un bénéfice accidentel et une fraude tolérée, quand, aux termes de la loi, le wakf est spécialement institué en leur faveur, pour eux jouir du revenu total; la deuxième erreur est celle qui fait envisager à l'auteur cette part des revenus comme un *legs*, quand la loi ne reconnaît valides que les legs faits à des étrangers, et interdit expressément tous legs à des parents aptes à hériter.

« Tous les objets d'un wakf, quelle que soit sa » nature, sont des biens meubles et immeubles de » tout genre; les souverains y ajoutent encore les » biens domaniaux qui, une fois convertis en *wakfs*, » restent à perpétuité au profit des temples ou des » établissements pieux auxquels ils sont consacrés; » les revenus de ces établissements consistent *dans* » *les impôts et les charges publiques* auxquels sont » soumis ces biens domaniaux.

» La régie de cette classe de *wakfs* est absolu- » ment la même que celle des autres biens doma- » niaux et de tout ce qui forme les revenus ordi- » naires de l'État. Sous les six premiers sultans, » ces administrations fiscales se faisaient par com- » mission (*emaneth*); sous Mohammed II, on adopta » le système de les donner à ferme (*iltizam*); l'en- » gagement n'était jamais qu'annuel; c'est pourquoi » on l'appelait *moncatéa*. Les seuls gouverneurs des

» provinces et les grands de l'État s'en chargeaient
» sous le nom de *multezims*, mot qui répond à ceux
» de fermier, tenancier, engagiste.

» Les abus commis dans ces gestions engagèrent,
» en 1695, l'État à convertir les fermes annuelles
» des biens, soit domaniaux, soit publics, en fermes
» viagères sous le nom de *malikiané*.

» Ce nouveau système de *malikiané*, également
» avantageux à l'État et aux tenanciers, obligeait
» ceux-ci à *payer d'avance le prix de leur acquisition*
» et à tenir compte au trésor d'une *redevance an-*
» *nuelle*. La première somme, que l'on payait une
» fois pour toujours, portait le nom de *mal'y mua-*
» *djelé*, denier antérieur ou denier d'entrée ; et le
» cens annuel prenait celui de *mal'y muedjelé* ou
» *maly miri*, denier postérieur ou du fisc.

» A la mort du fermier, son *malikiané* était réver-
» sible à l'État ; mais durant sa vie il pouvait le cé-
» der à ses enfants mâles ou à d'autres, en le fai-
» sant transférer sur leurs têtes avec les formalités
» requises. »

Page 335. « Moustapha III érigea aussi en fermes
» viagères, sous le nom de *malékiané y harimein*, la
» plus grande partie des *wakfs* domaniaux qui
» étaient sous l'inspection du *kizlar aghassi ; son visir*
» *eut même l'habileté de remettre l'inspection de tous*
» *les wakfs entre les mains du ministre des finances.* »

En examinant ces détails sur la naissance et la
nature du système de *malékiané*, qui selon d'Ohsson
est un des modes d'administration des wakfs, je

dois faire remarquer d'abord qu'en Turquie comme en Égypte nous avons la preuve que le territoire est *wakf* et que tout ce qui est dit dans ce passage s'applique par conséquent au domaine territorial de l'empire. Il me faut ensuite faire observer que d'Ohsson a mal rendu le mot *moucatéa* en le traduisant par engagement annuel ; ce mot veut dire *concédé*, et s'applique à toute assignation que fait l'État de ses droits sur le domaine ou les revenus ; mais il ne s'y rattache aucunement l'idée d'un laps de temps déterminé.

L'auteur n'a pas été plus heureux en donnant au mot de *malikiané* la signification de ferme viagère, puisque ce terme se compose de melek, qui veut dire biens, domaines, possessions héréditaires, et d'*ana*, qui veut dire servitude, impôt, cens, et qu'il ne peut avoir d'autre signification que celle de possession héréditaire, grevée de cens.

Après l'exposition que nous venons de rapporter du système des malékiané, d'Ohsson procède à celle des *wakfs*, qu'il appelle *adi* ou *coutumiers*.

Page 552. « Anciennement, dit-il, quand les mos-
» quées opulentes voulaient grossir par des acqui-
» sitions la masse de leurs wakfs, elles payaient
» seulement la moitié du prix de l'immeuble, et en
» laissaient la jouissance au vendeur pour un temps
» limité, moyennant un cens ou loyer annuel ; le
» propriétaire n'était censé en jouir qu'à titre de
» locataire (*moutessarif*), moyennant une somme
» payée une fois pour toutes sous le nom de *idjèar*

» *mouadjelé*, loyer antérieur ou d'entrée, et une
» autre qu'il s'obligeait à acquitter tous les ans,
» sous celui d'*idjear moudejelé*, loyer postérieur. »

Il est évident que cette description des *wakfs*, qu'il
nomme *adi*, n'est autre chose qu'une répétition de
ce que l'auteur a dit des *malikiané*, ainsi que le
prouve la reproduction des termes de *idjear mouadjelé* et *mouedjelé*, et de *moutessarif*.

Il n'y a de différences que sous ce rapport que
dans le premier cas il s'agit d'une concession, et
que dans le second il y a acquisition; mais, outre
que la législation ne tolère point que les fonds des
mosquées soient employés à acheter des immeubles,
le mode d'achat de la part des temples et de vente
du côté des propriétaires est fort difficile à comprendre; et il y a là une circonstance qui semble
étrange et peu satisfaisante pour l'esprit qui ne peut
concevoir la nature de l'intérêt que peuvent avoir
les parties à une semblable transaction. Les détails
qu'ajoute explicativement d'Ohsson sont encore
bien plus suspects et invraisemblables, à raison des
contradictions et des hérésies légales qu'ils impli-
quent.

Ainsi, après avoir constaté (p. 550) *qu'un bien
wakf n'est pas susceptible d'être engagé par hypothèque*,
il affirme (p. 558) que la mosquée prélève un droit
*toutes les fois que l'usufruitier de l'immeuble l'engage
par hypothèque*.

Plus loin, page 563, il dit : « qu'en cas d'incen-
» die de la maison, le *possesseur, toujours maître de*

» *disposer à son gré du terrain* (notez qu'il a vendu
» son immeuble à la mosquée et qu'il n'est consi-
» déré que comme locataire), *n'a pas cependant la*
» *liberté d'y rebâtir sans un écrit formel* de l'adminis-
» trateur, et que, s'il manque à cette formalité, la
» mosquée a le droit de faire démolir l'édifice ou de
» se l'approprier ; elle ne serait, en outre, obligée
» à aucune indemnité, à moins que le propriétaire
» ne mourût insolvable, auquel cas cette indemnité
» est fixée, non sur la valeur de l'immeuble, mais
» sur l'estimation des matériaux, l'édifice supposé
» entièrement démoli[1]. »

Page 564. « Enfin, quand la mosquée a autorisé
» le propriétaire à rebâtir un immeuble libre (melk),
» lui ou ses ayants-cause n'ont jamais d'autre charge
» envers elle que le cens annuel imputé sur le ter-
» rain toujours réputé wakf. Ce cens fait un droit
» tellement inaliénable que, dans le cas même où le
» possesseur de l'immeuble voudrait le convertir en
» *wakf* légal ou coutumier au profit d'une autre
» mosquée, celle-ci n'en serait pas moins tenue au
» cens du terrain à l'égard de la première.

---

[1] Ces dispositions rappellent à la mémoire les prescriptions suivantes que j'ai trouvées dans le manuscrit intitulé : *Tebsirat el nakhmy* :—Et quant aux terres qui sont à proximité des centres de population, El-Mosarf et Ibn-Madjchoun disent que si un individu a revivifié (bâti ou planté) sans au-torisation (*iktaa*) du souverain, celui-ci peut à son gré laisser l'individu en possession, l'expulser au profit du trésor public, en lui tenant compte de la valeur des matériaux, le forcer à démolir ou l'exproprier au bénéfice d'un tiers qui lui devra, dans ce cas, le remboursement des matériaux et de la main-d'œuvre.

» Le paiement de cette redevance annuelle exige
» même la plus grande exactitude de la part du te-
» nancier; s'il la néglige *trois ans* de suite, la mos-
» quée a le droit de s'approprier l'immeuble et
» d'en disposer comme il lui plaît.

» Les lois relatives aux terrains des *wakfs* incen-
» diés *sont absolument les mêmes pour toutes les*
» *terres vaines et vagues* que les sultans ont concé-
» dées à diverses mosquées, sous le *même* nom
» d'*arsa y moucatéa*.

» Ces mosquées ne jouissent aussi que d'un cens
» annuel; autrefois le *cens annuel* de ces terres
» n'était que de quatre aspres pour quarante pics
» carrés (donum); dans le dernier siècle, on le
» porta à huit aspres pour les terres possédées par
» les musulmans, et à dix pour celles qui apparte-
» naient à des non mahométans. Le terrain du fau-
» bourg de Pera à Constantinople fut cédé par
» Bayezid II à la mosquée qu'il fonda; et le cens
» qu'elle en retire actuellement fait un objet de
» 28,000 livres tournois. Le sol sur lequel est bâti
» l'hôtel du ministre de Suède, et *qui appartient en*
» *propriété à la couronne*, fait partie de ce terrain,
» et paie tous les ans à cette mosquée un cens de
» 3 livres et 10 sols. »

Je ne sais si le lecteur a pressenti les motifs
pour lesquels j'ai rapporté tous ces passages du
livre de d'Ohsson. Mon but était, après lui avoir
fait apprécier toute l'invraisemblance du système
qu'il a présenté relativement aux *wakfs* et au *mali-*

kiané, de lui faire voir, ressortant au milieu de tous ces détails confus, les traits les plus saillants du tableau que je lui ai plus haut présenté du développement de la propriété immobilière.

En effet, la charte d'*ana* que nous avons reproduite concerne précisément le cas du *malikiané y haremein*.

Nous y trouvons la mention d'un prix de *permutation*, et celui d'un *cens annuel* ou *ana*.

L'expression de *tessarif*, qui sert à y qualifier le mode de jouissance de l'acquéreur, correspond exactement au nom de *mou-tessarif* que d'Ohsson donne au tenancier des *malikiané*.

C'est après l'expiration d'un terme de trois ans, écoulé à partir du tremblement de terre qui a ruiné l'immeuble resté depuis en cet état, que le pacha procède à la concession, et ce terme répond à celui que fixe la loi pour la déchéance des *iktaa* de terrain.

Enfin, l'admission des chrétiens et des juifs à la fondation de ces prétendus *wakfs adi* ou coutumiers (d'Ohsson, page 552) prouve péremptoirement que ce que d'Ohsson a ainsi qualifié n'est pas et ne peut être un wakf, vu que la loi[1] annule tout wakf établi par un infidèle en faveur d'une mosquée ou des villes saintes.

C'est seulement par le moyen de cette reproduction que je pouvais, profitant de la lumière qui

---

[1] Voir plus haut l'extrait du chapitre de Sidi Khrelil concernant le wakf.

apparaît de temps en temps au milieu de ce désordre, montrer comment d'Ohsson fait dans tout ce
chapitre, mais sans s'en douter, l'histoire des ana,
c'est-à-dire de la propriété immobilière, et le termine par le seul paragraphe qui puisse justifier le
titre de *wakf adi* qu'il y a donné.

Il est facile, en effet, de comprendre et de prouver que, sans en avoir le soupçon et égaré par de
faux renseignements, d'Ohsson, en croyant traiter
du wakf, a tracé les règles qui gouvernent la concession des terres mortes ou vaines et vagues, et
que la cause première de l'erreur qui domine dans
tout ce qu'il a écrit à ce sujet résulte uniquement
de ce qu'il a mal à propos traduit le mot *adi* par
celui de *coutumier*.

D'abord la loi musulmane ne reconnaît qu'une
espèce de wakf, et il serait impossible de trouver
un seul manuscrit ancien ou moderne où il soit
question d'une espèce de *wakf* appelée *adi*.

Ensuite il n'y a pas en arabe de mot *adi* qui ait
le sens de coutumier.

Adi est le *synonyme* de *mouaet* et veut dire terres
vaines et *vagues*. Je vais fournir à l'appui de cette
dernière proposition une preuve irréfragable.

Dans la description de l'Égypte par Makrizi
(*Man. de la Bibl. royale*, 682, *fol.* 55) on trouve le
passage suivant, reproduit par M. de Sacy dans
son mémoire sur la propriété en Égypte :

Voici ce qui dit Abou Abid-el-Kassem, fils de
Sollam, dans le traité des propriétés ... Le prophète

a dit : « Les terres *adi* appartiennent à Dieu et à
» son prophète, et conséquemment à vous; et si
» vous demandez ce que cela veut dire, cela signifie,
» a-t-il dit, qu'elles seront données en *concession*.
» C'est cette tradition qui est l'autorité fondamen-
» tale en matière de concession (iktaa) ; par *adi* on
» entend *toute terre qui a été occupée* et *dont les occu-*
» *pants* ont disparu, c'est-à-dire qui *est devenue ruinée,*
» et elle est à la disposition du souverain. »

Le doute n'est plus possible maintenant; l'on se
rend compte du piége dans lequel sont tombés le
rapporteur de la commission de colonisation et
ceux qui, s'occupant comme lui du wakf, ont
admis, en se fondant en apparence sur l'autorité de
leurs propres études, l'existence de ces wakfs *adi*
ou coutumiers, dont on ne pouvait trouver de trace
que dans l'ouvrage de d'Ohsson et qui n'ont jamais
existé que dans l'imagination de cet écrivain.

Dans les pays musulmans, le souverain et ses
représentants disposent seuls des terrains libres,
mais toujours par le même mode de concession,
moyennant un denier d'entrée et un cens annuel,
et le produit de ce cens est ordinairement affecté
à titre de wakf ou fondation perpétuelle en faveur
d'une mosquée, d'une route ou d'un autre établissement d'utilité publique ; quelquefois aussi un
lot de terre considérable a été concédé à des per-
sonnages puissants qui à leur tour l'ont recédé en
détail à des particuliers.

Ces faits sont mis en lumière dans la plupart des

livres qui ont trait aux institutions ou à l'histoire descriptive des États musulmans.

Ainsi *en Turquie*, aux termes du *Kanoun nameh* de Sultan Achmed I (de Hammer, tome 1, p. 399), tout sujet qui veut bâtir une maison paie un droit d'entrée (*idjear mouadjelé*) qui n'est acquitté qu'une fois, et un *cens annuel*, *mal miri*, denier du fisc ou *idjear mouedjelé*, denier postérieur.

En Perse, Chardin nous enseigne : « que les terres » des particuliers sont à eux pour 99 ans, et jamais » plus, durant lequel temps ils les vendent et en » disposent à leur gré; et que, quand les 99 ans » sont échus, on prend un nouveau bail pour le » même temps, moyennant l'acquittement d'une » somme équivalente à une année de revenu » (c'est bien là le denier d'entrée). « Ces fonds s'appellent *tessarouf* (ou reconnaît là le terme de *tessarif*), et la plupart sont chargés d'un petit tribut annuel envers le roi, qui ne va pas à plus de 40 ou 50 sols par arpent ou *djerib*. » (Le *djerib* ou *donum* est une mesure agraire qui n'a pas le moins du monde la dimension de l'arpent; elle comporte 40 pieds carrés.)

Cette coïncidence de témoignages, d'autant moins suspects qu'ils arrivent de sources plus variées et dérivent de l'aspect des faits et non d'une étude théorique, confirme singulièrement le système que j'ai exposé.

Il trouve d'ailleurs une confirmation tout aussi positive dans la description de l'Égypte par *Makrizi*;

seulement, de même que la capitation ou djézia est connue dans ce pays sous un nom différent de celui qu'elle porte ailleurs [1], l'*ana, idjear mouedjelé*, ou *mal miri* y est connu sous celui de *hokor*. (Makrizi, *Man. de la Bib. royale*, n° 679, p. 478.)

« Les ahkar (pluriel de hokor) sont les loyers » fixes sur les terrains au Caire et à Alexandrie; » dont les uns sont destinés à l'érection de mai- » sons, et les autres à l'établissement de jardins ; » ces loyers faisaient partie des biens de la couronne; » mais il n'en est plus ainsi et les ahkar d'Alexan- » drie, du Caire et des points intermédiaires ont » été assignés en *wakf* en faveur de diverses insti- » tutions. »

On voit que ce mode de concession du sol à charge d'un cens annuel et perpétuel est universellement appliqué chez les musulmans, et Makrizi nous fournit à un autre endroit de son livre un exemple très frappant de la rigueur et de l'exactitude qui président à cette manière de concéder les terrains. *(Man. de la Bib. roy.* 679, *page* 312.)

« Une inondation du Nil venait de causer de nom- » breux dommages, et quand le sultan en eut été » instruit, il ordonna d'obliger quiconque avait » une maison donnant sur le Nil, à Alexandrie, à » Menscha el Kitaeb ou Boulak, d'élever au devant » de son immeuble une digue, et décida qu'on » n'exigerait point de *hokor* pour ce fait; cette » décision fut publiée, et acte fut donné aux

---

[1] La capitation s'appelle *djaly* en Égypte.

» propriétaires de la remise qui leur était faite
» de l'acquittement de tout cens (hokor) à cet
» égard. »

Après avoir démontré que les ana et la propriété
immobilière ne sont pas ce que croyaient l'administration et les publicistes, j'espère ne pas trop
présumer en pensant en avoir découvert et exposé
la véritable nature. Et nous pouvons maintenant
nous rendre un compte exact de ce qu'il y avait de
vrai et de faux dans le système si audacieusement,
mais si habilement édifié aussi par les Maures algériens pour l'usage spécial de l'administration
française. Ils ont commencé par l'induire en erreur
sur le sens et la définition du mot *melk* ou *mulk*,
qu'ils ont représenté comme signifiant *propriété
libre et franche*, quand le mot mulk ne répond
qu'à celui *de possession héréditaire*. Mais, là où ils
l'ont surtout trompée, c'est en l'amenant insensiblement à voir une sorte d'identité entre deux
choses qui ne se ressemblent pas le moins du monde,
c'est-à-dire entre le *habous* ou *wakf* et l'*ana*.

Du moment où, dans ses investigations, elle par-
tait du principe erroné que l'*ana* était le résultat
d'une transaction entre particuliers, relative à la
cession d'un habous ruiné, et que, par conséquent,
elle voyait dans cet *ana* l'issue du *habous*, il était
impossible qu'en trouvant presque tous les immeubles urbains grevés d'un *ana*, elle ne vînt pas à
s'effrayer de la fréquence du habous, et de l'immobilisation universelle qui menaçait ainsi la pro-

priété. En conséquence, elle devait nécessairement voir dans l'abolition du *habous* le seul moyen de remédier au mal, de donner de la vie aux transactions et l'essor aux progrès de la colonisation.

En se préparant par une étude sérieuse de la législation musulmane, elle eût bientôt découvert la fausseté de ces données perfides qui devaient la conduire à proposer des mesures qui, ne remédiant en réalité à rien, devaient avoir pour inévitable résultat d'alarmer toute la population indigène sur la liberté religieuse.

Car en réalité il était bien facile de se convaincre que l'institution d'immeubles en *habous* non-seulement n'était pas la règle, mais constituait une exception peu commune en Algérie; il n'y avait dans ce but qu'à examiner les rouleaux de papier où sont inscrites à la file les transactions successives relatives à la plupart des immeubles d'Alger, et qui ont jusqu'aujourd'hui servi de titre de propriété aux vendeurs maures. Si ces immeubles, quoique tous grevés d'*ana*, eussent été habous, pas une de ces transactions n'eût pu avoir lieu; car jamais un cadi musulman n'aurait, avant 1830, prêté son ministère à l'enregistrement d'une cession concernant une maison ou un bien *habous*.

§ III.

VICISSITUDES DE LA PROPRIÉTÉ IMMOBILIÈRE EN ALGÉRIE
A PARTIR DE LA CONQUÊTE FRANÇAISE.

A peine les Français eurent-ils le pied à Alger que les Maures, abusant de la confiance des administrateurs et de l'ignorance bien naturelle où ils étaient des lois de l'islamisme, firent tous leurs efforts pour non-seulement leur dérober la connaissance de ce qu'était chez eux la propriété, mais encore leur faire croire qu'à part le habous et l'ana elle était organisée comme en France.

Néanmoins ils n'osèrent pas user tout d'abord de la latitude qu'ils venaient de se créer; ils se bornèrent à céder aux Européens amenés par la conquête leurs immeubles sur le même pied que celui sur lequel ils les tenaient, c'est-à-dire qu'ils se firent payer un denier d'entrée (vulgairement nommé pot-de-vin) et une redevance annuelle (seulement elle était beaucoup plus élevée que celle qu'ils avaient coutume de fournir au fisc), en se réservant la propriété du fonds et mettant à la charge des acquéreurs les frais de réparation et de réédification.

Dans le cas où on fût bientôt venu à découvrir la nature réelle de leur possession, leurs intérêts et leur responsabilité se trouvaient garantis; car ils pouvaient alléguer n'avoir disposé que de ce qui

31

était à eux, en faisant aux Européens une transmission lucrative du droit qu'ils tenaient en vertu
de leur concession.

L'impunité les ayant enhardis et aucun titre
solide n'étant exigé ni par le domaine, ni par les
acheteurs français, ils étendirent ce mode d'opération aux biens des mosquées et des absents.

C'est ainsi que prirent, pour ainsi dire, spontanément naissance, *ces locations ou ventes à rente perpétuelle* que le code musulman ne reconnaît pas
plus que le code français et dont il serait *impossible de citer un seul cas en Algérie antérieurement à
1830.*

Si l'administration eût seulement su que les
baux à rente perpétuelle étaient complètement
étrangers au droit civil et aux usages algériens,
elle n'eût pu manquer de soupçonner de suite, dans
les *ana,* leur caractère d'*impôt* ou de *cens.*

Mais il n'en fut point ainsi, et les Maures, encou-
ragés par le succès inespéré de leurs mensonges, ne
se firent plus scrupule de vendre à forfait, et quelques-uns poussèrent l'audace jusqu'à faire payer à
leur propre acquit le montant des *ana* attachés aux
biens qu'ils vendaient.

Dans l'intérêt de leur sécurité, ils supprimèrent
et cachèrent avec le plus grand soin *les chartes de
concession à ana,* qui les auraient trahis, et se bornèrent à fournir, en guise de titre de propriété, les
séries d'actes de cession qui par elles-mêmes n'ont
aucune valeur.

De progrès en progrès cette précaution même
fut presque inutile, et les cadis en vinrent à constater simplement, sur un carré de papier revêtu de
leur cachet, le fait des transmissions qui s'opéraient
devant eux. Beaucoup d'Européens aujourd'hui ne
possèdent pas d'autre titre pour les propriétés qu'ils
ont acquises.

On conçoit aisément tout ce qu'avait de vicieux
et de dangereux cette manière de procéder qu'on a
laissé s'établir avec une coupable incurie; car, dans
l'hypothèse même de l'administration, du moment
où elle envisageait l'*ana* comme provenant de la
vente d'un bien habous ruiné, elle devait au moins
exiger que l'indigène acquéreur à l'ana, devenu
vendeur relativement aux Européens, livrât ou dé-
posât le titre qui constatait son droit et qui ne pouvait être que l'acte d'aliénation à *ana;* mais elle ne
songea même pas à ce moyen si naturel (même
dans sa manière de voir) de donner un peu d'équilibre à la propriété.

Les tribunaux français, de leur côté, accueil-
lirent, sans même le plus léger soupçon ni examen,
tous ces prétendus titres fabriqués pour la plupart
par les *cadis* moyennant un léger salaire; la quantité en augmenta naturellement de jour en jour; il
est arrivé par suite que, bien des fois, plusieurs
Maures se sont successivement présentés pour réclamer ou contester à l'acquéreur Français une
propriété qu'il pensait avoir bien achetée, tous
munis de titres, également authentiques aux yeux

de la justice, et sortant assez souvent de la même
officine ; de là sont nés d'innombrables procès, surtout relativement aux limites et à l'étendue des jardins et des prairies avoisinant les villes, et le hasard
seul a pu se charger de la solution.

Les terres communales mises (dans toutes les
banlieues) en réserve pour le pâturage des troupeaux
ou des bêtes de somme appartenant aux habitants,
les marais, tout ce qui enfin appartenait de droit
au domaine, parce que la concession en était interdite et l'usage réservé aux communes, tout cela
fut mis en coupe réglée et vendu principalement à
l'instigation et au bénéfice des cadis.

Des embarras inextricables et des iniquités révol-
tantes ont été le résultat de ce fâcheux désordre.
J'ai indiqué ailleurs (*Revue de législation et de jurisprudence*, mars 1844) les mesures qui me semblaient propres à le diminuer ; et quoique le conseil d'État, se basant, je crois, sur mon travail, ait
supprimé du projet d'ordonnance l'abolition du
habous et des ana à laquelle un titre spécial y avait
été consacré, je ne pense pas que l'effet de cette ordonnance soit de nature à couper le mal par la racine
et à faire pour l'avenir tout le bien qu'on pouvait
être en droit d'en attendre.

Mais ce n'est point ici le lieu de me livrer à ces
considérations ; je n'avais d'autre but dans cet ouvrage, et c'est au lecteur à juger si je l'ai atteint,
que de déterminer, à l'aide d'une étude approfon-
die de la législation et de l'histoire des pays musul-

mans, la constitution de la propriété rurale et urbaine en Islam, et j'espère avoir démontré : 1° que
dans tous les États mahométans le territoire propre
à la grande culture n'est susceptible d'être tenu
qu'à titre d'usufruit et ne peut être *la propriété* de
personne, et que dans l'intérieur et autour des
villes il existe une *propriété immobilière*, réelle et
héréditaire, mais que cette propriété, loin, comme
on l'a cru jusqu'ici, d'être *libre et franche* comme
en Europe, est partout en Islam, au contraire, de
nature *emphytéotique* ou *censitaire*, c'est-à-dire grevée
d'un cens (*ana-hokor-malmiri*) qui, quel que soit le
nom qu'il prenne dans les divers pays, est le signe
impérissable de la concession conditionnelle du sol.

FIN.

www.ingramcontent.com/pod-product-compliance
Lightning Source LLC
Chambersburg PA
CBHW060916220326
41599CB00020B/2985